ATLAS DES PEUPLES D'AFRIQUE

DANS LA MÊME COLLECTION

André SELLIER et Jean SELLIER
Atlas des peuples d'Europe centrale
La Découverte, Paris, 1991, 1995, 1998, 2002.

Jean SELLIER et André SELLIER
Atlas des peuples d'Europe occidentale
La Découverte, Paris, 1995, 2000.

Jean SELLIER et André SELLIER
Atlas des peuples d'Orient. Moyen-Orient, Caucase, Asie centrale
La Découverte, Paris, 1993, 1999, 2002, 2004.

Jean SELLIER, *Atlas des peuples d'Asie méridionale et orientale*
La Découverte, Paris, 2001, 2004.

ATLAS DES PEUPLES D'AFRIQUE

Jean Sellier

Nouvelle édition

Cartographie
Bertrand de Brun, Anne Le Fur

La Découverte

Mes plus chaleureux remerciements vont à René Galissot et à Bernard Nantet, qui ont bien voulu relire les chapitres du manuscrit correspondant à leurs domaines de spécialité. La cartographie a par ailleurs bénéficié des travaux remarquables de Charles Meur : *Carte ethnolinguistique des peuples de l'Afrique,* dressée par le Congo Basin Art History Research Center (Bruxelles), éditée par Marc Léo Felix. J. S.

Cartographie :
Bertrand de Brun, Anne Le Fur/AFDEC
Conception graphique : Sophie Zagradsky
Couverture : Maogani
Mise en page : Ici & ailleurs
Impression : MAME à Tours

Illustration de couverture :
Huile sur toile de Agganaw Engeda (détail), Addis-Abéba – Éthiopie.
© Photo : collection Musée de l'Homme, Paris, Béatrice Hatala.

ISBN : 2-7071-4743-5

SOMMAIRE

AVANT-PROPOS

En Afrique, peut-être plus encore qu'ailleurs, la notion de « peuple » doit être maniée avec prudence. Elle est ici (au même titre que « population ») employée de façon volontairement floue. En revanche, le mot « ethnie » n'est pas utilisé, car il a trop souvent, dans le langage courant, pris une connotation particulière et ambiguë, à la fois culturelle et raciale, comme dans « purification ethnique ».

Pour distinguer les peuples les uns des autres, le critère le plus commode reste celui de la langue, du moins en règle générale : il présente le double avantage d'être relativement objectif et perçu comme significatif par les intéressés eux-mêmes. On recense toutefois en Afrique près de 1 500 langues différentes : faut-il distinguer autant de peuples ? En principe, oui, mais on peut concentrer l'attention sur les plus importants, numériquement, en sachant que de nombreuses langues ne sont parlées que par des groupes restreints et très localisés.

Comme dans les autres ouvrages de la collection « Atlas des peuples », l'approche historique joue un rôle essentiel. C'est d'autant plus nécessaire que l'histoire des Africains avant la colonisation demeure méconnue, en particulier au sud du Sahara, parce que l'histoire de l'Afrique a longtemps été racontée du point de vue des Européens (les découvertes portugaises, les explorateurs, le partage de l'Afrique, la « mise en valeur » coloniale…). Dans le présent ouvrage, l'histoire des peuples avant la colonisation représente 40 % du récit, l'époque coloniale (qui constitue une importante charnière) 20 %, l'évolution des États africains depuis l'indépendance 40 %.

Il en résulte que les peuples africains (ou du moins les principaux d'entre eux) sont présentés de deux façons successives : l'une, historique, par grandes zones (vallée du Nil, Maghreb, Afrique de l'Ouest, Afrique bantoue…), l'autre, géographique, selon les États dont ils relèvent aujourd'hui. Dans tous les cas, le texte et les cartes se complètent étroitement.

Jean Sellier

La population africaine

Pour différencier les peuples d'Afrique, un premier critère semble sauter aux yeux : celui des types physiques (ou « races »). Il est toutefois inutilisable quand il s'agit de qualifier des peuples dans une perspective historique, pour au moins deux raisons. L'origine des types physiques remonte à une époque ancienne, très antérieure à la période historique. La distinction entre Noirs et Blancs n'est patente (et encore…) que dans la partie occidentale du continent, de part et d'autre du Sahara. En Afrique du Nord-Est, la situation est infiniment plus complexe.

Le critère linguistique donne des indications plus intéressantes, à condition de garder à l'esprit que, de tout temps, les langues évoluent, se diversifient en dialectes, disparaissent pour certaines ou, au contraire, se montrent « conquérantes », en se substituant à d'autres. Le tableau que l'on peut brosser de la répartition des populations africaines, il y a deux mille ans, est à peu près le suivant.

Les populations de langues afro-asiatiques occupent le nord et le nord-est du continent. On distingue quatre grands groupes : égyptien (de langue égyptienne ancienne), berbère (dans toute l'Afrique du Nord, de l'ouest de l'Égypte à l'Atlantique), couchitique (dans le massif éthiopien et la Corne de l'Afrique) et tchadien (à l'ouest du lac Tchad).

En bordure méridionale du Sahara, de la haute et moyenne vallée du Nil à la boucle du Niger, se situent des populations de langues nilo-sahariennes. Leur répartition semble résulter de migrations anciennes d'est en ouest, mais ce n'est qu'une hypothèse. La présence de populations de langues afro-asiatiques dans la même région (à l'ouest du lac Tchad) appelle une explication. Le Sahara a connu une période assez humide à partir de 8000 av. J.-C., avant de redevenir un désert entre 2500 et 2000 av. J.-C. Durant cette période, des populations de langues afro-asiatiques occupaient le centre du Sahara. La désertification en a refoulé une partie vers le sud.

Il semble que les langues nigéro-congolaises aient pour berceau la région du haut Sénégal et du haut Niger. Autant que l'on puisse en juger, des populations parlant ces langues ont atteint l'actuel Cameroun au cours du IIe millénaire av. J.-C. L'expansion s'est ensuite poursuivie, de proche en proche, vers l'est et le sud-est, pour devenir un phénomène majeur : l'expansion des Bantous.

Les migrations des Bantous. Certains d'entre eux progressent à la lisière nord de la forêt équatoriale et atteignent la région des Grands Lacs vers la fin du Ier millénaire av. J.-C., si ce n'est plus tôt. L'expansion dans la forêt semble avoir suivi les cours d'eau : les Bantous auraient descendu les affluents de rive droite du Congo, puis remonté celui-ci et ses affluents de rive gauche avant d'atteindre les savanes au sud de la forêt. Depuis cette région et depuis l'Afrique orientale, l'expansion s'est poursuivie vers le sud : des Bantous sont parvenus au sud du Zambèze

LE MILIEU NATUREL

Dans ses grandes lignes, la répartition des zones de végétation (elles-mêmes conditionnées par le climat) est assez simple. Au centre se situe la forêt équatoriale, moins impénétrable que ne le veut sa réputation et tôt défrichée en maints secteurs de sa périphérie. Tout autour s'étend une immense zone de savanes et de steppes, plus ou moins arborées, offrant des paysages très divers. À la latitude des tropiques, le climat devient aride (Sahara) ou semi-aride (Kalahari, Namib et leurs environs). À chaque extrémité du continent se situent enfin des îlots de climat méditerranéen (Afrique du Nord et région du Cap).

La zone de savane au sud du Sahara, autrefois connue sous le nom de Soudan, présente une importance historique particulière : de grands États s'y sont développés, depuis le Ghana (avant l'an mille) jusqu'au califat de Sokoto (XIXe siècle). Le nom de Sahel s'applique à la zone de contact, semi-aride, entre le Sahara et le Soudan. Elle tend à s'étendre vers le sud depuis la seconde moitié du XXe siècle.

Diverses régions font exception à la répartition en zones esquissée ci-dessus : la vallée du Nil, en zone désertique, fertilisée par les eaux du fleuve ; le massif éthiopien, bénéficiant d'un climat particulier en raison de son altitude ; la région des Grands Lacs, riches de contrastes en raison d'un relief complexe. À Madagascar s'opposent deux versants : semi-aride à l'ouest, humide à l'est.

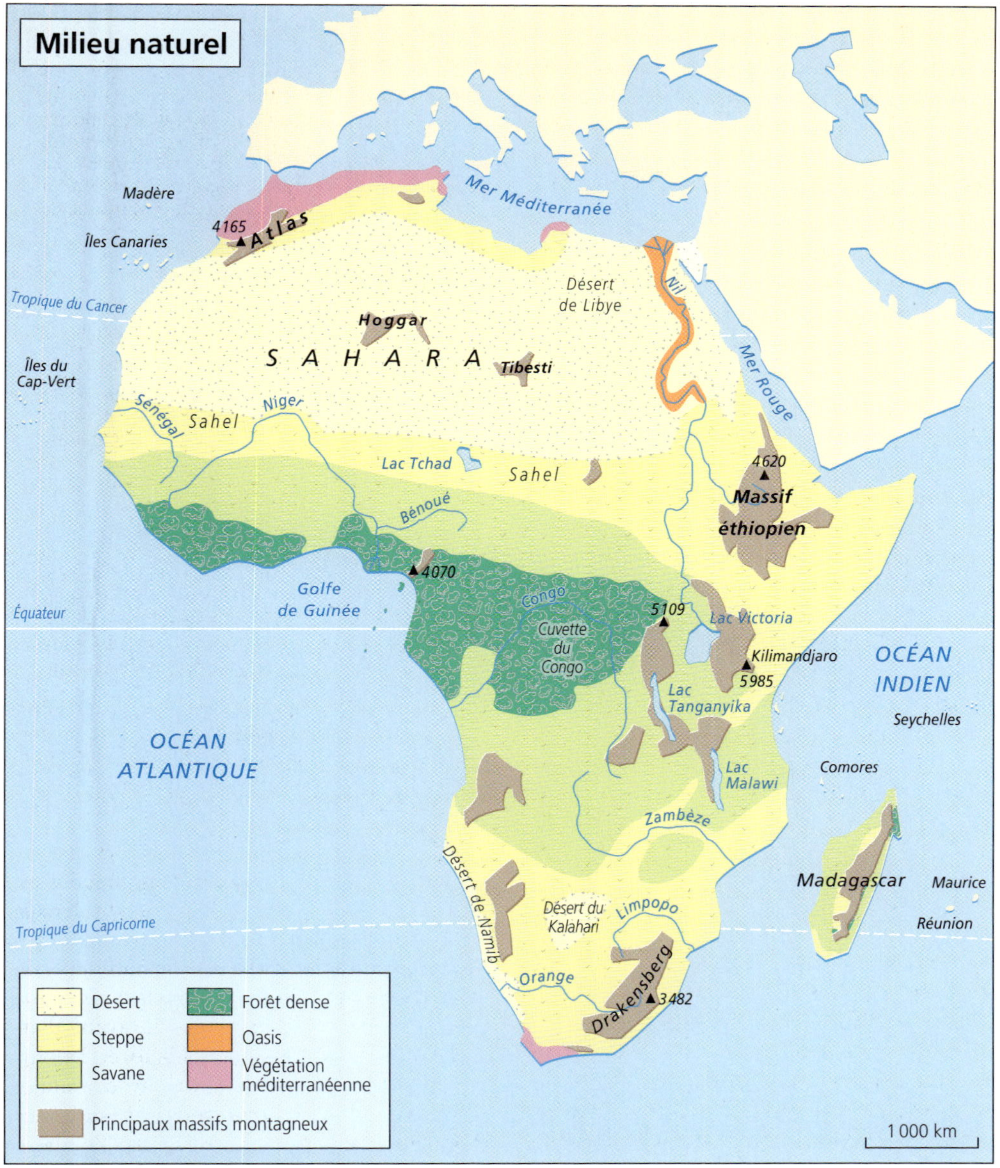

au IVe siècle, au sud du Limpopo au siècle suivant.

Avant l'arrivée des Bantous, seuls des Pygmées habitaient la forêt équatoriale. L'Afrique orientale et australe était le domaine de populations (clairsemées) de langues khoisan. Au cours de leur avancée, les Bantous les ont absorbées, ne leur laissant pour domaine propre que l'extrême sud et sud-ouest du continent.

Les langues

On recense aujourd'hui en Afrique environ 1 500 langues, d'importance très inégale. (N.B. : dans les paragraphes ci-dessous, « M » signifie « millions de locuteurs » en tant que première langue.)

Les langues afro-asiatiques. Autrefois dites « chamito-sémitiques », elles se répartissent en cinq groupes. Le groupe sémitique inclut l'arabe et une douzaine de langues d'Éthiopie (amharique, tigréen, etc., 36 M). À partir du VIIIe siècle, l'arabe (150 M en Afrique) s'est imposé (de façon exclusive ou dominante) dans toute l'Afrique au nord du Sahara. Le groupe berbère (15 à 20 M) reste vivant en Afrique du Nord et dans le Sahara central. Du groupe tchadien (120 langues environ, 40 M), géographiquement isolé des autres, relève le haoussa. En Afrique du Nord-Est se côtoient les groupes couchitique (35 langues, dont l'oromo et le somali, 42 M) et omotique (34 langues, 3 M).

Les langues nilo-sahariennes. La validité de cette famille (140 langues environ, 47 M) a fait l'objet de querelles entre linguistes. Elle comprend neuf groupes d'importance inégale. Le

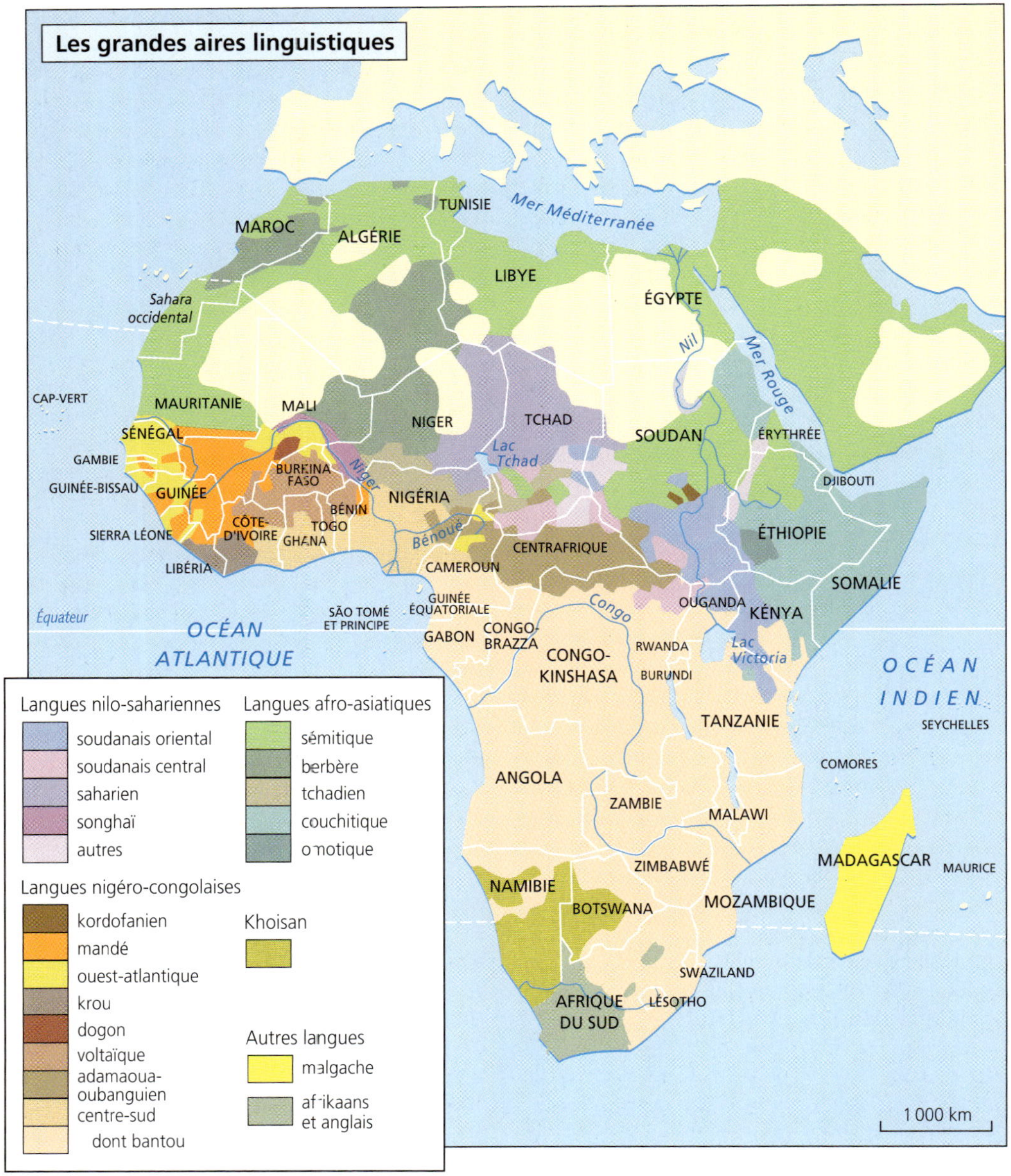

groupe soudanais oriental (80 langues, 28 M) correspond aux populations dites « nilotiques ». Le groupe soudanais central (36 langues, 7 M) est dispersé du Tchad à l'Ouganda. Le groupe saharien (cinq langues, 7 M) se situe près du lac Tchad (kanouri) et plus au nord (toubou). Le songhaï (moyenne vallée du Niger) forme un groupe à part (3,5 M). Les cinq autres groupes sont restreints : maban et fur aux confins du Tchad et du Soudan, berta, kunama et komuz aux confins du Soudan et de l'Éthiopie.

Les langues nigéro-congolaises. De façon stricte, la famille se nomme « nigéro-kordofanienne » et inclut les langues kordofaniennes (une trentaine, 0,2 M), parlées au Kordofan, dans le centre-sud du Soudan. Toutes les autres (au nombre de plus d'un millier) sont « nigéro-congolaises ».

En simplifiant une classification complexe, on peut distinguer sept groupes :

- mandé (29 langues, 18 M), incluant le malinké, le bambara, etc. ;
- ouest-atlantique (46 langues, 36 M), comprenant le ouolof et le peul (parlé du Sénégal au Cameroun) ;
- krou (18 langues, 6 M) ;
- dogon (une langue, 0,5 M) ;
- voltaïque ou gour (73 langues, 22 M), incluant le more, langue des Mossi ;
- adamaoua-oubanguien (114 langues, 12 M), dont l'aire s'étend du Cameroun au sud du Soudan, témoignant d'une migration ancienne, contemporaine de celle des Bantous ;
- centre-sud (750 langues environ, 355 M).

Parmi ces dernières figurent des langues telles que l'akan, le yoruba et l'ibo (ancien groupe « kwa »), mais aussi toutes les langues bantoues (au nombre de 500 environ, 255 M), qui demeurent étroitement apparentées. (N.B. : le mot « Bantou », signifiant tout simplement « les gens », a été forgé en 1858 par le linguiste allemand Wilhelm Bleek.)

Les langues khoisan. Elles sont au nombre d'une trentaine (0,2 M) et caractérisées par des « clics » (voir page 151).

Le malgache. C'est une langue (16,5 M) de la famille austronésienne, comme celles d'Indonésie, de Malaisie et des Philippines.

Les langues véhiculaires. Plusieurs langues africaines jouent un rôle de langue véhiculaire (« servant aux communications entre des peuples de langues différentes »). En Afrique de l'Ouest, c'est le cas du dioula (peu différent du malinké et du bambara), dans le sud du Mali et les pays voisins, et du haoussa, dans le nord du Nigéria et au Niger. Le swahili (une langue bantoue) tient une place considérable dans toute l'Afrique orientale (voir page 146). Le lingala et le kikongo, utilisés dans les deux Congo (Kinshasa et Brazzaville), sont des langues simplifiées.

Les langues européennes. Les langues des colonisateurs restent très largement en usage, avec le statut de langue officielle dans la plupart des États au sud du Sahara. En Afrique du Sud, l'afrikaans constitue un cas particulier : issue du néerlandais, c'est une langue propre à la région, parlée par la majorité des Blancs et par de nombreux métis. Il existe aussi des créoles, particulièrement vivants dans les îles. Ils sont dérivés du portugais (Cap-Vert, São Tomé) ou du français (Réunion, Maurice, Seychelles).

Les religions

Dans ce domaine, les statistiques sont peu fiables. Aussi la carte page suivante est-elle fondée sur des ordres de grandeur. Elle montre néanmoins que l'islam domine nettement dans le nord du continent, avec peut-être 365 millions d'adeptes (sur une population totale de 850 millions). Au sud, en revanche, le christianisme (environ 345 millions d'adeptes) côtoie partout les croyances traditionnelles. De surcroît, ces dernières continuent d'imprégner les mentalités tant chez les populations islamisées au sud du Sahara que chez celles gagnées au christianisme (ce qui conduit à la formation de cultes syncrétiques).

L'islam. À partir du VIIe siècle, les Arabes eux-mêmes ont propagé l'islam en Égypte, au Maghreb, dans la moyenne vallée du Nil et sur les côtes d'Afrique orientale. En Afrique « soudanaise » (du Sénégal au Tchad), l'islamisation, postérieure à l'an mille et très progressive, résulte d'abord du commerce transsaharien. Elle a connu ensuite deux phases d'accélération : lors du mouvement de renouveau de l'islam, aux XVIIIe-XIXe siècles (voir page 96), puis au XXe siècle, quand les autorités coloniales, françaises et britanniques, se sont appuyées sur les structures sociales musulmanes pour encadrer la population. L'islamisation continue de progresser aujourd'hui.

L'islam « institutionnel », incarné par les oulémas, est en quasi-totalité sunnite. L'école malékite domine en Haute Égypte, au Maghreb et en Afrique de l'Ouest, l'école chaféite en basse Égypte. Le chiisme est pratiquement absent d'Afrique. Le kharidjisme, jadis très influent chez les Berbères, survit dans quelques communautés du Sud algérien (les Mozabites, voir page 79).

Le soufisme a joué au Maghreb un rôle important, incarné notamment par les « marabouts », prédicateurs mystiques souvent basés dans une zaouïa (édifice religieux permettant l'accueil des pèlerins). Deux grandes confréries dominent en Afrique de l'Ouest : la Qadiriyya (à l'origine du renouveau du XVIIIe siècle) et la Tijaniyya (dont l'essor date du XIXe siècle, voir page 98). Au Sénégal, la Muridiya (ou confrérie des Mourides) a été fondée en 1886 par Ahmad Bamba. Elle encadre les paysans cultivateurs d'arachides et constitue une force politique. Au Soudan s'opposent depuis le début du XIXe siècle la Sammaniya (dont le mahdisme est issu, voir page 41) et la Khatmiya.

Le christianisme. Deux Églises d'origine anciennes se perpétuent : l'Église copte en Égypte (4 à 8 millions de fidèles) et l'Église éthiopienne (31 millions).

En Afrique au sud du Sahara, l'activité missionnaire des Portugais, à partir du XVIe siècle, n'a eu qu'un impact limité. Le renouveau date de la fin du XVIIIe siècle, quand se développe en Grande-Bretagne principalement (puis en Amérique du Nord) un courant religieux et humanitaire opposé à l'esclavage. Cela conduit à l'interdiction de la traite par les Britanniques (voir page 20) et à l'installation d'esclaves libérés à Freetown (voir page 107). À partir de cette ville, l'activité missionnaire se propage le long de la côte, notamment en pays yoruba. Des missions britanniques s'installent aussi au Cap. C'est de là que part le Britannique David Livingstone, missionnaire et explorateur à la fois, dont la première grande expédition

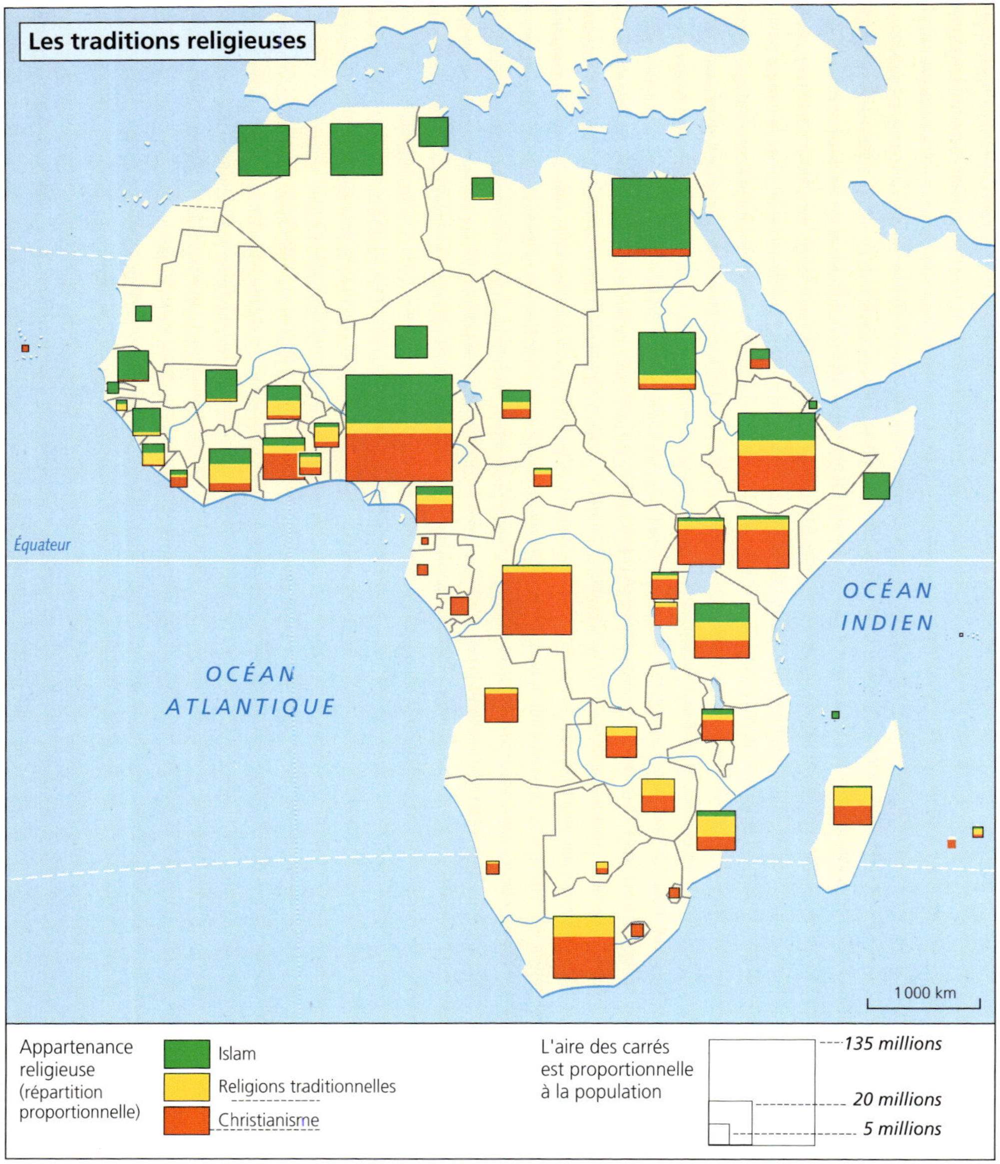

12

(1852-1856, voir page 179) connaît un immense retentissement. Dès lors, les missions se multiplient. L'Église catholique n'est pas en reste : en 1868, Mgr Lavigerie, archevêque d'Alger, fonde la société des Missionnaires d'Afrique, dite « des Pères blancs », qui va jouer un rôle de premier plan. À partir des années 1880, les missions emboîtent le pas de l'expansion coloniale. Chaque puissance tend à favoriser ses propres ressortissants, mais il n'y a nulle part de monopole. C'est ainsi qu'en Ouganda ou au Lésotho, anciennes possessions britanniques, les catholiques sont plus nombreux que les protestants.

La christianisation par des missionnaires blancs a très tôt suscité des réactions non pas antichrétiennes, mais de « réapproriation » du christianisme par les Africains eux-mêmes. Ainsi sont nées des Églises autonomes, dont la plus importante reste celle fondée en 1921 au Congo belge par Simon Kimbangu (voir page 160). D'innombrables autres sont apparues dans la seconde moitié du XXe siècle, en particulier en Afrique du Sud et au Nigéria.

UNE BRÈVE HISTOIRE DE L'AFRIQUE

L'Antiquité

Les premiers États organisés apparaissent dans la vallée du Nil, l'Afrique du Nord et le massif éthiopien. L'histoire de l'Égypte pharaonique débute vers 3000 av. J.-C. Les Grecs d'Alexandre le Grand la conquièrent en 332 av. J.-C. et y fondent la dynastie des Ptolémée. Les Romains annexent l'Égypte en 30 av. J.-C. En Afrique du Nord, des Phéniciens fondent Carthage vers 814 av. J.-C. Carthage exerce une forte influence sur les Berbères, avant que les Romains ne la détruisent en 146 av. J.-C. L'Empire romain inclut de nombreux Berbères et tous les Égyptiens. Le christianisme atteint les villes au IIe siècle, puis les campagnes au siècle suivant, tant en Égypte qu'en Afrique du Nord. L'Empire romain se mue ensuite en Empire byzantin.

Des populations nilo-sahariennes habitent la moyenne vallée du Nil. Le royaume de Méroé s'y épanouit à partir du VIe siècle av. J.-C., puis s'effondre au IVe siècle apr. J.-C.

Dans le massif éthiopien, des populations sémitiques, venues d'Arabie du Sud, s'ajoutent aux populations couchitiques déjà en

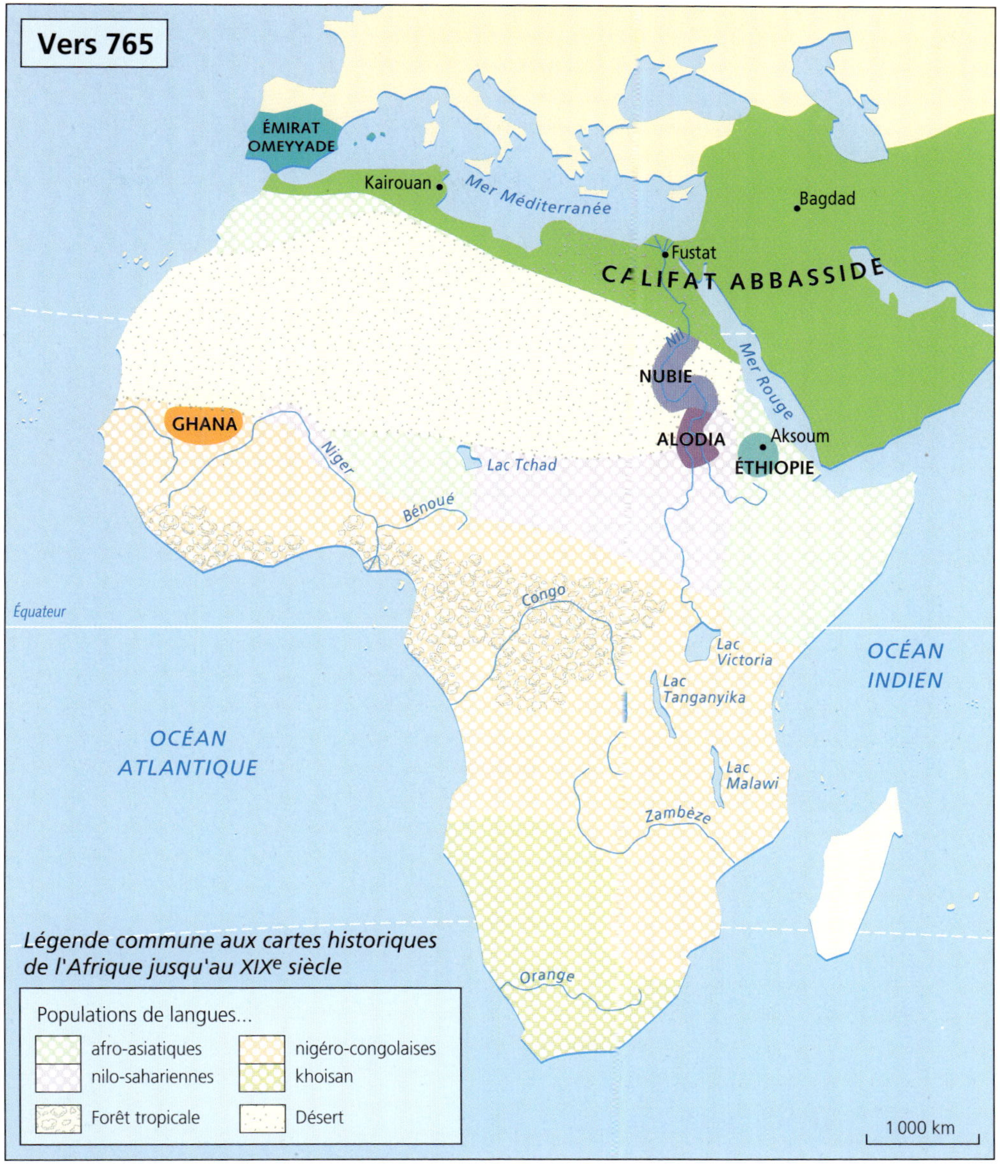

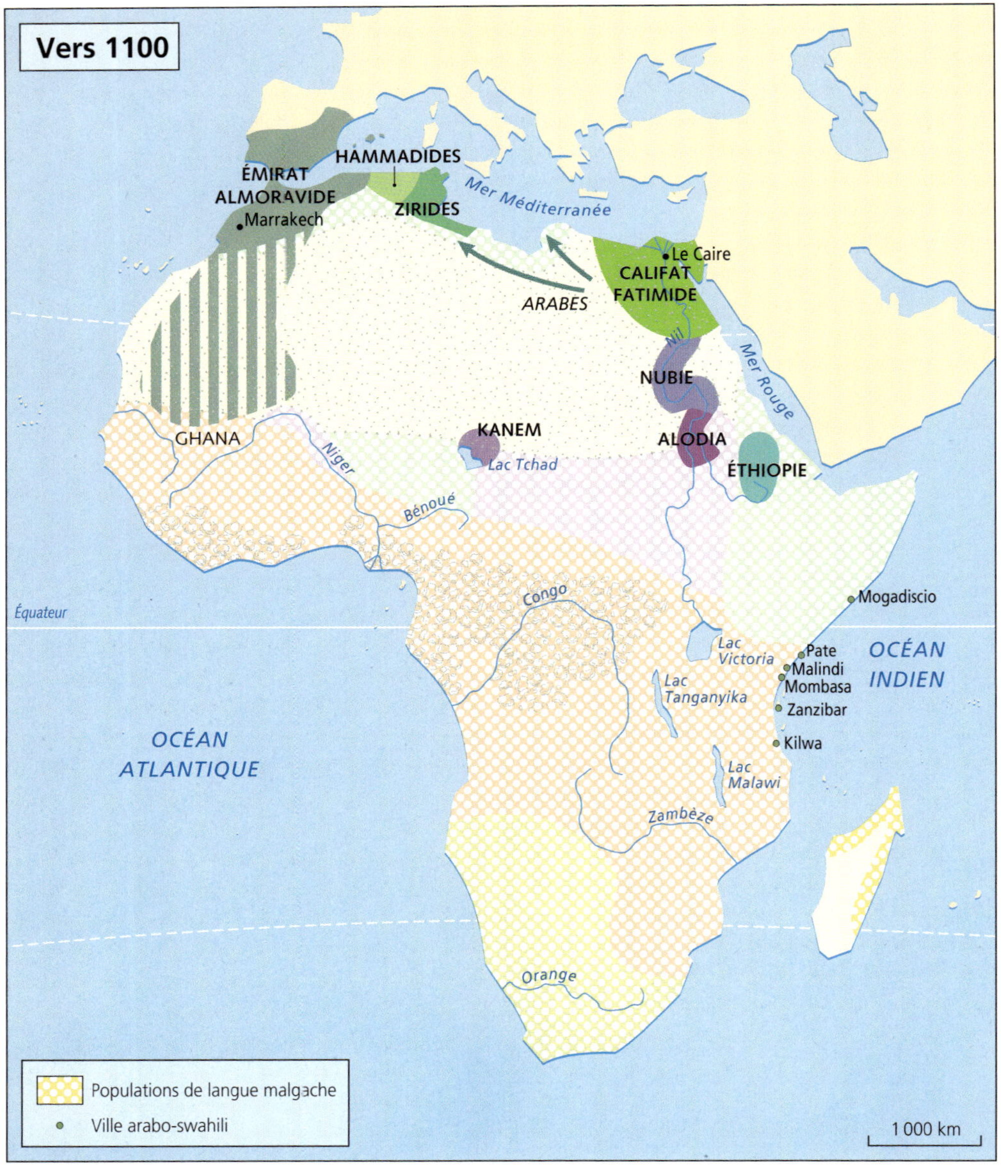

place, vers la fin du IIe millénaire avant J.-C. Elles forment des petits royaumes, parmi lesquels Aksoum s'impose au Ier siècle apr. J.-C. Le christianisme, propagé par des commerçants naviguant en mer Rouge, atteint Aksoum au IVe siècle.

Vers 765

Les Arabes, regroupés sous la bannière de l'islam, conquièrent le Proche-Orient au VIIe siècle. Ils s'emparent de l'Égypte en 639-642, puis s'attaquent à l'Afrique du Nord, où ils se heurtent à la résistance tant des Berbères que des Byzantins (expulsés à la fin du VIIe siècle). Les Berbères s'islamisent, sans pour autant se soumettre durablement : de grandes révoltes éclatent au VIIIe siècle. La conquête de l'Espagne débute en 711. Dans la seconde moitié du VIIIe siècle, le Califat atteint sa plus grande extension. Gouverné par la dynastie abbasside, il a pour capitale Bagdad.

Trois États font suite à Méroé dans la moyenne vallée du Nil : Nobatia, Makuria et Alodia. Des missions venues d'Égypte y introduisent le christianisme au VIe siècle. Le royaume de Nubie résulte de la fusion de Makuria et Nobatia à la fin du VIIe siècle. À la même époque, Aksoum entre en conflit avec les Arabes. Exclus du commerce en mer Rouge, les Éthiopiens entreprennent une expansion vers le sud.

Le premier grand État d'Afrique de l'Ouest, fondé par des Soninké, porte le nom de Ghana. Ses origines sont liées à l'essor du commerce transsaharien, inauguré par les Berbères du Sahara occidental. Le Ghana fournit de l'or, en échange de sel et d'autres marchandises.

Vers 1100

À la fin du XIe siècle, l'unité politique du monde musulman n'est plus qu'un souvenir. Plusieurs dynasties se sont partagé le Maghreb à partir de 800 environ. Au IXe siècle, ce furent, à l'ouest, les Idrissides (arabes), au centre, les Rustémides (berbères), à l'est, les Aghlabides (arabes). Au début du Xe siècle, les Fatimides (arabes chiites) se sont imposés, après quoi ils sont partis à la conquête de l'Égypte en 969, en confiant leurs possessions maghrébines à des Berbères, les Zirides et les Hammadides, ensuite devenus indépendants. Le mouvement religieux et militaire des Almoravides s'est formé chez les Berbères du Sahara occidental au milieu du XIe siècle. Ils se sont attaqués au Ghana, puis ont soumis l'ouest du Maghreb et l'Espagne musulmane. À la même époque, des Arabes nomades, les Beni Hilal, affluent dans l'est du Maghreb : leur arrivée va modifier la structure de la société, du moins à l'intérieur des terres.

L'essor continu du commerce transsaharien s'accompagne d'une progression de l'islam au sud du Sahara, surtout parmi les commerçants africains, lesquels s'intègrent ainsi à une communauté ouverte sur de larges horizons. Les rois du Kanem (fondé avant la fin du Ier millénaire) adoptent l'islam au XIe siècle.

À partir du IXe siècle, des navigateurs musulmans (surtout arabes) fréquentent la côte d'Afrique orientale. Ils y fondent des villes et se mêlent aux populations bantoues : c'est l'origine d'un ensemble économique et culturel caractérisé par sa langue, le swahili. Des navigateurs indonésiens fréquentent, eux aussi, la région. Ils s'installent dans le nord de

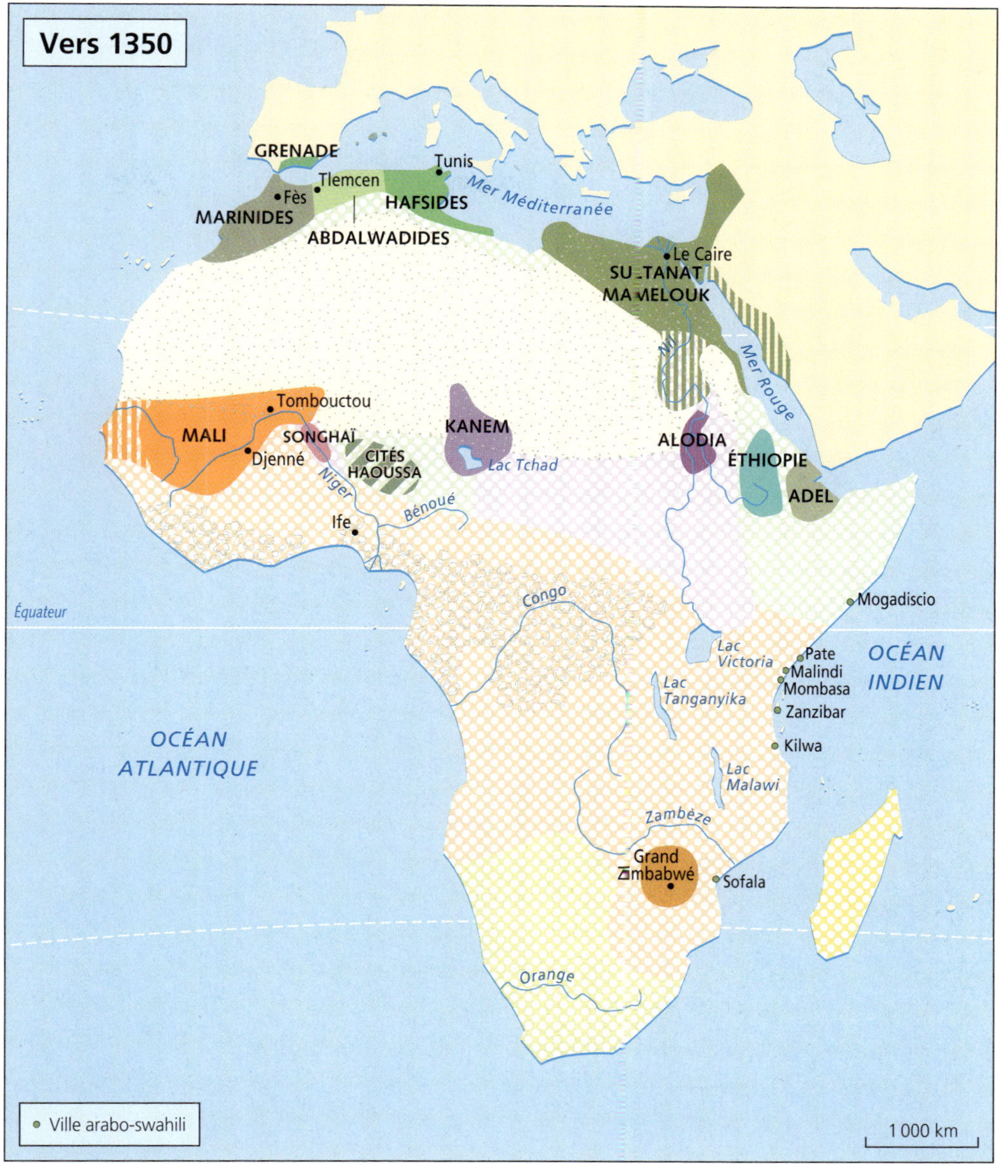

Madagascar (auparavant inhabité) et sont à l'origine du peuple malgache.

Vers 1350

Dans les années 1120, des Berbères de l'Atlas fondent le mouvement religieux et militaire des Almohades, qui éliminent bientôt les Almoravides, puis conquièrent tout le Maghreb et l'Espagne musulmane. Après la dislocation de leur empire, dans la première moitié du XIIIe siècle, trois dynasties berbères se partagent l'héritage : les Marinides, les Abdalwadides et les Hafsides.

En Égypte, les Ayyubides se substituent aux Fatimides au milieu du XIIe siècle, puis sont à leur tour renversés en 1260 par le mamelouk Baybars, fondateur d'un puissant sultanat qui va se perpétuer jusqu'en 1517. Les Mamelouks désagrègent le royaume de Nubie, où des Arabes nomades s'introduisent en nombre croissant. L'islam et la langue arabe ne cessent ensuite d'y progresser.

La fondation de l'empire du Mali (par des Mandé) date du milieu du XIIIe siècle. Ses souverains professent l'islam, tirent une grande partie de leur richesse du commerce transsaharien et s'appuient sur une puissante armée. L'essor des cités (« villes-États ») haoussa débute au XIVe siècle, de même que leur islamisation. Plus au sud, la ville d'Ife, fondée au XIIIe ou au XIVe siècle, est le berceau de la civilisation yoruba.

L'unification de l'Éthiopie date de la dynastie des Zagoué (v. 1130-1270). La dynastie suivante (« salomonienne ») lutte contre les émirats musulmans voisins, dont celui d'Adel (peuplé d'Afar et de Somali).

Parmi les villes swahili, Kilwa, la plus prospère, se livre au commerce de l'or, lequel provient d'un royaume bantou ayant pour capitale le Grand Zimbabwé.

Vers 1560

La puissance du Mali décline fortement au XVe siècle. Le souverain du royaume des Songhaï (voir la carte page 15), Sonni Ali Ber (1464-1492), en profite pour bâtir un nouvel empire, sur lequel la dynastie musulmane des *askya* règne à partir de 1493. À cette époque, l'or injecté dans le commerce transsaharien provient principalement du pays akan (arrière-pays de la côte de l'Or).

La dynastie du Kanem s'est repliée au Bornou à la fin du XVe siècle. Plusieurs royaumes africains ont pris forme à la même époque : Oyo, Bénin, le Kongo, le Bunyoro, le futur « empire » des Luba, le Mutapa (qui se substitue au royaume du Grand Zimbabwé).

Dans la moyenne vallée du Nil, les Funj, venus du sud, s'imposent au début du XVIe siècle, puis s'islamisent. Les Éthiopiens luttent contre les musulmans d'Adel et ne l'emportent qu'au milieu du XVIe siècle, avec l'aide des Portugais.

Les origines de l'Empire ottoman remontent au XIVe siècle. Après avoir défait les Mamelouks, les Ottomans annexent l'Égypte en 1517. À la même époque, les Espagnols, dominants en Méditerranée occidentale, prennent possession de villes de la côte du Maghreb (Oran, Bougie, etc.), mais se heurtent aux ripostes des corsaires turcs. En 1516, les Algérois font appel à deux d'entre eux, les « frères Barberousse ». Ainsi débute l'emprise turque sur le centre et l'est du Maghreb.

Vers 1700

Au Maroc, la dynastie des Saadiens s'est imposée au XVIe siècle, puis a été supplantée au siècle suivant par celle des Alaouites (qui règne encore aujourd'hui). Le reste du Maghreb est organisé en trois régences ottomanes (Alger, Tunis et Tripoli), gouvernées par des castes militaires.

L'EXPANSION DES PORTUGAIS

Les Portugais s'aventurent le long de la côte africaine, au sud des Canaries, à partir des années 1430. Ils atteignent le cap Vert en 1444, les îles du même nom en 1460, la côte de l'Or et São Tomé en 1471, l'embouchure du Congo en 1482 et doublent le cap de Bonne-Espérance en 1488. Les expéditions ont officiellement pour objectif de poursuivre la lutte contre les Maures (musulmans) en les prenant à revers. Cet esprit de croisade s'accompagne du souci de convertir au christianisme les populations rencontrées, sans pour autant exclure les préoccupations commerciales. Dès 1482, les Portugais établissent un fort à Elmina (São Jorge da Mina) pour contrôler le commerce de l'or. La colonisation de São Tomé débute dans les années 1480. Dans le royaume du Kongo, les premières conversions datent des années 1490.

Vasco de Gama, après avoir contourné le cap de Bonne-Espérance, atteint le sud de l'Inde en 1498. En chemin, il a fait escale dans les ports de la côte swahili. Les Portugais s'intéressent ensuite principalement au commerce dans l'océan Indien, dont celui, très lucratif, des épices (originaires des Moluques). Ils entreprennent donc, au début du XVIe siècle, de s'emparer (non sans difficultés) des villes swahili, pour en faire des escales. Mozambique devient la principale base portugaise dans la région. Les Portugais s'efforcent aussi de capter le commerce de l'or du Mutapa (ou Monomotapa). Par ailleurs, ils s'intéressent à l'Éthiopie chrétienne, où ils interviennent à partir de 1541.

Une expédition marocaine a détruit l'Empire songhaï à la fin du XVIe siècle. Les descendants des chefs militaires forment une aristocratie (les Arma) gouvernant une région en voie d'appauvrissement, car les principaux axes du commerce transsaharien se sont reportés vers l'est. Ce report bénéficie aux cités haoussa et au Bornou. Deux États sont nés plus à l'est : le Ouaddaï (au XVIe siècle) et le Darfour (au XVIIe siècle). L'islam y progresse d'emblée.

Au XVIIe siècle, les Hollandais ont pris le pas sur les Portugais en Afrique de l'Ouest, puis ont été rejoints par les Anglais et les Français. C'est alors qu'a commencé la traite atlantique à grande échelle (voir ci-dessous). Les Français se sont installés à Saint-Louis, les Anglais en Gambie. Sur la routes des Indes, les Hollandais ont fondé une escale au Cap en 1652, après quoi les Français se sont installés à l'île Bourbon (Réunion).

Le royaume du Kongo est entré en grave déclin après 1670. Au bord du lac Victoria, le Buganda s'organise au XVIIe siècle. À côté de l'« empire » des Luba se développe celui des Lunda. Au XVIIe siècle, le Butua s'est substitué au Mutapa.

Sur la côte swahili, les Omanais ont entrepris de concurrencer les Portugais : ils prennent Mombasa et Zanzibar à la fin du siècle.

La traite des esclaves

Les sociétés méditerranéennes de l'Antiquité étaient, d'une façon générale, esclavagistes. En revanche, dans les sociétés africaines traditionnelles (au sud du Sahara), il existait certes des formes de subordination très forte, mais il ne s'agissait pas (sauf exceptions) d'esclavage à proprement parler et, encore

moins, de traite, c'est-à-dire du commerce d'êtres humains considérés comme des marchandises.

La pratique de l'esclavage, selon le modèle méditerranéen, atteint la zone « soudanaise » (du Sénégal à l'Éthiopie) en même temps que le christianisme (en Nubie) et, surtout, que l'islam. Celui-ci professe en effet que les populations païennes, si elles ne se convertissent pas, peuvent être réduites en esclavage. Des États tels que le Kanem et le Mali (et plus tard le Ouaddaï et le Darfour) adoptent ainsi à la fois l'islam et le système esclavagiste (et, pour certains, tirent de la vente d'esclaves au nord du Sahara l'essentiel de leurs ressources). Le système se propage ensuite vers le sud, atteignant le pays akan au XVe siècle, peu avant que les Portugais ne débarquent sur la côte de l'Or.

La traite vers le nord et le nord-est. Les esclaves noirs ne sont pas inconnus dans l'Antiquité, quoique très peu nombreux. La traite transsaharienne organisée débute, semble-t-il, au IXe siècle et va se poursuivre jusqu'au XIXe siècle. Les esclaves masculins sont notamment destinés aux plantations de canne à sucre qui se développent dans le bassin méditerranéen au Moyen Âge (et atteignent Madère et les Canaries dans la seconde moitié du XVe siècle). Certains États mettent sur pied des forces militaires composées d'esclaves noirs. C'est, par exemple, le cas de l'Égypte fatimide (X[e]-XIIe siècle), du Maroc de Moulay Rachid (XVIIe siècle) ou encore de l'Égypte de Méhémet Ali (au début du XIXe siècle). D'une façon générale, toutefois, la traite porte davantage sur les femmes que sur les hommes, peut-être dans une proportion de deux à un. Les femmes sont assez vite assimilées (en tant que concubines), ce qui explique que leur apport racial se dilue (à la différence de ce qui se passe en Amérique).

La traite vers le Moyen-Orient et l'Inde, *via* la mer Rouge et l'océan Indien, est également ancienne, mais très mal connue. Elle s'est accrue au XVIIIe siècle et, plus encore, au siècle suivant, à l'époque des Omanais et du sultanat de Zanzibar.

La traite atlantique. À la différence de la traite transsaharienne, elle porte davantage sur les hommes que sur les femmes, dans une proportion de deux à trois. En Amérique, les esclaves travaillent principalement sur des plantations (canne à sucre aux Antilles et au Brésil, coton aux États-Unis…) et font l'objet d'une ségrégation.

Les Portugais se livrent à la traite dès la seconde moitié du XVe siècle, fût-ce à petite échelle, en direction de Madère pour commencer. Sur la côte de l'Or, ils échangent contre l'or des esclaves, qu'ils se procurent dans le golfe de Guinée. Quand ils développent la culture de la canne à São Tomé, ils achètent des esclaves dans le royaume du Kongo (voir page 138). La traite vers le Brésil (que les Portugais ont découvert en 1500) débute dans les années 1530. Quarante ans plus tard, les Portugais fondent Luanda : c'est l'origine de leur colonie d'Angola, qui sera ensuite la principale source de la traite en direction du Brésil.

En Afrique de l'Ouest, les Hollandais se substituent aux Portugais au cours de la première moitié du XVIIe siècle. Initiateurs de la traite atlantique à grande échelle, ils vendent les esclaves dans la zone des Caraïbes, aux Espagnols, aux Anglais (installés à la Barbade en 1627) et aux Français (installés à la

19

Martinique en 1635). Dans la seconde moitié du siècle, les Anglais et les Français (de même que les Suédois, les Danois et d'autres) entrent en concurrence avec les Hollandais, ce qui entraîne des conflits, notamment sur la côte de l'Or.

La situation se stabilise au XVIIIe siècle. La traite devient alors l'affaire de négociants agissant à titre privé, les « traitants ». Ils se procurent les esclaves auprès des royaumes africains côtiers, auxquels ils fournissent en échange des tissus, des métaux, de l'outillage, des armes à feu, de l'alcool, etc. Les conditions dans lesquelles les royaumes africains se procurent eux-mêmes les esclaves sont diverses, mais résultent le plus souvent de razzias ou de guerres. Tout en se perpétuant en Sénégambie et sur la côte de l'Or, la traite tend à se concentrer sur la côte des Esclaves (entre Accra et Lagos), puis à se reporter vers l'est, dans la baie du Biafra et jusqu'à l'embouchure du Congo. (En Angola, elle reste monopolisée par les Portugais.) La traite connaît une croissance continue jusque vers 1790 : près de 100 000 esclaves par an sont embarqués à cette époque.

COMBIEN D'ESCLAVES ? Il est très difficile d'évaluer le nombre d'Africains ayant subi la traite, en particulier en direction du nord et du nord-est. De ce côté, certaines estimations font état d'un total de 14 millions de personnes entre le milieu du XVIIe siècle et la fin du XIXe siècle, mais il ne s'agit que d'un ordre de grandeur. La traite atlantique est mieux documentée, notamment depuis les travaux entrepris par l'Américain Philip Curtin dans les années 1960. Les estimations actuelles aboutissent à un total de 12 millions d'esclaves embarqués pour l'Amérique, inférieur à la réalité selon certains. Il s'y ajoute la traite entre le Mozambique et les Mascareignes, au XVIIIe siècle, qui aurait concerné moins d'un demi-million de personnes.

L'INTERDICTION DE LA TRAITE. Le Danemark interdit la traite le premier, en 1792. Le Parlement britannique fait de même en 1808. La marine britannique mène ensuite la lutte sur les côtes d'Afrique de l'Ouest, mais elle n'obtient de véritables résultats qu'à partir des années 1830. Cela entraîne une recrudescence de la traite au sud de l'équateur (au départ de l'Angola) jusque dans les années 1860. En Afrique orientale, les pressions exercées par les Britanniques sur le sultanat de Zanzibar n'ont pas grand effet : la traite ne prendra fin que vers 1890. C'est du reste la poursuite de la traite en Afrique orientale et centrale, par des musulmans, que Livingstone dénonce dans les années 1860. Non sans paradoxe, cette dénonciation servira de tremplin aux ambitions du roi des Belges Léopold II.

1795

L'Afrique du Nord n'évolue guère au XVIIIe siècle, si ce n'est que la puissance ottomane décline : les trois régences deviennent, en pratique, indépendantes.

En Afrique de l'Ouest se développe un mouvement de renouveau de l'islam, animé par une confrérie soufie, la Qadiriyya, influente chez les Peul. Des Peul musulmans créent un État théocratique dans le Fouta-Djalon au milieu du XVIIIe siècle. En revanche, les royaumes de Ségou et de Kaarta ont pour fondateurs des guerriers mandé animistes, que les musulmans nomment Bambara. Les Ashanti établissent leur puissance au tout début du XVIIIe siècle. Le royaume du Dahomey s'affirme peu après, en dépit de l'hostilité d'Oyo, qui décline vers la fin du siècle.

En Éthiopie, le pouvoir impérial s'écroule : de grands « féodaux » se partagent le pays. Le royaume des Funj décline complètement. En contrepartie, le sultanat du Darfour parvient au faîte de sa puissance à la fin du siècle.

Les Français s'installent à l'île de France au début du XVIIIe siècle, aux Seychelles dans la seconde moitié du siècle. En 1795, les Britanniques occupent Le Cap et ses environs, jusqu'alors aux mains des Hollandais.

1875

La France a conquis l'Algérie de 1830 à 1847 (reddition d'Abd el-Kader). En Égypte, Méhémet Ali (pacha à partir de 1805) et ses successeurs se sont affranchis, en pratique, de l'Empire ottoman et ont conquis de vastes territoires au sud (après 1820). L'empire d'Éthiopie a été rétabli dans les années 1850 par Théodoros II.

En 1804, le Peul Ousmane dan Fodio, membre de la Qadiriyya, a engagé le *jihad* en pays haoussa. Le succès du mouvement a débouché sur la formation d'un empire, le califat de Sokoto. Dans les années 1850-1860, un Toucouleur, El-Hadj Omar, membre de la Tidjaniyya (autre confrérie), a bâti un empire aux dépens des royaumes bambara et de la théocratie du Macina (qui avait été fondée en 1818 par le Peul Cheikhou Amadou).

Les Français ont conquis la vallée du Sénégal dans les années 1850-1860. Après avoir défait les Ashanti en 1874, les

Britanniques ont fait de la Côte-de-l'Or une colonie. Ils ont annexé Lagos en 1861. La croissance de Freetown résulte de l'installation d'esclaves libérés, à partir de la fin du XVIIIe siècle. La république du Libéria, fondée par d'anciens esclaves noirs américains, a proclamé son indépendance en 1847.

Au début du XIXe siècle, les Omanais ont pris le contrôle de la côte swahili. Zanzibar est devenu un sultanat distinct en 1861. Le grand commerce arabo-swahili, à l'intérieur du continent, suscite des constructions politiques éphémères (Mirambo et Msiri sont des Bantous, Tippo Tip un Arabe de Zanzibar). À la même époque, les royaumes des Grands Lacs se développent de façon indépendante.

La mainmise britannique sur la colonie du Cap incite les Boers (d'origine hollandaise) à migrer vers le nord-est : c'est le Grand Trek (1836-1838). Les Boers fondent deux États indépendants, l'État libre d'Orange et le Transvaal. Le Natal devient une colonie britannique en 1843.

Dans la première moitié du XIXe siècle, les Merina (une ethnie malgache) ont imposé leur domination à une grande partie de Madagascar.

1895

La conférence de Berlin (1884-1885), réunissant les puissances européennes à propos de l'Afrique, a pris acte de l'expansion coloniale déjà en cours et résolu plusieurs questions, dont celle des ambitions de Léopold II (voir page 155). Elle n'a pas fixé de règles du jeu (contrairement à ce que l'on pense souvent), mais entériné l'idée que l'Afrique devait être colonisée « pour s'ouvrir à la civilisation ». Entre 1885 et 1895, le tracé de plusieurs frontières a déjà été établi, du moins sur le papier.

Le protectorat français sur la Tunisie date de 1881-1883. Les Senoussi sont une confrérie musulmane à laquelle les Ottomans ont laissé le contrôle du Sahara central. Les Britanniques occupent l'Égypte depuis 1882. L'État mahdiste résulte d'un *jihad* conduit avec succès contre les autorités égyptiennes en 1882-1885.

En Afrique de l'Ouest, la progression des Français procède d'opérations militaires, menées à partir du Sénégal et d'autres établissements côtiers. Elle se heurte toutefois à la résistance d'un chef de guerre mandé, Samory. Les Britanniques avancent lentement (mais sont actifs en Afrique australe). Les Allemands sont entrés en scène en 1884 (Togo et Cameroun).

L'État indépendant du Congo (EIC), fondé en 1885, résulte de la volonté du roi des Belges Léopold II, qui en est le souverain à titre personnel et s'est appuyé, de 1878 à 1890 sur l'explorateur Henry Morton Stanley. L'action de Savorgnan de Brazza (en 1879-1882) est à l'origine du Congo français.

Les Italiens, les Français et les Britanniques se sont installés sur les côtes proches de l'Éthiopie dans les années 1880. Les Allemands ont pris pied en Afrique orientale en 1884. Deux accords anglo-allemands (1886 et 1890) ont partagé le sultanat de Zanzibar et l'arrière-pays.

L'Allemagne a proclamé son protectorat sur le Sud-Ouest africain en 1884. La poussée britannique du Cap vers le nord est en grande partie due à la volonté de Cecil Rhodes, qui a fondé en 1889 la British South Africa Company, dotée d'une charte royale.

En 1895, les Français entreprennent de conquérir Madagascar.

1914

Le partage de l'Afrique est achevé. Seule l'Éthiopie a préservé son indépendance, en battant en 1896 (à Adoua) les Italiens qui tentaient de la conquérir. Depuis 1895, les faits saillants ont été les suivants, par ordre chronologique.

Les Britanniques ont vaincu les Mahdistes en 1897, puis instauré un condominium, le Soudan anglo-égyptien.

En 1900, trois colonnes françaises, venues du nord, de l'ouest et du sud, se sont rejointes près du lac Tchad et ont anéanti le chef de guerre Rabah (voir la carte page 22).

Les Britanniques ont conquis le califat de Sokoto de 1900 à 1905.

La guerre des Boers (1898-1902) s'est soldée par leur défaite face aux Britanniques. Dès 1910, toutefois, l'Union sud-africaine a vu le jour : les Boers (ou Afrikaners) vont y jouer un rôle de premier plan.

En 1908, Léopold II a cédé à la Belgique l'EIC, devenu le Congo belge.

Le Maroc est passé sous protectorat français (et espagnol) en 1912. La même année, les Ottomans ont dû céder à l'Italie la Tripolitaine, rebaptisée Libye.

1939

Par rapport à 1914, les changements les plus importants sont les suivants.

Durant la Première Guerre mondiale, les Alliés ont conquis les colonies allemandes. Elles sont ensuite devenues des territoires sous mandat de la SDN (Société des Nations), répartis entre quatre puissances : la Grande-Bretagne (Togo, Cameroun, Tanganyika), la France (Togo, Cameroun), la Belgique

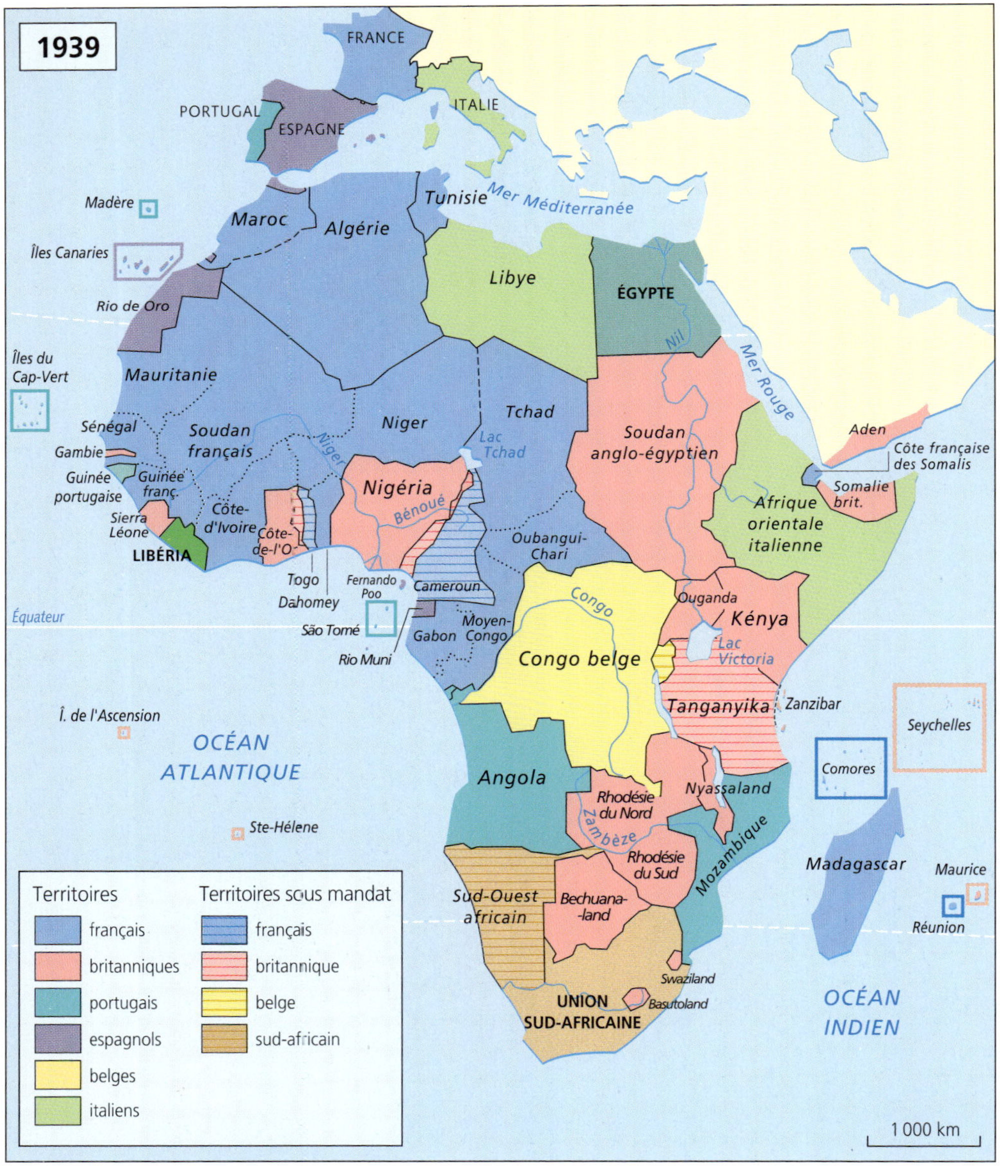

> **MANDAT ET TUTELLE**
>
> Le système des mandats a été institué par le traité de Versailles en 1919. Il confiait l'administration des anciennes colonies allemandes aux puissances victorieuses, sous le contrôle (assez formel) de la SDN (Société des Nations). En 1945, l'ONU a pris la relève, en substituant au régime des mandats celui de la tutelle, sous le contrôle (plus attentif) de l'un de ses organes, le Conseil de tutelle. L'Union sud-africaine a refusé que ce nouveau régime soit appliqué au Sud-Ouest africain.
> En 1947, l'Italie, en signant un traité de paix avec les Alliés, a renoncé à ses colonies. L'administration de la Somalie ex-italienne lui a néanmoins été confiée de nouveau, sous le régime de la tutelle, de 1950 à 1960.

(Ruanda-Urundi) et l'Union sud-africaine (Sud-Ouest africain).

En 1935-1936, les Italiens ont conquis l'Éthiopie, intégrée à l'Afrique orientale italienne.

L'Égypte est devenue indépendante en 1936.

Les accessions à l'indépendance

Quatre États africains sont indépendants en 1945, quand est fondée l'ONU (Organisation des Nations unies) : le Libéria, l'Union sud-africaine, l'Égypte et l'Éthiopie (libérée par les Britanniques en 1941).

Les pays arabes accèdent à l'indépendance dans les années 1950 : Libye, Soudan, Tunisie, Maroc. L'Algérie, où la guerre dure de 1954 à 1962, fait exception.

Ensuite vient la décolonisation de l'Afrique au sud du Sahara, selon des procédures constitutionnelles diverses, en accord avec les métropoles respectives (Grande-Bretagne, France, Belgique, Espagne). Cette phase, qui s'étend de 1957 (Ghana) à 1968, concerne trente-trois États. À la même époque, le Portugal refuse au contraire de décoloniser, ce qui suscite des guerres de libération en Guinée, en Angola et au Mozambique. Les accessions à l'indépendance datent de 1974-1975.

Les indépendances tardives sont des cas particuliers. Trois colonies n'étaient pas prêtes à y accéder plus tôt : les Comores, les Seychelles et Djibouti. Au Zimbabwé (ex-Rhodésie), la minorité blanche s'accrochait au pouvoir. L'Afrique du Sud cherchait à conserver la Namibie. L'Érythrée, rattachée à l'Éthiopie contre son gré en 1952, menait une guerre d'indépendance depuis les années 1960. Quant au Sahara occidental (ex-espagnol), il a été annexé *de facto* par le Maroc.

L'Afrique aujourd'hui

On compte 54 États africains. Nombre d'entre eux ont connu depuis l'indépendance de graves tensions internes et, pour certains, des guerres civiles (Congo-Kinshasa, Soudan, Nigéria, Angola, Mozambique, Tchad, Ouganda, Somalie, Libéria, Sierra Léone, Djibouti, Congo-Brazzaville, Rwanda, Burundi, etc.). Une règle d'or a toutefois été adoptée par l'OUA dès les années 1960 : les frontières héritées de la colonisation ne doivent pas être remises en cause. Il revient à chaque État, tel qu'il est constitué depuis l'indépendance, de forger sa population en une nation, entreprise le plus souvent très difficile.

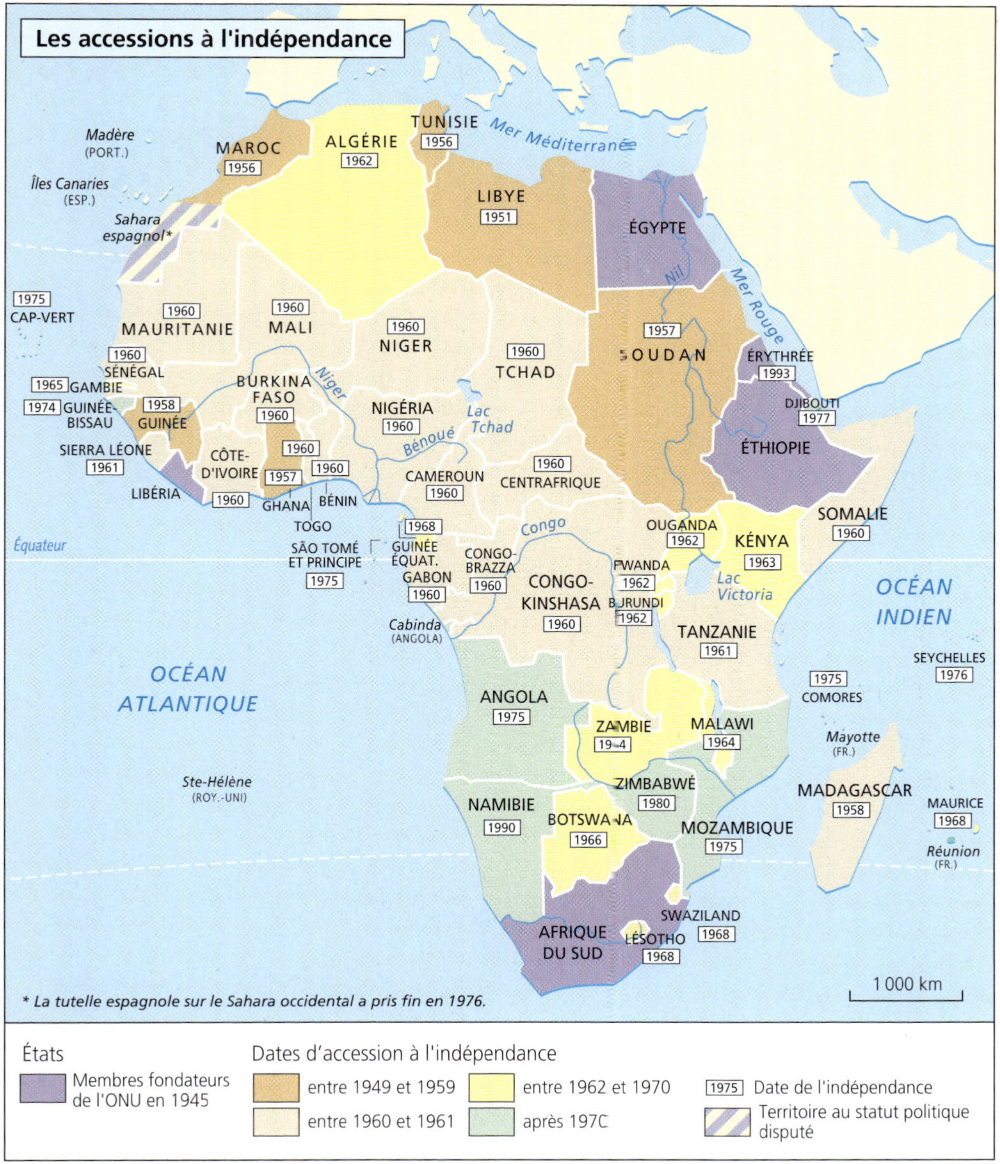

L'UNION AFRICAINE

L'Organisation de l'unité africaine (OUA), fondée en 1963, s'est transformée en Union africaine (UA) en 2002. Elle a son siège à Addis-Abéba. Tous les États africains en sont membres, à l'exception du Maroc, qui a quitté l'OUA en 1984 parce que la République arabe sahrouie démocratique (voir page 87) y avait été admise en 1982.

Dans de nombreux cas, les gouvernants ont vu dans la formule du parti unique, considéré comme un creuset, le moyen d'arriver à cette fin, mais cela a engendré des régimes autoritaires.

Au début des années 1990, avec la fin de la Guerre froide, les puissances occidentales et les institutions financières internationales ont exercé des pressions pour que soit restauré le multipartisme (qui était le plus souvent en vigueur, du moins en principe, à l'indépendance). Mais les régimes que l'on peut réellement qualifier de démocratiques demeurent assez peu nombreux (ceux de Maurice et – depuis 1994 – de l'Afrique du Sud étant les plus notables). Le modèle dominant est plutôt celui de régimes plus ou moins autoritaires au sein desquels des groupes très restreints manipulent (et détournent) les ressources de l'État.

La pauvreté reste ainsi le lot d'une forte proportion d'Africains : parmi les 36 pays dont l'IDH (Indicateur du développement humain, établi par le Programme des Nations unies pour le développement) est le plus bas, 32 sont en Afrique. De surcroît, la pandémie du sida affecte très gravement l'est et le sud du continent. La population africaine continue néanmoins d'augmenter (au rythme annuel de 2,2 %), mais la fécondité diminue régulièrement depuis les années 1980.

La vallée du Nil

L'histoire et la linguistique conduisent à distinguer trois secteurs dans la vallée du Nil. Au nord, en aval de la 1re cataracte du Nil, s'étend le domaine de la population égyptienne, très homogène depuis au moins cinq millénaires. À partir du VIIIe siècle, elle a peu à peu délaissé sa langue d'origine (l'égyptien ancien) au profit de l'arabe et adopté, dans sa majorité, l'islam.

Entre la 1re cataracte et la latitude du Kordofan, les populations de la vallée, dites nubiennes (au sens large), étaient de langues nilo-sahariennes. Elles ont adopté la langue arabe et se sont converties à l'islam de façon progressive, à partir du XIVe siècle.

Au sud, la vallée fait place à tout un réseau hydrographique convergeant vers le Nil Blanc. C'est le domaine de populations dites nilotiques, également de langues nilo-sahariennes mais organisées en petites communautés indépendantes. Elles sont demeurées à l'écart de l'islam et de l'usage de la langue arabe jusque dans la seconde moitié du XXe siècle.

Le secteur central de la vallée forme le cœur de l'actuel Soudan.

L'ÉGYPTE

Entre 5000 et 2350 av. J.-C. environ, la vallée du Nil jouit d'un climat plus humide que celui d'aujourd'hui. Dans ce contexte se développe tout un chapelet de communautés d'agriculteurs et d'éleveurs, qui communiquent facilement en naviguant sur le Nil. (Le courant pousse les bateaux vers l'aval, tandis qu'en sens inverse les vents du nord, dominants, permettent de remonter le fleuve à la voile.) Les processus qui vont conduire à l'unification politique de la vallée font l'objet d'hypothèses : essor de l'artisanat et du commerce, multiplication des conflits et souci d'y mettre fin… Toujours est-il qu'aux alentours de 3100 av. J.-C. la monarchie de Haute-Égypte conquiert la Basse-Égypte et réalise ainsi l'unité.

L'Ancien Empire et le Moyen Empire. La royauté égyptienne, d'essence divine et s'appuyant sur une administration centralisée, s'affirme à l'époque thinite (du nom de la capitale : This). Au XXVIIIe siècle av. J.-C., Djoser, premier souverain de la IIIe dynastie, transfère la capitale à Memphis. C'est l'acte de naissance de l'Ancien Empire, qui voit la civilisation égyptienne s'épanouir : les grandes pyramides datent de la IVe dynastie. Dans le panthéon égyptien, Rê (le soleil), vénéré à Iounou (Héliopolis), occupe alors le premier rang.

Durant la première période intermédiaire, le pouvoir politique se fragmente. Les princes de Thèbes (XIe dynastie) restaurent l'unité et privilégient le dieu local, Amon. Au Moyen Empire, le nouveau dieu d'État, Amon-Rê, procède d'un compromis entre les clergés de Thèbes et d'Héliopolis. Le royaume s'étend vers le sud jusqu'aux alentours de la 2e cataracte. Les invasions des Hyksos, populations sémitiques refoulées du Proche-Orient, marquent la deuxième période intermédiaire.

PÉRIODES ET DYNASTIES DE L'ÉGYPTE ANCIENNE

La tradition égyptienne distingue une trentaine de dynasties, que les égyptologues regroupent en sept périodes. Les dates indiquées ci-dessous sont approximatives.

	Années	Dynasties
Époque thinite	3100-2700	Ie-IIe
Ancien Empire	2700-2200	IIIe-VIe
Première période intermédiaire	2200-2050	VIIe-XIe
Moyen Empire	2050-1800	XIIe
Deuxième période intermédiaire	1800-1550	XIIIe-XVIIe
Nouvel Empire	1550-1080	XVIIIe-XXe
Basse Époque	1080-332	XXVIe-XXXIe

D'après J. Jankowski, *A Short History of Egypt*, Oneworld, Oxford, 2000.

Du Nouvel Empire à la Basse Époque. Des princes thébains chassent les Hyksos et inaugurent ainsi le Nouvel Empire, avec Thèbes pour capitale. Les pharaons (le titre apparaît à cette époque) mènent dès lors campagne au Proche-Orient contre d'autres empires (celui des Hittites, en particulier). Vers le sud, la domination égyptienne atteint la 4e cataracte. Le clergé de Thèbes s'enrichit et joue un rôle croissant en imposant un strict conservatisme culturel.

Au tournant des XIIIe et XIIe siècles av. J.-C., les attaques des Peuples de la mer (pour partie d'origine grecque ?) et des Libyens

(Berbères) affaiblissent le royaume. Ainsi débute la Basse Époque, marquée par des invasions et des dominations étrangères. Au VIIIe siècle, des Nubiens (voir page 37) s'emparent du pouvoir en Haute-Égypte (XXVe dynastie). Les Assyriens envahissent le pays dans les années 670, puis sont expulsés par le roi égyptien de Saïs, qui chasse aussi les Nubiens. Sous les Saïtes (XXVIe dynastie), l'Égypte recouvre son indépendance. Elle devient une satrapie (province) de l'Empire perse après sa conquête par Cambyse, vers 525. À la fin du Ve siècle, les Saïtes expulsent les Perses, qui reviennent en 341 et seront à leur tour supplantés par les Grecs d'Alexandre le Grand.

L'Égypte antique

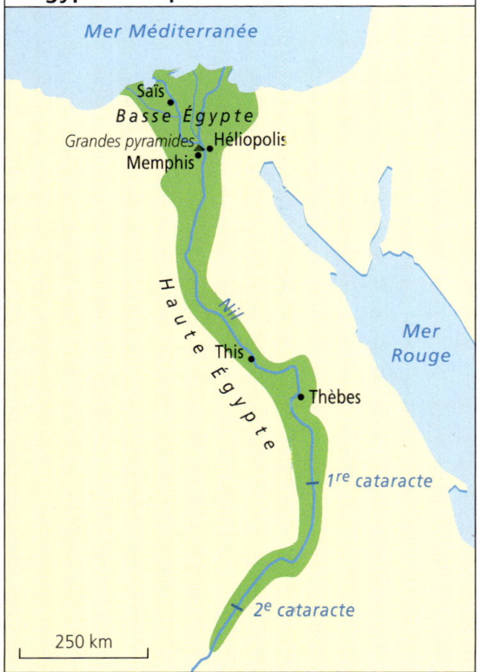

Extension à l'époque du Moyen Empire

Le temps des Ptolémée. Alexandre le Grand conquiert l'Égypte en 332 av. J.-C. et fonde Alexandrie. À sa mort en 323, le noble macédonien Ptolémée, fils de Lagos, obtient l'Égypte, la Cyrénaïque et la Palestine. En se proclamant roi en 305, il fonde la dynastie des Lagides (qui porteront tous le nom de Ptolémée). Les Lagides s'assurent le soutien des prêtres égyptiens et se présentent comme de nouveaux pharaons. Leur régime n'en est pas moins de type colonial. De très nombreux Grecs (et Juifs) s'installent à Alexandrie et dans d'autres villes, sans se mêler à la population autochtone, pour l'essentiel rurale et cantonnée dans les rôles subalternes. La bureaucratie grecque, en recourant à des interprètes, exploite les ressources du pays afin d'alimenter les caisses royales : lourde taxation des paysans, monopoles commerciaux, etc. Les Lagides ont du moins le mérite de faire d'Alexandrie le principal foyer intellectuel du monde hellénistique.

La puissance des Lagides décline à partir de la fin du IIIe siècle. En 168 av. J.-C., les Romains interviennent à leurs côtés contre leurs voisins orientaux les Séleucides (Grecs eux aussi). L'Égypte devient alors, en pratique, un protectorat romain. Les Romains prennent le contrôle de la Cyrénaïque en 74. Cléopâtre VII, reine d'Égypte de 51 à 30, se rapproche de Jules César puis, après la mort de ce dernier en 44, de Marc Antoine, mais leurs ambitions sont anéanties par Octave (qui prendra plus tard le nom d'Auguste) en 31. L'année suivante, Octave annexe l'Égypte à l'Empire romain.

Les Romains et l'essor du christianisme. Si une élite romaine coiffe désormais la bureaucratie de langue grecque, la vie des paysans égyptiens ne change guère. Une évolution de la société s'amorce au début du IIIe siècle, quand la plupart des résidents d'Égypte acquièrent le statut de citoyens romains. Simultanément, les anciens temples (que les Romains avaient d'abord subventionnés, à la suite des Lagides) sont peu à peu délaissés.

Le christianisme atteint très tôt la population d'Alexandrie, à commencer sans doute par sa nombreuse communauté juive (de langue grecque). Quand la Bible est traduite en copte, le christianisme se répand dans les campagnes aux dépens de la religion traditionnelle, à tel point qu'au début du IVe siècle, il semble que la moitié de la population égyptienne soit déjà convertie. Les persécutions font alors de nombreux martyrs, relançant la tradition fort ancienne de la retraite dans le désert, afin cette fois de s'y consacrer à la dévotion. On distingue les anachorètes, vivant seuls, des cénobites, réunis en communautés. Premier anachorète chrétien, l'Égyptien saint Antoine (250-356) attire des disciples dans la Thébaïde (désert aux alentours de Thèbes). Saint Pacôme (287-347) y fonde vers 320 une communauté que la tradition retiendra comme le point de départ de la vie monastique.

L'Égypte byzantine. À partir de la fin du IVe siècle, l'Égypte relève de l'Empire romain d'Orient (ou Empire byzantin), qui a pour capitale Constantinople (Byzance). Les autorités impériales continuent d'exploiter le pays, mais elles ont désormais affaire à une population en grande majorité chrétienne, encadrée par un clergé nombreux. Il a à sa tête le puissant patriarche d'Alexandrie, qui ressuscite l'esprit national des Égyptiens. La rivalité entre Alexandrie et Constantinople prend une dimension théologique, les controverses portant sur la relation du divin et de l'humain dans la personne du Christ. En 451, le concile de Chalcédoine rejette le monophysisme (union du divin et de l'humain dans le Christ en une seule nature), tandis que le clergé égyptien s'y rallie au contraire avec ardeur ; c'est l'origine de l'Église copte.

Les empereurs tentent ensuite de mettre fin au schisme, en alternant conciliation et persécutions. À partir de 460, deux patriarches siègent à Alexandrie : l'un dit melkite (« royal »), auquel se rallie une minorité de langue grecque, l'autre monophysite, soutenu par la masse de la population, de langue copte. L'empereur Héraclius (610-641), en cherchant à imposer à tous une doctrine nouvelle, provoque des réactions violentes. À la veille de la conquête arabe, l'hostilité des Égyptiens envers les Byzantins apparaît plus grande que jamais.

LA LANGUE DE L'ANCIENNE ÉGYPTE ET SON ÉCRITURE

La langue égyptienne appartient à la famille linguistique afro-asiatique. Dès le début de l'époque thinite, son écriture se présente sous deux formes : *hiéroglyphique*, très esthétique, dessinée ou gravée, et *hiératique*, dérivée de la première mais cursive et simplifiée, utilisée sur papyrus par les scribes. À la Basse Époque, l'écriture hiératique fait place, dans la vie civile, à une écriture de nouveau simplifiée, dite *démotique*. De surcroît, dès le IIIe siècle av. J.-C., les Égyptiens commencent à écrire leur langue en caractères grecs, en y ajoutant des signes empruntés au démotique : c'est l'écriture plus tard dite *copte* (le mot « copte » est un dérivé du grec *aegyptos*, « égyptien »).

Après la fermeture des temples traditionnels, au IVe siècle, l'usage et la lecture des écritures anciennes se perdent. Il faudra attendre Jean-François Champollion (1790-1832) pour les déchiffrer de nouveau.

La langue égyptienne, sous le nom de copte, demeure néanmoins bien vivante, avant de s'effacer peu à peu devant l'arabe, à partir du VIIIe siècle. Elle reste la langue liturgique de l'Église copte.

Des Arabes aux Ottomans

Après la mort du prophète Mohammed (632), les Arabes conquièrent la Syrie (aux dépens des Byzantins) et la Mésopotamie (aux dépens de l'Empire perse). En 639, le général arabe Amr ibn al-As envahit l'Égypte. Les forces byzantines d'Alexandrie capitulent en 642, les Égyptiens eux-mêmes n'ayant pas opposé de résistance. Amr ibn al-As fonde Fustat (aujourd'hui quartier du Caire), ville de garnison et nouvelle capitale du pays.

Arabisation, islamisation. Les Arabes, d'abord peu nombreux, maintiennent un régime de type colonial : les revenus tirés de l'agriculture alimentent les caisses du Califat (omeyyade de Damas à partir de 661, abbasside de Bagdad après 750). Les chrétiens comme les juifs ne sont pas inquiétés, mais ils doivent payer des impôts spéciaux, dont la *jizya* (capitation, « impôt par tête »).

Au VIIIe siècle, les conversions à l'islam se multiplient, pour diverses raisons sociales et économiques, dont le souci d'échapper aux impôts spéciaux. D'une façon plus générale, il apparaît alors que le nouveau régime présente un caractère définitif et qu'il est sage de s'y rallier. Il semble que les musulmans soient devenus majoritaires en Égypte dès le IXe siècle. Simultanément, l'usage de l'arabe, devenue langue officielle en 706, ne cesse de progresser aux dépens du copte, y compris dans la population demeurée chrétienne : dès le XIe siècle, les évêques coptes doivent s'adresser à leurs ouailles en arabe.

Les Tulunides et les Ikhchidides. Au IXe siècle, le califat recrute des mercenaires (ou « mamelouks », voir page 31). L'un d'entre eux, le Turc Ahmad ibn Tulun, exerce la réalité du pouvoir à Fustat à partir de 868. Il prend le contrôle des finances et met sur pied une armée de mamelouks et de Noirs achetés en Nubie (voir page 37). L'Égypte redevient, en pratique, un État indépendant, quoique toujours gouverné par des dynasties étrangères. Khumarawaih, fils d'Ibn Tulun, lui succède en 884 et se fait reconnaître par Bagdad, moyennant tribut. Les troupes du califat mettent néanmoins fin à la dynastie tulunide en 905. L'Égypte retrouve une quasi-indépendance sous les Ikhchidides (936-968), à l'origine mercenaires iraniens.

Le siècle d'or des Fatimides. Les Fatimides (dynastie d'Arabes chiites) ont pris le pouvoir dans l'est du Maghreb (Ifriqiya) en 909 (voir page 67), puis tenté à plusieurs reprises de conquérir l'Égypte. Leur général d'origine arménienne Jawhar, à la tête d'une armée de Berbères, y parvient enfin en 969 et fonde aussitôt, au nord de Fustat, une nouvelle capitale, al-Qahira, « la Victorieuse » (Le Caire). Le calife fatimide al-Muizz s'y installe en 973.

L'effondrement du califat abbasside de Bagdad, au milieu du Xe siècle, permet aux

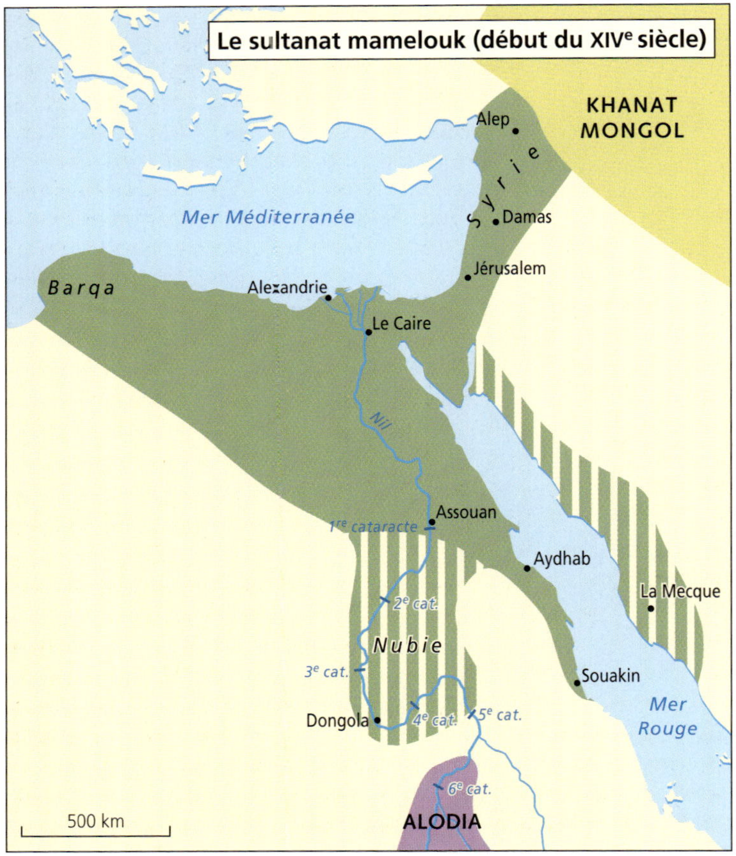

Fatimides de mener une politique extérieure ambitieuse, d'autant qu'ils disposent d'une importante force militaire, composée de Berbères, de mamelouks et de Noirs. Ils s'emparent de la Syrie, tandis que l'émir de La Mecque reconnaît leur autorité. En revanche, ils perdent le contrôle de leurs possessions du Maghreb à la fin du Xe siècle (voir page 67). Le régime bénéficie par ailleurs d'une prospérité nouvelle, car les grands courants commerciaux ont abandonné le golfe Persique et l'Irak au profit de la mer Rouge et de l'Égypte. Celle-ci se situe alors au centre de la vie politique et économique du monde musulman (et conservera cette position jusqu'au XVe siècle).

Des Fatimides aux Ayyubides. À partir du milieu du XIe siècle, des rivalités entre castes militaires minent l'autorité des Fatimides. De surcroît, les Francs de la première croisade s'emparent aux alentours de 1100 des régions côtières de la Syrie et de la Palestine. Les affrontements se sont multipliés en Égypte au milieu du XIIe siècle et c'est finalement le général kurde Salah ad-Din (Saladin), venu de Damas, qui s'impose en 1169. Deux ans plus tard, il fonde la dynastie, sunnite, des Ayyubides (du nom de son père, Ayyub). Il reprend ensuite possession de la Syrie et confine les croisés sur le littoral. Le règne de Salah ad-Din (mort en 1193) ramène l'ordre et la prospérité en Égypte. Ses successeurs ne parviennent toutefois pas à résoudre la question des luttes de pouvoir entre militaires : pour résister aux croisés, ils recrutent des troupes d'élite qui finiront par les évincer.

Le sultanat mamelouk. En 1260, le mamelouk Baybars prend le pouvoir au Caire, puis y accueille un réfugié de la famille abbasside (chassée de Bagdad par les Mongols en 1258) et en fait un calife ; celui-ci le nomme à son tour sultan. Les deux siècles et demi de sultanat mamelouk se divisent en deux périodes : celle des Bahrites, turcs (1260-1382), et celle des Burdjites, circassiens (1382-1517). Les Bahrites se font les champions de l'islam : en 1291, ils expulsent les derniers croisés de Palestine. En Égypte même, ils jouent de l'hostilité populaire envers les chrétiens (qu'il s'agisse des croisés ou des fonctionnaires coptes du fisc) pour lancer des campagnes de conversions forcées. Dès le XVe siècle, la proportion de chrétiens dans la population égyptienne se trouve réduite à son niveau actuel (voir page 35). Sous le règne des Bahrites, l'Égypte connaît de nouveau une grande prospérité. Le commerce des épices transite par Alexandrie, que fréquentent les navires vénitiens, génois, etc. Le Caire fait alors figure de métropole du monde musulman. À l'époque des Burdjites, en revanche, les difficultés se multiplient : coups d'État, révoltes en haute Égypte…

Au début du XVIe siècle, les Portugais s'emparent du commerce des épices dans l'océan Indien, puis défont, en 1509, la flotte que les Mamelouks avaient envoyée contre eux en mer d'Oman. Simultanément, une nouvelle puissance s'affirme au Proche-Orient : en 1516, le sultan ottoman Selim Ier affronte les Mamelouks en Syrie et les bat, grâce à la supériorité de son artillerie. Il entre au Caire l'année suivante, annexe l'Égypte et se proclame lui-même calife.

L'Égypte ottomane. Un gouverneur (pacha) administre la province d'Égypte, où sont stationnés plusieurs régiments ottomans, chacun commandé par un *agha* (officier de la cour du sultan). La caste des mamelouks subsiste néanmoins : ses chefs, intégrés dans la hiérarchie ottomane, portent le titre de bey. Jusqu'en 1580 environ, les pachas s'appuient sur une administration fiscale rénovée. Des difficultés financières les conduisent ensuite à mettre en place un système d'affermage (*iltizam*) de la collecte des impôts. La compétition en vue de l'obtention de l'*iltizam* met aux prises d'anciens aghas et, surtout, les beys mamelouks, qui connaissent mieux le pays et vont dominer la scène aux XVIIe et XVIIIe siècles. Le système conduit à des détournements considérables, de telle sorte que le pouvoir des pachas ne cesse de se restreindre.

> **L'ORGANISATION DES MAMELOUKS**
>
> L'idée de constituer des troupes d'élite avec de jeunes esclaves (mamelouks) vient sans doute d'Asie centrale. Ceux d'Égypte sont achetés sur les rives de la mer Noire et acheminés à Alexandrie par des Génois. Il s'agit surtout de Turcs kiptchak (de l'actuelle Ukraine), puis de Circassiens (du Caucase occidental). Quand leur formation militaire est achevée, les mamelouks continuent d'appartenir à une « maison ». Chacune d'entre elles forme à la fois un régiment et un clan, mais aussi un organe politico-économique, avec sa clientèle, ses intérêts financiers et commerciaux, etc. Dans leurs incessants conflits, les « maisons » se neutralisent les unes les autres. En revanche, leur organisation même (souvent assortie du recours à la violence) leur permet de contrôler la société égyptienne, alors que les mamelouks ne sont que quelques dizaines de milliers au total.

Les Français en Égypte. L'expédition conduite par Bonaparte aboutit à la prise d'Alexandrie en juillet 1798, puis à la défaite des Mamelouks lors de la bataille des Pyramides. Dès le mois suivant, toutefois, l'amiral anglais Horacio Nelson anéantit la flotte française en rade d'Aboukir. Bonaparte résiste aux Ottomans (soutenus par les Anglais), puis regagne secrètement la France en 1799. L'armée française finit par capituler en 1801, face aux Anglais.

De Méhémet Ali aux Britanniques

Les grandes réformes de Méhémet Ali. Un chef militaire ottoman, l'Albanais Méhémet Ali, se proclame pacha d'Égypte en 1805 et obtient l'assentiment du sultan. Après avoir fait massacrer les beys mamelouks en 1811, il s'appuie sur des fonctionnaires et des militaires d'origine ottomane (Turcs, Albanais, Grecs…) et sur des mamelouks circassiens ralliés. Cette élite « turco-circassienne » va dominer l'Égypte jusqu'à la fin du XIXe siècle.

Méhémet Ali engage des réformes qui font de lui le fondateur de l'Égypte moderne. Aux troupes albanaises, peu disciplinées, il substitue une armée nouvelle, composée d'abord d'esclaves noirs razziés au Soudan, puis, à partir de 1823, de conscrits égyptiens (encadrés par des officiers turco-circassiens). Cela lui permet de mener une politique extérieure ambitieuse. En 1820, il entreprend la conquête du Soudan (voir page 39). Il intervient ensuite dans la guerre d'indépendance grecque à la demande du sultan ottoman puis, pour prix de son aide, s'empare de la Syrie au début des années 1830. Ce faisant, il inquiète les Britanniques, qui le contraignent à reculer : en 1841, il doit abandonner la Syrie. En compensation, il obtient que la fonction de pacha d'Égypte devienne héréditaire.

Pour assurer à son régime un maximum de revenus, Méhémet Ali fait main basse sur l'agriculture. Les terres, quoique toujours exploitées de façon familiale, passent sous le contrôle du pacha (qui en concède toutefois certaines à titre viager). La culture du coton, destiné à l'exportation, connaît un grand essor.

Les successeurs de Méhémet Ali. Malade, Méhémet Ali renonce au trône en 1848 et meurt en 1849. À Abbas Hilmi Ier (1848-1854), très conservateur, succède Saïd (1854-1863), qui poursuit au contraire la politique de modernisation de Méhémet Ali, autorisant notamment le creusement du canal de Suez. De son règne datent deux grandes réformes : les terres concédées à titre viager le deviennent à titre héréditaire (ainsi va se former une classe de grands propriétaires) ; les grades d'officiers supérieurs sont ouverts aux Égyptiens de souche.

Ismail (1863-1879) instaure en 1866 une Assemblée consultative, élue au suffrage indirect. L'année suivante, il obtient du sultan le titre de khédive (vice-roi). Afin d'« européaniser » l'Égypte, Ismail lance de grands chantiers (construction de chemins de fer, ouverture de nombreuses écoles, etc.) massivement financés par des emprunts contractés sur les places européennes à des taux exorbitants. La dette égyptienne atteint une ampleur telle que, en 1876, Ismail en suspend les remboursements.

La crise et l'occupation britannique. En 1876, pour contrôler les finances égyptiennes, les Européens (Britanniques et Français, en particulier) instituent une « Caisse de la dette ». Trois forces rivalisent dès lors : le régime lui-même, les puissances européennes et une nébuleuse d'opposants prônant « L'Égypte aux Égyptiens ». Ismail tente de reprendre son indépendance, mais les puissances obtiennent du sultan ottoman son remplacement par Tawfiq (1879-1892), plus docile. Au sein de l'opposition, des officiers égyptiens (et non plus turco-circassiens) jouent un rôle croissant, sous la conduite du colonel Ahmad Urabi qui devient ministre de la Guerre en 1882, à la suite d'élections. La tension monte, des émeutes éclatent à Alexandrie. En juillet, après un ultimatum, des navires britanniques bombardent la ville (la France s'abstient). Au cours de l'été, des forces britanniques débarquent et défont l'armée d'Urabi (exilé à Ceylan). Le khédive reste en place, toujours vassal du sultan ottoman, mais la Grande-Bretagne détient désormais le monopole de la force militaire : outre les troupes d'occupation, il ne subsiste qu'une petite armée égyptienne, encadrée par des officiers britanniques. Londres peut ainsi dicter la politique de l'Égypte par l'intermédiaire de son consul général au Caire.

LE CANAL DE SUEZ

En 1854, Ferdinand de Lesseps (1805-1894) fonde la Compagnie universelle du canal maritime de Suez. Elle reçoit une concession de 99 ans à dater de l'ouverture du canal. Il est prévu que les bénéfices seront répartis à raison de 75 % à la Compagnie, 15 % à l'Égypte et 10 % aux fondateurs. Les travaux s'échelonnent de 1859 à 1869, avec des interruptions provoquées par la Grande-Bretagne, qui s'inquiète de l'influence grandissante de la France en Égypte.
En 1875, le khédive Ismail, à cours d'argent, vend les titres détenus par l'Égypte au gouvernement de Londres, qui devient ainsi le principal actionnaire de la Compagnie. La convention de Constantinople (1888) fixe le statut international du canal : il doit être ouvert, en temps de guerre comme en temps de paix, aux navires marchands et militaires de tous les pays. Le canal a cependant été fermé à la navigation de novembre 1956 à avril 1957 à la suite de la crise de Suez (voir page 34), puis d'octobre 1967 à juin 1975 à la suite de la guerre des Six Jours (voir page 35).

L'évolution de la société. Au début du XXe siècle, les grands propriétaires terriens, pour beaucoup issus de l'élite turco-circassienne, occupent le sommet de la hiérarchie sociale. Les secteurs clés de l'économie (commerce du coton, banques...) sont toutefois aux mains des étrangers (Grecs, Italiens, Français, Britanniques, Autrichiens...), attirés au XIXe siècle par cet « Eldorado sur le Nil ». Au nombre de 235 000 à la veille de 1914, ils vivent en ville, dans des quartiers bâtis à l'européenne, et jouissent d'un statut juridique spécial, sur lequel veillent leurs consuls (régime des capitulations en vigueur dans tout l'Empire ottoman).

Si la plus grande partie de la population égyptienne reste composée de paysans (fellahs), un nombre croissant d'Égyptiens de souche forment une classe moyenne (fonctionnaires, officiers, avocats, hommes d'affaires...), dont les couches supérieures rejoignent l'élite turco-circassienne. Une presse en langue arabe (devenue langue de l'administration vers 1870, en remplacement du turc) favorise la circulation des idées. Des partis politiques se forment, dont le parti nationaliste Watani dirigé par Mustafa Kamil. Le khédive Abbas Hilmi II (1892-1914) encourage en sous-main l'opposition aux Britanniques.

Le protectorat. L'Empire ottoman entre en guerre contre la Grande-Bretagne et ses alliés en novembre 1914. Le mois suivant, les Britanniques instaurent un protectorat sur l'Égypte et déposent Abbas Hilmi II. Il est remplacé par Husayn Kamil, qui prend le titre de sultan et auquel Fouad succédera en 1917. Un haut commissaire britannique exerce la réalité du pouvoir. Bien que l'Égypte demeure à l'écart de la guerre proprement dite, c'est une période difficile pour la population (réquisitions, inflation, etc.).

À la fin de 1918, une délégation (*wafd*) de notables égyptiens, conduite par Saad Zaghlul, demande la fin du protectorat. Le Wafd se mue bientôt en un mouvement politique puissant. Quand les Britanniques arrêtent Zaghlul, en mars 1919, des manifestations et grèves éclatent dans tout le pays. Les Britanniques rétablissent l'ordre, puis engagent des négociations, qui piétinent. Pour finir, Londres proclame unilatéralement la fin du protectorat en février 1922.

Le royaume d'Égypte

L'Égypte n'obtient qu'une quasi-indépendance, car les Britanniques ont réservé quatre points, dans l'attente d'un traité définitif : la sécurité de leurs communications impériales et la défense du pays ; la protection des étrangers (régime des capitulations) ; le statut du Soudan (voir page 42). Il résulte des deux premiers points que des troupes britanniques demeurent stationnées en Égypte et que le haut commissaire conserve une influence considérable. Fouad prend le titre de roi. Une Constitution, promulguée en 1923, instaure un régime parlementaire tout en réservant à la royauté de grands pouvoirs (désignation du Premier ministre, droit de dissolution, etc.).

La vie politique de 1923 à 1945. Elle se résume en une lutte entre trois forces : le roi (Fouad jusqu'en 1936, puis Farouk), qui entend exercer le pouvoir ; les Britanniques, attentifs à leurs propres intérêts ; le Wafd, porte-parole de la nouvelle élite égyptienne et qui s'oppose à la fois aux prérogatives royales et à la présence britannique. Bien que le Wafd remporte régulièrement les élections, le roi parvient le plus souvent à le tenir à l'écart du pouvoir, en manipulant des petits partis. Après une période assez libérale, Fouad impose un régime très autoritaire de 1930 à 1933. L'accession au trône de Farouk, populaire au début de son règne, et le retour du Wafd au pouvoir, en 1936, détendent l'atmosphère. La même année, l'Égypte signe avec la Grande-Bretagne un traité restaurant son indépendance. Il s'accompagne d'une alliance militaire (pour vingt ans), les troupes britanniques étant désormais cantonnées dans la zone du canal. Les capitulations sont abolies. Le statut du Soudan demeure toutefois en suspens (voir page 43).

Lors de la Seconde Guerre mondiale, des sympathies se manifestent en Égypte envers les puissances de l'Axe. En février 1942, alors que l'armée allemande du maréchal Erwin Rommel atteint l'est de la Libye, les Britanniques imposent à Farouk de rappeler au pouvoir le Wafd, favorable aux Alliés. (Les Allemands occupent El-Alamein, situé à 100 kilomètres à l'ouest d'Alexandrie, de juillet à octobre 1942.) Farouk congédie le gouvernement du Wafd dès 1944.

Le régime en difficulté. L'Égypte, qui avait bénéficié de l'économie de guerre, souffre après 1945 de graves problèmes (surpopulation rurale, chômage urbain, inflation…) que les gouvernements successifs ne savent pas résoudre. Des mouvements hostiles au régime se développent, en particulier celui des Frères musulmans (voir l'encadré).

Sur le plan extérieur, la création de la Ligue arabe, en mars 1945 au Caire, permet à l'Égypte de se poser en leader des pays arabes, mais son prestige vacille quand Israël, en 1948-1949, met en échec cinq pays arabes coalisés (Égypte, Transjordanie, Syrie, Liban et Irak) et s'impose en tant qu'État. Il s'ensuit une surenchère nationaliste : en 1951, le gouvernement dénonce le traité anglo-égyptien de 1936, tandis que les troupes britanniques font l'objet d'un harcèlement, à tel point que le 25 janvier 1952, à Ismaïlia, elles abattent une cinquantaine de policiers égyptiens qui assaillaient leur caserne. Le lendemain, « samedi noir », des émeutes ravagent Le Caire : plusieurs centaines de bâtiments (pour la plupart propriété d'Occidentaux) sont incendiés. L'armée ramène le calme, mais le régime est à bout de souffle.

> LES FRÈRES MUSULMANS
>
> Fondée en 1928 en Égypte par un instituteur, Hassan al-Banna, la Confrérie des Frères musulmans prône la création d'un État théocratique et dénonce la civilisation occidentale, tout en se proclamant anticommuniste. Elle rallie de nombreux adeptes après 1945, en particulier parmi les étudiants et dans les milieux populaires, tant citadins que ruraux. Organisés en commandos, les Frères musulmans multiplient alors les attentats, provoquant la mort de deux Premiers ministres. Au début de 1949, la police secrète assassine Al-Banna. Le maître à penser de l'islamisme égyptien est dès lors Sayyed Qutb (1906-1966), emprisonné en 1954 et dont l'ouvrage *Signes de piste*, paru en 1964, continue d'inspirer les courants islamistes contemporains.

L'Égypte de Nasser

La mise en place d'un nouveau régime. En juillet 1952, des militaires égyptiens, les Officiers libres (organisation secrète créée en 1949), réussissent un coup d'État et contraignent le roi Farouk à l'abdication et à l'exil. Ils forment un Conseil supérieur de la révolution, puis placent le général Mohammed Néguib à la tête du gouvernement. La monarchie ayant été abolie en 1953, Néguib devient président de la République.

Dès 1952, une réforme agraire a sapé le pouvoir des grands propriétaires terriens. Les partis politiques sont interdits au début de 1953, l'organisation des Frères musulmans un an plus tard. Des négociations avec les Britanniques aboutissent à un accord sur le Soudan en 1953 (voir page 43), puis, en octobre 1954, à l'abrogation du traité de 1936 : il est convenu que l'évacuation de la zone du canal par les Britanniques s'achèvera en juin 1956.

L'ascension de Nasser. En 1954, l'un des Officiers libres, le lieutenant-colonel Gamal Abdel Nasser, conquiert le pouvoir aux dépens de Néguib. Les Frères musulmans ayant tenté de l'assassiner en octobre, Nasser engage une répression féroce du mouvement, qui ne relèvera plus la tête avant les années 1970. En 1956, une Constitution instaure un régime présidentiel fort et, dans les faits, un régime de parti unique (l'Union nationale). Nasser est élu président (*raïs*) de la République en juin, avec 98 % des suffrages.

Le nouveau chef de l'État égyptien entend promouvoir l'union des pays arabes, y compris en matière de défense. Aussi s'oppose-t-il à la politique britannique, fondée à partir de 1955 sur une nouvelle alliance, le pacte de Bagdad, signé par l'Irak, la Turquie, l'Iran et le Pakistan. Nasser obtient qu'aucun autre pays arabe n'y adhère. (L'Irak s'en retirera dès 1959.) Par ailleurs, Nasser s'affirme comme l'un des leaders du mouvement des pays non alignés, aux côtés de ses homologues indien, Nehru, indonésien, Sukarno, et yougoslave, Tito (conférence de Bandung en 1955, considérée comme marquant l'émergence des peuples du tiers monde sur la scène internationale). Cette politique inquiète Israël et les puissances occidentales, de moins en moins disposées à fournir des aides à l'Égypte. Nasser se tourne alors vers l'URSS, qui donne son accord à la fourniture d'armes tchécoslovaques (fin 1955).

De la nationalisation du canal à la RAU. Au premier rang des projets du raïs figure la construction d'un haut barrage à Assouan (voir l'encadré). Son financement fait l'objet de négociations avec les États-Unis et la Grande-Bretagne, mais Washington, irrité par la politique extérieure égyptienne, y met fin en juillet 1956. Dès le 26, Nasser riposte en nationalisant la Compagnie du canal de Suez, pour assurer le financement du barrage. L'opération se déroule sans incident.

Trois États, toutefois, se concertent pour réagir : la Grande-Bretagne, qui était le principal actionnaire de la Compagnie ; la France, qui n'apprécie pas le soutien qu'apporte Nasser aux nationalistes algériens dans le cadre de la guerre d'indépendance en Algérie (voir page 76) ; Israël, qu'inquiète la puissance militaire de l'Égypte. En octobre, ils s'accordent sur un plan en deux temps : Israël envahit le Sinaï ; les forces britanniques et françaises en tirent prétexte pour intervenir, occupent la zone du canal... et renversent Nasser. Israël lance son attaque les 29-30 octobre et occupe le Sinaï au bout de quelques jours, après quoi, en dépit de l'opposition de Washington et de l'ONU, les troupes franco-britanniques débarquent à Port-Saïd le 5 novembre. Mais les menaces de l'URSS, jointes à celles des États-Unis, mettent fin à l'aventure dès le lendemain. Les forces franco-britanniques se retirent en décembre, les forces israéliennes en mars 1957. Des soldats de l'ONU stationnent ensuite le long de la frontière israélo-égyptienne.

Le dénouement de la crise de Suez renforce le prestige de Nasser dans le monde arabe. De surcroît, il permet à l'État égyptien d'accroître sa puissance économique : les biens britanniques et français sont nationalisés, de même que ceux de Juifs égyptiens, contraints à l'émigration. Par ailleurs, Nasser poursuit son rapprochement avec l'URSS : en janvier 1958, Moscou s'engage à participer au financement du haut barrage. Au même moment, des officiers syriens se rendent au Caire pour demander l'union de leur pays avec l'Égypte. Bien qu'*a priori* réticent, Nasser accepte : la République arabe unie (RAU) voit le jour dès février. Sous l'autorité d'un gouvernement central, siégeant au Caire, chacune des deux « provinces » (nord et sud) est administrée par un Conseil exécutif.

Le temps des revers. Les nationalisations de 1956-1957 conduisent à une étatisation de l'économie, puis au renforcement de la centralisation : en août 1961, les deux « provinces » perdent leur autonomie. Le mois suivant, des officiers syriens procèdent à un coup d'État. Nasser ayant renoncé à une intervention militaire, la Syrie recouvre son indépendance. Nasser décide alors de radicaliser le régime : confiscation des biens des grands capitalistes égyptiens, mesures en faveur des plus déshérités, création d'un vaste mouvement de masse, l'Union socialiste arabe. Néanmoins, les difficultés économiques s'accumulent, d'autant que la bureaucratie égyptienne, déjà pléthorique, ne cesse de s'alourdir. De surcroît, à partir de 1962, Nasser engage l'armée égyptienne dans la guerre civile au Yémen : elle y soutient les républicains contre les royalistes (financés par l'Arabie saoudite), mais le coût de ces opérations est très élevé.

LE HAUT BARRAGE D'ASSOUAN

Traditionnellement, les fellahs se bornaient à contrôler la montée des eaux de la crue estivale du Nil pour submerger et fertiliser leurs terres. Le haut barrage, en régularisant le débit du fleuve, permet au contraire de pratiquer toute l'année une irrigation savante, mais il a aussi des effets négatifs : le limon fertilisant demeure en aval, la salinité des eaux du delta augmente...

La mise en eau du barrage a débuté en 1970. La retenue (lac Nasser), d'une capacité de 130 km^3, couvre 60 000 km^2 pour une longueur de 400 km, dont 200 km au Soudan.

Au milieu des années 1960, les incidents se multiplient entre Israël et deux de ses voisins, la Syrie et la Jordanie. Les surenchères entre pays arabes poussent Nasser à agir. En mai 1967, il demande le retrait des forces de l'ONU (qui faisaient écran entre l'Égypte et Israël), puis ferme le détroit de Tiran à la navigation israélienne. Le 31 mai, le roi de Jordanie signe un accord de défense avec Le Caire. Israël réagit le 5 juin, en détruisant au sol la plus grande partie de l'aviation égyptienne. Ainsi débute la guerre des Six Jours (5-10 juin), qui pour l'Égypte tournera au désastre : les Israéliens occupent désormais la totalité du Sinaï.

Nasser veut démissionner, mais la population manifeste pour s'y opposer. L'armée égyptienne quitte le Yémen, après quoi l'Arabie saoudite accorde à l'Égypte une aide financière. Nasser renonce alors, semble-t-il, à ses objectifs panarabes. Sa mort, le 28 septembre 1970, provoque dans le pays une émotion sans précédent.

> LA QUESTION COPTE
>
> L'actuelle proportion de chrétiens dans la population égyptienne fait l'objet d'estimations controversées, oscillant entre 6 % et 12 %. La plupart d'entre eux relèvent de l'Église orthodoxe copte, dirigée par le patriarche (ou pape) d'Alexandrie.
>
> La question copte présente deux aspects.
> – D'une façon générale, elle concerne le statut des chrétiens dans une société majoritairement musulmane. La neutralité religieuse du régime nassérien (comme de la royauté avant lui) a fait place, depuis 1971, à une primauté de l'islam, du moins de principe. Cela incite les coptes à resserrer les rangs, sous la houlette de leur Église.
> – En moyenne Égypte (région d'Assiout), où les coptes sont proportionnellement plus nombreux (près de 20 % de la population), la tension se double de rivalités locales anciennes, qui conduisent à de violents incidents.

L'Égypte après 1970

Sadate et la guerre d'Octobre. Le vice-président Anouar el-Sadate prend la suite de Nasser, succession approuvée par référendum en octobre 1970. Né en 1918 comme son prédécesseur, Sadate a lui aussi fait partie des Officiers libres, mais il est davantage un patriote égyptien qu'un nationaliste arabe. En 1971, l'appellation RAU (conservée après 1961) fait place à celle de République arabe d'Égypte. La même année, Sadate destitue son principal rival, le vice-président Ali Sabri, défenseur de l'orthodoxie nassérienne (il sera ensuite incarcéré). Il entreprend aussi de corriger certaines mesures : les biens confisqués après 1961 sont restitués, du moins pour partie. En 1972, il renvoie les conseillers militaires soviétiques, à la satisfaction des forces armées.

L'occupation du Sinaï par Israël demeure un souci majeur. Toutefois, avant d'entamer des négociations, Sadate souhaite renforcer la position de l'Égypte. C'est le but de l'offensive lancée conjointement avec la Syrie le 6 octobre 1973, dans le Sinaï et le Golan. Ainsi débute la guerre d'Octobre (ou guerre du Kippour). Les forces israéliennes contre-attaquent avec succès, mais les pays arabes mettent alors un embargo sur leurs exportations de pétrole. Le 22 octobre, le Conseil de sécurité de l'ONU adopte une résolution américano-soviétique exigeant un cessez-le-feu, mis en œuvre dans les jours suivants.

La paix avec Israël. La guerre d'Octobre est un succès diplomatique égyptien : les États-Unis (avec lesquels les relations, rompues en 1967, sont rétablies en 1973) vont désormais faciliter les négociations entre Le Caire et Israël. En 1975, l'Égypte récupère l'ouest du Sinaï, tandis que le canal est de nouveau ouvert. En novembre 1977, Sadate se rend à Jérusalem, initiative condamnée par les pays arabes mais qui a un grand retentissement dans les pays occidentaux. En septembre 1978, enfin, les accords de Camp David, sous l'égide du président américain Jimmy Carter, établissent les termes d'un traité de paix séparée, signé à Washington en mars 1979. Les Israéliens achèveront d'évacuer le Sinaï en 1982. La paix avec Israël a son prix : l'Égypte est exclue de la Ligue arabe (qui installe son siège à Tunis), les aides financières arabes se tarissent. Par ailleurs, les islamistes égyptiens considèrent la paix comme une trahison.

L'ouverture et ses limites. Sous le nom d'*infitah* (« ouverture »), la politique économique s'assouplit, tout en bénéficiant d'un contexte nouveau : hausse de la production pétrolière nationale, revenus des nombreux travailleurs égyptiens résidant dans d'autres pays arabes, essor du tourisme… Sur le plan politique, en revanche, la relative libéralisation amorcée en 1971 ne conduit pas à une réelle ouverture : le pouvoir s'attache à promouvoir un parti officiel qui, sous diverses appellations, remporte toutes les élections.

La question la plus difficile est celle de l'islamisme. Réduit au silence par Nasser, il se développe de nouveau, dans les années 1970, sous la forme d'un vaste réseau de services sociaux (aide sociale, enseignement, santé, etc.), qui comble les carences de l'État. Le militantisme islamique incite les coptes à s'organiser eux aussi, de telle sorte que la tension monte entre les deux communautés, surtout en moyenne Égypte (voir l'encadré page 35). Sadate donne satisfaction à l'islam sur certains points de principe, mais il se soucie avant tout d'ordre public. En septembre 1981, il fait arrêter les principaux dirigeants islamistes radicaux, ainsi que des dignitaires coptes et diverses personnalités politiques. Le 6 octobre, il meurt assassiné par un commando islamiste.

Moubarak, adepte de la stabilité. À Sadate succède le vice-président Hosni Moubarak, auparavant commandant en chef de l'armée de l'air. Moubarak cherche avant tout à préserver la stabilité du pays ainsi que sa propre position : il sera reconduit en 1987, 1993 et 1999. Il maintient des liens militaires et économiques avec les États-Unis, tout en renouant avec les pays arabes : en 1989, l'Égypte réintègre la Ligue arabe. En 1991, il engage son pays dans la guerre du Golfe au sein de la coalition contre l'Irak.

Tandis que les États-Unis réduisent la dette égyptienne, le gouvernement libéralise l'économie (dérégulation, privatisations, etc.), en dépit de la résistance de la bureaucratie et des ouvriers. Cela enraie l'inflation, mais aggrave les inégalités sociales : c'est la fin de l'État-providence que Nasser avait tenté d'instaurer. Sur le plan politique, Moubarak se montre d'abord relativement libéral, puis, à partir de 1985, il doit faire face aux revendications des islamistes radicaux. À la violence, qui croît et atteint son paroxysme dans les années 1992-1997, le régime répond par une répression de plus en plus brutale. Après 1995, les mouvements islamistes radicaux sont très affaiblis et divisés. Leurs leaders, pour la plupart emprisonnés, annoncent un arrêt des attentats en 1998. Par le biais de l'islam social, l'islamisation de la société continue néanmoins de progresser. Quant à la vie politique, elle reste dominée par le raïs et son parti « officiel », tout en ménageant de nombreux et subtils jeux d'influences.

La population. L'Égypte compte 74 millions d'habitants, répartis sur 69 000 km². Très homogène, la population est en totalité de langue arabe. Les musulmans sont les plus nombreux, sans que l'on connaisse précisément la proportion des chrétiens (voir page 35).

Jusqu'en 1958, le drapeau égyptien comportait un croissant, symbole d'origine ottomane ensuite associé à l'islam, et trois étoiles.

Celui de la RAU, en usage de 1958 à 1972, reprend les quatre couleurs panarabes. C'est aujourd'hui encore le drapeau de la Syrie.

Sur le drapeau actuel figure un aigle, emblème du sultan Saladin (XIIe siècle).

LE SOUDAN

Koush et Méroé. Au XVIe siècle av. J.-C., les Égyptiens envahissent le pays de Koush, dont le cœur se situe au sud de la 3e cataracte du Nil. Ils placent à sa tête un vice-roi, membre de la famille du pharaon, et étendent leur domination jusqu'à la 4e cataracte. La lignée des vice-rois, toutefois, se fond peu à peu dans l'aristocratie nubienne, à tel point qu'au XIe siècle le royaume de Koush se rend indépendant, avec pour capitale Napata. Ses souverains conquièrent les territoires jusqu'à la 1re cataracte aux alentours de 900, puis, vers 750, l'Égypte elle-même, qu'ils gouvernent (XXVe dynastie) durant près d'un siècle. Ils regagnent ensuite Napata (en conservant le titre de pharaon), avant de transférer, au VIe siècle, leur capitale à Méroé, entre la 5e et la 6e cataracte.

Le royaume s'étend alors de la 1re cataracte à Sennar, sur le Nil Bleu. La région de Méroé se prête à la fois à l'agriculture et à l'élevage et dispose de ressources en minerai de fer et en bois, permettant l'essor d'une importante métallurgie. Les échanges commerciaux se développent avec les navigateurs grecs, nombreux en mer Rouge après la conquête de l'Égypte par Alexandre le Grand (332 av. J.-C.). L'influence culturelle égyptienne, d'abord forte, s'estompe : au IIe siècle av. J.-C., les inscriptions en hiéroglyphes font place à des inscriptions en une langue locale, le méroïtique, reposant sur un alphabet particulier, non déchiffré à ce jour. Sans doute s'agissait-il d'une langue nilo-saharienne.

À partir du Ier siècle apr. J.-C., le royaume de Méroé décline, peut-être pour des raisons écologiques, tandis qu'à l'est s'affirme la puissance d'Aksoum, premier royaume éthiopien (voir page 47).

Nobatia, Makuria et Alodia. Vers 350, dans la moyenne vallée du Nil, le roi d'Aksoum, Ezana, remporte une victoire sur les Noba (Nubiens ?), selon l'inscription qui relate l'événement. On ne sait si cette bataille provoque l'effondrement du royaume de Méroé ou s'il s'était désagrégé plus tôt. Quoi qu'il en soit, trois États émergent à partir de cette époque. Le royaume de Nobatia s'étend de la 1re à la 3e cataracte, avec pour capitale Faras. Le cœur du royaume de Makuria (capitale : Dongola) se situe entre la 3e et la 4e cataracte, mais son influence atteint la 5e. Le royaume d'Alodia (capitale : Soba) s'étend plus au sud, aux alentours du confluent du Nil Blanc et du Nil Bleu. Au VIe siècle, des missions venues d'Égypte entreprennent de christianiser les trois royaumes.

Le royaume de Nubie. Devenus maîtres de l'Égypte en 639-642, les Arabes se heurtent, au sud de la 1re cataracte, à la résistance des royaumes chrétiens. Aussi se résolvent-ils à conclure avec le roi de Dongola un traité de paix, dit *baqt* en arabe (du latin *pactum*), qui reconduit sans doute un accord ancien. Les Arabes s'engagent à fournir divers approvisionnements en échange d'esclaves noirs et d'or. Ce traité restera en vigueur jusqu'au XIIIe siècle.

Au tournant des VIIe et VIIIe siècles vraisemblablement, le royaume de Makuria

> **LES CATARACTES**
>
> Le cours moyen du Nil est interrompu par des cataractes (rapides), numérotées de 1 à 6 en remontant le fleuve (voir les cartes). Dans l'Antiquité, la 1re cataracte marquait la limite sud de l'Égypte. À proximité s'élève aujourd'hui le haut barrage d'Assouan, mis en eau à partir de 1970. L'immense lac de retenue (lac Nasser) a noyé la 2e cataracte, qui était située quelque 400 kilomètres en amont.

La vallée du Nil au IXe siècle

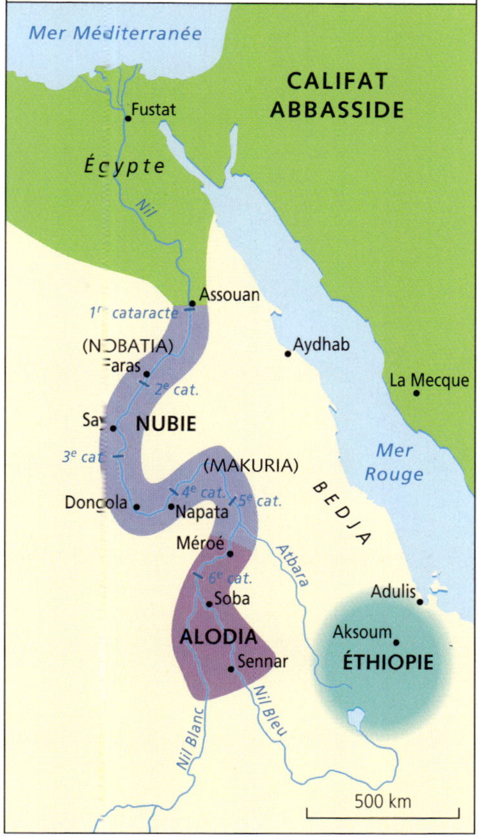

(« Makurra » en arabe) absorbe celui de Nobatia, l'ensemble étant dès lors connu sous le nom de Nubie (capitale : Dongola). L'Église, dotée d'un haut clergé copte, y joue un rôle important, mais l'influence égyptienne décline : au Xe siècle, le vieux nubien, langue autochtone, s'impose comme langue liturgique. La Nubie tire sa richesse de la polyculture (dans la vallée du Nil) et du commerce, surtout avec l'Égypte. Elle y exporte de nombreux esclaves noirs, qui forment des contingents armés au service des Tulunides, des Ikhchidides, puis des Fatimides (voir page 29).

Le royaume d'Alodia. On sait peu de chose du royaume d'Alodia (« Alwa » en arabe). Les auteurs arabes nomment al-Abwab (« les Portes ») la province septentrionale, proche du confluent de l'Atbara et du Nil. Son gouverneur jouit d'une grande autonomie. Aux XIVe et XVe siècles, comme en Nubie, des nomades arabes s'installent dans le royaume, se mêlant à la population locale. Le christianisme survit néanmoins jusqu'à la conquête d'Alodia par les Funj et les Abdallab, au début du XVIe siècle.

La Nubie face aux Mamelouks. Les Mamelouks, au pouvoir en Égypte à partir de 1260, s'efforcent d'étendre leur emprise au sud de la 1re cataracte. Cela incite le roi de Nubie, David, à lancer en 1272 un raid contre le port égyptien d'Aydhab, sur la mer Rouge. Les Mamelouks ripostent, puis envahissent le royaume qui, peu à peu, se désagrège.

Aux XIVe et XVe siècles, la Nubie traverse une période obscure. Des Arabes nomades, collectivement connus sous le nom de Juhayna, s'y introduisent en nombre croissant. L'islam progresse aux dépens du christianisme et la langue arabe aux dépens des langues locales.

Le temps des Funj

Le royaume des Funj. On ne connaît pas l'origine (couchitique ou nilo-saharienne) des Funj, qui, au tout début du XVIe siècle, migrent vers le nord en longeant le Nil Bleu. À la même époque, des Arabes de la tribu des Rufaa (voir l'encadré), dirigés par Abdallah Jamma, remontent le cours inférieur du même fleuve. Selon la tradition, les deux groupes se seraient affrontés dès 1504 : les Funj l'ayant emporté, les Arabes seraient devenus leurs vassaux. En fait, il semble que la formation du royaume des Funj se soit étalée sur un siècle. Les rois des Funj, tout en recueillant l'héritage du royaume d'Alodia, se convertissent tôt à l'islam.

Aux XVIIe et XVIIIe siècles, les rois (ou sultans) des Funj sont suzerains d'un territoire s'étendant du piémont éthiopien à la 3e cataracte. Leur autorité directe ne s'exerce toutefois que dans la partie sud du royaume, où se trouve la capitale, Sennar. Ailleurs, les chefs locaux demeurent autonomes, en particulier le cheikh abdallabi (descendant d'Abdallah Jamma) de Qerri, qui porte le titre de vice-roi du Nord.

La progression des Ottomans. Les Ottomans conquièrent l'Égypte en 1517. Vers 1550, ils installent en Nubie des garnisons et un gouverneur, siégeant à Ibrim. Ainsi se forme la province ottomane du Berberistan (« pays des Barabra »), de la 1re à la 3e cataracte. Les gouverneurs vont former une caste héréditaire, en s'alliant à l'élite locale, et se rendre indépendants en pratique. Sur le littoral de la mer Rouge, les Ottomans prennent Souakin et Massaoua.

Le sultanat du Darfour. Le « Darfour » signifie, en arabe, « pays des Fur », une population de langue nilo-saharienne. Au XVIIe siècle, Solongdungo, chef du clan des Keira, fonde une dynastie, tandis que débute l'islamisation. La première phase d'expansion des Fur s'achève sous le règne du sultan Ahmad Bukr, mort vers 1730. Le sultanat se heurte alors à la résistance du Ouaddaï (voir page 101) à l'ouest et des Zaghaoua nomades au nord. Au sud, les Fur razzient les populations noires et capturent de nombreux esclaves, pour partie

LES TRIBUS ARABO-NUBIENNES

Les tribus arabes qui s'installent en Nubie à partir du XIVe siècle arrivent de haute Égypte, où elles avaient migré auparavant depuis l'Arabie. Elles se mêlent aux populations locales qui, dans leur grande majorité, adoptent peu à peu la langue arabe et l'islam. Ces migrations et brassages conduisent à une répartition en groupes tribaux, stabilisée au XVIIe siècle.

Les sédentaires de la vallée du Nil comprennent les Barabra et les Jaali. Les premiers, en aval de la 3e cataracte, restent de langue nubienne. Les Jaali se répartissent en Danaqla (de la région de Dongola, en amont de la 3e cataracte), eux aussi de langue nubienne, et en divers groupes très arabisés, de la 4e à la 6e cataracte (Manasir, Rubatab, Mirafab, Jaaliyyin).

Parmi les tribus nomades ou semi-nomades qui affirment descendre des Juhayna figurent les Shukriyya, entre le Nil Bleu et l'Atbara, les Kababish, au nord du Kordofan, et les Baqqara, au sud du Darfour et du Kordofan. D'autres groupes ne se rattachent ni aux Jaali ni aux Juhayna : les Shayqiyya, en aval de la 4e cataracte, et les Rufaa, à proximité du Nil Bleu.

exportés vers le nord, en Égypte surtout : c'est la principale ressource commerciale du sultanat. Dans les années 1780, les Fur étendent leur domination, vers l'est, sur le Kordofan. Le sultanat, dont la capitale est El-Fasher, est au faîte de sa puissance : il entretient des relations avec l'Empire ottoman et même avec Bonaparte, qui passe commande de deux mille esclaves noirs.

Le déclin des Funj. Au début du XVIIIe siècle, la monarchie funj de Sennar fait face à des révoltes émanant de sa propre communauté.

La vallée du Nil vers 1700

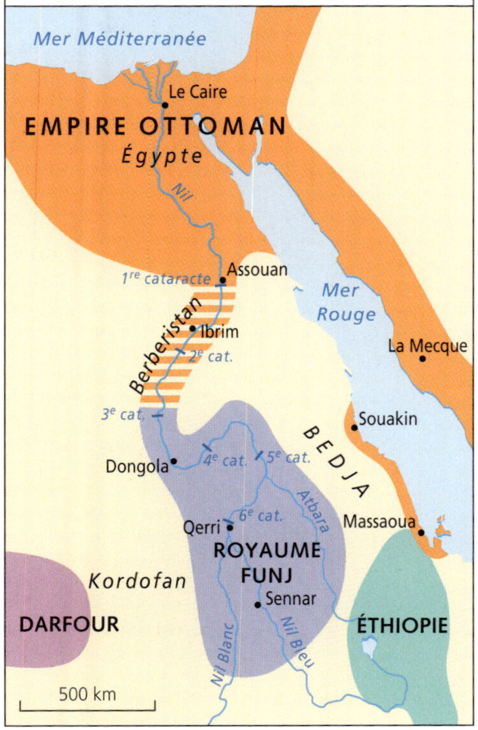

Badi IV Abu Shulukh, monté sur le trône en 1724, tente de constituer une armée d'esclaves, puis est déposé en 1747 par un général, Abu Likaylik. La réalité du pouvoir passe alors à celui-ci et à son clan, les Hamaj (dont tout ce que l'on sait est qu'ils ne sont ni des Funj ni des Arabes). Les Hamaj exercent ensuite une régence (non exempte de rivalités internes), mais, au début du XIXe siècle, le royaume des Funj n'est plus que l'ombre de lui-même.

Les Abdallabi se comportent en souverains indépendants, de même que les rois des Jaaliyyin et des Mirafab. Les Shayqiyya étendent leur domination à la région de Dongola, provoquant le départ d'un certain nombre de Danaqla vers le Darfour : devenus commerçants, ces Danaqla seront connus sous le nom de *jallaba* (dérivé de Jaali).

Le régime turco-égyptien

La conquête. Quand Méhémet Ali, pacha d'Égypte (voir page 31), entreprend de conquérir la Nubie puis le royaume des Funj, il a pour principaux objectifs de se procurer des esclaves noirs afin de constituer une nouvelle armée et d'accéder à des gisements d'or (en réalité inexistants). Le corps expéditionnaire (Albanais, Turcs, Maghrébins, etc.) se met en marche en 1820 sous la conduite d'Ismail, troisième fils de Méhémet Ali. Il soumet les chefs du Berberistan, puis vainc la résistance des Shayqiyya (dont la cavalerie entre dès lors à son service) et des autres tribus, y compris les Abdallabi. Quand Ismail remonte le Nil Bleu, le chef des Hamaj s'enfuit vers les confins éthiopiens. Le sultan funj Badi VI propose lui-même sa soumission : sa famille sera pensionnée jusqu'à la fin du régime turco-égyptien.

Un autre corps expéditionnaire atteint le Kordofan en 1821. Les Turco-Égyptiens défont les troupes du sultan du Darfour et entrent à El-Obeid, mais renoncent à conquérir le Darfour proprement dit.

De la révolte à la stabilisation. En 1822, alors qu'Ismail mène des expéditions au sud de Sennar, ses subordonnés instaurent un nouveau système fiscal. Les Jaaliyyin, les Abdallabi et les Hamaj entrent aussitôt en rébellion. À son retour, Ismail tente de calmer les esprits, mais les révoltés mettent le feu à son camp, près de Shendi, et il périt dans l'incendie. Les forces turco-égyptiennes viennent à bout de la révolte en 1823. L'année suivante, cinq bataillons d'esclaves noirs entraînés en Égypte, les *jihadiyya*, arrivent au Soudan pour grossir les garnisons. Un fort est édifié au confluent du Nil Blanc et du Nil Bleu : c'est l'origine de Khartoum, appelé à un développement rapide.

Ali Khurshid Agha, gouverneur à partir de 1826 met en place une administration civile en s'appuyant sur un chef local de grand talent, Abd al-Qadir wad al-Zayn, qui assure la liaison avec les notables de la vallée du Nil. En 1835, Khurshid esquive le projet d'introduire la conscription au Soudan (comme c'est le cas en Égypte depuis 1824). En contrepartie, les villages s'engagent à fournir des esclaves pour le renouvellement des *jihadiyya*. Après le départ de Khurshid, en 1838, l'autorité turco-égyptienne devient plus hésitante : onze gouverneurs se succèdent à Khartoum de 1843 à 1863.

LES TURCO-ÉGYPTIENS

Pour qualifier les hommes de Méhémet Ali et de ses successeurs, les historiens du Soudan ont forgé le terme de « turco-égyptien ». Les autochtones du Soudan, quant à eux, voient dans les conquérants des Turcs et nomment leur régime *al-Turkiyya*. Cette appellation restera en usage sous le condominium anglo-égyptien.

L'expansion à l'est et au sud. Dans les années 1830, les Turco-Égyptiens tentent en vain de soumettre les Bedja et s'efforcent de mettre fin aux raids des Éthiopiens. En 1840, ils fondent néanmoins une base militaire (Kassala) en pays bedja. Ils obtiennent par ailleurs du sultan ottoman l'attribution à bail des ports de Souakin et de Massaoua, de 1846 à 1849, puis ils les annexent en 1865.

Un marin turc, Salim Kaptan, remonte le premier le Nil Blanc au-delà du confluent avec le Bahr el-Ghazal et atteint les environs de l'actuel Juba en 1840. Il ouvre ainsi la voie à un commerce fructueux, celui de l'ivoire, dans lequel s'engagent des Turco-Égyptiens, puis des Européens installés à Khartoum, ce qui relance la traite des esclaves (voir page 41). La navigation sur le Bahr el-Ghazal et ses affluents débute à la fin des années 1850 et atteint le pays des Zandé. De ce côté aussi, la traite se développe : les *jallaba* du Kordofan et du Darfour servent d'intermédiaires.

La Province équatoriale et le Darfour. À la demande des puissances européennes, Ismail, khédive d'Égypte (voir page 31), engage une politique de lutte contre la traite des esclaves. En 1863, il fait augmenter les taxes dues par les marchands empruntant le Nil Blanc : la plupart des Européens abandonnent la partie, mais les Égyptiens continuent de pratiquer la traite impunément, grâce à leurs réseaux d'influence. Aussi Ismail décide-t-il de confier la responsabilité de la lutte à des Européens qui, très bien rémunérés, se tiendront au-dessus de la mêlée. En 1869, il embauche l'explorateur britannique Samuel Baker (voir page 168). Avec six canonnières, celui-ci atteint le nord de l'actuel Ouganda en 1871, puis organise les territoires conquis en une Province équatoriale (ou Equatoria). Le Britannique Charles Gordon administre la province de 1874 à 1876, en s'efforçant de réconcilier les tribus riveraines du Nil. À la même époque, dans la région du Bahr el-Ghazal (sud-ouest), un marchand d'esclaves d'origine nubienne, al-Zubayr Rahma Mansur, prend de l'ascendant. Il entraîne les Turco-Égyptiens dans la conquête du Darfour, achevée en 1874, lorsque le sultan local est tué. Zubayr tombe ensuite en disgrâce et, faute de chef, le Bahr el-Ghazal sombre dans le chaos.

Le régime turco-égyptien en difficulté. Dans les années 1870, les Turco-Égyptiens progressent le long du littoral, à l'est de Massaoua, et envisagent de conquérir l'Éthiopie. En 1875 et 1876, ils sont toutefois battus en Érythrée par le négus Johannès (voir page 53). En 1877, les Fur se révoltent. Ismail nomme alors Charles Gordon gouverneur général du Soudan. Gordon se montre très énergique : il rétablit l'ordre au Darfour et au Bahr el-Ghazal (à la tête duquel il place le fils de Zubayr) mais, ce faisant, il mécontente les *jallaba*. En 1878, il nomme Emin Pasha (un Allemand converti à l'islam) gouverneur de l'Equatoria.

La vallée du Nil dans les années 1870-1880

Pendant ce temps, l'Égypte sombre dans les difficultés financières. Ismail ayant été déposé en 1879, Gordon démissionne l'année suivante. En 1882, les Britanniques occupent l'Égypte (voir page 32). Au Soudan, la révolution mahdiste débute en 1881.

L'État mahdiste

Les débuts du mahdisme. Le Danaqla Muhammad Ahmad ibn Abdallah, né en 1844 à Khartoum, entend restaurer le règne de l'islam dans sa pureté originelle. Installé à Aba, une île du Nil, il annonce en juin 1881 qu'il est le *mahdi* (selon la tradition musulmane, « celui qui doit venir à la fin des temps pour rétablir la foi et la justice sur terre »). Les autorités turco-égyptiennes tentent de réagir, mais le Mahdi et ses partisans (les *ansar,* que les Européens nomment « derviches ») se replient au Kordofan. Parmi les *ansar,* dont le nombre croît rapidement, on distingue trois groupes :

– des religieux convaincus, adeptes d'une théocratie ;

– des Jaaliyyin et des Danaqla, commerçants (*jallaba*) ou soldats de fortune dont les intérêts, liés à la traite, peuvent être défendus sous couvert de religion ; ils sont dits *awlad al-balad* (« villageois »), parce qu'originaires de la vallée du Nil ;

– des Baqqara nomades, hostiles aux « Turcs » et aux impôts, qui vont former le cœur de l'armée révolutionnaire. Ils ont à leur tête Abdallah ibn Muhammad al-Taaishi (les Taaisha sont une tribu des Baqqara).

L'expansion du mahdisme. En 1882, le Mahdi proclame le *jihad* (« combat ») au Kordofan. La guérilla use rapidement les forces turco-égyptiennes : la capitale du Kordofan, El-Obeid, capitule en 1883. Les Britanniques, maîtres de l'Égypte *de facto* à partir de 1882, souhaitent, pour des raisons financières, qu'elle abandonne le Soudan. Le khédive envoie néanmoins un corps expéditionnaire, dirigé par le Britannique William Hicks, à la reconquête du Kordofan, mais il est taillé en pièces en novembre 1883. Au Darfour, l'Autrichien Rudolf von Slatin, gouverneur depuis 1881, se convertit à l'islam et se soumet au Mahdi. En 1884, les mahdistes prennent le contrôle du Bahr el-Ghazal. Dès 1883, par ailleurs, la révolte a éclaté chez les Bedja, à l'initiative de chefs ralliés au mahdisme. L'autorité turco-égyptienne se réduit à la vallée du Nil.

La dernière mission de Gordon. En 1884, les Britanniques exigent que les fonctionnaires et les militaires égyptiens quittent le Soudan. Le khédive nomme alors Charles Gordon gouverneur général et lui confie une mission, qui se révèle ambiguë : Gordon doit-il faire procéder à une évacuation ou, au contraire, s'efforcer de reprendre le contrôle du Soudan ? Parvenu à Khartoum, il se rend compte que ne sont possibles ni un accord avec le Mahdi ni une évacuation pacifique. En septembre 1884, les mahdistes mettent le siège devant la ville. Londres décide d'envoyer une expédition à son secours, mais à l'annonce de son arrivée, en janvier 1885, les mahdistes donnent l'assaut (26 janvier). Khartoum tombe, Gordon est tué. Le surlendemain, deux petits navires britanniques atteignent la ville et sont facilement repoussés. En avril, Londres se résout à abandonner le Soudan aux mahdistes.

La succession du Mahdi et le *jihad*. Le Mahdi meurt à Omdurman en juin 1885. Il a fait savoir que sa confiance allait à Abdallah ibn Muhammad al-Taaishi, ce qui ne satisfait pas les *awlad al-balad.* Mais Abdallah dispose alors à Omdurman de troupes nombreuses (des Baqqara) de telle sorte que tous les *ansar* se rallient finalement à lui. Il prend le titre de *khalifat al-Mahdi* (« successeur du Mahdi », en français « calife »), et place des Baqqara aux postes de commande, l'administration étant aux mains des *awlad al-balad.*

Au début de 1886, les forces anglo-égyptiennes ne conservent que Souakin. Emin Pasha se maintient en Equatoria, mais on est sans nouvelle de lui. Conformément au programme mahdiste, Abdallah engage alors le *jihad* dans trois secteurs : le Darfour, que l'ancienne dynastie tentait de reprendre en main ; les confins de l'Éthiopie, où les mahdistes obtiennent, en 1888 et 1889, des succès sans lendemain ; le sud de l'Égypte, mais les Anglo-Égyptiens remportent une victoire écrasante près de Wadi Halfa dès 1889.

L'IVOIRE ET LES ESCLAVES

Dans les années 1850, le long du haut Nil, des aventuriers européens se procurent de l'ivoire par la force. En s'appuyant sur des troupes recrutées parmi les Danaqla et les Shayqiyya, ils établissent des fortins, les *zariba,* qui servent aussi d'entrepôts. Toute cette organisation nécessite une main-d'œuvre (porteurs, etc.) composée d'esclaves, dont le commerce se développe. Pour se procurer des esclaves et du bétail (à troquer contre l'ivoire), les Européens avivent les conflits entre les populations riveraines du Nil (Shilluk, Dinka, etc., voir page 46). Dans le Bahr el-Ghazal (sud-ouest), des Égyptiens et des Syriens procèdent de la même manière.

L'expansion de l'État mahdiste a atteint ses limites.

Abdallah, monarque absolu. En 1889-1890, la sécheresse provoque la famine et le mécontentement des *awlad al-balad* grandit. Abdallah vient à bout de ses adversaires en 1891-1892, par la négociation puis par la force. Pour mieux asseoir son pouvoir, il crée une nouvelle force militaire, composée d'esclaves et d'hommes libres, mais dont les Danaqla sont exclus. Le régime, de plus en plus despotique, s'appuie sur une bureaucratie centralisée et sur une fiscalité complexe, inspirée du modèle turco-égyptien. Il s'éloigne ainsi du mahdisme originel, tout en ayant le mérite d'éviter que le pays ne sombre dans le chaos.

La fin de l'État mahdiste. En mars 1896, les Britanniques annoncent l'envoi d'un corps expéditionnaire au Soudan. Cette décision intervient dans un contexte diplomatique complexe, marqué par la défaite des Italiens face aux Éthiopiens à Adoua le 1er mars (voir page 55). De surcroît, l'opinion britannique réclame que Charles Gordon soit vengé. (En revanche, la mission française dirigée par Jean-Baptiste Marchand n'est alors pas en cause : elle partira du bas Congo en octobre.)

Les forces anglo-égyptiennes, commandées par Horatio Kitchener, occupent la région de Dongola en 1896, puis construisent une ligne de chemin de fer de Wadi Halfa à Abu Hamad. Après avoir pris Berber au début de 1897, elles refoulent les forces mahdistes dès avril. Le 1er septembre, les Anglo-Égyptiens parviennent au nord d'Omdurman. Abdallah va à leur rencontre et c'est le désastre : face aux mitrailleuses, les « derviches » sont massacrés. Abdallah conduit ses dernières troupes au Kordofan, où il sera tué en 1899.

Le condominium anglo-égyptien

La mise en place du condominium. Tandis que Kitchener lutte contre les mahdistes, l'expédition française du capitaine Marchand atteignent le Nil à Fachoda en juillet 1898. La tension monte entre Londres et Paris et les Français s'en vont en novembre, en échange d'un accord en Afrique de l'Ouest (voir page 110). Devenus maîtres du Soudan, les Britanniques ne souhaitent pas le restituer à l'Égypte, mais ils ne peuvent en faire une colonie puisque, en droit, le Soudan demeure une possession du khédive. Aussi inventent-ils un système hybride, le condominium (souveraineté conjointe), entériné par des accords anglo-égyptiens en 1899. Ils confient à un gouverneur général (britannique) les plus larges pouvoirs, tout en reconnaissant, formellement du moins, les droits de l'Égypte.

Sir Reginald Wingate, gouverneur général du Soudan de 1900 à 1916, s'appuie sur une armée et une administration composées d'Égyptiens encadrés par des Britanniques. (Des Soudanais seront formés et recrutés par la suite.) Divers accords fixent les frontières : avec la France (au sud-ouest) en 1899 ; avec l'Italie (Érythrée) en 1898-1902 ; avec l'Éthiopie en 1902 ; avec l'État indépendant du Congo en 1906 ; du côté de l'Ouganda en 1913-1914. Le sultanat du Darfour a repris son autonomie, mais il reste tributaire de Khartoum. Pour empêcher un renouveau du mahdisme, Wingate soutient dans le Nord l'islam sunnite. Dans le Sud, en revanche, il favorise les missions chrétiennes et l'usage de la langue anglaise, aux dépens de l'arabe. Il y constitue aussi des forces militaires composées de soldats recrutés sur place.

La Première Guerre mondiale et ses conséquences. En 1914, l'Empire ottoman entre en guerre aux côtés de l'Allemagne. Pour prévenir un mouvement favorable aux Ottomans, Wingate prend des mesures d'apaisement : il fait libérer le fils du Mahdi, Abd al-Rahman, qui était détenu depuis 1899 (et jouera dès lors un rôle important). Seul le sultan du Darfour engage le *jihad* : il sera capturé et tué en 1916.

L'Égypte connaît une flambée de nationalisme au lendemain de la guerre. Au Soudan, les chefs religieux et tribaux s'accordent avec les Britanniques pour contrecarrer les prétentions égyptiennes (et préserver leurs propres positions), tandis qu'un mouvement nationaliste se dessine chez les citadins (fonctionnaires, commerçants, etc.). La tension monte en 1924, à tel point que les Britanniques, à la suite d'un ultimatum, obtiennent le départ de tous les soldats égyptiens. Ils écrasent par ailleurs une mutinerie de soldats soudanais. Le régime du condominium subsiste néanmoins, fût-ce en pointillé : Londres préserve ainsi de futures possibilités de négociation avec l'Égypte.

L'administration indirecte. Après 1924, la politique britannique se résume en une formule : l'administration indirecte (*Indirect Rule*), selon le modèle appliqué au Nigéria (voir page 114). En accordant d'importants pouvoirs aux cheikhs de tribus, elle permet de ne recruter qu'un petit nombre de fonctionnaires soudanais (enclins au nationalisme) et de limiter l'influence de l'héritier du mahdisme, Abd al-Rahman. Cette politique est toutefois difficile à mettre en œuvre, car l'autorité réelle des cheikhs n'a cessé de se restreindre face au centralisme des Turco-Égyptiens, puis des mahdistes, enfin des Britanniques eux-mêmes… Dans le Sud, l'administration indirecte paraît encore moins réaliste, car il n'y a pas (ou plus) d'autorités traditionnelles. On encourage donc, à tout prix, la renaissance des « consciences tribales ». De surcroît, les autorités séparent le Sud du Nord : les déplacements d'une zone à l'autre sont strictement limités, dans les deux sens.

La mise en œuvre de la politique britannique bénéficie d'une période de relative prospérité. Grâce à l'irrigation de la plaine fertile de la Gezireh (à l'est de Khartoum), entreprise en 1913, la production de coton connaît un grand essor.

Les débuts d'une vie politique. Le traité anglo-égyptien de 1936 (voir page 33) reconduit le régime de condominium. L'élite soudanaise se trouve dès lors dans une position ambiguë : comment se défaire, le jour venu, de la tutelle britannique sans l'appui des Égyptiens ? Comment obtenir cet appui sans retomber sous la coupe de l'Égypte ? À la même époque, les Britanniques délaissent l'administration indirecte et recrutent des fonctionnaires. Nombre de ceux-ci forment, en 1938, le Congrès national des diplômés, d'abord une association corporatiste. En 1942, un professeur, Ismail al-Azhari, et ses partisans, les Ashigga (« Frères »), prennent la direction du Congrès, qui se mue en une force politique favorable à une union avec l'Égypte. En réaction, les partisans d'Abd al-Rahman fondent en 1945 le parti Umma, prônant l'indépendance.

À partir de 1946, la Grande-Bretagne et l'Égypte discutent de l'avenir du Soudan, mais les négociations s'enlisent. Aussi les autorités britanniques engagent-elles des réformes institutionnelles : une Assemblée législative, pour partie élue, est instituée en 1947. Les élections de 1948 ayant été boycottées par le Congrès, l'Umma obtient la majorité. En 1952, l'Assemblée législative adopte un statut d'autonomie.

Vers l'indépendance. En 1952, le changement de régime en Égypte débloque la situation. Le général et chef du gouvernement égyptien Mohammed Néguib (lui-même né à Khartoum et à demi soudanais) passe avec l'Umma un accord qu'approuvent les autres partis. Il prévoit l'autodétermination et une période transitoire assortie d'élections. Les Britanniques s'y étant ralliés, un accord anglo-égyptien limite la période transitoire à trois ans. À la fin de 1953, les Ashigga d'al-Azhari, qui ont fondé le Parti national unioniste (PNU), remportent les élections. Ce vote exprime un désir de changement, l'Umma étant apparue trop liée aux Britanniques. Al-Azhari devient Premier ministre.

L'éviction de Néguib par Nasser, en 1954, porte un coup à l'unionisme, dont al-Azhari lui-même entreprend de se détacher. Dans le Sud, le remplacement des fonctionnaires britanniques par des Soudanais du Nord provoque en 1955 des mutineries, qui sont réprimées. La République du Soudan accède à l'indépendance le 1er janvier 1956.

Le Soudan après 1956

Du régime parlementaire au premier régime militaire. Une scission au sein du PNU contraint al-Azhari à la démission en juin 1956. La coalition hétérogène qui gouverne ensuite, minée par des querelles de personnes, ne tarde pas à se déconsidérer. En novembre 1958, l'armée s'empare du pouvoir, sous le commandement du général Ibrahim Abboud. Divers mouvements tentent de s'opposer au régime militaire après 1960 : l'Umma, dirigée à partir de 1961 par Sadiq al-Mahdi (petit-fils d'Abd al-Rahman, mort en 1959) ; le Parti communiste, fondé en 1946, qui, bien qu'interdit, redevient très actif ; l'organisation islamiste des Frères musulmans (voir page 33), dont Hassan al-Turabi prendra la tête en 1964.

Dans le Sud, le régime engage une brusque politique d'arabisation et d'islamisation, qui conduit à l'expulsion de tous les missionnaires étrangers en 1964. Dès 1963, les opposants sudistes se sont regroupés dans la SANU (Sudan African National Union), tandis que s'organise le mouvement de guérilla des Anya Nya (du nom d'un poison local), qui passe à l'insurrection en 1964.

Le retour au pouvoir des civils (1964-1969). La situation dans le Sud déstabilise le régime. Des mouvements d'étudiants, puis des émeutes s'accompagnent en octobre 1964 de la formation d'un Front dominé par les communistes, qui appelle à la grève générale. Les partis politiques traditionnels s'associent de leur côté en un Front uni. Le général Abboud s'étant incliné, les deux Fronts forment un gouvernement transitoire, mais les communistes sont marginalisés dès le début de 1965 (leur parti sera interdit à la fin de l'année). Après l'échec de négociations avec la SANU en mars 1965, la guerre s'intensifie dans le Sud.

Les élections de 1965 marquent le retour du régime parlementaire et de ses coalitions changeantes. Sadiq al-Mahdi, devenu Premier ministre en 1966, cède la place en 1967 à al-Azhari, qui fonde le Parti démocratique unioniste (PDU) et remporte les élections de 1968. (Il mourra en août 1969.) Ni l'un ni l'autre ne parvient toutefois à résoudre la question du Sud, ce qui discrédite de nouveau le jeu des partis.

Les débuts du régime de Nimeyri. Un coup d'État militaire porte le colonel Gaafar Nimeyri au pouvoir en mai 1969. Tous les partis politiques sont interdits. Nimeyri s'appuie d'abord sur certains communistes et s'oppose aux Frères musulmans (al-Turabi sera emprisonné de 1969 à 1977). Il affronte aussi l'hostilité des mahdistes, dont la branche religieuse se retire dans l'île d'Aba. En 1970, Nimeyri fait prendre l'île d'assaut (12 000 morts) et s'aliène ainsi durablement une partie de l'opinion. Sadiq al-Mahdi est contraint à l'exil. L'année suivante, Nimeyri se retourne contre les communistes et consolide son pouvoir personnel. La Constitution de 1973 instaure un régime présidentiel fort, assorti d'un parti unique (l'Union socialiste soudanaise).

Dans le Sud, Nimeyri engage en 1971 des négociations avec les Anya Nya. La conférence d'Addis-Abéba (février 1972) débouche sur un cessez-le-feu et la création d'une région autonome du Sud, dotée de larges compétences (enseignement, santé, police, etc.). Les Anya Nya sont intégrés dans l'armée soudanaise. Les nouvelles autorités du Sud se trouvent toutefois à la tête d'une région ravagée par la guerre, dont l'économie est en ruine. De surcroît, elles sont affaiblies par des conflits entre les Dinka (dominants) et les autres ethnies.

La montée des difficultés. En 1976, un coup d'État, fomenté par l'Umma avec l'appui de la Libye, échoue à la suite de l'intervention de l'armée égyptienne. Pour gagner le soutien d'une partie de l'opinion, Nimeyri joue ensuite la carte islamique : al-Turabi devient bientôt un proche conseiller du président.

Les événements se précipitent en 1983. Alors que des élections dans le Sud ont donné des résultats confus, Nimeyri décrète en juin la division du Sud en trois régions. Simultanément, il ordonne le transfert dans le Nord de bataillons de soldats sudistes, mais plusieurs d'entre eux s'enfuient, sous la direction du colonel John Garang (un Dinka). C'est l'origine de l'APLS (Armée populaire de libération du Soudan) et de son organe politique, le MPLS (Mouvement populaire de libération du Soudan). Garang réclame une large autonomie (non l'indépendance) et le départ de Nimeyri. Pour donner des gages à la droite religieuse, ce dernier promulgue les « lois de septembre » (1983), élargissant l'aire d'application de la *charia* (« législation islamique ») à tous les Soudanais. Dès lors, la guerre fait de nouveau rage dans le Sud.

La situation économique devient si grave que la famine sévit à partir de 1984, tandis que les Frères musulmans font régner la terreur. Nimeyri se retourne contre eux en 1985, puis part pour Washington. En son absence, des manifestations éclatent à Khartoum, suivies d'une grève générale. L'armée prend le pouvoir en avril, sous la direction du général Siwar al-Dahab.

L'intermède de 1985-1989. Al-Dahab forme un Conseil militaire transitoire et promet la tenue d'élections l'année suivante. Les « lois de septembre » ne sont toutefois pas abrogées. Au lendemain des élections de 1986, Sadiq al-Mahdi sorti vainqueur forme un gouvernement de coalition avec le PDU, le Front national islamique (FNI) fondé en 1985 par les Frères musulmans se cantonnant dans l'opposition. Sadiq al-Mahdi obtient l'aide la Libye pour poursuivre la guerre dans le Sud, mais les difficultés économiques ne cessent de s'aggraver. La famine sévit toujours dans les zones touchées par la guerre, où l'on compte désormais trois millions de personnes déplacées. Au début de 1989, Sadiq al-Mahdi engage des négociations avec le MPLS, mais, en juin, des officiers proches des Frères musulmans réussissent un coup d'État sous la direction du général Omar Hassan al-Bachir.

Le régime islamique. Le nouveau régime, très autoritaire et au sein duquel al-Turabi va jouer un rôle éminent, jette les bases d'une République islamique, tandis que les partis traditionnels forment (en exil) une Alliance nationale démocratique (AND).

En 1990, l'APLS contrôle une grande partie du Sud. Elle dispose de bases en territoire éthiopien et du soutien du régime prosoviétique de Mengistu (voir page 59). De leur côté, les autorités de Khartoum, déterminées à poursuivre la guerre, font appel à la Libye et à l'Irak. La chute de Mengistu, en 1991, fait

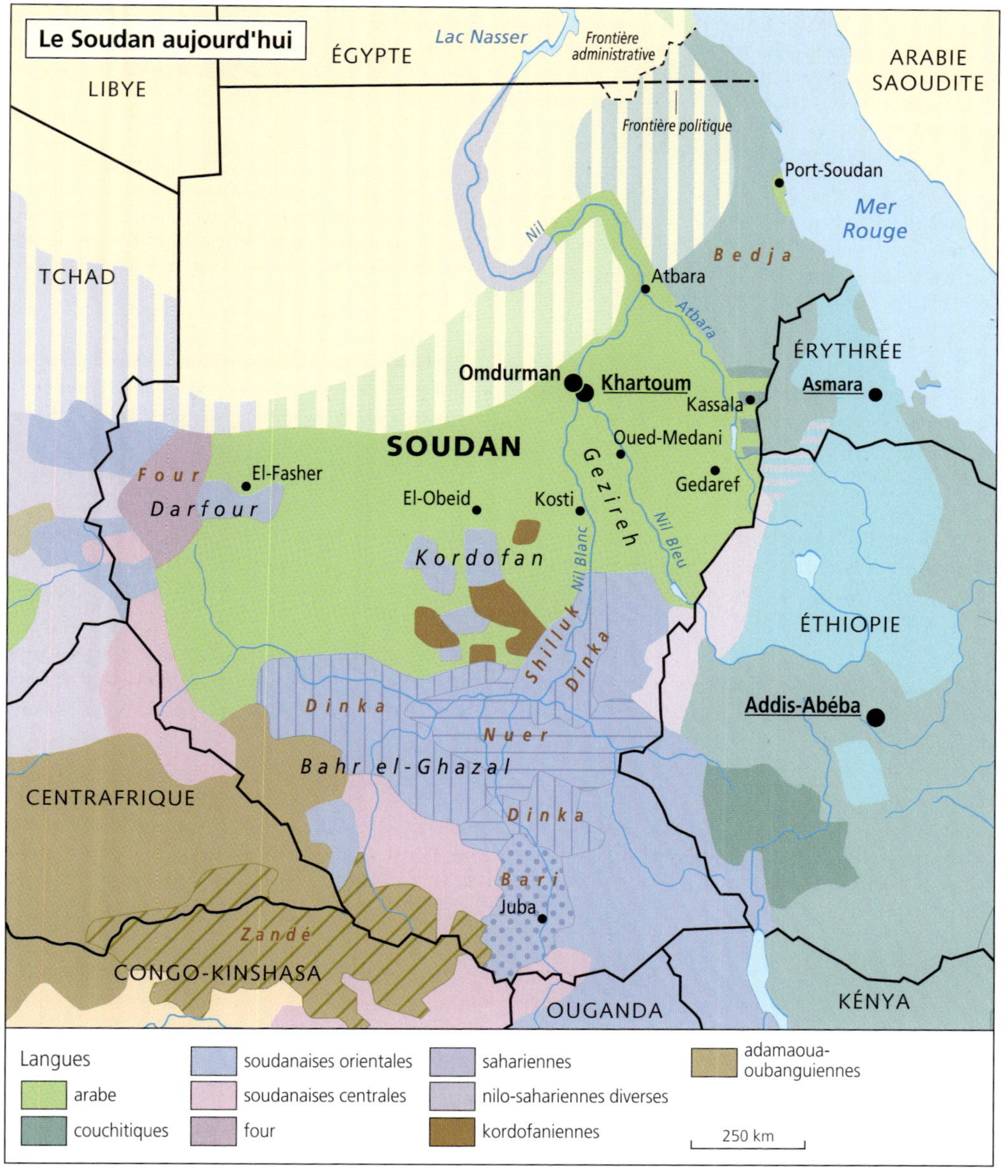

pencher la balance. Le nouveau régime éthiopien expulse l'APLS, ainsi privée de bases arrière. Il s'ensuit des divisions parmi les Sudistes, dont certains se rallient au régime de Khartoum. En 1995, seule la faction dirigée par John Garang demeure crédible et continue de bénéficier d'aides extérieures. En 1997-1998 des négociations avec les Sudistes échouent de nouveau. Deux tendances s'opposent ensuite : celle de Hasan al-Turabi, secrétaire général du Congrès national (parti unique) et président du Parlement, qui prône la guerre à outrance, et celle du président al-Bachir, plus modéré. Ce dernier finit par l'emporter : al-Turabi retourne en prison en 2001 (il est élargi en 2005).

L'espoir d'une solution dans le Sud. En rompant avec les islamistes, le président al-Bachir s'est rapproché des Occidentaux. Les ressources pétrolières découvertes dès 1980 ont été mises en exploitation en 1999. (Elles se situent dans la région du confluent du Nil Blanc et du Bahr el-Ghazal, la zone des gisements ayant été vidée de sa population.) L'AND (que Sadiq al-Mahdi a quittée en 2000) n'a pas su tirer parti des difficultés du régime.

Sous la pression des États-Unis, des négociations s'engagent en juin 2002 entre Khartoum et l'APLS. Elles prennent cette fois un tour nouveau : en 2003-2004, des accords sont rédigés quant au partage de la manne pétrolière et au statut politique (très autonome) du Sud. La méfiance réciproque reste néanmoins considérable mais un accord de paix est signé en janvier 2005 et John Garang devient vice-président du Soudan en juillet. Il meurt peu après dans un crash d'hélicoptère.

Les populations du Soudan

Le Soudan compte 36 millions d'habitants, répartis sur un territoire de 2 500 000 km^2. Ses populations se divisent en deux ensembles : celles dites du Nord (qui correspond, en fait, à la fois au nord et au centre du pays) et celles du Sud. Les premières forment environ les trois quarts de la population soudanaise. Les appartenances religieuses reflètent cette répartition : on compte au Soudan environ 75 % de musulmans (en quasi-totalité dans le Nord), 10 % de chrétiens et 15 % d'adeptes des croyances traditionnelles (les uns et les autres dans le Sud).

Les populations du Nord. Les Soudanais de langue maternelle arabe forment environ la moitié de la population du pays. Ils descendent de populations principalement nubiennes, auxquelles de nombreux immigrants arabes se sont mêlés à partir du XIVe siècle. Parmi eux figurent encore des éleveurs nomades, en particulier les Baqqara.

Les Nubiens de la vallée du Nil, entre la 4e cataracte et le lac Nasser, continuent de parler leur propre langue, répartie en deux dialectes (dongolawi au sud, mahas au nord).

Les Bedja, de langue couchitique, étaient traditionnellement chameliers. Sous l'influence de tribus arabes immigrantes, ils se sont convertis tôt à l'islam.

Les Fur formèrent le noyau du sultanat du Darfour, fondé au XVIIe siècle et définitivement supprimé en 1916. Leur langue constitue un groupe à part au sein de la famille nilo-saharienne.

Un conflit se réactive en février 2003. Il résulte de la misère d'une région laissée à l'abandon, de la politique répressive de l'État à l'égard des populations « africaines » de la région (Fur, Zaghawa, Massalit…) et de la crainte d'une marginalisation politique. À la mi-2005, le conflit du Darfour avait provoqué 200 000 morts et le déplacement de plus de 2 millions de personnes sur fond de crise humanitaire très aiguë.

Le Kordofan méridional. Inclus dans le Nord, le Kordofan méridional (ou région des monts Nuba) abrite une mosaïque ethnique : aux Nuba, dont les langues sont nilo-sahariennes, se juxtaposent les populations de langues kordofaniennes qui, au nombre d'une trentaine, s'apparentent à la famille nigéro-congolaise (voir page 10). Organisées en petites communautés indépendantes, les populations du Kordofan méridional étaient demeurées peu islamisées. La guerre au Sud s'est étendue aux monts Nuba au début des années 1990 (islamisation forcée).

Les populations du Sud. Elles ont énormément souffert de la guerre qui a fait 2 millions de morts. Les groupes les plus importants, de langues nilo-sahariennes, sont les Dinka, les Nuer, les Bari, les Shilluk… Dans le sud du Bahr el-Ghazal vivent des Zandé, également présents en Centrafrique et au Congo. Ils sont de langue adamaoua-oubangui.

Sur le tricolore hissé à l'indépendance, le bleu symbolisait le Nil, le jaune le désert et le vert la fertilité due au fleuve.
Le drapeau soudanais actuel, adopté en 1970, associe les quatre couleurs panarabes.

L'Éthiopie et ses voisins

Les hauts plateaux éthiopiens, d'une altitude moyenne de 2 000 mètres, bénéficient d'un climat assez frais et de pluies d'été. Des sols fertiles, d'origine volcanique, se prêtent à une agriculture capable de nourrir des populations importantes. À l'est et en contrebas des plateaux, en revanche, la Corne de l'Afrique proprement dite est une zone semi-désertique où, en dehors des points d'eau et de certaines vallées de Somalie (Chébéli, Djouba…), ne peuvent subsister que des éleveurs nomades.

L'histoire a ajouté à ce contraste des différences culturelles. Dans le nord des hauts plateaux, les langues sémitiques et le christianisme (dont l'influence est venue par la mer) ont progressé de pair : c'est le berceau de la culture éthiopienne. À l'inverse, la Corne de l'Afrique a conservé ses langues couchitiques et s'est tournée vers l'islam (arrivé lui aussi par la mer). Dans le sud des hauts plateaux, l'immigration massive d'Oromo, population de langue couchitique, a débuté au XVe siècle.

L'ÉTHIOPIE ANCIENNE

Les langues actuelles du nord de l'Éthiopie et la langue sudarabique (issue du sabéen et encore parlée dans l'est du Yémen) appartiennent à un même sous-groupe au sein des langues sémitiques. Cela témoigne vraisemblablement de migrations venues du massif yéménite à une époque ancienne, sans que l'on en sache plus.

Dans le massif yéménite, des royaumes se succèdent à partir de 1300 av. J.-C. environ. Celui de Saba, qui connaît son apogée au VIIIe siècle av. J.-C., exerce une forte influence dans le nord du massif éthiopien : les premières inscriptions, datant du VIIe siècle av. J.-C., y sont en écriture sabéenne. Des petits royaumes inspirés du modèle sabéen s'organisent et se font la guerre entre eux, avant qu'Aksoum ne finisse par s'imposer.

Aksoum

L'essor du royaume. La ville d'Aksoum, capitale d'un royaume d'origine plus ancienne, semble dater du Ier siècle apr. J.-C. Elle a pour langue le guèze (apparenté aux actuels tigrinya et tigréen, voir page 61), d'abord transcrit en caractères sabéens. Le royaume tire sa prospérité de son agriculture et de ses exportations (ivoire, etc.), qui transitent par le port d'Adulis (proche de l'actuel Massaoua en Érythrée) et s'insèrent dans les réseaux commerciaux mis en place par les Grecs (les Ptolémée d'Égypte, relayés ensuite par les Romains puis les Byzantins). À partir de la fin du IIIe siècle, les rois d'Aksoum battent monnaie. Ils affirment aussi leur puissance politique en intervenant dans le massif yéménite, où leur influence va s'exercer jusque dans la première moitié du VIe siècle.

La conversion au christianisme. Le christianisme, qui apparaît dans le royaume d'Aksoum au début du IVe siècle, y est introduit par des marchands du Proche-Orient. Selon la tradition, Frumence, chrétien de langue grecque, séjourne à la cour d'Aksoum après avoir fait naufrage, puis se rend à Alexandrie auprès du patriarche Athanase, qui le nomme évêque. De retour à Aksoum, Frumence (désormais connu sous le nom d'Abba Salama) entreprend de convertir la cour et devient le premier *abouna* (« notre père »), à savoir le premier chef de l'Église éthiopienne. À partir de 330 environ, le roi Ezana fait figurer la croix sur les pièces de monnaie.

La conversion de la population débute plus tard, vers la fin du Ve siècle. Toujours selon la tradition, des missionnaires, les Neuf Saints, traduisent alors la Bible en guèze et fondent des monastères. L'autorité du patriarche d'Alexandrie n'est pas remise en cause, de telle sorte que l'Église éthiopienne adhère au monophysisme (voir page 29). Les monastères vont jouer un rôle essentiel dans la conversion de la population paysanne du massif éthiopien.

L'expansion arabe et le déclin. La tradition originelle de l'islam (né en Arabie au début du VIIe siècle) présente l'Éthiopie sous un jour favorable : des musulmans de la première heure, menacés par les Mecquois, auraient trouvé refuge à Aksoum en 615. L'expansion arabe conduit néanmoins à des conflits : au tournant des VIIe et VIIIe siècles, les Éthiopiens attaquent Jeddah et les Arabes ripostent en détruisant Adulis, puis en occupant les îles Dahlak.

Exclus du commerce en mer Rouge, les Éthiopiens se replient sur eux-mêmes. Vers 700, les rois d'Aksoum cessent de battre monnaie. Le royaume entreprend alors une expansion vers le sud, dans les régions du Lasta et du Begameder, où prédominent les Agaou, de langue couchitique. Les chefs militaires d'Aksoum y instaurent une sorte de féodalité, tandis que les moines convertissent la population. Quant aux Agaou, plus ou moins assimilés, ils jouent un rôle politique croissant.

L'islamisation du littoral. Alors que les Arabes monopolisent le commerce en mer Rouge, des populations de langues couchitiques s'engagent dans les échanges entre le massif éthiopien et le littoral, en particulier les Afar et les Somali. Le sel, exploité dans les

ÉTHIOPIE OU ABYSSINIE ?

« Éthiopie » vient du grec *aethiops*, « visage brûlé », qui s'appliquait aux populations noires vivant au sud de l'Égypte. « Abyssinie » dérive d'un très ancien terme sémitique (*habbash* en arabe) désignant les populations des plateaux éthiopiens. Au XIXe siècle, les Européens nommaient Abyssinie le pays sur lequel régnait le négus (titre porté par le souverain). Toutefois, *habbash* ayant acquis une connotation péjorative (raciste), les autochtones préféraient l'appellation d'Éthiopie, devenue la seule officielle en 1945.

L'ÉCRITURE ÉTHIOPIENNE

L'écriture éthiopienne date du IVe siècle. Chaque caractère de son alphabet syllabique associe une consonne et une voyelle (sous la forme d'un signe diacritique intégré). D'abord appliquée au guèze, qui restera la langue liturgique de l'Église éthiopienne, cette écriture sera ensuite adaptée à l'amharique, au tigréen, au tigrinya et même à l'oromifa (langue des Oromo).

dépressions à l'est du massif éthiopien, s'échange en Éthiopie contre de l'ivoire et d'autres produits (épices, gomme arabique, etc.), revendus dans les ports. Comme ailleurs en Afrique, l'islam se propage le long des itinéraires commerciaux : caravaniers et marchands se convertissent. Son principal centre de diffusion est alors le port de Zeila.

Les Zagoué

Le nouveau royaume. Dans les années 1130, un chef militaire agaou, Marara, s'empare du trône et fonde la dynastie des Zagoué. L'Église éthiopienne la perçoit comme usurpatrice, bien que les Zagoué perpétuent la tradition d'Aksoum (en utilisant la langue guèze). Aussi, pour asseoir leur légitimité, les Zagoué affirment-ils descendre de Moïse. Ce sont des souverains puissants jusqu'à la fin du règne de Lalibela (v. 1185-v. 1225). Le royaume, avec pour cœur le Lasta, présente une organisation de type féodal : le roi exerce sa suzeraineté sur les fiefs environnants, que la cour itinérante visite périodiquement.

La question du statut de l'Église. Deux tendances s'opposent au sein de l'Église éthiopienne. Les moines, qui participent à l'expansion du royaume en convertissant les populations soumises et en colonisant de nouvelles terres, sont hostiles à l'islam. En revanche, l'abouna (qui est un copte, donc un Égyptien, nommé par le patriarche d'Alexandrie depuis l'époque de Frumence) se montre soucieux d'entretenir de bonnes relations avec le monde musulman. Pour sortir du dilemme, les Zagoué demandent que le nombre des évêques soit porté à dix, de telle sorte que l'Église éthiopienne acquière le droit d'élire son propre patriarche, mais Alexandrie s'y oppose catégoriquement.

La fin des Zagoué. Au milieu du XIIIe siècle, des querelles divisent la famille régnante, tandis que certains princes, gouvernant des régions périphériques, défient le pouvoir central. C'est le cas de Yekouno Amlak, fils d'un chef amhara. (Les Amhara parlent une langue sémitique, l'amharique, distincte du guèze. Christianisés de longue date, ils sont installés au sud du Lasta.) Yekouno Amlak bénéficie du soutien de grands monastères, hostiles aux Zagoué. En 1270, il défait et tue le roi Yitbarek.

L'âge d'or de la dynastie salomonienne

Bien qu'il soit un Amhara, Yekouno Amlak impose l'idée qu'il descend du dernier roi légitime, Dilnaod, renversé par les Zagoué. De surcroît, la généalogie officielle remonte bientôt de Dilnaod au roi des Hébreux Salomon (voir ci-contre), comme le retrace un ouvrage en forme d'épopée, le *Kebra Negast* (« La Gloire des rois »), datant du début du XIVe siècle et rédigé en guèze. Il assoit la légitimité de la dynastie, tout en présentant les Éthiopiens comme un peuple « élu ».

De Yekouno Amlak à Amda Siyon. Les souverains salomoniens portent le titre de *negus negast* (« roi des rois »), que l'on traduit par empereur. On connaît mal les règnes de Yekouno Amlak (1270-1285) et de ses successeurs immédiats, mais on sait que, dans les années 1290, les querelles de succession déclenchent une longue guerre civile. Pour tenter d'y remédier, on enfermera ensuite les prétendants possibles au trône dans une forteresse, en attendant qu'à la mort du négus l'un d'entre eux soit sélectionné.

Amda Siyon (1314-1344) attribue des fiefs (*gult*) soit, à titre permanent, à l'Église ou à des monastères, soit, à titre révocable, à des vassaux, qui doivent en contrepartie fournir des troupes. La monarchie s'appuie sur les

MÉNÉLIK Ier, FILS DU ROI SALOMON

L'Ancien Testament fait état de la visite rendue par la reine de Saba au roi des Hébreux Salomon (Xe siècle av. J.-C.). Selon la tradition éthiopienne, consignée dans le *Kebra Negast*, la reine serait venue d'Éthiopie (et non d'Arabie du Sud, comme on l'admet généralement). Elle aurait eu de Salomon un fils, nommé David, né à son retour en Éthiopie. Parvenu à l'âge adulte, David se serait rendu à Jérusalem, y aurait dérobé l'Arche d'alliance (contenant les tables de la Loi) et l'aurait rapportée à Aksoum. Il serait ensuite monté sur le trône sous le nom de Ménélik Ier, fondant ainsi la dynastie salomonienne, dont se réclamait encore le dernier empereur, Hailé Sélassié, déposé en 1974.

Le clergé éthiopien continue d'affirmer que l'Arche d'alliance se trouve à Aksoum, mais les églises éthiopiennes n'en présentent que des répliques.

monastères, pourvoyeurs de conseillers et de fonctionnaires. Il n'y a toutefois pas de capitale permanente : la cour se déplace, pour manifester la puissance du négus partout dans le pays. L'amharique se substitue au guèze en tant que langue officielle.

L'Éthiopie face aux émirats musulmans. Le commerce qui se développe dans l'arrière-pays de Zeila engendre l'essor d'émirats musulmans situés à l'est du massif éthiopien. Ces émirats, peuplés d'Afar et de Somali, entretiennent des relations complexes avec l'empire. D'un point de vue strictement commercial, il n'est pas de leur intérêt d'entrer en conflit avec l'Éthiopie. Mais les négus, pour consolider leur empire, cherchent à contrôler les territoires périphériques, le cas échéant musulmans. Ils imposent aux musulmans un tribut équivalant à une taxe sur les transactions commerciales. Quand le paiement de ce tribut devient trop lourd, les musulmans se révoltent. De part et d'autre, les conflits prennent vite une dimension religieuse.

Dans les années 1270, Yekouno Amlak a soumis l'émirat d'Ifat, fondé au XIIIe siècle et sur lequel règne une dynastie d'Afar. Au début des années 1330, toutefois, l'émir Sabr ad-Din proclame le *jihad* (« combat ») et envahit les provinces éthiopiennes voisines. Amda Siyon livre une guerre difficile et l'emporte, imposant un tribut à Ifat et à Adel, émirat situé au-delà du fleuve Aouach. Les successeurs d'Amda Siyon, dont le négus David (1380-1412), auront eux aussi à mater des rébellions d'Ifat.

Les questions religieuses. L'abouna Yakob, arrivé en Éthiopie en 1337, entreprend une grande œuvre d'évangélisation : des moines vont convertir les populations du Choa et du Godjam (au sud du lac Tana), ainsi que les Falacha (voir page 58). La propagation du christianisme et l'expansion du pouvoir des négus vont ainsi de pair, mais suscitent des critiques : l'abbé Ewostatewos prêche une réforme de l'Église à ses yeux trop liée au pouvoir politique. Il prône le retour aux vertus enseignées par la Bible et, curieusement, le respect du repos du samedi (sabbat) plutôt que de celui du dimanche. Ses partisans sont persécutés, mais leur influence dans la population reste grande.

Le règne de Zara Yakob (1434-1468). Zara Yakob parvient à restaurer l'unité de l'Église, ce qui lui vaut un grand prestige : en 1450, la hiérarchie ecclésiastique reconnaît le sabbat (c'est toujours le cas en Éthiopie). Zara Yakob s'attache aussi à renforcer le pouvoir central : il établit une capitale à Debré Birhan, au cœur du pays amhara, et demande que ses vassaux y portent leur tribut. Son souci de rompre l'isolement de l'empire le conduit par ailleurs à des luttes contre les musulmans. À l'est, le sultanat d'Adel, centré sur la ville de Harer, devient menaçant sous le règne d'Ahmad Badlay, que les Éthiopiens tuent au combat en 1445. Adel doit payer un lourd tribut, mais conserve sa dynastie. Zara Yakob se tourne ensuite vers l'actuelle Érythrée, où il installe des colonies militaires, puis il attaque les musulmans de Massaoua et des îles Dahlak. L'empire s'étend alors, au nord, jusqu'à la mer Rouge, au sud, jusqu'aux régions vassales (quoique principalement musulmanes) d'Ifat, Fatagar, Dawaro et Bale.

LE PRÊTRE JEAN, LES EUROPÉENS ET L'ÉTHIOPIE

Les croisades conduisent les Européens en Palestine au début du XIIe siècle. Ils y apprennent l'existence d'un royaume chrétien situé en arrière des « lignes » musulmanes. Un demi-siècle plus tard, une lettre en latin circule en Europe signée d'un certain « prêtre Jean ». Celui-ci y appelle les rois européens à lutter à ses côtés contre les infidèles. On ne connaît pas l'auteur de cette lettre, mais la légende relative aux qualités et richesses de ce monarque prendra corps quand des informations circuleront entre l'Éthiopie et l'Europe

Au début du XIVe siècle, une mission éthiopienne se rend à Rome et à Avignon. Dès lors, les Européens identifient véritablement l'Éthiopie. Un siècle plus tard, des Européens (Italiens) séjournent dans le pays pour la première fois. Des moines éthiopiens participent au concile de Florence en 1441. Une église est ensuite attribuée aux Éthiopiens derrière la basilique Saint-Pierre de Rome : connue sous le nom de Santo Stefano dei Mori (« Maures »), elle devient le centre des études éthiopiennes en Europe.

Les difficultés de la dynastie salomonienne

À Zara Yakob succèdent des négus qui n'ont ni son prestige ni son énergie. Des forces centrifuges se manifestent : les grands féodaux chrétiens affirment leur autonomie, tandis que les pays vassaux (non chrétiens) cherchent à recouvrer leur indépendance. La centralisation inaugurée par Zara Yakob fait long feu : le négus Baeda Mariam (1468-1478) abandonne la capitale Debré Birhan et restaure une cour itinérante.

Ahmad Gran à l'assaut de l'Éthiopie. Mahfuz émir de Zeila et général du sultan

d'Adel, lance des raids en Éthiopie à la fin du XVe siècle. Le négus Naod (1494-1508) trouve la mort en tentant de le repousser. Mahfuz sera tué par les Éthiopiens en 1517, sous le règne du négus Lebna Dengel (1508-1540). À cette époque, les Portugais et les Ottomans s'opposent en mer Rouge. Les premiers s'emparent de l'île de Socotora (à l'est de l'actuelle Somalie) en 1507, les seconds conquièrent l'Égypte et le Yémen en 1517.

Les Portugais envoient une ambassade à Massaoua en 1520, mais Lebna Dengel ne voit pas l'utilité d'une alliance. (Les Portugais rassemblent néanmoins à cette occasion de nombreuses informations sur l'Éthiopie.)

Un nouveau chef musulman s'affirme ensuite : l'imam Ahmad ibn Ibrahim, dit « Gran » (« le gaucher »). Souverain de fait d'Adel, il achète des armes à feu aux Ottomans et proclame le *jihad*. Après avoir battu une partie de l'armée éthiopienne en 1527, il soumet le sud de l'empire (Bale, Hadya), défait de nouveau les Éthiopiens l'année suivante, puis progresse vers le nord, atteignant l'Amhara et le Lasta en 1533, le Tigré en 1535. Partout, les églises sont détruites et la population convertie de force à l'islam. En 1535, Lebna Dengel adresse un appel au secours aux Portugais.

L'intervention portugaise et ses suites. Une force portugaise, commandée par Cristovão da Gama (fils de Vasco), débarque à Massaoua en 1541, sous le règne de Galaoudéos (Claude) (1540-1559). Elle remet sur pied l'armée éthiopienne, qui bat Ahmad Gran dans le Tigré. Mais ce dernier, ayant obtenu des Ottomans des renforts et des armes, défait à son tour les Éthiopiens et capture Cristovão (qui meurt décapité). L'équilibre des forces a toutefois changé : face aux Éthiopiens, Ahmad se trouve désormais sur la défensive. En 1543, il meurt dans une embuscade et ses troupes se débandent.

L'Éthiopie et Adel sortent très affaiblis de quinze ans de guerre. Ces circonstances profitent aux Oromo (voir page 54), que les forces éthiopiennes avaient auparavant tenus en respect : ils atteignent le Dawaro dans les années 1520, le Fatagar dans les années 1540 et entrent en conflit avec les musulmans de Harer vers 1560.

La guerre a mis en évidence l'importance des armes à feu, importées de l'étranger. À cet égard, les Éthiopiens comptent sur les Portugais, mais ces derniers attendent, en contrepartie, un ralliement au catholicisme. Galaoudéos s'y refuse et fait promulguer une *Confession de foi* conforme à la tradition éthiopienne. Les Portugais persévèrent néanmoins : une mission jésuite arrive en Éthiopie en 1557. Dans le camp musulman, on compte sur les Ottomans, qui s'installent en 1557 à Souakin et à Massaoua puis, un peu plus tard, à Zeila.

Sarsa Dengel, Sousneyos et Fasilidas. Le négus Sarsa Dengel (1563-1597) reporte son attention vers l'ouest et le nord : la région du lac Tana devient le cœur politique du royaume. En 1578, il repousse les Turcs qui, depuis Massaoua, avaient pénétré dans le Tigré, puis signe avec eux la paix en 1589. L'empire s'étend alors de l'arrière-pays de Massaoua jusqu'au Choa, formant un ensemble assez cohérent de populations surtout chrétiennes et de langues sémitiques. Les Oromo, toutefois, poussent leurs raids toujours plus loin.

Le négus Sousneyos (1607-1632) s'efforce de canaliser le flot des Oromo en inaugurant une politique d'intégration, y compris dans sa propre armée. Avec l'appui d'un jésuite espagnol de grand talent, le père Pedro Páez, il engage ensuite un rapprochement avec l'Église catholique et se convertit officiellement en 1622. Mais au père Páez, mort la même année, succèdent des hommes intolérants, qui exigent des réformes liturgiques inacceptables par la population. En 1632, Sousneyos abdique en faveur de son fils Fasilidas (1632-1667). Après avoir expulsé les jésuites, Fasilidas installe sa capitale à Gondar, au nord du lac Tana. La ville va conserver ce rôle pendant plus de deux siècles et devenir un important carrefour commercial.

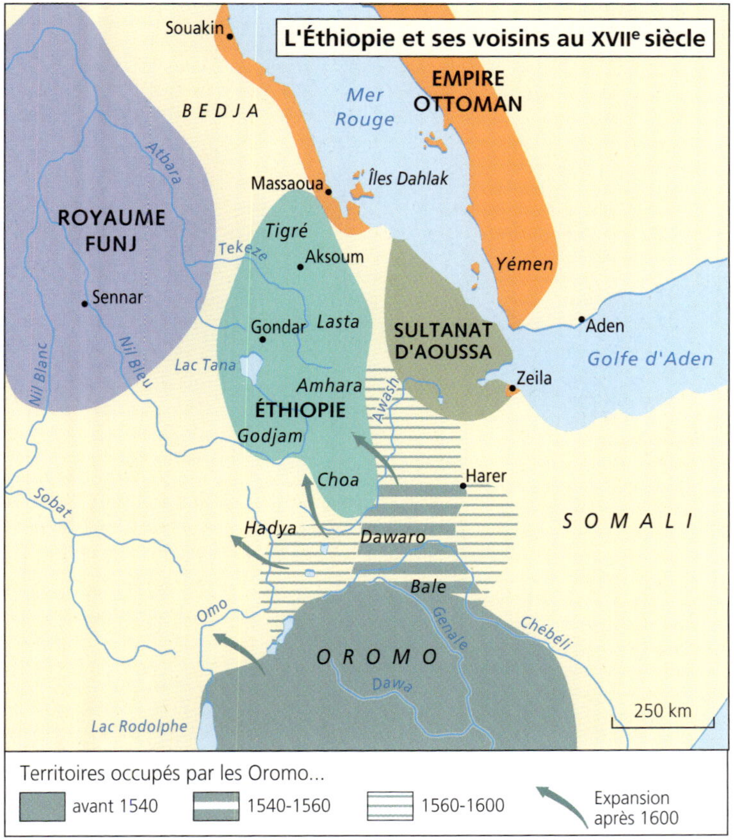

L'écroulement du pouvoir impérial. Alors que Gondar se développe, l'empire ne cesse de s'affaiblir. La montée d'une nouvelle aristocratie oromo aliène la noblesse traditionnelle de langue amharique. D'une façon plus générale, les grands féodaux accaparent les revenus, de telle sorte que le pouvoir central dispose de moins en moins de ressources. Le déclin devient manifeste sous Johannès Ier (1667-1682) et Iyassou Ier (1682-1706), lequel officialise la fonction de *ras* (« tête »), c'est-à-dire de général en chef. Bekaffa (1721-1730) restaure un temps l'autorité impériale mais, sous les règnes de Iyassou II (1730-1755) et de Iyoas (1755-1769), la reine Mentewab (veuve de Bekaffa), qui est une Oromo, joue un rôle prépondérant. Elle place des Oromo aux postes clés et, en guise de contrepoids, nomme le Tigréen Mikael Sehul *ras* des provinces du Nord. Ce dernier prend bientôt le contrôle du commerce entre Gondar et Massaoua et se procure des armes à feu. Quand la guerre éclate entre différents clans d'Oromo, Mentewab fait appel à Mikael Sehul, nommé *ras-bitwoded* (« *ras* en chef »). Il s'impose alors aux Oromo, puis se retourne contre le négus Iyoas, qu'il attaque et tue en 1769.

L'âge des princes

Quatre centres de pouvoir. Après 1769, les empereurs n'ont plus d'autorité. Les Éthiopiens nomment cette époque (jusqu'en 1855) l'« âge des princes », car de grands féodaux se partagent le pays. L'idéal d'une Éthiopie unie se perpétue néanmoins, notamment dans l'Église. Quatre grandes provinces forment en pratique autant de royaumes indépendants.

– Au nord, le Tigré (où l'on parle tigréen et tigrinya) inclut Aksoum, capitale spirituelle et siège de l'abouna.

– Au centre, de langue amharique, se côtoient le Begameder et le Godjam. Le Begameder, qui a pour capitale Debré Tabor, inclut Gondar toujours capitale impériale, du moins en titre. Sur le Begameder règne une dynastie d'Oromo qui, après 1784, tend à monopoliser la fonction de *ras-bitwoded*, c'est-à-dire à exercer ce qui subsiste de pouvoir central.

– Au sud, la dynastie des Menzi règne sur le Choa, de langue amharique mais abritant une forte proportion d'Oromo, dont beaucoup sont assimilés.

Dans l'est du massif éthiopien, les Oromo ont adopté l'islam. Ils se répartissent entre les régions du Yeju (au nord-est de l'ancien Lasta) et du Wollo, plus au sud, qui acquiert de l'importance dans la première moitié du XIXe siècle.

L'essor du commerce. À partir des années 1810, le dynamisme de l'Égypte gouvernée par Méhémet Ali (voir page 31) relance le commerce en mer Rouge et alentour. Cela stimule les exportations éthiopiennes, surtout originaires du sud-ouest du massif : le café (depuis la fin du XVIIe siècle), l'ivoire, le musc, etc., mais aussi les esclaves, en nombre croissant. L'acheminement se fait *via* le Godjam jusqu'à Gondar et, de là, vers le nord-ouest (réseaux commerciaux du Soudan) ou vers le nord, *via* le Tigré, jusqu'à Massaoua, toujours aux mains d'autorités ottomanes. En sens inverse, les produits manufacturés importés, dont des armes à feu, atteignent le Tigré, le Begameder et le Godjam.

La richesse du sud-ouest du massif attire des Oromo, qui y fondent des petits États (Djimma, etc.). Plus au sud se développe le royaume du Kaffa, édifié par des populations de langue omotique (voir page 60). À l'est du massif éthiopien, en revanche, le commerce décline. Deux États musulmans subsistent : le sultanat d'Aoussa (successeur d'Adel), réduit au pays des Afar, et la ville de Harer, gouvernée par une dynastie locale. Au cours du XIXe siècle, le Choa va s'efforcer de relancer les échanges dans cette direction, à son profit.

Les conflits entre Éthiopiens. Ali Ier, Oromo du Yeju converti au christianisme, devient *ras-bitwoded* en 1784. Après sa mort en 1788, les Oromo se déchirent, avant que Gugsa du Yeju ne l'emporte et règne de 1803 à 1825. L'Éthiopie entre ensuite en guerre civile, seul le Choa se tenant à l'écart. Durant la minorité du nouveau *ras-bitwoded,* Ali II, intronisé en 1831, sa mère Menen, une Oromo du Wollo convertie au christianisme, assure la régence. Elle rallie tous les Oromo, chrétiens et musulmans, autour d'Ali II, mais le *ras* du Tigré, Wube, contrecarre ses projets : il obtient de Salama, nouvel abouna arrivé en 1841, l'excommunication d'Ali II. Le conflit ne cesse de rebondir, tandis que s'affirme un nouveau protagoniste, Kassa.

L'ascension de Kassa. De petite noblesse amhara, Kassa devient un puissant chef de bande dans le Kouara (à l'ouest du lac Tana), zone de confins traditionnellement guerriers. Au cours des années 1840, il lance des expéditions dans le Begameder. Ali II choisit la conciliation et nomme Kassa gouverneur des confins occidentaux. En 1852, toutefois, Kassa refuse d'obéir, entre à Gondar puis, l'année suivante, défait la cavalerie des Oromo. Ali II se réfugie au Yeju. En 1854, Kassa s'accorde avec l'abouna Salama pour rétablir l'unité de l'empire et la religion orthodoxe. Il lui reste à obtenir la soumission de Wube, battu en 1855. La même année, Kassa se fait sacrer *negus negast* sous le nom de Théodoros II.

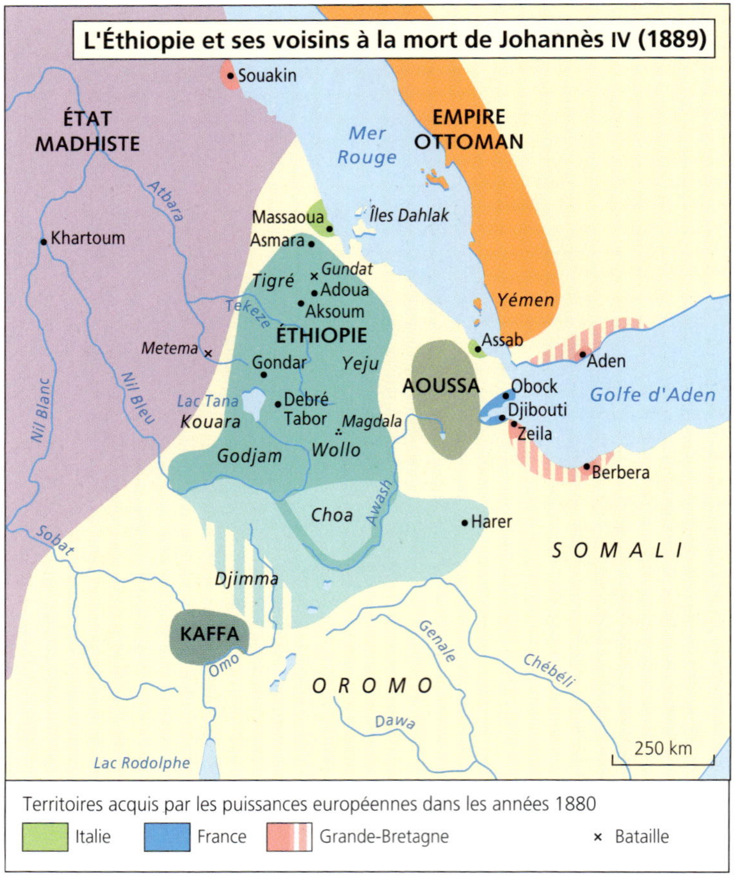

L'Éthiopie et ses voisins à la mort de Johannès IV (1889)

Théodoros II et Johannès IV

L'annexion du Choa. Sahle Sélassié (1813-1847), roi du Choa, a agrandi son domaine vers le sud et s'est comporté en souverain indépendant. Son fils Hailé Malakot (1847-1855), tout en poursuivant la même politique, a soutenu Ali II. Aussi Théodoros le considère-t-il comme un ennemi. Après avoir soumis le Wollo, Théodoros se tourne contre Hailé Malakot, qui tente de résister mais est vaincu et meurt en 1855. Théodoros incorpore le Choa dans son empire et emmène Ménélik, le fils de Hailé Malakot, en otage à sa cour.

Des réformes trop brutales. En 1856, Théodoros règne sur toute l'Éthiopie chrétienne. Il érige Debré Tabor en capitale et fait édifier dans le Wollo une forteresse, Magdala, qui devient son quartier général. Théodoros se veut réformateur, mais il se montre impatient et brutal. Pour que les soldats ne se paient plus sur l'habitant, il instaure des garnisons financées par l'impôt, ce qui accroît la pression fiscale sur les paysans. Dans un souci de réforme agraire, il confisque des biens d'Église, s'aliénant ainsi le clergé. L'aristocratie relève la tête et déclenche des insurrections.

Théodoros recherche alors de l'appui à l'étranger. En 1862, il écrit à la reine Victoria, lui proposant une alliance contre les Turcs. Londres, soucieux de ménager l'Empire ottoman, ne répond pas. Simultanément, la sécheresse et la famine au Tigré et au Begameder provoquent des révoltes, que Théodoros réprime avec une violence croissante. En 1865, Ménélik s'évade de Magdala et regagne le Choa, dont il se proclame roi.

De Théodoros à Johannès IV. Théodoros ayant fait emprisonner des sujets britanniques, Londres se décide à lui répondre. En échange de la libération des otages, Théodoros voudrait des armes, mais les négociations s'enlisent. Pour finir, Londres adresse à Théodoros un ultimatum, auquel il ne répond pas. En janvier 1868, un corps expéditionnaire anglo-indien, commandé par Robert Napier, débarque à Massaoua et obtient le soutien logistique de Kassa, nouveau *ras* du Tigré. Les Britanniques défont les forces de Théodoros, qui s'enferme dans sa forteresse de Magdala puis, quand Napier donne l'assaut, se suicide. Sur le chemin du retour, Napier attribue à Kassa un important lot d'armes.

Kassa sort vainqueur des conflits qui se déchaînent après la mort de Théodoros. En 1872, il se fait sacrer empereur à Aksoum sous le nom de Johannès IV. À la différence de Théodoros, Johannès soutient fermement l'Église, sans pour autant viser à instaurer un État centralisé. Il lui faut néanmoins combattre pour obtenir la soumission du Begameder et de Gondar (1873), puis du Godjam (1874) et du Wollo. En 1876, Johannès marche sur le Choa : Ménélik se soumet, tout en conservant une grande autonomie.

L'Éthiopie face aux Turco-Égyptiens. Maîtres du Soudan, les Turco-Égyptiens (voir page 40) ont pris possession de Massaoua en 1865. À partir de 1872, ils s'avancent sur le plateau érythréen, tout en progressant le long de la côte : en 1875, ils occupent Zeila et Berbera, puis prennent Harer. Ils échouent toutefois face au sultanat d'Aoussa et face à Johannès, qui les défait en 1875 (à Gundat) et de nouveau en 1876, mais ne parvient pas à les expulser de Massaoua et ses environs.

Quand les Britanniques occupent l'Égypte en 1882, tandis que la révolution mahdiste se propage au Soudan, la situation se débloque. En 1884, la Grande-Bretagne et l'Égypte signent avec l'Éthiopie le traité d'Adoua. Johannès facilite l'évacuation des garnisons égyptiennes du Soudan à travers son empire. En contrepartie, il récupère l'arrière-pays de Massaoua et obtient la liberté du commerce dans ce port, y compris des armes.

Les soutiens européens de Ménélik. Ménélik a besoin de ressources, tant pour verser à Johannès un tribut annuel (comme il s'y est engagé en 1876) que pour acheter des armes. Aussi reprend-il une politique expansionniste, en vue de capter le commerce originaire du sud-ouest du massif éthiopien et de le réorienter vers les ports du golfe d'Aden. Cette expansion s'opère surtout vers le sud et vers l'ouest, en pays oromo. Le royaume de Djimma devient vassal en 1884. Par ailleurs, les Égyptiens ayant évacué Harer en 1885, la dynastie musulmane locale en a repris le contrôle. Ménélik l'évince et s'empare de la ville en 1888. Ménélik prend comme principal conseiller un ingénieur suisse, Alfred Ilg, qu'il a fait venir en 1879 et qui restera à ses côtés jusqu'en 1908. Il entretient des relations avec les Français et avec les Italiens. Les premiers ont pris possession d'Obock en 1862, puis fondent Djibouti en 1888. Les seconds ont pris pied dès 1869 plus au nord de la côte, à Assab, dont ils font officiellement une colonie en 1882. Rome dispose aussi, à partir de 1876, d'un représentant au Choa, le comte Antonelli. Quant aux Britanniques, en 1884, ils se substituent aux Égyptiens à Zeila et Berbera. Par tous ces intermédiaires, Ménélik se procure des armes.

De Johannès IV à Ménélik II. Les Britanniques ne respectent pas le traité d'Adoua : dès 1884, ils incitent les Italiens à s'installer à Massaoua, pour éviter que ce ne soit les Français. Les Italiens débarquent en 1885 et bloquent bientôt les livraisons d'armes à l'Éthiopie. La tension monte : en 1887, les Éthiopiens défont un contingent italien. Tandis que Rome envoie des renforts, Johannès sollicite en vain un arbitrage britannique. Simultanément, les mahdistes attaquent le Godjam et le Begameder. Johannès marche contre eux, mais il est mortellement blessé à Metema au début de 1889.

Ménélik se proclame aussitôt empereur et soumet rapidement les pays amhara et oromo. Pour isoler le *ras* du Tigré, Mengesha (fils de Johannès), qui résiste, il se rapproche des Italiens et signe avec eux le traité de Wuchale (Uccialli) en mai 1889. Ménélik est couronné en novembre.

LES OROMO

Les Oromo, de langue couchitique, étaient à l'origine des éleveurs nomades évoluant au sud du massif éthiopien. On les connaissait naguère sous le nom de Galla, terme amharique péjoratif aujourd'hui banni de l'usage.

La montée des Oromo vers les hauts plateaux a commencé au début du XVe siècle, voire plus tôt. Elle est peut-être due à la pression des Somali, eux-mêmes venus du Nord-Est. Quoi qu'il en soit, dès la seconde moitié du XVIe siècle, les Oromo sont présents dans le centre du massif éthiopien, en nombre toujours croissant. Ils y font preuve d'une grande faculté d'adaptation : nombre d'entre eux se convertissent à l'agriculture, se mêlent aux populations locales, se convertissent à l'islam ou au christianisme, etc. Les Amhara, néanmoins, ne cesseront de les considérer comme des intrus, jusqu'à l'époque contemporaine.

LES SOMALI JUSQU'AU XIXe SIÈCLE

Les migrations des Somali. Ils auraient pour berceau la rive sud du golfe d'Aden, mais ce n'est qu'une hypothèse. Vers la fin du premier millénaire, les Somali, qui sont des éleveurs nomades chameliers, entreprennent des migrations vers le sud, atteignant la région de Mogadiscio vers le XIIIe siècle, voire plus tôt. Ils sont alors (comme cela reste le cas aujourd'hui) organisés en cinq grands groupes, eux-mêmes divisés en clans et tribus.

– Au nord se situent les Dir (dans l'arrière-pays de Zeila et de l'actuel Djibouti) et les Issak (dans l'arrière-pays de Berbera).

– Les Darod, les plus nombreux, se répartissent entre la Corne de l'Afrique proprement dite (à l'est des Issak) et l'Ogaden. Au XVIe siècle, ils fournissent d'importants contingents à Ahmad Gran, en guerre contre les Éthiopiens (voir page 50). Au XIXe siècle, ils tenteront de s'étendre vers le sud, mais seront arrêtés par les Sab, puis s'attaqueront à l'ouest aux Oromo, qu'ils déferont vers 1865, et se répandront ensuite dans les territoires à l'ouest du fleuve Djouba, atteignant le fleuve Tana (dans l'actuel Kénya) au début du XXe siècle.

– Les Hawiye (à l'est) et les Sab (à l'ouest) occupent les territoires compris entre l'Ogaden et l'océan Indien, où coulent les deux fleuves Chébéli et Djouba, dont les vallées se prêtent à l'agriculture. Les basses vallées de ces fleuves avaient été tôt colonisées par des Bantous (voir page 147), que les Somali, à leur arrivée, ont réduits au servage.

Les ports et l'islam. À partir du VIIIe siècle, les Arabes dominent le commerce en mer Rouge et dans le golfe d'Aden. Cela suscite l'essor des ports de Zeila et Berbera, qui deviennent des foyers de propagation de l'islam. Les premiers convertis sont les Dir et les Issak. Les Darod adopteront l'islam plus tard, à l'époque des guerres musulmanes contre l'Éthiopie (XVe-XVIe siècles). Les Ottomans prennent le contrôle de Zeila dans la seconde moitié du XVIe siècle.

Sur les rives de l'océan Indien, des marchands arabes s'installent aux IXe-Xe siècles, si ce n'est plus tôt (voir page 147). Des Bantous sont déjà en place, tandis que les Somali arriveront plus tard. Trois ports connaissent un bel essor : Mogadiscio, Merca et Brava. Les Arabes s'y mêlent d'abord aux Bantous (comme sur la côte swahili), après quoi cette population métissée se mêlera elle-même aux Somali, dont la langue finira par prédominer. À partir des ports, l'islam gagnera peu à peu les Somali de l'intérieur (Hawiye et Sab). Vers 1840, Mogadiscio, Merca et Brava reconnaissent la suzeraineté du sultanat de Zanzibar (voir page 148), tout en conservant leur autonomie.

Pour les Somali, l'ère coloniale commencera dans les années 1880 (voir page 56).

L'AFRIQUE DU NORD-EST AU XXe SIÈCLE

L'Éthiopie face aux puissances coloniales

LA VICTOIRE D'ADOUA. Au traité d'Uccialli, Ménélik a cédé à l'Italie le nord du Tigré et obtenu de pouvoir importer des armes *via* Massaoua et Assab. Toutefois, l'article 17 du traité suscite un contentieux : dans sa version amharique, il stipule que Ménélik *pourra* faire appel à la diplomatie italienne dans ses relations avec d'autres États, tandis que, dans sa version italienne, *pourra* est remplacé par *devra*. En octobre 1889, l'Italie s'en prévaut pour annoncer qu'elle entend exercer un protectorat sur l'Éthiopie. Ménélik proteste en vain, tout en continuant d'agrandir son empire vers le sud et l'est, puis décrète la mobilisation générale en 1895. Les forces italiennes pénètrent dans le Tigré, mais elles sont très sévèrement battues par celles de Ménélik à Adoua, le 1er mars 1896, à la surprise des capitales européennes. Ménélik, pour préserver ses forces, ne s'avance cependant pas en Érythrée. Les Italiens se résignent à la paix : le traité d'Addis-Abéba (1896) reconnaît l'indépendance de l'Éthiopie.

LA CONSOLIDATION DE L'EMPIRE. Après Adoua, l'expansion territoriale se poursuit : en 1897, les Éthiopiens envahissent le Kaffa et atteignent le lac Rodolphe (aujourd'hui lac Turkana). À l'est, ils renforcent leurs positions dans l'Ogaden. À l'ouest, ils prennent le contrôle du pays des Beni Shangul (voir page 60) avant que les Britanniques ne se rendent maîtres du Soudan en 1898. Au tournant du siècle, l'Éthiopie atteint ses dimensions actuelles.

Sans remettre en cause les structures traditionnelles de la société, Ménélik se soucie de modernisation (aménagement de la capitale, postes et télégraphe, etc.). Le projet le plus ambitieux est celui du chemin de fer (voir l'encadré page 57).

DE MÉNÉLIK À IYASSOU. En 1909, Ménélik désigne comme successeur son petit-fils Iyassou (fils de sa fille Shawaragga et du *ras* Mikael, un Oromo). La même année, son état de santé écarte Ménélik de la scène politique : il mourra en 1913. Dès 1911, Iyassou (âgé de 16 ans) entreprend d'exercer le pouvoir. Il se montre favorable aux musulmans, ce qui lui aliène l'aristocratie chrétienne et l'Église, puis le conduit, lors de la Première Guerre mondiale, à prendre parti pour les Ottomans. En 1916, les Alliés menacent l'Éthiopie d'une intervention militaire. Une assemblée de nobles obtient alors l'excommunication d'Iyassou, qui s'enfuit (il sera capturé en 1921 et mourra en détention en 1936).

LE *RAS* TAFARI. Une fille de Ménélik, Zaouditou, monte sur le trône, mais c'est désormais le *ras* Tafari (fils du ras Makonnen, cousin et homme de confiance de Ménélik) qui joue le premier rôle : désigné comme héritier, il exerce la fonction de régent. Tafari compose avec les gouverneurs des provinces et place ses partisans à Addis-Abéba. Il poursuit la politique de modernisation engagée par Ménélik mais, comme ce dernier, tend à la limiter à la capitale. En dehors du Sud-Ouest, où la production de café se développe, l'économie du pays demeure très traditionnelle. Pour desserrer l'emprise des puissances coloniales, Tafari (qui parle le français) engage une politique étrangère active. Après s'être rendu aux États-Unis et en Europe dès 1919, il obtient, en 1923, l'admission de l'Éthiopie à la SDN (Société des Nations). En 1928, il signe avec l'Italie (dirigée par Mussolini depuis 1922) un traité d'amitié et d'arbitrage.

L'ARRIVÉE AU POUVOIR DE HAILÉ SÉLASSIÉ. À la mort de Zaouditou, en 1930, Tafari accède au trône sous le nom de Hailé Sélassié. La modernisation s'accélère : construction de routes, ouverture d'écoles, formation d'officiers, etc. En 1931, Hailé Sélassié promulgue une Constitution, sur le modèle japonais. Quant à Mussolini, dès 1933, il envisage la conquête de l'Éthiopie par les armes, pour donner du prestige à son régime (et venger l'affront d'Adoua). En décembre 1934, un incident entre Italiens et Éthiopiens survient à Oual-Oual (Welwel), dans l'Ogaden. Addis-Abéba demande en vain un arbitrage, puis se tourne vers la SDN. Le contexte européen joue ensuite un rôle déterminant : face à la montée de l'Allemagne nazie, la France et la Grande-Bretagne ménagent l'Italie. Les tractations à la SDN donnent à Mussolini le temps de préparer la guerre. Les attaques qui ouvrent la guerre d'Éthiopie débutent le 3 octobre 1935, à partir de l'Érythrée et de la Somalie.

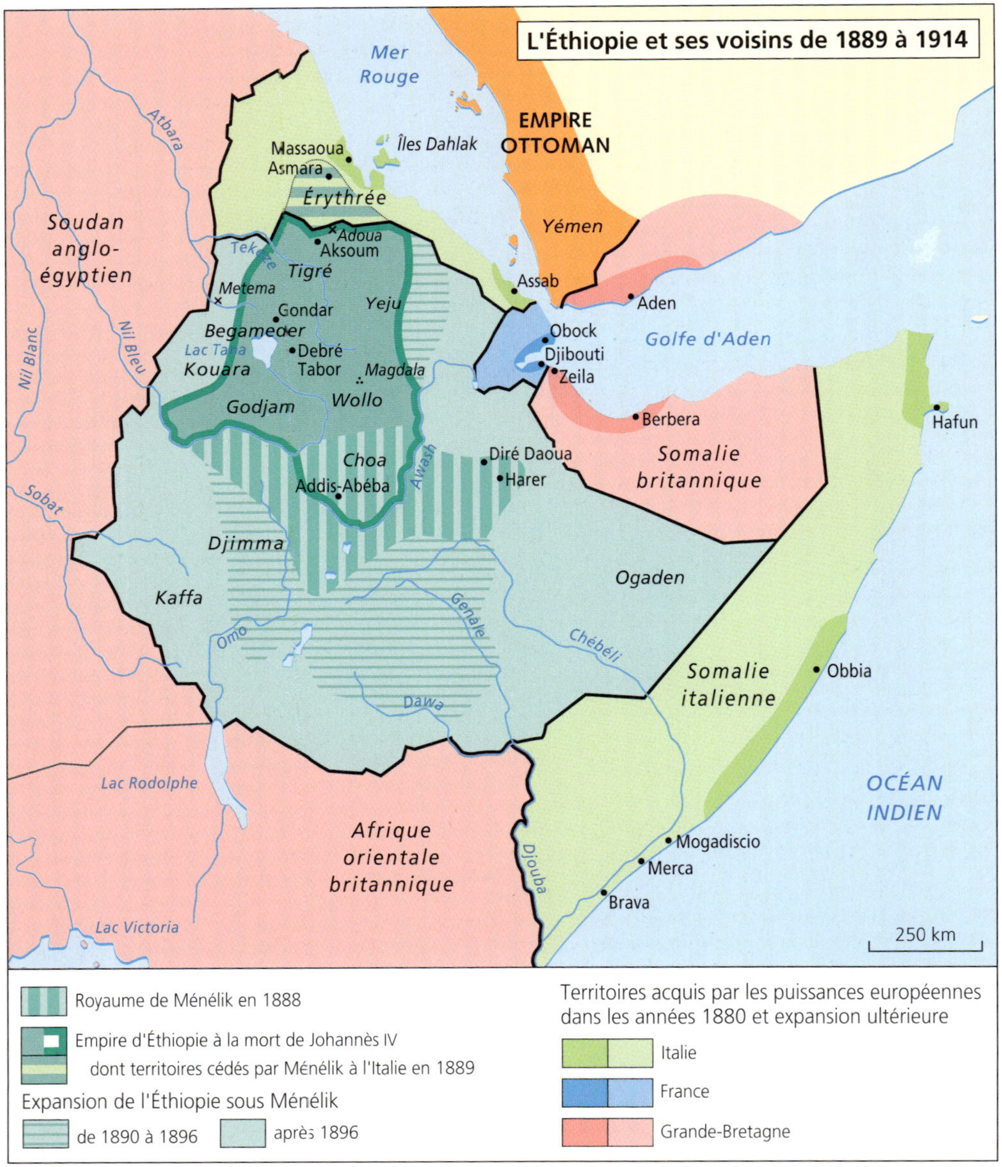

Les colonies jusqu'en 1936

L'Érythrée. L'Italie occupe en 1882 Assab (où une compagnie privée italienne était active depuis 1869) puis, en 1885, Massaoua. L'ensemble forme en 1890 la colonie d'Érythrée. La frontière avec l'Éthiopie est établie en 1896 (traité d'Addis-Abéba), celle avec le Soudan en 1898-1902. Les Italiens font de l'Érythrée un territoire dépendant « modèle » bien équipé (chemin de fer de Massaoua à Asmara en 1909, routes, réseaux d'irrigation…).

La Côte française des Somalis. Les Français achètent Obock en 1862, mais ils ne s'installent dans la région qu'en 1884 et fondent Djibouti en 1888. La frontière avec l'Éthiopie est établie en 1897, tandis que débute la construction du chemin de fer (voir l'encadré). La colonie prend le nom de Côte française des Somalis en 1898.

La Somalie britannique. En 1884, les Britanniques prennent la relève des Turco-Égyptiens (voir page 40) à Zeila et à Berbera, puis établissent leur protectorat sur l'intérieur en 1887. Il prendra le nom de Somaliland. À l'est, la frontière est esquissée en 1894. Au sud, elle date de 1897, après la conquête de l'Ogaden par les Éthiopiens.

La Somalie italienne. En 1887-1889, les Italiens instaurent un protectorat sur le sultanat d'Obbia et sur Hafun et ses environs. Le sultan de Zanzibar leur cède Brava, Marka et Mogadiscio en 1892, tandis que des agents italiens opèrent à l'intérieur des terres. En

1897, un accord avec l'Éthiopie pose les principes d'une délimitation dans l'est de l'Ogaden, mais il sera ensuite contesté par les Italiens. La Somalie italienne (Somalia) devient une colonie en 1905.

À partir de 1900, la résistance des Somali à la colonisation prend la forme de la « révolte des Derviches », sous la conduite de Sayyid Muhammad. Elle se termine avec la mort de ce dernier en 1920.

En 1924, la Grande-Bretagne cède à l'Italie la rive droite du Djouba (en italien : Oltregiuba), détachée du Kénya.

La guerre d'Éthiopie et ses suites

La conquête et le régime colonial italien. En octobre 1935, la SDN déclare l'Italie État agresseur vis-à-vis de l'Éthiopie, puis décide des sanctions économiques et financières, qui seront peu efficaces. Les Italiens reprennent ensuite l'offensive : en recourant aux bombardements et aux gaz de combat, ils disloquent les armées éthiopiennes. Le 2 mai 1936, Hailé Sélassié quitte l'Éthiopie pour se réfugier en Angleterre. Les Italiens entrent à Addis-Abéba le 5 mai. Mussolini proclame l'« empire italien d'Éthiopie », dont le maréchal Rodolfo Graziani devient vice-roi. Il reste aux Italiens à prendre le contrôle du pays, face à une résistance armée qu'ils réduisent avec une grande brutalité.

En 1937, le duc Amédée d'Aoste (membre de la famille royale italienne) remplace Graziani. Pour rompre les anciennes appartenances, l'Éthiopie, l'Érythrée et la Somalie sont fusionnées en une Afrique orientale italienne, découpée en six provinces (voir la carte). Un réseau de routes stratégiques quadrille peu à peu le pays. En revanche, l'installation de colons italiens, grand projet de Mussolini, marque le pas. La France et la Grande-Bretagne reconnaissent la souveraineté italienne en 1938.

Le régime italien modifie, en quelques années, la société éthiopienne. Les élites traditionnelles, décimées par la répression, perdent de leur ascendant, tandis que la guerre et la résistance, puis la présence étrangère détournent de nombreux Éthiopiens de leurs rythmes séculaires.

La Seconde Guerre mondiale. L'Italie entre en guerre aux côtés de l'Allemagne en juin 1940. En août, les Italiens occupent la Somalie britannique, mais non la Côte française des Somalis, qui relève du régime de Vichy. (La

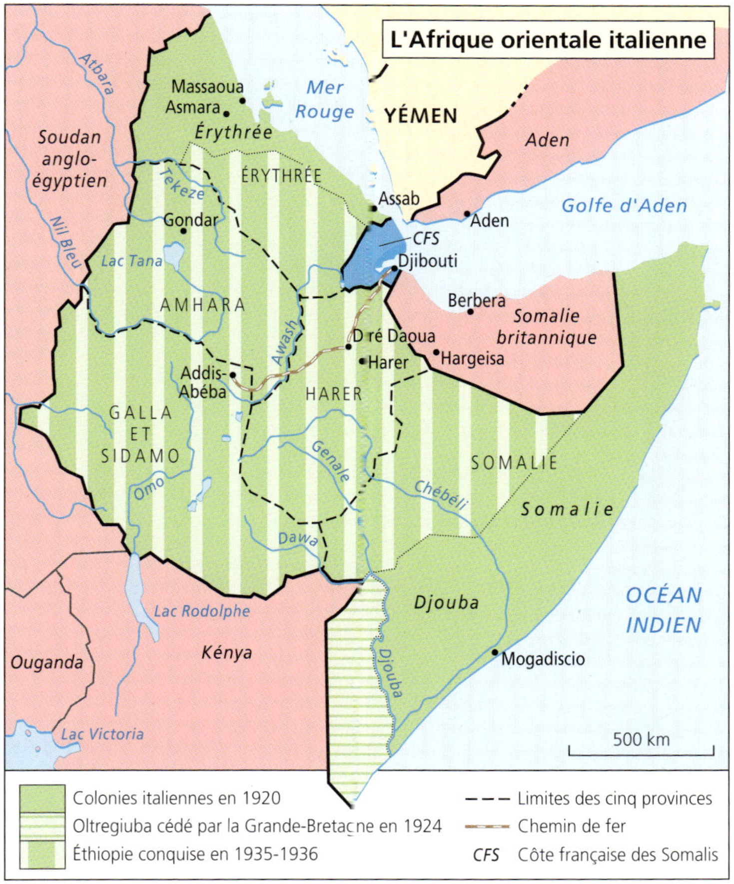

LE CHEMIN DE FER D'ADDIS-ABÉBA

L'idée de construire un chemin de fer revient au conseiller de Ménélik, Alfred Ilg. La concession ayant été attribuée à une société française, les travaux débutent en 1897 à Djibouti. Ils sont coûteux et difficiles (notamment en raison de l'hostilité des nomades afar), de telle sorte que la société se débat dans les problèmes financiers. La ligne atteint en 1902 Diré Daoua, ville née du chemin de fer. Les travaux reprennent en 1908, dans le cadre d'une nouvelle convention franco-éthiopienne, et s'achèvent à Addis-Abéba en 1917.

marine britannique soumet Djibouti à un blocus jusqu'au ralliement de la colonie à la France libre, en décembre 1942.) Pendant ce temps, au Soudan, Hailé Sélassié met sur pied une petite armée avec l'aide des Britanniques. En janvier 1941, ces derniers pénètrent en Érythrée (venant du Soudan) et en Somalie (venant du Kénya), tandis que Hailé Sélassié entre au Godjam. Avec l'appui de la résistance éthiopienne, redevenue très active, les Britanniques réduisent en quelques mois les forces italiennes, isolées et démoralisées. Le duc d'Aoste capitule en mai.

Les Britanniques placent alors l'Afrique orientale italienne, « territoire ennemi occupé », sous administration militaire. Hailé Sélassié affirme au contraire que la libération a restauré la souveraineté de l'Éthiopie et organise son propre gouvernement. Pour desserrer l'emprise britannique, il se tourne vers les États-Unis, qui intercèdent en sa faveur : en décembre 1944, Londres reconnaît l'indépendance de l'Éthiopie, mais maintient sa présence militaire en Ogaden. Grâce au soutien américain, l'Éthiopie devient membre fondateur des Nations unies (adhésion en novembre 1945).

Le traité de paix avec l'Italie, signé par les Alliés en 1947, ne règle pas le sort des colonies italiennes. Aussi la question est-elle déférée à l'Assemblée générale des Nations unies.

La question somalienne. À partir de 1941, les Britanniques, maîtres du terrain, envisagent une Grande Somalie regroupant la Somalie britannique, la Somalie anciennement italienne et l'Ogaden (auquel Hailé Sélassié refuse toutefois de renoncer). Simultanément, un mouvement pan-somalien, la Somali Youth League (SYL), se développe dans toute la région. Pour sortir de l'impasse, Hailé Sélassié attribue en 1947 une concession pétrolière située en Ogaden à une société américaine. La SYL dénonce la manœuvre et entreprend d'expulser les Américains. Les Britanniques ne peuvent s'interposer, car leurs troupes se composent de Somali membres de la SYL. Il ne leur reste qu'à évacuer l'Ogaden en 1948 : c'est un grand succès éthiopien.

En 1949, l'Assemblée générale de l'ONU décide que la Somalie anciennement italienne sera placée pour dix ans sous la tutelle de l'Italie et deviendra ensuite indépendante. Les Italiens prennent la relève des Britanniques le 1er juillet 1950.

La question de l'Érythrée. En 1947-1948, une commission internationale conclut qu'il n'y a pas de sentiment national érythréen et que l'indépendance ne serait pas viable. De son côté, Hailé Sélassié demande le rattachement de l'Érythrée à l'Éthiopie. Il rallie à son point de vue les États-Unis, qui obtiennent cependant pour l'Érythrée un statut d'autonomie. En 1950, l'Assemblée générale de l'ONU décide de fédérer les deux pays sous la couronne éthiopienne. L'union s'opère le 15 septembre 1952, contre le sentiment majoritaire des Érythréens.

L'Éthiopie contemporaine

La fin de l'Éthiopie impériale. Le régime restauré par Hailé Sélassié demeure autocratique (en dépit d'une révision de la Constitution en 1955) et continue de s'appuyer sur une oligarchie de grands propriétaires terriens. Incapable de procéder à de véritables réformes, il perd de son autorité, d'autant que les conflits en Érythrée (à partir de 1961) et dans l'Ogaden (à partir de 1964) l'affaiblissent. Alors que les étudiants et les intellectuels se montrent de plus en plus critiques, le régime prend appui sur l'armée. Mais, dans l'armée elle-même, les jeunes officiers aspirent au changement.

En 1973, face à la famine qui sévit dans le nord du pays, les autorités demeurent impuissantes. L'agitation se développe au début de 1974, tant chez les étudiants à Addis-Abéba que dans les garnisons. Hailé Sélassié charge un nouveau gouvernement d'engager des réformes, mais il est trop tard : l'ampleur des mécontentements déborde le régime. En juin, des officiers forment un Comité de coordination des forces armées, connu sous le nom de *Derg* (« comité » en amharique). Après avoir neutralisé toutes les institutions, le Derg dépose l'empereur le 12 septembre 1974. (Il mourra en détention l'année suivante, sans doute assassiné.)

> **LES FALACHA**
>
> Éthiopiens de langue agaou (du moins à l'origine) et de religion judaïque, installés au nord du lac Tana, ils se nomment eux-mêmes Beta Israël. Leur histoire a fait l'objet de maintes hypothèses, l'une des plus plausibles attribuant leur conversion à des missionnaires juifs venus d'Arabie du Sud. Ils ne furent définitivement soumis par les négus qu'au XVIIe siècle.
>
> Certains d'entre eux émigrèrent vers Israël dans les années 1970, encore que le rabbinat hésitât à les considérer comme de vrais juifs. Lors de la famine de 1984-1985, un pont aérien achemina en Israël plusieurs milliers d'entre eux. Les quelque 20 000 Falacha restants les y rejoignirent en 1991.

L'ascension de Mengistu. À la fin de 1974, l'aile extrémiste du Derg, animée par le commandant Hailé Mariam Mengistu, élimine les modérés. Le Derg décide ensuite d'engager l'Éthiopie dans la voie du socialisme (nationalisations, réforme agraire radicale, parti unique…) : un programme révolutionnaire est adopté en 1976. L'année suivante, Mengistu procède à un coup de force et se fait proclamer chef de l'État. Il lance la « terreur rouge », qui vise en particulier les étudiants et les intellectuels, y compris d'extrême gauche. Dictatorial et militariste, le régime reprend à son compte certaines constantes de la politique impériale : domination exercée par les Amhara, hostilité envers tout autonomisme.

Des liens se nouent avec l'URSS, qui soutient pourtant la Somalie depuis 1969 (voir page 62). Alors que l'armée éthiopienne est engagée en Érythrée, les Somaliens envahissent l'Ogaden en juillet 1977 et parviennent aux portes de Harer. L'URSS suspend alors son aide à la Somalie et soutient massivement les Éthiopiens, qui achèvent la reconquête de l'Ogaden en mars 1978. La guerre se poursuit néanmoins en Érythrée et dans l'ouest du Tigré, où le Front populaire de libération du Tigré (FPLT), d'inspiration marxiste-léniniste, a vu le jour en 1975.

Les difficultés et la chute du régime. En dépit d'une attaque massive en 1982, Mengistu ne vient pas à bout de la résistance érythréenne (voir page 61). Par ailleurs, la réorganisation de l'agriculture (coopératives, etc.) ne donne pas les résultats escomptés : la production décline. La sécheresse conduit de nouveau à la famine dans le nord du pays, en 1984, après quoi les difficultés économiques ne cessent de s'accumuler. Mengistu parvient à un accord de paix avec la Somalie en 1988 (voir page 62), mais le contexte international se transforme : l'URSS de Gorbatchev, engagée dans la *perestroïka,* se montre de moins en moins disposée à soutenir le « négus rouge ».

En 1989, pour élargir son assise, le FPLT forme le Front démocratique révolutionnaire du peuple éthiopien (FDRPE) avec d'autres organisations d'opposition, dont une composée d'Amhara et une autre d'Oromo. En 1990-1991, le FPLE (Front populaire de libération de l'Érythrée) et le FDRPE (dominé par les Tigréens) ne cessent de progresser aux dépens de l'armée éthiopienne et refusent de négocier avec Mengistu, qui quitte secrètement le pays le 21 mai 1991. Le FDRPE entre à Addis-Abéba le 28. En Érythrée, une indépendance de fait s'instaure.

La République démocratique fédérale. Le FDRPE met en place un régime transitoire et se prononce en faveur de l'économie de marché et d'une organisation fédérale. Le chef du FPLT, Méles Zenawi, détient d'emblée de larges pouvoirs. La Constitution de 1995 instaure la République démocratique fédérale d'Éthiopie (voir l'encadré page 60). La même année, le FDRPE remporte les élections, de telle sorte que Méles Zenawi conserve le pouvoir en tant que Premier ministre.

Bien qu'il se présente comme démocratique, le nouveau régime se montre en pratique autoritaire. Les Amhara supportent mal la domination des Tigréens et s'en prennent au fédéralisme qui, à leurs yeux, menace l'unité du pays. Les autres peuples en dénoncent plutôt l'aspect formel : dans les « États régionaux », en effet, les mouvements représentatifs sont écartés du pouvoir au bénéfice de partis manipulés par le FDRPE.

En menant une guerre très dure contre l'Érythrée de 1998 à 2000 (voir page 61) et en exacerbant le nationalisme éthiopien, Méles Zenawi s'est efforcé de réduire les tensions intérieures mais il a ainsi renoué avec le militarisme et le chauvinisme de son prédécesseur. Une crise ouverte au sein du FPLT en 2001 a suscité de nombreuses épurations et tensions, tandis que la violence sociale et la situation humanitaire demeuraient préoccupantes.

Les peuples d'Éthiopie

L'Éthiopie compte 77 millions d'habitants, répartis sur un territoire de 1 100 000 km².

Les Amhara et les Tigréens. Leurs langues sont sémitiques, leur religion chrétienne et leurs traditions, celles d'agriculteurs sédentaires utilisant l'araire. Les Amhara (environ 28 % de la population éthiopienne) ont formé le cœur de l'Éthiopie impériale. L'amharique reste la langue officielle de la République fédérale. Nettement moins nombreux, les Tigréens (environ 9 %) sont répartis, depuis 1889, entre l'Éthiopie (les trois cinquièmes d'entre eux) et l'Érythrée.

Les Oromo. Ils ont migré du Sud vers les hauts plateaux à partir du XVe siècle (voir page 54). Les Oromo parlent une langue couchitique, l'oromifa, et forment environ 40 % de la population éthiopienne. Dans le Choa, ils sont surtout agriculteurs et en majorité chrétiens. À l'ouest et à l'est du Choa, ils sont

> **ÉTATS RÉGIONAUX ET VILLES-RÉGIONS**
>
> La République fédérale d'Éthiopie se compose de huit États régionaux (voir la carte) et de trois villes-régions (Addis-Abéba, Harer et Diré Daoua). Cinq États correspondent, autant que possible, aux principaux peuples : Oromo, Amhara, Tigré, Somali et Afar. Les trois autres sont multiethniques. Les villes d'Addis-Abéba et de Diré Daoua abritent des populations mélangées. Harer est un cas particulier : sa population parle une langue sémitique distincte, le harari (ou adaré), apparentée à l'amharique. C'est aussi le haut lieu de l'islam éthiopien.
>
> La Constitution de 1995 permet d'enseigner dans les langues locales et prévoit même, pour les États régionaux, un droit à l'autodétermination et à la sécession… que le caractère autoritaire du régime rend fictif.

agriculteurs ou éleveurs et principalement musulmans. Dans l'extrême Sud, sous le nom de Borana, ils conservent leur mode de vie d'éleveurs nomades et leurs croyances traditionnelles.

Le Front de libération oromo, fondé en 1974, a mené diverses actions de guérilla (y compris contre le FDRPE après 1992), mais l'hétérogénéité de la population oromo et sa dispersion géographique ont limité son audience.

Les Somali et les Afar. Ces musulmans de langues couchitiques sont, par tradition, des chameliers éleveurs de bétail. Les Somali forment 6 % de la population éthiopienne et relèvent de trois groupes : Darod en Ogaden, Issak au sud du Somaliland, Dir entre Diré Daoua et Djibouti (voir page 62). Les Afar (4 %) sont également présents en Érythrée et à Djibouti.

Les peuples du Sud. L'État régional des nations, nationalités et peuples du Sud abrite une grande variété de populations. Les Gouragué, de langues sémitiques, sont réputés descendre de colons militaires venus du Nord. Les Sidamo et leurs voisins (Hadeya, Kambata, Darasa) parlent des langues couchitiques. Le groupe omotique inclut trente-quatre langues, dont la plus usitée est l'ometo (ou wolayta). Certains peuples omotiques avaient jadis formé des royaumes, tel celui de Kaffa, conquis par Ménélik en 1897. Des populations omotiques, couchitiques et nilo-sahariennes se côtoient dans la basse vallée de l'Omo.

Les peuples de l'Ouest. En étendant son empire vers l'ouest, Ménélik a incorporé à l'Éthiopie des populations de langues nilo-sahariennes. Les Anuak et les Nuer, également présents au Soudan, forment l'État régional de Gambela. Plus au nord, les Beni Shangul (ou Berta) et les Gumuz sont musulmans.

Les religions. Au total, on estime que la population éthiopienne se répartit en 45 % de chrétiens, 45 % de musulmans (sunnites) et 10 % d'adeptes des croyances traditionnelles.

Les chrétiens relèvent, dans leur immense majorité, de l'Église éthiopienne. Celle-ci s'est affranchie de la tutelle d'Alexandrie en

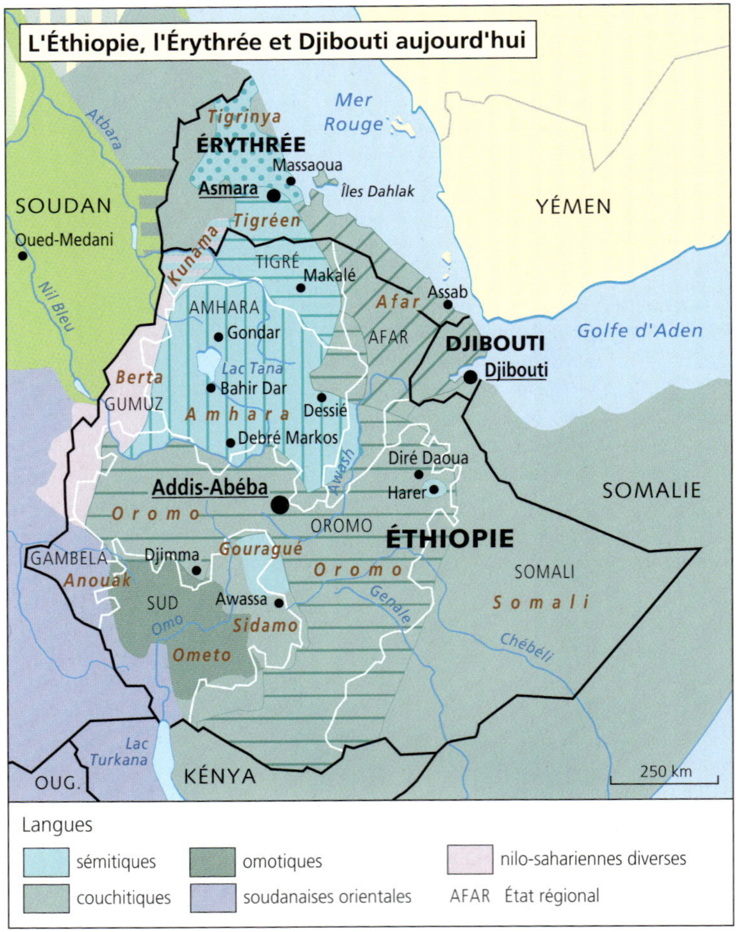

Le drapeau tricolore éthiopien date de 1897. Un lion couronné portant une croix, symbole de la monarchie, figurait en son centre jusqu'en 1974.
Le vert, le jaune et le rouge sont devenus, au XXe siècle, les couleurs panafricaines, reprises par de nombreux drapeaux africains.

1959 et dispose désormais de son propre patriarche, siégeant à Addis-Abéba.

L'Érythrée

La lutte pour l'indépendance. Après l'annexion de l'Érythrée par l'Éthiopie en 1952, le gouvernement éthiopien mène une politique d'assimilation : en 1962, l'Érythrée devient une simple province. Le Front de libération de l'Érythrée (FLE), surtout musulman et composé de Bedja, mène la guérilla dans le Nord-Ouest à partir de 1961, avec le soutien de pays arabes. D'autres Érythréens (principalement chrétiens), jugeant le FLE trop conservateur, fondent au début des années 1970 le Front populaire de libération de l'Érythrée (FPLE) qui se donne une orientation laïque et marxiste-léniniste, non sexiste. À la fin de 1977, les deux fronts contrôlent une grande partie du pays, à l'exception des principales villes.

Les Éthiopiens, soutenus par les Soviétiques, lancent de grandes offensives en 1978-1979. Le FLE est décimé, tandis que le FPLE parvient à se maintenir dans la région de Nakfa. En 1982, une nouvelle offensive échoue : Nakfa devient le symbole de la résistance érythréenne. En 1987, le FPLE abandonne l'idéologie marxiste et se rapproche des Occidentaux. L'année suivante, il remporte une victoire sur l'armée éthiopienne, à Afabet : c'est un tournant dans la guerre. Le FPLE prend Massaoua en février 1990, Asmara en mai. Issayas Afeworki, chef du FPLE, forme un gouvernement provisoire.

L'Érythrée après 1990. L'indépendance *de jure* date de mai 1993 et fait suite à la tenue d'un référendum. Le FPLE, devenu le Front populaire pour la démocratie et la justice (FPDJ), continue d'encadrer la population. Les problèmes à résoudre sont considérables : reconstruction d'un pays dévasté par trente ans de guerre, accueil de près d'un demi-million de réfugiés (revenus du Soudan)... Pour des raisons d'abord économiques, puis à propos d'un tracé de frontières, la tension monte avec l'Éthiopie à partir de 1997, à tel point qu'une guerre éclate en mai 1998 qui durera deux ans (voir l'encadré).

LA GUERRE ENTRE L'ÉTHIOPIE ET L'ÉRYTHRÉE (1998-2000)

Les motifs initiaux officiels (contestation frontalière) ne peuvent suffire à expliquer l'ampleur de cette guerre : plusieurs dizaines de milliers de morts militaires, plusieurs centaines de milliers de personnes déplacées, des achats d'armes hors de proportion avec les ressources des belligérants, celles de l'Érythrée en particulier.

Il semble plutôt que les deux dirigeants (Méles Zenawi et Issayas Afeworki) aient vu dans le conflit le moyen de renforcer leurs régimes respectifs, en ralliant les opposants sous la bannière d'un nationalisme virulent, présenté comme un « juste combat ». Quoi qu'il en soit, l'image exemplaire qu'ils s'étaient forgée à l'étranger, dans leur lutte contre Mengistu, appartient au passé.

Avant son annexion pure et simple par l'Éthiopie, en 1962, le symbole de l'Érythrée figurait sur un fond bleu ciel, emprunté à l'ONU.

La population. La population érythréenne compte 4,[illegible] millions de personnes, réparties sur un territoire de 117 000 km². Les Tigréens (50 % de la population), surtout agriculteurs, occupent les hauts plateaux aux alentours d'Asmara. Les Tigrinya (31,5 %), sédentaires ou nomades, se répartissent dans toute la moitié ouest du pays. Le tigréen et le tigrinya sont des langues sémitiques très proches (et proches de l'ancien guèze). Dans le Sud-Est vivent des éleveurs de langues couchitiques : les Saho (5 %), apparentés aux Afar, et les Afar proprement dits (5 %), également connus sous le nom de Danakil. Des Bedja (2,5 %), éleveurs nomades nombreux au Soudan, évoluent à l'extrême ouest. Parmi les autres populations figurent les Kunama, de langue nilo-saharienne, et des Arabes, sur le littoral.

Les langues officielles sont le tigrinya, l'arabe (depuis longtemps *lingua franca* sur le pourtour de la mer Rouge) et l'anglais (legs de la période britannique, 1941-1952).

Les chrétiens et les musulmans sont en nombre sensiblement égaux. Les premiers, Tigréens en très grande majorité, relèvent de l'Église éthiopienne. Les autres populations professent l'islam, à l'exception des Kunama, animistes.

Djibouti

De la CFS au TFAI. La Côte française des Somalis devient un territoire d'outre-mer (voir page 113) en 1946. Elle est alors peuplée, en proportions sensiblement égales, d'Afar et d'Issa (qui sont des Somali). Le mouvement pan-somalien (voir page 57) ayant fait des adeptes parmi les Issa, l'accession de la République somalienne à l'indépendance, en 1960, avive les tensions. En 1967, la France offre le choix, par référendum, entre l'indépendance et un statut d'autonomie. Après l'adoption de ce dernier, les Afar s'emparent des principaux postes, sous la direction d'Ali Aref, qui fait adopter une nouvelle appellation : Territoire français des Afars et des Issas. À Ali Aref s'opposent à la fois des Issa (dont Hassan Gouled Aptidon) et des Afar (dont Ahmed Dini). En 1972, ils forment la Ligue populaire africaine pour l'indépendance (LPAI).

La politique française change en 1975 : il s'agit désormais de préparer l'indépendance. À la suite d'un référendum, la république de Djibouti (nouveau nom du pays) y accède le 27 juin 1977. La LPAI ayant remporté les élections, Hassan Gouled devient président de la République.

Djibouti après 1977. En 1979, Hassan Gouled crée le Rassemblement populaire pour le progrès (RPP), érigé en parti unique en 1981. Son autoritarisme mécontente toutefois les Afar qui, en 1991, forment le Front pour la restauration de l'unité et de la démocratie (FRUD) et engagent la lutte armée. Sous la conduite d'Ahmed Dini, le FRUD va tenir tête aux autorités jusqu'au remplacement de Hassan Gouled par Ismael Omar Guelleh (un Issa, lui aussi). L'accord de paix signé en 2001 apporte des garanties aux Afar, devenus minoritaires. C'est désormais entre divers clans d'Issa que des tensions se manifestent. Bien situé stratégiquement, Djibouti abrite une base militaire où stationnent des troupes françaises, européennes et américaines.

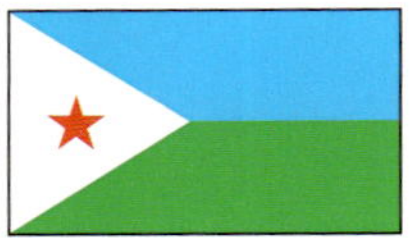

Le vert symbolise les Afar, le bleu les Issa (voir le drapeau de Somalie). Le blanc signifie la paix et l'étoile l'unité nationale.

La population. La population de Djibouti compterait (il n'y a pas eu de recensement depuis 1960) 693 000 personnes, réparties sur un territoire de 23 000 km^2. Les Issa, Somali du groupe des Dir (voir page 63), forment environ 70 % de la population, les Afar près de 30 %. Le solde se compose notamment d'Arabes (originaires du Yémen). Plus de 95 % des Djiboutiens professent l'islam. Les langues officielles sont le français et l'arabe, l'afar et le somali.

La Somalie

De l'indépendance à la guerre civile. À partir de 1956, Londres dote la Somalie britannique (ou Somaliland) d'institutions représentatives. Les deux Somalies sont réunies quand la Somalie italienne devient indépendante, le 1er juillet 1960. De la Somali Youth League (SYL), parti majoritaire, sont issus les présidents Aden Abdullah Osman (1960-1967) et Abdirachid Ali Shermarke (1967-1969). Les premiers combats contre les forces éthiopiennes en Ogaden éclatent en 1964.

L'assassinat du président Shermarke, en 1969, amène au pouvoir une junte militaire dirigée par le général Siyad Barré (un Darod). En 1971, ce dernier engage la Somalie dans la voie du « socialisme scientifique » et du parti unique, et se rapproche de l'URSS qui, en échange d'une aide militaire, obtient des facilités navales à Berbera et à Kismayo. Mais quand, en 1977, les Somaliens envahissent l'Ogaden et menacent Harer, l'URSS vient au secours du régime révolutionnaire de Mengistu (voir page 58). La Somalie rompt alors les relations avec Moscou, après quoi les Éthiopiens, en 1978, expulsent les forces somaliennes de l'Ogaden. En 1980, la Somalie signe un accord militaire avec les États-Unis.

Dans les années 1980, le Mouvement national somalien (MNS), animé par les Issak, engage la guérilla contre le régime de Siyad Barré, en utilisant des bases arrière en Ogaden. La paix que Siyad Barré signe avec l'Éthiopie en 1988 met toutefois en difficulté le MNS, qui lance une grande offensive. L'armée somalienne y répond en bombardant et détruisant la ville d'Hargeisa. Dans le Sud, le Congrès de la Somalie unie (CSU), animé par des Hawiye, engage la lutte armée contre le régime en 1990, puis s'empare de Mogadiscio en janvier 1991 et contraint Siyad Barré à l'exil.

La Somalie éclatée. Dès février 1991, divers clans de Hawiye se disputent le pouvoir à Mogadiscio. En mai, le MNS proclame (unilatéralement) l'indépendance du Somaliland, dans ses frontières d'avant 1960. Il n'y a dès lors plus d'État somalien, à tel point que le siège de la Somalie à l'ONU sera déclaré vacant. L'armée somalienne se désagrège,

La Somalie aujourd'hui

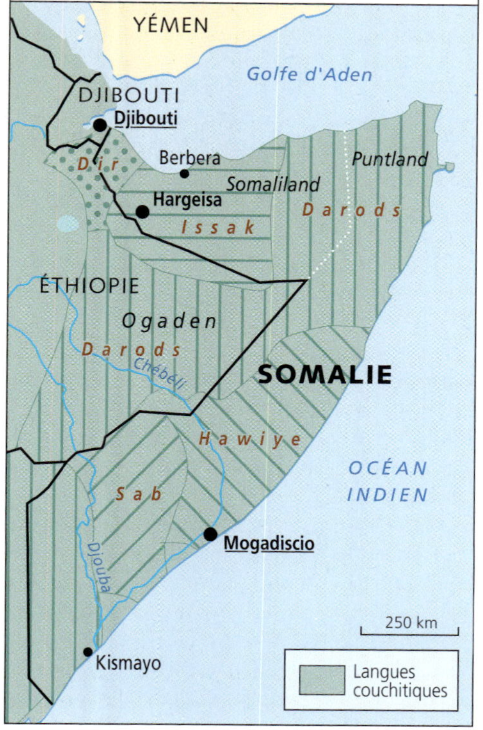

chaque unité rejoignant son clan d'origine avec ses armes. Pour tenter de mettre fin au chaos et au pillage de l'aide humanitaire, les États-Unis et l'ONU envoient en 1992 20 000 soldats. C'est un échec.

On peut ensuite distinguer trois zones.

– Dans le Somaliland, des luttes opposent divers sous-clans d'Issak, avant que Mohamed Ibrahim Egal ne s'impose à la fin des années 1990. De surcroît, deux clans minoritaires au sein du Somaliland contestent la suprématie des Issak : Dir à l'ouest, Darod à l'est.

– Dans le Nord-Est, les Darod créent, en 1998, le « Puntland », à l'image du Somaliland.

– Dans le Sud et à Mogadiscio même, plusieurs chefs de sous-clans continuent de s'affronter. Un gouvernement formé en 2000 sous la direction d'Abdigassem Salad Hassan obtient la reconnaissance de plusieurs pays arabes, mais son pouvoir effectif demeure extrêmement limité. Plus de dix ans après l'effondrement de l'État et après l'échec de plusieurs tentatives de règlement, l'instabilité persiste.

La population. La Somalie compte plus de 8 millions d'habitants, répartis sur un territoire de 638 000 km². Tous les Somali s'expriment en une même langue, le somali, écrite en caractères latins depuis 1972, et tous sont musulmans. Ils présentent toutefois la particularité de se répartir en cinq grands groupes (Darod, Hawiye, Issak, Dir et Sab), eux-mêmes subdivisés en clans, tribus, etc. Les origines de cette répartition remontent aux grandes migrations des Somali, dans les premiers siècles du IIe millénaire (voir page 54). Les cinq clans se sont donné cinq grands ancêtres fondateurs pour mieux valoriser leur appartenance à l'islam.

Adopté en 1954 à l'époque de la tutelle italienne, le drapeau somalien emprunte le bleu ciel de l'ONU. Les branches de l'étoile se réfèrent aux territoires composant la « Grande Somalie » : les deux Somalies unifiées, Djibouti, l'Ogaden et le nord-est du Kénya.

Le Maghreb

Maghreb signifie « le Couchant » en arabe. Historiquement, c'est le domaine des peuples de langue berbère, qui s'étendait, dans l'Antiquité, de la Cyrénaïque à l'Atlantique. L'appellation « Berbère », dérivée du grec ancien « barbare », s'est imposée au fil des siècles. Les berbères se nomment aujourd'hui de préférence Imazighen, appellation d'abord en usage au Maroc, mais dont l'origine semble remonter à l'Antiquité. Cela n'empêche qu'au sein du monde arabe la distinction entre le Machrek (« le Levant », y compris l'Égypte) et le Maghreb demeure très nette, en particulier dans le domaine linguistique : l'influence berbère colore les diverses variétés d'arabe dialectal maghrébin.

LA CYRÉNAÏQUE

Selon la tradition, des Grecs s'installent au VIIe siècle av. J.-C. dans la région, peuplée de berbérophones, et y fondent des villes, dont Cyrène. À partir de la fin du IVe siècle, la Cyrénaïque relève du royaume des Lagides, souverains d'Égypte (voir page 28). L'un d'entre eux, Ptolémée Apion, lègue la Cyrénaïque à Rome en 96 av. J.-C. Les Romains en prennent possession en 75. L'empereur Auguste y installe ensuite des vétérans, tout en ménageant les Grecs.

Le Maghreb a été comparé à une « île » située entre la Méditerranée et une autre « mer », le Sahara. Du point de vue du peuplement, toutefois, le Sahara apparaît plutôt comme un prolongement du Maghreb (voir la carte page 82).

Berbères, Carthaginois, Romains

La fondation de Carthage. Vers la fin du IIe millénaire av. J.-C., des populations de langues berbères se répartissent dans toute l'Afrique du Nord, de l'ouest de l'Égypte à l'Atlantique. Les Phéniciens (peuple de langue sémitique de l'actuel Liban) naviguent alors le long de la côte africaine et y établissent des escales. Selon la tradition, ils fondent Carthage (Qart Hadasht, « Ville neuve ») vers 820 av. J.-C. Carthage affirme son hégémonie sur les autres villes phéniciennes de Méditerranée occidentale et constitue ainsi une puissance maritime, dite « punique » (du latin *punicus*, « phénicien »).

Les Carthaginois affrontent les Grecs (eux aussi puissants en Méditerranée) puis, battus en Sicile en 480, engagent une nouvelle politique : ils conquièrent un arrière-pays correspondant approximativement à la moitié nord de l'actuelle Tunisie. Sous la supervision d'intendants carthaginois, des Berbères y cultivent la terre (blé, oliviers, etc.) et s'initient à la culture punique.

Les guerres puniques. Au début du IIIe siècle, Rome, après avoir soumis les Grecs d'Italie du Sud, entre en rivalité avec Carthage. Battus lors de la première guerre punique (264-241), les Carthaginois doivent quitter la Sicile. Les populations berbères connues sous le nom de Numides sont alors organisées en deux royaumes : l'un dans le nord de l'actuelle Algérie, l'autre vers le sud-est, avec pour roi Massinissa. Plus à l'ouest, vers le nord de l'actuel Maroc, d'autres populations berbères, sous le nom de Maures, forment un temps un royaume de Maurétanie ou Mauritanie.

Lors de la deuxième guerre punique (218-202), le Carthaginois Hannibal intervient dans la péninsule italienne même avant que les Romains, alliés à Massinissa, ne l'emportent. Carthage conserve un territoire équivalant au tiers nord-est de l'actuelle Tunisie, tandis que Massinissa devient roi de toute la Numidie (y compris la Tripolitaine). C'est un État biculturel : le punique est la langue de la cour et des villes, tandis que la population rurale reste de langue berbère. La troisième guerre punique (149-146) conduit les Romains à détruire Carthage et à annexer son territoire, qui devient la province d'Afrique. Massinissa meurt en 148.

L'Afrique du Nord romaine. Le roi de Numidie Juba Ier commet l'erreur de s'allier à Pompée contre César : il est vaincu en 46 av. J.-C., après quoi les Romains annexent son royaume à la province d'Afrique. En 25 av. J.-C., Auguste fait de la Mauritanie un royaume vassal. Il établit dans la province d'Afrique des colonies de vétérans, qui vont se mêler aux élites locales, puniques et berbères. En 40, les Romains annexent la Maurétanie. Les autorités impériales accordent le droit de cité romain aux citadins et aux chefs berbères. L'usage du latin progresse, mais la langue punique reste très vivante, dans les villes et les régions agricoles. Ailleurs, les Berbères demeurent fidèles à leurs dialectes et à leur mode d'économie agricole, voué principalement à l'élevage.

L'Afrique proconsulaire (gouvernée par un proconsul) joue un rôle important dans l'Empire romain. Elle a pour capitale Carthage, dont César a décidé la reconstruction et qui est devenue la troisième ville de l'Empire romain (après Rome et Alexandrie). Cette province fournit à Rome une grande partie de ses besoins en blé. En revanche, les

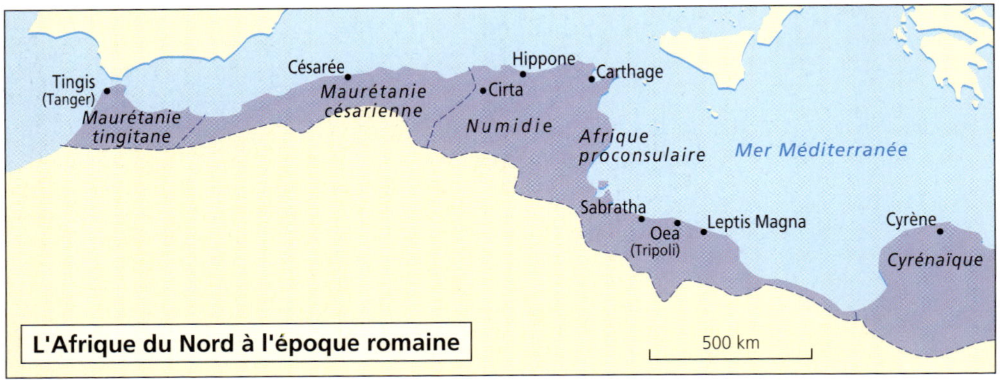

L'Afrique du Nord à l'époque romaine

provinces de Maurétanie césarienne (capitale Césarée, actuel Cherchell) et de Maurétanie tingitane (capitale Tingi, Tanger) n'ont qu'une importance secondaire. À la suite de révoltes, les Romains les abandonneront, pour l'essentiel, vers l'an 300.

La propagation du christianisme. À la suite de la conversion de l'empereur romain Constantin, le christianisme atteint d'abord les villes du littoral, puis gagne la population paysanne berbère au cours du IIIe siècle. L'Église d'Afrique du Nord prend pour langue liturgique le latin. Les autorités impériales alternent la tolérance et les persécutions, particulièrement violentes en Numidie sous Dioclétien. De nombreux chrétiens renient alors leur foi, puis demandent à réintégrer l'Église quand les persécutions cessent. Deux points de vue s'opposent : celui de la rigueur, qui prévaut chez les Berbères, et celui de la compréhension, prédominant dans les villes. Quand Cécilien devient évêque de Carthage, en 312, les rigoristes désignent un évêque rival, le Numide Donatus. Le conflit entre catholiques et donatistes persiste tout au long du IVe siècle et au-delà. Bien que Berbère, saint Augustin, évêque d'Hippone de 395 à sa mort en 429, convainc l'empereur Honorius de déclarer les donatistes hérétiques.

Des Vandales aux Byzantins. Les Vandales, Germains ayant franchi le Rhin en 407, puis les Pyrénées, passent le détroit de Gibraltar en 429 et prennent Carthage dix ans plus tard. Ils expulsent les grands propriétaires romains et forment une nouvelle aristocratie, qui se romanise en se christianisant à son tour. En revanche, le statut des paysans berbères ne change pas. Le royaume des Vandales correspond approximativement à l'ancienne Afrique proconsulaire, mais de nombreuses zones de l'intérieur restent aux mains de rois ou de chefs berbères, plus ou moins romanisés. En 533, sous le règne de l'empereur d'Orient Justinien, le général Bélisaire conquiert le royaume des Vandales et le réincorpore à l'Empire romain (autrement dit, byzantin). Les gouverneurs byzantins (de langue grecque, donc perçus comme étrangers) cherchent ensuite à imposer militairement l'autorité impériale. Ils entrent ainsi en conflit quasi permanent avec les rois et autres chefs berbères, sans parvenir à contrôler les massifs montagneux et les confins du désert.

Les Berbères de l'Atlas et du Sahara. Au sud des possessions carthaginoises, puis de l'Empire romain, les confédérations berbères préservent leur indépendance. Les Romains établissent un *limes* (ligne défensive) face aux populations non soumises de l'Atlas et du nord du Sahara, mais la sécurité de la frontière demeure difficile à assurer. Avec le déclin de la puissance romaine, puis l'arrivée des Vandales, le territoire voué à l'agriculture sédentaire et contrôlé par les villes ne cesse de se réduire. En corollaire, des Berbères nomades redeviennent dominants dans une vaste zone comprenant à la fois la majeure partie de l'Afrique du Nord et le Sahara. Dans cet espace, le dromadaire acquiert une grande importance. (Originaire du Moyen-Orient, il a été introduit en Afrique du Nord au Ier siècle av. J.-C.) Les chefs tribaux l'utilisent pour conduire les troupeaux et aussi, à partir des IIIe-IVe siècles, pour le transport de marchandises. Après la conquête arabe, le commerce par caravanes connaîtra un grand essor.

LES EMPIRES MUSULMANS

L'islamisation du Maghreb

L'expansion arabe. Dès 642, Amr ibn al-As, qui a déjà conquis l'Égypte (voir page 29), s'empare de la Cyrénaïque. Les Arabes s'aventurent ensuite jusqu'à Tripoli et sont confrontés, pour la première fois, à des Berbères. En 647, une expédition atteint la province byzantine d'Afrique (« Ifriqiya » en arabe). Battus, les Byzantins versent une indemnité de guerre et les Arabes regagnent l'Égypte.

Les expéditions reprennent en 665. Uqba ibn Nafi fonde Kairouan (al-Qayrawan, « la place d'armes ») en 670. En 681, il lance une chevauchée qui, selon la tradition, le conduit jusqu'à l'Atlantique, puis meurt à son retour dans une embuscade tendue par le roi berbère Kusayla. De 695 à 702, les Arabes affrontent des Berbères dirigés par la Kahina (« la prophétesse », figure légendaire qui passe pour être de religion juive). Ils fondent néanmoins Tunis en 698 et se dotent d'une flotte qui contraint les Byzantins à abandonner les villes de la côte. À partir de 705, sous la conduite de Musa ibn Nusayr, une armée arabe parcourt le centre et l'ouest du Maghreb. Elle obtient la soumission des principaux chefs berbères, qui adoptent l'islam et fournissent des troupes.

La révolte des Berbères. Au début du VIIIe siècle, les relations entre musulmans arabes et Berbères plus ou moins convertis restent difficiles. Les Arabes, en guerriers conquérants, traitent les Berbères comme des populations soumises. De leur côté, les Berbères tendent à se détourner de l'islam « officiel » : ils écoutent les missionnaires kharidjites, qui prêchent le rigorisme (comme jadis les donatistes) et condamnent les discriminations raciales.

La révolte des Berbères éclate à Tanger en 739, orchestrée par les kharidjites, et balaie le Maghreb : dès 742, les révoltés menacent Kairouan, sans succès. D'autres Berbères interviennent ensuite, venus du Djebel Nefousa (au sud-ouest de Tripoli) et qui appartiennent à la secte des ibadites (prêchant un kharidjisme plus « modéré »). Ils occupent Kairouan en 758-761, puis vont fonder la ville de Tahert, proche de l'actuel Tiaret en Algérie (voir plus loin). Dans les années 770-780, en Ifriqiya, les Arabes réagissent et répriment le kharidjisme avec une grande brutalité.

La nouvelle configuration du Maghreb. À la différence des expansions précédentes (Phéniciens, Romains...), arrivées par la mer, les cavaliers arabes sont venus par voie terrestre. L'Ifriqiya a néanmoins conservé ses caractéristiques antérieures (économie agricole, tradition urbaine et maritime...), bien que l'élite y soit désormais musulmane arabisée. Dans le reste du Maghreb, en revanche, l'arrivée des Arabes a modifié la perspective. Alors que la romanisation n'avait touché que les régions septentrionales, les empires musulmans perçoivent le Maghreb comme un tout, d'autant que le désert leur est familier. Ils l'intègrent dans un vaste réseau centré sur le Proche-Orient, de telle sorte que le commerce saharien se développe, tant d'ouest en est (de l'Atlantique à la mer Rouge) qu'à travers le Sahara, avec l'Afrique noire soudanaise (voir page 89).

À la fin du VIIIe siècle, deux États musulmans berbères contrôlent l'essentiel du commerce saharien : celui des ibadites de Tahert et celui centré sur Sidjilmasa. Dans le nord de l'actuel Maroc s'affirme la dynastie arabe des Idrissides. En Ifriqiya, la dynastie des Aghlabides s'affranchit, *de facto*, de l'autorité de Bagdad.

Les Rustémides et Sidjilmasa. Abd al-Rahman ibn Rustem (d'origine persane, mort en 784) prend la tête des ibadites installés à Tahert, avec le titre d'imam. Telle est l'origine de la dynastie rustémide, qui régnera à Tahert jusqu'en 911. L'autorité (du moins religieuse) de l'imam s'étend à l'ensemble des ibadites du Maghreb (voir la carte). C'est un Berbère kharidjite, l'imam Midrar (757-783), qui fonde Sidjilmasa. Les Beni Midrar régneront jusqu'en 909, après quoi la ville, enrichie par le commerce transsaharien (voir page 90), restera prospère jusqu'au XIVe siècle.

Les Berghwata. Dans les années 740, Tarif, un des chefs de la révolte berbère, s'impose à la tête d'une confédération de tribus, les Berghwata, établis dans la région de l'actuel Casablanca. Tarif (à moins que ce ne soit son petit-fils Yunis) entreprend de rédiger un Coran en berbère : aux yeux des musulmans, c'est une hérésie. Elle ne se propage pas, mais les Berghwata résisteront à tous les assauts jusqu'au XIe siècle.

Les Idrissides. Dans les années 780, un Alide (descendant d'Ali, cousin et gendre du Prophète, et de la fille de celui-ci, Fatima), Idriss ibn Abd Allah, se réfugie dans le nord de l'actuel Maroc. Proclamé imam par une tribu berbère, il entreprend une politique d'expansion, puis meurt en 791.

Son fils Idriss II, de mère berbère, se fait le champion de l'islam orthodoxe. En 809, il installe sa capitale à Fès, ville nouvelle où affluent des Arabes venus de Cordoue et de Kairouan. Le royaume s'étend alors principalement au nord de l'Atlas. Après la mort d'Idriss II, en 828, son fils Mohammed partage l'héritage avec ses frères. Bien que l'unité politique soit rompue, les Idrissides continuent de propager l'islam orthodoxe chez les Berbères. Le dernier Idrisside sera déposé en 923.

Les Aghlabides. En 800, un chef de garnison arabe, Ibrahim ibn al-Aghlab, après s'être imposé à Kairouan, obtient que le calife lui attribue l'Ifriqiya en fief héréditaire. Ainsi naît la dynastie aghlabide, indépendante en pratique. Pour canaliser les énergies de l'aristocratie arabe guerrière, les Aghlabides organisent à partir de 827 des raids en Sicile (encore tenue par les Byzantins) et sur d'autres rivages européens (ce sont les attaques des « Sarrasins »). Palerme est prise en 831, mais la conquête de la Sicile ne sera achevée qu'en 909.

Sous les Aghlabides, Kairouan atteint l'apogée de son rayonnement culturel et religieux. Son école de droit adopte les principes théologico-juridiques du malékisme. Celui-ci se propagera dans l'ensemble du Maghreb et y restera dominant.

Le temps des Fatimides

Naissance du califat fatimide. Dans la seconde moitié du IXe siècle, les ismaéliens (des chiites) ont leur quartier général en Syrie avec pour imam Ubayd Allah, réputé descendre d'Ali et de Fatima. L'un de leurs propagandistes, le Yéménite Abu Abdallah al-Chii, s'établit chez les Kutama, Berbères de l'actuelle Petite Kabylie, et les organise en une armée qui, au début du Xe siècle, conquiert l'Ifriqiya (le dernier Aghlabide va se réfugier à Bagdad), puis balaie le royaume de Tahert. Ubayd Allah entre à Kairouan en 910 et s'y proclame calife et *mahdi* (selon la tradition musulmane, « celui qui doit venir à la fin des temps pour rétablir la foi et la justice sur terre ») : ainsi naît la dynastie des Fatimides.

Ubayd Allah instaure un régime autoritaire et impose le chiisme à une population très réticente. Il fonde sur la côte une nouvelle capitale, Mahdia. Ubayd Allah a pour ambition de supplanter le calife abbasside de Bagdad, mais les expéditions qu'il lance contre l'Égypte échouent. Aussi se tourne-t-il vers l'ouest du Maghreb : en 922, les Fatimides soumettent le souverain idrisside de Fès et prennent Sidjilmasa.

La défaite d'Abu Yazid. Au début du règne du Fatimide al-Qaim (934-946), une expédition militaire envoyée en Égypte échoue comme les précédentes. Ensuite, la résistance des Berbères se développe sous l'impulsion d'un ibadite, Abu Yazid, dit « l'homme à l'âne », dont la prédication contre les Fatimides connaît un grand succès, en particulier dans l'Aurès. Ses partisans défont l'armée des Fatimides en 943, puis assiègent Mahdia, mais ils sont à leur tour battus en 946 par al-Mansur (946-953). Abu Yazid, pourchassé, meurt de ses blessures. Le kharidjisme ne survit ensuite que dans quelques régions isolées. Sous le règne d'al-Muizz (953-975), les Fatimides interviennent dans l'ouest du Maghreb, puis se tournent de nouveau vers l'Égypte, dont la conquête est entreprise en 969 (voir page 29). Al-Muizz s'installe au Caire en 973.

Les Zirides et les Hammadides. Avant de gagner l'Égypte, al-Muizz nomme gouverneur du Maghreb Yusuf Bulukkin (fils de Ziri, un chef berbère). C'est l'origine de la dynastie des Zirides, qui renoncent bientôt au Maghreb occidental. Un membre de la famille ziride, Hammad, édifie une citadelle, la Qala, dans le massif du Hodna, et se rend indépendant *de facto* en 1014. Ainsi naît la dynastie des Hammadides, régnant sur la moitié occidentale de l'actuelle Algérie. L'opposition au chiisme, attisée par les oulémas malékites de Kairouan, ne cesse de croître. Le Ziride al-Muizz (1016-1062) en prend acte et se rallie à l'islam orthodoxe, rompant ainsi tout lien avec les Fatimides (vers 1050).

Les Beni Hilal. Selon la tradition, le calife fatimide al-Mustansir, pour châtier les Zirides, lance à l'assaut de l'Ifriqiya les Beni Hilal (« enfants de la Lune ») et les Beni Sulaym, confédérations de bédouins ayant migré d'Arabie vers les zones semi-désertiques d'Égypte au Xe siècle. Les Beni Sulaym s'installent en Cyrénaïque et en Tripolitaine. Les Beni Hilal vainquent en 1052 les Zirides (qui vont se réfugier à Mahdia), puis ravagent l'Ifriqiya. Le tour des Hammadides vient plus tard : en 1090, ils abandonnent la Qala et se replient à Bougie.

Tel est, en résumé, le récit classique de l'« invasion hilalienne », dont les historiens mettent aujourd'hui en doute le caractère fulgurant. Il est néanmoins certain qu'au

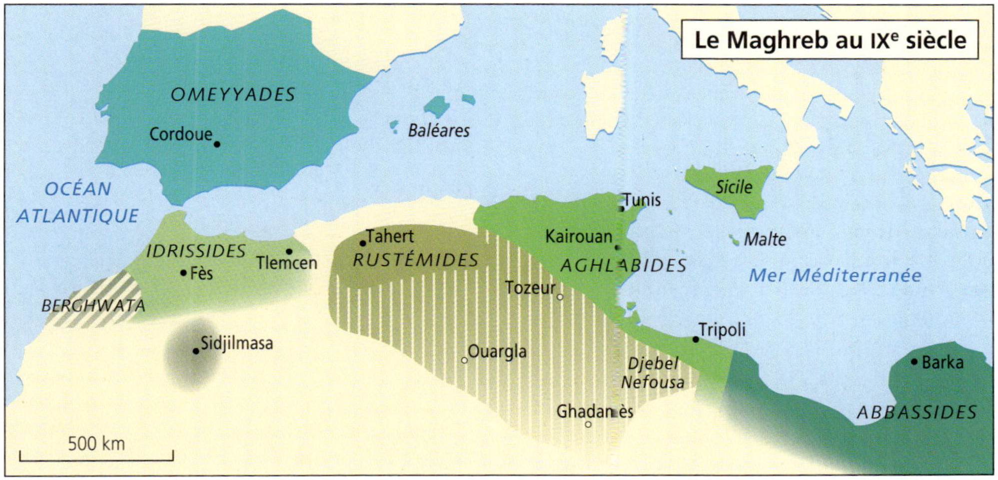

XIe siècle des bédouins sont arrivés par vagues de cavaliers en armes et qu'en troublant l'ordre établi et en déplaçant l'assise des tribus, ils ont incité les populations berbères rurales à s'affranchir de l'autorité des Zirides et des Hammadides. Un mode de vie semi-nomade s'est ainsi peu à peu imposé à l'intérieur des terres.

À la même époque, les Normands, déjà établis en Italie du Sud, profitent des difficultés des Zirides pour conquérir la Sicile (1061-1091).

Les Almoravides et les Almohades

Les origines des Almoravides. Les Berbères du Sahara occidental, répartis en tribus, portent un voile couvrant la partie inférieure du visage, le litham, d'où leur surnom de *Mulaththamun*, « gens du litham ». Ils forment une aristocratie guerrière de chameliers, dominant une population servile de cultivateurs dans les oasis, et contrôlent le commerce caravanier entre Aoudaghost, au sud (actuelle Mauritanie), et Sidjilmasa, au nord. Leur conversion (superficielle) à l'islam date des IXe-Xe siècles.

Dans les années 1030, un de leurs chefs, Yahya ibn Ibrahim, se rend à La Mecque et prend conscience des insuffisances de l'islam pratiqué par les *Mulaththamun*. Il consulte les juristes malékites de Kairouan, puis engage un étudiant en droit islamique, Abd Allah ibn Yasin, berbère du sud de l'actuel Maroc. Adepte d'un malékisme strict, Ibn Yasin fonde dans l'actuelle Mauritanie un ribat, forteresse religieuse, à moins que le mot n'ait été utilisé au sens figuré (« citadelle de la foi »). Quoi qu'il en soit, les partisans d'Ibn Yasin deviennent *al-Murabitun* (« ceux du ribat »), les Almoravides, et constituent bientôt une importante force armée.

L'expansion et le déclin de la dynastie. Au milieu des années 1050, les Almoravides prennent Aoudaghost et Sidjilmasa. Un chef de tribu, Abu Bakr ibn Omar, exerce dès lors le commandement militaire. Les Almoravides franchissent le Haut Atlas, puis s'attaquent aux Berghwata, face auxquels Ibn Yasin trouve la mort en 1059. L'année suivante, Abu Bakr va combattre des révoltes dans le Sud et laisse la direction des opérations à son cousin Yusuf ibn Tachfin. Celui-ci établit un grand camp militaire qui va devenir Marrakech, capitale des Almoravides. Il prend Fès en 1069, puis, après avoir soumis les Berbères du Rif, atteint Ceuta en 1083. Sollicité par les Arabes d'Espagne, il franchit le détroit de Gibraltar et défait les Castillans en 1086. Abu Bakr meurt l'année suivante. Ibn Tachfin, devenu seul chef des Almoravides, obtient du calife de Bagdad le titre d'émir. Il intervient de nouveau en Espagne musulmane, où il se pose cette fois en maître et nomme des gouverneurs. Quand Ibn Tachfin meurt en 1106, l'Empire almoravide s'étend de l'Espagne aux abords du Niger. La grande majorité de la population a rallié l'islam sunnite.

À Ibn Tachfin succède son fils Ali (1106-1143), malékite de stricte obédience dénué d'envergure. En Espagne, ses troupes sont battues en 1125 par le roi d'Aragon : c'est la première défaite des Almoravides. La situation militaire et politique se dégrade aussi au Maghreb : imprenables dans le Haut Atlas, les Almohades menacent Marrakech. Tachfin ibn Ali (1143-1145) lutte contre eux sans succès.

> **LES OMEYYADES D'ESPAGNE**
>
> Le premier gouverneur de Tanger, Tariq ibn Ziyad, est un Berbère, nommé par Musa ibn Nusayr. En 711, avec plusieurs milliers de cavaliers, il franchit le détroit de Gibraltar (*jabal al-Tariq* ou *Djebel el-Tareq*, « montagne de Tariq »), puis défait les Wisigoths. Musa le rejoint l'année suivante et, ensemble, ils conquièrent la majeure partie de l'Espagne.
>
> Abdul Rahman, un petit-fils du dernier calife de la dynastie des Omeyyades (qui ont régné sur l'ensemble du monde musulman de 661 à 750), brave l'autorité centrale du Califat abbasside (située à Bagdad) en s'emparant de Cordoue et en se proclamant émir en 756. Les Omeyyades d'Espagne atteignent leur apogée sous le règne d'Abdul Rahman III (912-961), qui se proclame calife en 929. Après l'an mille survient une période de troubles, conduisant à la suppression du califat en 1031.

Le Maghreb oriental au XIIe siècle. En Ifriqiya, l'agriculture recule, du moins sous sa forme antérieure : aux grands domaines succède une agriculture de subsistance, à petite échelle. Les ports préservent néanmoins leur prospérité, en particulier Bougie, où les Hammadides restent puissants jusqu'aux années 1120. Les Européens deviennent menaçants : dans les années 1140-1150, les Normands de Sicile s'emparent de toutes les villes de la côte, de Tripoli à Tunis. La chute de Mahdia, en 1154, marque la fin de la dynastie ziride. Les Almohades arrivent peu après.

Naissance de la dynastie almohade. Le Berbère Mohammed Ibn Tumert, né dans l'Anti-Atlas, va étudier la religion au Proche-Orient, puis revient au Maghreb à la fin des années 1110. Sa doctrine insiste sur l'unicité de Dieu, d'où le nom de ses adeptes :

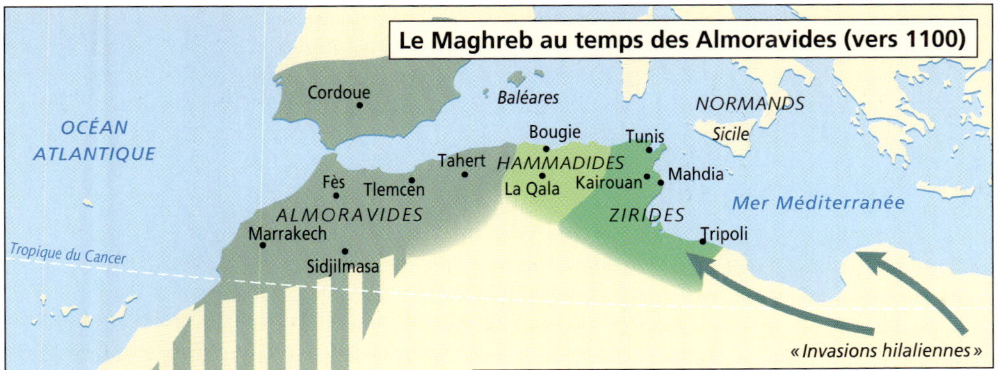
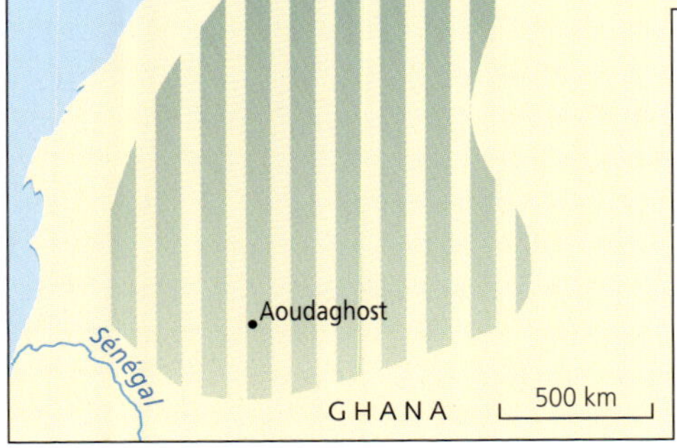

al-Muwahhidun (« unitariens ») ou « Almohades ». Ibn Tumert s'oppose au dogmatisme des malékites, tout en prêchant la rigueur morale, et s'exprime volontiers en berbère pour diffuser son message. Il rallie des tribus, se fait reconnaître imam, puis se proclame *mahdi* et organise la communauté des Almohades. En 1125, il s'établit dans le Haut Atlas, à Tinmel, d'où les Almoravides ne parviennent pas à le déloger. Après sa mort, son disciple Abd al-Mumin (un Berbère des environs de Tlemcen) prend en 1130 la tête des Almohades, avec le titre de calife.

Abd al-Mumin et ses successeurs. Abd al-Mumin s'assure le contrôle de l'Atlas, puis du Rif. Après la mort de l'Almoravide Tachfin ibn Ali, il prend Fès et, en 1147, Marrakech, livrée au massacre. Les Almohades en font leur capitale. En 1151, Abd al-Mumin soumet les Hammadides. Après avoir défait les Arabes hilaliens, il se tourne contre les Normands, dont les derniers rembarquent en 1160. Abd al-Mumin adopte à l'égard des Hilaliens diverses stratégies. Certains voient leurs possessions en Ifriqiya confirmées. D'autres sont recrutés par l'armée almohade, en vue de campagnes prévues en Espagne. D'autres encore sont déplacés vers l'extrême ouest, dans l'ancien pays des Berghwata, voire incités à pénétrer dans le Sahara occidental (voir page 87). Abd al-Mumin meurt en 1163.

Sous les règnes d'Abu Yaqub Yusuf (1163-1184), Abu Yusuf Yaqub (1184-1199) et Muhammad en-Nasir (1199-1214), le cœur de l'Empire almohade connaît la paix : les califes n'ont de soucis qu'en Espagne et en Ifriqiya. L'Espagne musulmane reconnaît l'autorité des Almohades dans les années 1170, mais la pression des royaumes chrétiens (Castille, Aragon, Portugal) reste forte. En 1213, en-Nasir subit face à eux la grave défaite de Las Navas de Tolosa. En Ifriqiya, des Almoravides, les Beni Ghaniya, basés aux Baléares, attisent la révolte à partir de 1184. En-Nasir les combat puis, en 1207, confie le gouvernement du Maghreb oriental à un cheikh almohade, Abu Muhammad ibn Hafs (dont sera issue la dynastie des Hafsides).

La fin des Almohades. Après la mort d'en-Nasir (1214), des luttes opposant les cheikhs almohades aux descendants d'Abd al-Mumin tournent à la guerre civile. L'un de ces derniers, al-Mamun, massacre ses adversaires et répudie en 1229 la doctrine d'Ibn Tumert au profit du sunnisme. L'empire se disloque. Les Abdalwadides de Tlemcen et les Hafsides de Tunis affirment leur indépendance, tandis que le roi de Castille étend son emprise : après 1248, seul le royaume de Grenade lui échappe. Le calife almohade Abu Said (1242-1248) entreprend de reconquérir le Maghreb oriental, mais il meurt dans une embuscade près de Tlemcen, après quoi les Beni Marin (voir plus loin) anéantissent son armée. Les Almohades se maintiennent à Marrakech jusqu'en 1269, puis à Tinmel jusqu'en 1276.

Les nouveaux royaumes berbères

Les Hafsides. Abu Zakariya Yahya (fils d'Abu Muhammad ibn Hafs), devenu gouverneur d'Ifriqiya en 1226, prend pour capitale Tunis. Son successeur al-Mustansir (1249-1277) fait face au roi de France Louis IX (qui détourne une croisade vers Tunis en 1270 et y meurt) et à son frère Charles d'Anjou, devenu roi de Sicile en 1266. Les Hafsides affrontent ensuite les Aragonais, maîtres de la Sicile après 1284. Abu Bakr (1318-1346) rétablit l'autorité de la dynastie, avant que les Marinides (voir ci-dessous) n'interviennent en Ifriqiya. Restauré par Abu al-Abbas (1370-1394), le royaume hafside s'affirme comme le plus puissant du Maghreb sous le règne d'Abu Omar Uthman (1435-1488). De graves querelles de succession éclatent toutefois après la mort de ce dernier.

Les Abdalwadides. Au milieu du XIIe siècle, le calife almohade Abd al-Mumin installe des Berbères, les Beni Abd al-Wad (ou Beni Zayyan), dans la région de Tlemcen, carrefour commercial dont ils font leur capitale. Yaghmurasan, qui règne de 1235 à 1283, fonde la dynastie des Abdalwadides (ou Zianides). Elle va se maintenir au pouvoir jusqu'au début du XVIe siècle, en se livrant à un savant jeu de bascule entre ses voisins (Hafsides, Marinides, tribus arabes...).

Les Marinides. Au début du XIIIe siècle, les Beni Marin (des Berbères) nomadisent dans le Maroc oriental actuel. Leur fortune commence en 1248, quand, sous la conduite d'Abu Yahya, ils défont l'armée almohade. Abu Yahya s'empare aussitôt de toute la région de Fès, Meknès et Rabat. En 1255, il prend Sidjilmasa. Son frère et successeur, Abu Yusuf Yaqub (1258-1286), entre dans Marrakech en 1269, soumet le Sous et l'Anti-Atlas, puis se tourne vers le nord, atteignant Tanger en 1273. En 1276, il défait les derniers Almohades. Le règne d'Abu al-Hasan (1331-1351) marque à la fois l'apogée de la puissance marinide et le début de son déclin. La tentative de reconquête du Maghreb central et oriental (pour reconstituer l'Empire almohade) n'aboutit pas : Abu al-Hasan entre à Tunis en 1348, mais il est battu la même année par des Arabes près de Kairouan. Son fils Abu Inan (1351-1358) mène à son tour campagne de Tlemcen à Tunis, sans plus de succès à long terme. Repliée sur l'ouest du Maghreb, la dynastie se maintient à Fès jusqu'au début du XVe siècle, non sans difficulté.

Le temps des Wattasides. Du début du XVe siècle au milieu du siècle suivant, le Maghreb al-Aqsa (« Maghreb extrême », c'est-à-dire le Maroc) vit une période troublée. En 1420, une révolution de palais chez les Marinides déclenche une guerre civile. Abu Zakariya, chef des Beni Wattas (une branche des Beni Marin), assure une régence à partir de 1428. En 1458, le Marinide Abd al-Haqq reprend le pouvoir, puis est tué en 1465 (c'est la fin de la dynastie marinide). Le Wattaside Muhammad al-Cheikh (1472-1505) s'impose ensuite à Fès, mais il ne gouverne, en fait, que le centre-ouest du Maroc actuel. Les Wattasides rechercheront un soutien auprès des Ottomans, dont ils reconnaîtront la suzeraineté en 1526.

Pendant ce temps, les Portugais, qui ont pris Ceuta dès 1415, s'emparent de Tanger en 1471. Au début du XVIe siècle, ils s'installent à Mazagan (actuel El-Jadida), Safi, Mogador (actuel Essaouira), Agadir... Toutes ces places sont fortifiées et dotées de garnisons. Les Espagnols prennent Melilla en 1497.

Les régences d'Alger, Tunis et Tripoli

La croisade espagnole. Dans les années 1470, la Castille et l'Aragon réunis forment le royaume d'Espagne (dont relève la Sicile). L'Espagne annexe l'émirat de Grenade en 1492. Les musulmans (« Maures ») et les Juifs qui refusent de se convertir sont expulsés vers l'Afrique du Nord. À cette époque, les Abdalwadides et les Hafsides n'ont plus guère d'autorité. Les ports (Oran, Alger, Bougie,

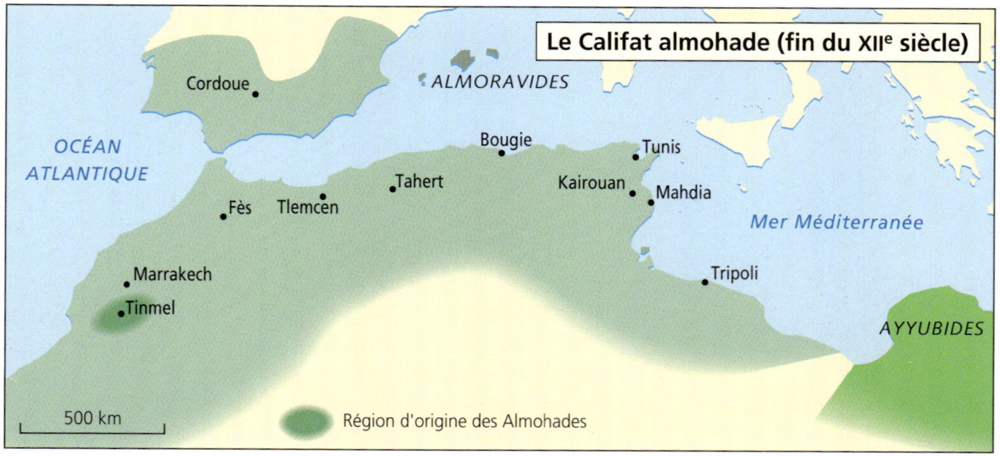

Bizerte, Mahdia, Djerba, Tripoli…) sont aux mains de corsaires, auxquels les Maures apportent un important renfort. Par esprit de croisade et pour mettre fin à la course, les Espagnols passent à l'attaque : ils occupent Oran en 1509, Bougie et Tripoli en 1510, mais échouent à Djerba, face au corsaire turc Arudj. Ces corsaires, et, d'une manière plus générale, les populations du Maghreb, sont désormais nommés par les Européens « Barbaresques », appellation dérivée de « Berbères ».

L'entrée en scène des Ottomans. En 1516, les Algérois confient leur protection à Arudj : il s'impose chez eux en maître avant de mourir au combat en 1518. Son frère Khayr al-Din (Kheireddine), « Barberousse » pour les Européens, lui succède. Pour renforcer sa position, il se tourne vers le sultan ottoman, qui vient de conquérir l'Égypte en 1517 (voir page 30). Ce dernier lui ayant envoyé des hommes et des armes, Barberousse fait d'Alger le principal repaire de corsaires du Maghreb central. Durant les quarante années suivantes, une grande confrontation navale oppose les Espagnols (et leurs alliés italiens) aux Ottomans. À la suite de multiples rebondissements, les Espagnols quittent définitivement Tripoli en 1551, Bougie en 1555, Tunis en 1574. Ils ne gardent dès lors qu'Oran (qu'ils abandonneront en 1791) et les présides de Ceuta et Melilla, tandis que le Portugal garde les ports de la côte atlantique, notamment Mogador et Mazagan. En 1587, le sultan ottoman fait d'Alger, Tunis et Tripoli trois « régences », comme les nomment les puissances européennes, administrées par des pachas.

La régence d'Alger. Nommé par le sultan, le pacha s'appuie sur une milice de janissaires d'origine turque. Les capitaines corsaires (chrétiens renégats en majorité) forment une corporation puissante. Vers la fin du XVIe siècle, 25 000 captifs s'ajoutent à une population libre de plus de 60 000 personnes, très composite : Turcs (peu nombreux), renégats, Arabes autochtones, Kabyles, Maures chassés d'Espagne, Juifs… La vie politique est très agitée : des factions militaires se disputent les affaires publiques. Dans la seconde moitié du XVIIe siècle, la réalité du pouvoir échoit à un chef militaire, le dey, élu par les officiers. À partir de 1711, le sultan accorde le titre de pacha au dey.

La guerre de course connaît son âge d'or au XVIIe siècle : Alger s'enrichit tout particulièrement, sans que les attaques des corsaires et des flottes des royaumes de France et d'Angleterre, entre autres, n'y changent grand-chose. Il n'en va plus de même au siècle suivant : l'activité des corsaires ne cesse alors de décroître.

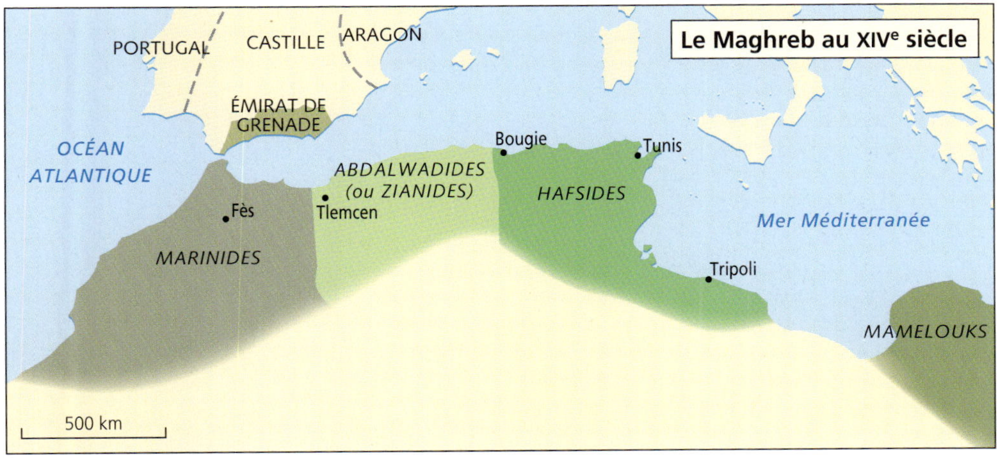

La domination d'Alger et ses limites. Les Turcs d'Alger s'efforcent d'imposer leur autorité à l'intérieur des terres. Tlemcen passe sous leur contrôle en 1550 et la dynastie des Abdalwadides disparaît. D'une façon générale, la politique des deys consiste à s'appuyer sur certains groupes (ou tribus) contre d'autres. L'autorité d'Alger s'étend sur la partie centrale et occidentale de l'Algérie actuelle, et par intermittence à l'est. Au XVIIIe siècle, alors que la course décline, les autorités algéroises renforcent leur emprise. En dehors d'Alger et de ses environs, le pays est divisé en trois *beylik*, dirigés chacun par un bey : Ouest (chef-lieu Mascara, puis Oran), Centre (Médéa) et Est (Constantine). Certaines régions continueront néanmoins d'échapper à l'autorité effective des deys et beys jusqu'en 1830, sauf incursion des colonnes militaires (*mehalla*), en particulier les montagnes berbères et les plateaux et steppes du Sud.

LES SENOUSSI

La Sanusiyya (ou Senoussiya), confrérie des Senoussi, tire son nom de son fondateur, Muhammad ibn Ali al-Sanusi (al-Senoussi), né vers 1791 dans l'Ouest algérien. Après des études à Fès et un séjour à La Mecque, il s'installe en Cyrénaïque, où il fonde plusieurs *zawiya* (centre d'enseignement religieux), puis dans une oasis, Djaraboub, où il meurt en 1859. Son fils Muhammad al-Mahdi lui succède à la tête de la confrérie. Alors que les *zawiya* essaiment dans les pays voisins (Tripolitaine, Fezzan, Égypte, Soudan...), la Sanusiyya se mue en un pouvoir théocratique, gouvernant les oasis et les nomades.

Pour échapper aux pressions ottomanes et britanniques, al-Mahdi s'installe en 1895 à Koufra, puis en 1898 à Gouro (dans le Borkou). En 1902, les Français défont les Senoussi à proximité du lac Tchad. Al-Mahdi meurt la même année. Son neveu et successeur, Ahmad al-Charif, résiste à la pénétration française dans le nord du Tchad, puis aux Italiens en Libye (voir page 81). Muhammad Idriss al-Sanusi, fils d'al-Mahdi, supplante Ahmad al-Charif en 1918. En 1930-1931, les Italiens dissolvent la confrérie, confisquent ses biens et s'emparent de Koufra. Les Britanniques restaurent les Senoussi dans leurs droits à la fin de la Seconde Guerre mondiale. Grâce à leur soutien, Idriss devient ensuite roi de Libye (voir page 83).

La régence de Tunis. Dans les années 1590, la réalité du pouvoir échoit au dey, puis, après 1630, au bey (chargé de la levée des impôts et des affaires intérieures du pays). Des troubles conduisent les Turcs d'Alger à intervenir à Tunis à la fin du siècle. C'est un chef de spahis (militaires à cheval), Hussein, qui, après s'être fait proclamer bey en 1705, les expulse. Il supprime le poste de dey et fonde une dynastie héréditaire en 1710, tout en continuant de reconnaître la suzeraineté ottomane. Avant la mort de Hussein, son neveu Pacha Ali, écarté de la succession, déclenche une révolte qui divise les candidats au pouvoir en deux camps. Ali s'empare du trône en 1735 et tue Hussein en 1740. L'armée du dey d'Alger intervient de nouveau en 1756 : ses troupes prennent Tunis, tuent Ali et lui substituent un fils de Hussein, qui doit toutefois payer un tribut annuel à Alger. Il en sera ainsi jusqu'en 1821.

La Tunisie « beylicale ». Dans les décennies suivantes, le régime se consolide, d'autant que la dynastie beylicale peut s'appuyer sur une longue tradition étatique, remontant aux Hafsides (et bien avant...). Ahmed Bey (1837-1855) entreprend de créer une armée moderne, mais il se heurte à de graves difficultés financières. Une révolte éclate en 1864, avant tout dirigée contre une fiscalité devenue trop lourde. Durement réprimée, elle aboutit néanmoins à une baisse des impôts. Le bey souscrit des emprunts sur la place de Paris en 1865, puis se trouve en banqueroute deux ans plus tard. Aussi doit-il, en 1869, accepter la mise en place d'une Commission financière internationale (Français, Britanniques et Italiens), exerçant un protectorat de fait. Khayr ed-Din (un mamelouk circassien), nommé Premier ministre en 1873, réforme la fiscalité, réduit les dépenses et rétablit l'équilibre budgétaire, mais des intrigues conduisent à son renvoi en 1876.

Tandis que la Grande-Bretagne s'intéresse à l'Égypte (voir page 32), la France, redoutant que l'Italie ne la devance, décide d'intervenir en 1881. Au prétexte d'un incident de frontière, des troupes françaises venues d'Algérie marchent sur Tunis et contraignent le bey à signer le traité du Bardo (mai 1881). Les montagnards et les bédouins déclenchent aussitôt une insurrection, que les Français répriment. Ils imposent alors la convention de La Marsa (juin 1883), instaurant officiellement un protectorat.

La régence de Tripoli. Tripoli pratique la guerre de course, mais c'est aussi un centre commercial important, au débouché de l'itinéraire transsaharien le plus fréquenté aux XVIIe et XVIIIe siècles (voir page 99). Les pachas cherchent donc à prendre le contrôle du Fezzan, sans grand succès. Du moins obtiennent-ils que ses chefs paient un tribut annuel à Tripoli. En revanche, à la suite de plusieurs campagnes conduites au cours du XVIIe siècle, ils parviennent à soumettre la Cyrénaïque (auparavant dépendance de l'Égypte ottomane).

En 1711, en l'absence du pacha, un chef de spahis, Ahmed Karamanli, s'empare du pouvoir et fait assassiner tous les officiers turcs. Il instaure une dynastie héréditaire, repousse des expéditions ottomanes et obtient du sultan le titre de pacha en 1722. Ahmed Karamanli meurt en 1745. Son descendant Yusuf Karamanli (1795-1832) doit renoncer à la course, ce qui le conduit à emprunter. Il devient ainsi dépendant des consuls britannique et français (rivaux), à tel point qu'il abdique en 1832. Chaque consul soutient alors un candidat à sa succession...

La Tripolitaine ottomane. En 1835, les Ottomans envoient à Tripoli un corps expéditionnaire et mettent fin à la dynastie des Karamanli. Il leur faudra toutefois six ans pour prendre le contrôle du pays. En 1856, ils passent un accord avec les Senoussi (voir l'encadré) et leur délèguent l'autorité sur les oasis et auprès des nomades. Les Ottomans concentrent leur administration sur le littoral.

Le Maroc du XVIe siècle à 1912

La dynastie saadienne. Les Saadiens se présentent comme arabes, réputés descendre du Prophète, établis dans les oasis du moyen Draa, au sud de l'Atlas, vers le XIIe siècle. (Le nom de Saadiens ne leur a été attribué qu'au XVIIe siècle : visant à les disqualifier, il implique qu'ils seraient descendus non du Prophète lui-même, mais de sa nourrice...) Ils s'installent dans le Sous dans la seconde moitié du XVe siècle. En 1511, les Berbères de la région leur confient la direction du *jihad* (« combat ») contre les Portugais d'Agadir. El-Araj (1517-1540) entre à Marrakech en 1525. Mohammed el-Cheikh (1540-1557) prend Agadir en 1541, puis Fès en 1549 et affronte ensuite, à l'ouest, les Turcs d'Alger, auxquels les Wattasides se sont alliés. Moulay Abdallah (1557-1574) soumet le nord du pays. Abd el-Malik (1576-1578) écrase l'armée portugaise au sud de Tanger, mais meurt dans la bataille.

Ahmed al-Mansur (1578-1603), riche du butin prélevé sur les Portugais, modernise son armée et achète des armes. Il met en place une administration (*makhzen*) qui, dans ses grandes lignes, restera la même jusqu'au début du XXe siècle. Par ailleurs, il s'intéresse au commerce transsaharien et convoite les gisements d'or de la zone soudanaise. C'est le but de l'expédition dirigée par un renégat chrétien qu'il lance sur Tombouctou en 1591 (voir page 92). Pour la première fois, des armes à feu sont introduites au sud du Sahara ; elles détruisent l'Empire songhaï. L'or afflue à Marrakech, du moins dans un premier temps.

En 1610, le domaine des Saadiens se scinde en deux royaumes (Marrakech et Fès), de plus en plus restreints.

Les débuts de la dynastie alaouite. Les Alaouites (de l'arabe *alawi,* « descendant d'Ali ») sont des chérifs (descendants du Prophète), d'où le qualificatif de « chérifienne » appliquée à la dynastie. Ils se sont fixés dans le Tafilalet vers le début du XIIIe siècle.

L'Alaouite Moulay Rachid (1663-1672), à la tête de bédouins du Maroc oriental, s'empare de Fès en 1666, puis élimine le dernier sultan saadien de Marrakech. Moulay Ismail (1672-1727) parachève la conquête et soumet le Sud dans les années 1680. Il forme une armée de soldats noirs à sa dévotion : elle se compose d'esclaves, puis de leur descendance, et comprendra jusqu'à 150 000 hommes. Par ailleurs, il édifie une nouvelle capitale, Meknès, et fait la paix avec la régence d'Alger : la frontière est fixée de ce côté en 1696.

Après la mort de Moulay Ismail, des factions militaires font et défont les souverains, tandis que l'armée des Noirs se désagrège. Le calme revient sous le règne de Mohammed ibn Abd Allah (1757-1790), qui expulse les Portugais de Mazagan en 1769 et favorise l'essor du commerce avec l'Europe, *via* le port de Mogador. Le règne de Moulay Sliman (1792-1822), musulman intransigeant, marque au contraire un repli du Maroc sur lui-même.

Le Maroc au XIXe siècle. Moulay Abd el-Rahman (1822-1859) relance les échanges mais quand, dans les années 1850, il instaure des monopoles commerciaux, la Grande-Bretagne réagit : en 1856, le Maroc doit signer sous la menace un traité limitant les droits de douane et accordant le privilège de l'exterritorialité aux sujets britanniques. (C'est l'origine du statut des « protégés », étendu ensuite à d'autres ressortissants étrangers et même à des notables marocains.) En 1860, les Espagnols occupent Tétouan et, pour prix de l'évacuation de la ville, obtiennent le paiement d'une lourde indemnité. Moulay Hassan (1873-1894) parvient néan-

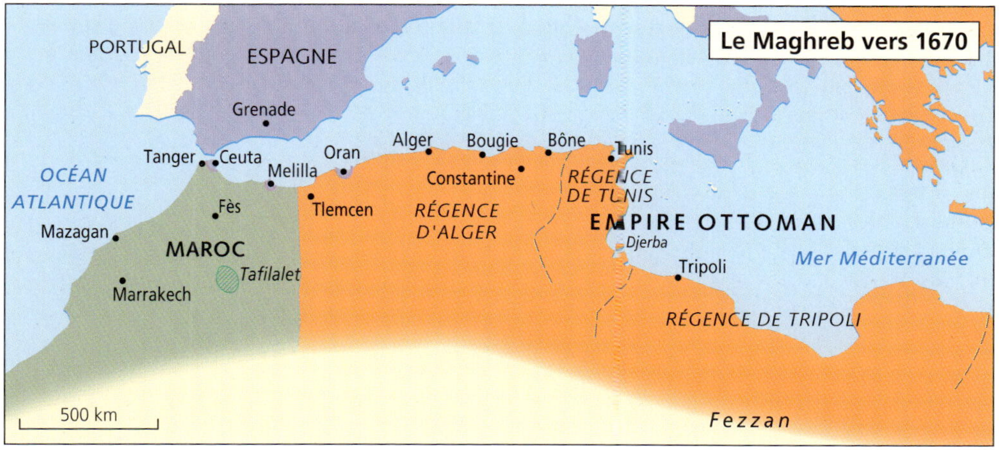

moins à réorganiser l'armée et sait jouer des rivalités entre puissances afin de préserver l'indépendance marocaine. Par ailleurs, pour contrôler les Berbères du Haut Atlas, il y favorise la domination de grands seigneurs féodaux, tel Si Madani al-Glawi (« le Glaoui »).

La marche vers le protectorat. Dans le cadre de l'Entente cordiale (1904), la Grande-Bretagne laisse les mains libres à la France au Maroc, sous réserve d'y associer l'Espagne. La France propose alors un programme de réformes au sultan Moulay Abd el-Aziz (1900-1908), mais l'Allemagne proteste et obtient la tenue d'une conférence internationale à Algésiras, en 1906. Le Maroc est placé sous un régime de libre-échange (« porte ouverte ») tandis que de grandes sociétés financières prennent le contrôle de la banque d'État. La France obtient la mission d'assurer la police aux confins algéro-marocains et dans les ports de la côte atlantique. En 1907, à la suite d'incidents, les Français occupent Oujda et Casablanca. Moulay Hafiz (1908-1912) évince Abd el-Aziz, mais il ne résiste pas mieux à la pression européenne. En 1911, alors qu'il est encerclé dans Fès par des Berbères révoltés, des troupes françaises se portent à son secours. L'Allemagne déclenche aussitôt la seconde « crise marocaine » en envoyant un navire de guerre à Agadir. Elle se résout par l'accord franco-allemand de 1911, qui attribue à l'Allemagne des territoires en Afrique équatoriale (voir page 157). Le protectorat français sur le Maroc est proclamé en mars 1912.

LE MAGHREB DEPUIS LE XIXe SIÈCLE

Les pays du Maghreb connaissent tous une période coloniale, avec de considérables différences. L'Algérie française et la Libye italienne, après de difficiles guerres de conquête, deviennent des « colonies de peuplement », où la proportion d'Européens atteint plus de 10 % de la population (vers 1939), et sont juridiquement considérées comme parties intégrantes du territoire de la puissance coloniale. En revanche, la Tunisie et le Maroc ont le statut de protectorats et conservent leurs souverains respectifs, ce qui préserve leur personnalité juridique. Les colons y sont moins nombreux (7,5 % et 4 %). Quant à la Mauritanie, elle est administrée comme une partie de l'Afrique noire française. Les statuts très différents de l'Algérie et de ses deux voisins font que, durant la période française, aucune véritable tentative d'unification du Maghreb n'est entreprise. Quand les cinq pays accèdent à l'indépendance (l'Algérie la dernière, en 1962), les contentieux entre voisins l'emportent sur l'idée d'union. Les plus graves portent sur la frontière algéro-marocaine (voir page 86) et sur le statut du Sahara occidental. L'Union du Maghreb arabe (UMA) finit néanmoins par voir le jour en 1989 afin de favoriser la coopération régionale.

L'Algérie française

L'occupation restreinte. En 1827, le dey d'Alger s'emporte contre le consul de France à propos d'un contentieux financier avec Paris et l'affaire s'envenime. Pour des raisons de prestige, le gouvernement du roi Charles X dépêche un corps expéditionnaire, qui s'empare d'Alger en 1830. Le dey capitule et s'exile. Les Français prennent les ports d'Oran en 1831, de Bône en 1832 et de Bougie en 1833. Leur politique est alors celle de l'occupation restreinte : les villes du littoral et leurs environs forment une colonie, sous l'autorité d'un gouverneur général.

Il reste à passer, si possible, des accords avec les chefs autochtones de l'intérieur du pays. À l'est, Ahmed, bey de Constantine, repousse en 1836 les Français, qui prennent la ville l'année suivante. À l'ouest, Abd el-Kader (voir l'encadré) a pris la tête de la résistance en 1832. Pour se donner le temps de consolider son autorité, il accepte un accord avec les Français en 1834, repasse à l'attaque en 1835, puis signe avec les Français le traité de la Tafna, en 1837. Ce traité reconnaît l'autorité d'Abd el-Kader sur la partie centrale et occidentale du pays et lui permet de renforcer l'État qu'il a entrepris d'organiser en modernisant l'administration musulmane. En 1839, l'armée française reprend l'offensive après avoir dénoncé les incursions d'Abd el-Kader dans la plaine de la Mitidja (au sud d'Alger).

Colonisation et « royaume arabe ». La France se décide à la conquête en 1840. Le général Thomas Bugeaud mène une guerre très mobile et pratique la tactique de la terre brûlée. Abd el-Kader, rejeté vers les hauts plateaux, doit se réfugier au Maroc en 1843. Quand Bugeaud défait les Marocains, le sultan accepte de déclarer Abd el-Kader hors la loi. Celui-ci poursuit la lutte dans l'ouest de l'Algérie et finit par se rendre en 1847. La conquête militaire se concentre ensuite sur les bastions berbères (Petite Kabylie en 1849-1852, Grande Kabylie en 1857) et s'avance au sud (prise de Laghouat et de Touggourt en 1854).

Au cours des années 1830-1840, un peu plus de 100 000 Européens méditerranéens, dont moins de la moitié de Français, se sont installés en Algérie. Ils sont concentrés dans quelques villes et leurs environs. En 1848, la République française déclare l'Algérie partie intégrante de son territoire national et l'organise en trois départements (Alger, Oran, Constantine). L'empereur Napoléon III (1852-1870) s'appuie plutôt sur l'administration militaire (« Bureaux arabes »), qui s'efforce de gagner la confiance des musulmans en pratiquant une politique paternaliste. Bien qu'une telle politique, jugée trop favorable aux « indigènes », suscite l'hostilité des colons, Napoléon III l'amplifie après 1860 et envisage de constituer un « royaume arabe » dans l'intérieur du pays. En 1865, un sénatus-consulte déclare français tous les habitants de l'Algérie (sauf les ressortissants d'États étrangers). Il distingue toutefois trois statuts : civil (citoyens français proprement dits), musulman (« sujets » français, incluant la très grande majorité des « indigènes ») et mosaïque (les Juifs). La citoyenneté française sera attribuée à ces derniers en 1870.

La domination des colons. La chute de l'Empire et la défaite française face à l'Allemagne, en 1871, sapent l'autorité des militaires. C'est l'occasion pour les Kabyles de déclencher une grande insurrection, que suit une répression draconienne : déportations, très fortes amendes, confiscation de terres… Après 1871, les colons obtiennent gain de cause, sous la forme du « régime civil » pour la partie nord et les villes. Il se résume en trois points.

– Les Français d'Algérie, assimilés à ceux de la métropole, participent au jeu politique national et peuvent ainsi faire adopter, pour l'Algérie, les dispositions qui leur conviennent.

– Les musulmans sont maintenus dans une situation subordonnée. C'est l'objet du « régime de l'indigénat » instauré en 1881, catalogue de police soumettant les musulmans à une surveillance tatillonne (permis de circuler, etc.).

– Les militaires conservent l'administration des Territoires du Sud (la partie algérienne du Sahara).

Le fossé juridique entre les colons et les musulmans (85 % de la population du pays en 1900) s'inscrit dans la réalité économique et sociale. Les populations indigènes sont rejetées hors des villes et des zones de colonisation agricole et subissent le fléau des épidémies de typhus. Le peuplement colonial devient majoritaire dans les principales villes (Alger, Oran, Bône…), où il monopolise les emplois qualifiés. Propriétaire des meilleures terres, le colonat les exploite d'une façon spéculative (vigne, blé tendre…). Dépossédée d'une partie de ses terres, mais toujours lourdement imposée, la paysannerie s'appauvrit. La politique scolaire ne compense guère ces disparités : en 1900, 3 % à 4 % des enfants musulmans vont à l'école (ils n'excéderont pas 9 % en 1944). De surcroît, il s'agit d'une scolarisation en français. Une petite intelligentsia apparaît cependant au début du XXe siècle, formée principalement d'instituteurs.

Les débuts du nationalisme. Lors de la Première Guerre mondiale, 173 000 musulmans d'Algérie combattent dans les rangs français, auxquels s'ajoutent 80 000 « travailleurs coloniaux » transférés en métropole ; au total, un homme jeune sur trois. Aussi Paris impose-t-il en 1918-1919 des réformes, qui dispensent de l'indigénat plus de 400 000 musulmans. Mais cette ouverture n'a pas de lendemain : les colons s'opposent au projet d'attribuer la citoyenneté française aux musulmans francisés (par la scolarisation). Ces derniers continuent néanmoins de réclamer leur « assimilation », sans renoncement à la personnalité musulmane.

ABD EL-KADER (1807-1883)

Né près de Mascara, Abd el-Kader appartient à une famille membre de la puissante confrérie de la Qadiriyya. Son éducation religieuse fait de lui un mystique et un théologien, que les circonstances transforment en guerrier. Proclamé « émir des Arabes dans la guerre contre l'occupation française » par quelques tribus en 1832, il enregistre des succès militaires et entreprend d'administrer les tribus en un embryon d'État. Il conduit le *jihad* contre la France jusqu'à sa reddition en 1847.

Après avoir été assigné à résidence en France, il s'installe en 1853 à Brousse (Turquie), puis en 1855 à Damas où il a l'occasion de mettre des chrétiens protégés français à l'abri de massacres. Il refuse l'offre de Napoléon III d'un royaume arabe d'Orient. Sa droiture et l'enseignement religieux qu'il dispense lui confèrent un grand prestige. Ses cendres ont été transférées à Alger en 1966.

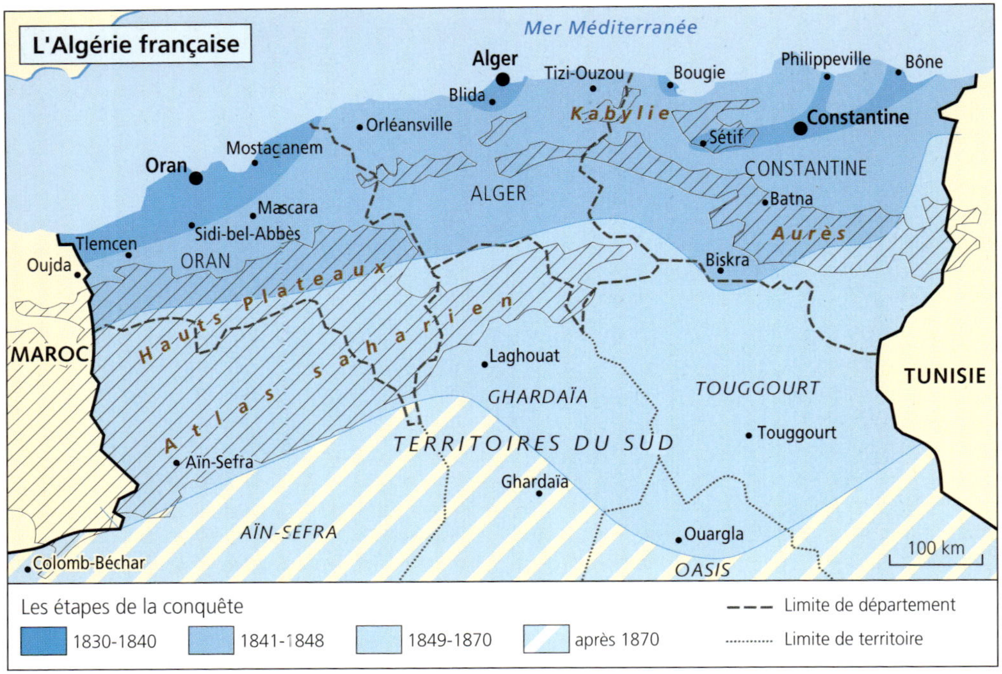

L'Étoile nord-africaine, fondée en France en 1926, revendique le suffrage universel et l'indépendance de l'Algérie. À partir de 1927, Messali Hadj, un autodidacte natif de Tlemcen, prend l'ascendant sur le mouvement et le transforme en 1933 en un parti autonome, réprimé et plusieurs fois dissous. Il recrute chez les ouvriers algériens de l'immigration. Les « étoilistes » commencent à s'implanter en Algérie en 1935-1936 et entrent en rivalité avec le Congrès musulman réunissant les Élus algériens (partisans de Ferhat Abbas), le Parti communiste algérien (PCA) et l'Association des oulémas (fondée en 1931 par les « réformateurs » musulmans et dont la figure la plus moderniste est Cheikh Ben Badis). Messali crée en 1937 le Parti du peuple algérien (PPA), aussitôt dissous par le gouvernement français. Le PPA clandestin reste néanmoins le parti de Messali et le symbole du nationalisme algérien. Messali sera ensuite arrêté puis libéré à maintes reprises, sans que cela entame son autorité.

Des réformes insuffisantes. Ferhat Abbas publie en 1943 le *Manifeste du peuple algérien*, réclamant un État algérien autonome et l'égalité politique de tous ses ressortissants. En 1944, le général de Gaulle proclame certes que tous les habitants sont citoyens français, mais la pleine citoyenneté n'est ouverte qu'à 65 000 personnes. Ferhat Abbas crée alors l'association des Amis du manifeste et de la liberté (AML), bientôt noyautée par le PPA (clandestin). Celui-ci adopte un ton de plus en plus radical et projette, semble-t-il, une insurrection. Le 8 mai 1945, jour de la capitulation de l'Allemagne nazie, des manifestations ont lieu partout dans le pays. Elles prennent un tour dramatique à Sétif et à Guelma, où une centaine d'Européens sont massacrés. La répression, immédiate, terrible et massive, fait des milliers de morts. Un fossé se creuse entre les deux communautés, qui ne sera pas comblé.

En créant en 1946 l'Union démocratique du manifeste algérien (UDMA), Ferhat Abbas maintient le principe d'une collaboration avec la France en vue d'aboutir à un État algérien. Messali Hadj, de son côté, fonde le Mouvement pour le triomphe des libertés démocratiques (MTLD) qui se donne une branche armée clandestine : l'Organisation spéciale (OS). Le statut organique de l'Algérie, adopté en 1947, la définit comme un « groupe de départements français » et la dote d'une Assemblée de 120 membres : 60 pour le collège des citoyens français de statut civil, comprenant seulement quelques francisés algériens ayant opté pour ce statut, et 60 pour celui des « citoyens de statut local », c'est-à-dire de statut musulman (90 % de la population).

La guerre d'indépendance algérienne

La montée en puissance du FLN. En 1951-1953, le MTLD entre en crise et se divise : le courant majoritaire du comité central (« centralistes ») conteste l'autoritarisme de Messali

Hadj dont le prestige rayonne dans l'émigration. L'OS est démembrée, mais ses militants les plus activistes pensent dépasser la crise en lançant une insurrection. Ils fondent en 1954 une organisation nouvelle : le Front de libération nationale (FLN), doublé de l'Armée de libération nationale (ALN).

L'insurrection débute le 1er novembre dans les Aurès et par des sabotages en ville ; elle gagne la Grande Kabylie. Les autorités françaises, surprises, font aussitôt arrêter les dirigeants du MTLD. La révolte se propage néanmoins, en dépit des renforts envoyés par la France. En août 1955, elle embrase le nord du Constantinois, entraînant une riposte très dure. Il devient dès lors difficile d'enrayer ce qui est devenu une guerre. La société algérienne se polarise. Tandis que les Français d'Algérie obtiennent de Paris un effort militaire croissant (400 000 hommes), de plus en plus de musulmans se reconnaissent dans le FLN : les « centralistes » se rallient en 1955, les membres de l'UDMA, dont Ferhat Abbas, l'année suivante. Restent à l'écart ceux que Messali regroupe dans le Mouvement national algérien (MNA).

De la guerre à l'indépendance. En 1958, il devient clair que la supériorité militaire de la France ne résout rien. La majorité des Français d'Algérie s'opposent néanmoins à toute négociation, ce qui entraîne la crise du 13 mai 1958 et l'accession du général de Gaulle au pouvoir, à Paris. L'armée française, qui a recours à la torture contre les suspects présumés, lutte ensuite contre la guérilla en parquant plus de deux millions de ruraux dans des « camps de regroupement », tandis qu'aux frontières des barrages électrifiés tarissent l'approvisionnement en armes de l'ALN, qui poursuit néanmoins la résistance.

Le conflit prend dès lors une dimension surtout politique, y compris sur la scène internationale. En 1959, le général de Gaulle reconnaît le droit à l'autodétermination, tout en prônant une association avec la France. Le FLN, au contraire, s'en tient à la reconnaissance de l'indépendance. Le Gouvernement provisoire de la République algérienne (GPRA), créé en 1958 et présidé par Ferhat Abbas, a pour mission de défendre ce point de vue à l'étranger et à l'ONU. Des négociations achoppent en 1960, reprennent en 1961 et finissent par aboutir aux accords d'Évian en mars 1962.

Alors éclate la dernière phase du conflit. L'OAS (Organisation de l'armée secrète), animée par des Français d'Algérie et des officiers rebelles, engage contre les Algériens et les Français libéraux une violente campagne terroriste, à laquelle le FLN répond. La plupart des Français d'Algérie (« pieds noirs », alors au nombre de près d'un million) quittent aussitôt le pays. L'Algérie accède à l'indépendance en juillet. Au cours de la guerre, 24 000 soldats français sont morts. Quant aux victimes algériennes, les historiens estiment leur nombre entre 250 000 et 400 000.

LES JUIFS D'AFRIQUE DU NORD

Des Juifs sont présents en Afrique du Nord à l'époque romaine, peut-être même plus tôt. Il s'agit pour partie d'immigrés, pour partie de Berbères judaïsés.

Quand l'islam s'impose, les Juifs bénéficient d'un statut relativement protecteur. Ils jouent un rôle important dans la formation du judaïsme espagnol, qui s'inscrit dans le cadre de la conquête du pays par les Arabes.

La *Reconquista* par les royaumes chrétiens conduit à un reflux des Juifs espagnols vers le Maghreb, culminant à la fin du XVe siècle. Deux populations juives se côtoient dès lors en Afrique du Nord : les *mégorashim* (« expulsés ») et les *toshabim* (« indigènes »). Les premiers jouent un rôle essentiel dans les relations commerciales avec l'Europe. Les deux communautés finissent par se fondre.

À l'époque coloniale, l'impact de la présence française diffère selon les pays. En Algérie, les Juifs acquièrent tous la nationalité française en 1870. Leur destin ne diffère guère ensuite de celui des autres Français d'Algérie : en 1962, ils gagnent la métropole.

Au Maroc et en Tunisie, la grande majorité des Juifs continue de vivre en symbiose avec la société musulmane traditionnelle.

La création de l'État d'Israël (1948), puis l'indépendance des pays maghrébins, provoquent une émigration massive, surtout vers Israël mais aussi ailleurs. En 1948, le Maroc abritait 268 000 Juifs, l'Algérie 140 000, la Tunisie 110 000, la Libye 40 000. Quarante ans plus tard, ces nombres n'étaient plus, respectivement, que de 18 000, 250, 3 500 et zéro.

L'Algérie contemporaine

Devenue indépendante, l'Algérie se retrouve dans une situation très difficile. Les « pieds-noirs », qui formaient l'ossature de la vie économique, sont partis. De surcroît, les sept années de guerre ont décimé l'intelligentsia algérienne et multiplié les destructions. Les hommes qui accèdent au pouvoir en 1962 sont avant tout des chefs de guerre, survivants des combats mais aussi de terribles luttes entre Algériens (le FLN contre le MNA, en particulier).

LE MAGHREB DANS LA SECONDE GUERRE MONDIALE

Après la défaite de la France face à l'Allemagne, en 1940, l'Algérie, la Tunisie et le Maroc passent sous l'autorité du régime de Vichy. En novembre 1942, des forces anglo-américaines débarquent à Casablanca, Oran et Alger, entraînant les évolutions suivantes :

– Les forces de l'Axe, déjà en guerre contre les Alliés en Libye, étendent leurs opérations à la Tunisie.

– Les autorités de Vichy font progressivement place à celles de la France libre : en 1943 se forme, à Alger, le Comité français de libération nationale (CFLN), qui deviendra en juin 1944 le Gouvernement provisoire de la République française (GPRF), présidé par le général de Gaulle.

– Les forces françaises d'Afrique du Nord se joignent à celles des Alliés pour poursuivre la guerre en Italie, en France et jusqu'en Allemagne. Dans les forces françaises combattent de très nombreux musulmans (132 000 Algériens, 90 000 Marocains, 22 000 Tunisiens). Quant ils rentrent chez eux, en 1945, certains de ces jeunes anciens combattants (dont l'Algérien Ahmed Ben Bella) rejoignent le mouvement nationaliste, ne supportant plus la condescendance des colons à leur égard. L'armée coloniale continue de compter dans ses rangs des soldats nord-africains musulmans et de faire appel à des auxiliaires, comme ce sera encore le cas des harkis dans la guerre d'Algérie.

De Ben Bella à Boumediène. Après les accords d'Évian, le FLN se divise : à Youssef Ben Khedda, président du GPRA depuis 1961, s'oppose Ahmed Ben Bella (l'un des fondateurs du FLN, emprisonné en France de 1956 à 1962). Le premier s'installe à Alger en juin 1962, tandis que le second s'allie au colonel Houari Boumediène, chef d'État-Major de l'ALN aux frontières depuis 1960. Au cours de l'été, de terribles règlements de comptes armés font craindre une guerre civile. Ben Bella et Boumediène l'ayant emporté, une Assemblée proclame en septembre la « République algérienne démocratique et populaire ». La Constitution de 1963 instaure un régime présidentiel et érige le FLN en parti unique. Élu président, Ben Bella confirme l'autogestion des domaines agricoles et des entreprises vacantes.

En 1965, Boumediène procède à un coup d'État : Ben Bella retourne en prison (et y restera jusqu'en 1979). En s'appuyant sur l'armée, Boumediène entend forger un État fort, socialiste et arabe sous régime de parti unique (le FLN). Pour financer un grand programme d'industrialisation, il nationalise en 1971 les ressources en hydrocarbures. Simultanément, il promeut une politique d'arabisation de l'enseignement. En 1976, Boumédiène fait adopter une Constitution afin de légaliser le pouvoir. Élu président de la République la même année, il meurt en 1978.

Les difficultés du régime. L'armée choisit le colonel Bendjedid Chadli pour succéder à Boumediène. Une détente semble s'amorcer, mais il s'agit plutôt d'une remise en cause du projet socialiste, sans que soit porté atteinte au dirigisme d'État dont l'armée et la bureaucratie tirent profit. Des émeutes de jeunes sans emploi et sans avenir éclatent en 1988 et sont violemment réprimées (plusieurs centaines de morts). En 1989, le régime promet des réformes, tandis qu'une nouvelle Constitution légalise le multipartisme. Lors des élections locales et régionales de 1990, le Front islamique du salut (FIS, islamiste) devance le FLN. Le FIS et les forces de l'ordre s'affrontent l'année suivante. Au premier tour des élections législatives, en décembre 1991, le FIS arrive en tête et semble devoir l'emporter au second tour. Les militaires réagissent aussitôt : après avoir obtenu la démission de Chadli (janvier 1992), ils font interrompre le processus électoral, proclamer l'état de siège et dissoudre le FIS. Mohamed Boudiaf, l'un des leaders de la guerre d'indépendance, opposant en exil, est promu chef d'État, puis meurt assassiné dès juillet 1992.

Des jeunes de plus en plus nombreux rejoignent des maquis islamistes. Face à la multiplication des attentats et des massacres, les forces de l'ordre procèdent à des arrestations massives. Les organisations de défense des droits de l'homme dénoncent les très nombreuses disparitions (exécutions extra-judiciaires), la torture, les représailles contre les populations civiles, la toute-puissance de la police politique… En une dizaine d'an-

LES KABYLES

Devenue courante au XIXe siècle, l'appellation « Kabyles » dérive de l'arabe *kbayl*, « tribus ». Le domaine géographique actuel de ces populations berbères s'est stabilisé au XVe siècle. Organisés en gros villages et très jaloux de leurs libertés, les Kabyles étaient traditionnellement sédentaires (arboriculteurs et artisans). Au XXe siècle, pour trouver du travail, ils ont migré en masse vers les villes (Alger, Constantine, Sétif, Bejaia, Annaba…) et vers la France, tout en conservant l'attachement au pays.

La politique d'arabisation intensive, lancée par Boumediène après 1965, a cristallisé les mécontentements : à travers sa langue, c'est l'identité kabyle toute entière qui semblait menacée et la défense immémoriale des « libertés kabyles » a dès lors pris une dimension culturelle. Non sans peine, les Kabyles ont obtenu en 2002 la reconnaissance officielle de leur langue (avec le statut de « langue nationale »), sous le nom de tamazight.

nées, le nombre de morts s'élève probablement à plus de 100 000.

La présidence de Bouteklika. En application d'une nouvelle Constitution, adoptée en 1996, Abdelaziz Bouteflika (ministre des Affaires étrangères de 1963 à 1979) est élu président de la République en 1999, les autres candidats s'étant retirés en dénonçant des fraudes. Il sera réélu en 2004. Il parvient à mettre en œuvre une certaine normalisation appelée « réconciliation nationale » : les principaux groupes armés (en premier lieu ceux liés au FIS) abandonnent les maquis contre la promesse d'une réinsertion dans la vie civile, tandis que le niveau de violences diminue sensiblement. Les états-majors de l'armée sont renouvelés et voient la promotion d'une nouvelle génération. Le rôle politique des militaires n'en demeure pas moins considérable. Le FIS, pour sa part, demeure interdit.

La « normalisation » a pour prix la tentative du chef de l'État d'instaurer une amnistie, dénoncée par les organisations de défense des droits de l'homme comme une recherche d'impunité pour les crimes commis. Elle correspond aussi à une mise au pas de la presse.

La population. L'Algérie compte près de 33 millions d'habitants, répartis sur un territoire de 2 382 000 km². Les arabophones forment plus de 80 % de la population, sans que l'on puisse donner une indication plus précise. L'arabe est la langue officielle. Le français conserve toutefois une très grande importance, d'autant que la France reste la destination principale des travailleurs algériens émigrés. La politique d'arabisation a élargi la scolarisation en généralisant un « bilinguisme du pauvre », mal assuré en langue arabe classique. Elle a suscité des réactions de défense dans les familles berbérophones, qui s'expriment fréquemment en français.

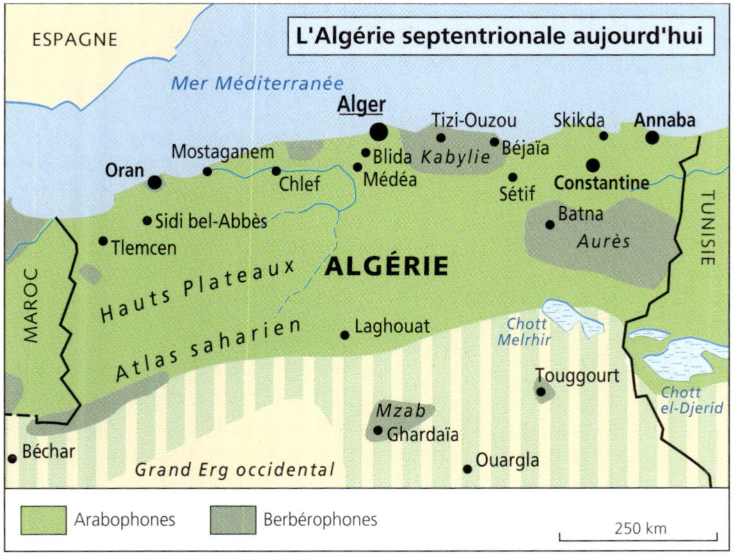

Les berbérophones se répartissent en plusieurs groupes.

– Les Kabyles sont les plus nombreux (voir l'encadré).

– Dans l'Aurès vivent les Chaouïa, très attachés à leur particularisme.

– Les Mozabites tirent leur nom du Mzab (région de Ghardaïa). Ce sont des ibadites (voir page 66), réfugiés dans cette région au XIe siècle après avoir été persécutés par les Fatimides. Leurs principales ressources résultent d'une émigration (temporaire) vers le nord de l'Algérie, où ils excellent dans le commerce.

– Des petits groupes de berbérophones se maintiennent dans le massif du Dahra (à l'ouest d'Alger) et dans l'Atlas saharien, aux confins du Maroc. D'autres sont dispersés dans des oasis sahariennes : Touggourt, Ouargla, Touat…

– Dans le Hoggar évoluent des Touareg, nettement moins nombreux qu'au Mali et au Niger (voir page 123).

Les Algériens sont en quasi-totalité des musulmans sunnites (à l'exception des Mozabites).

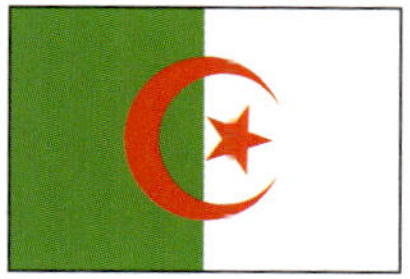

Le mouvement nationaliste de Messali Hadj a imposé ce drapeau à la tête des manifestations à partir des années 1930, avant qu'il ne devienne officiel.

La Tunisie sous protectorat

Le protectorat de 1882 à 1940. Aux côtés du bey, un « résident général » français exerce le pouvoir. L'administration civile française (qui prend rapidement le pas sur les militaires) double et supervise partout les institutions beylicales formellement conservées. Elle soutient l'implantation d'un colonat agricole et l'exploitation minière (phosphates, etc.). À l'exemple des Jeunes-Turcs, au début du XXe siècle, apparaît le mouvement des Jeunes-Tunisiens, porté par une intelligentsia bilingue désireuse de participer à la gestion des affaires publiques. Des émeutes à Tunis, en 1911, conduisent à l'arrestation des principaux d'entre eux. Plusieurs partis apparaissent en 1919-1920, dont le principal revendique une Constitution et prend le nom de Destour (« Constitution », en arabe). En 1934, Habib Bourguiba provoque une scission et fonde sur une ligne plus moderniste le Néo-Destour, qui devient vite présent dans tous le pays. Ses dirigeants sont arrêtés en 1935, libérés en 1936 et de nouveau arrêtés en 1938, à la suite d'incidents graves.

La Seconde Guerre mondiale. Quand, en novembre 1942, des forces anglo-américaines débarquent au Maroc et en Algérie, des Allemands, venus d'Italie, interviennent dans le nord de la Tunisie. Ils y sont rejoints par les forces allemandes et italiennes arrivées de Libye (voir page 82), qui finissent par capituler en mai 1943 face à l'avancée des Alliés. Pendant ce temps, Moncef Bey, monté sur le trône en juin 1942, a formé un gouvernement exclusivement tunisien. Les nouvelles autorités françaises le déposent en 1943, en tant que « collaborateur », puis le remettent en place en le tenant à l'écart d'une gestion de plus en plus directe.

Du protectorat à l'indépendance. Le Néo-Destour, présidé par Bourguiba, relance la vie politique après 1945. Il favorise en 1948 la création d'une centrale syndicale nationale, l'Union générale des travailleurs tunisiens (UGTT). En 1950, les autorités françaises tentent momentanément une ouverture : un Premier ministre tunisien, modéré, prend la tête d'un gouvernement mi-tunisien mi-français, dont fait partie Salah Ben Youssef, secrétaire général du Néo-Destour. Le ton se durcit de nouveau en 1951, sous la forme d'un rappel du « caractère définitif du lien qui réunit la France et la Tunisie ». Le Néo-Destour proteste. Bourguiba est arrêté en 1952. La même année, Farhat Hached, leader de l'UGTT, est assassiné par une organisation terroriste de colons. Dès lors, les résidents généraux ne parviennent plus à enrayer le cycle des violences.

En 1954, après la défaite française dans la guerre d'Indochine, le gouvernement français engage des négociations auxquelles participe Bourguiba, implicitement reconnu comme interlocuteur principal. Elles aboutissent en 1955 non à l'indépendance mais à une très large autonomie. Salah Ben Youssef critique violemment la politique des « étapes » adoptée par Bourguiba et le conflit prend des proportions telles que la Tunisie se trouve au bord de la guerre civile. Bourguiba l'emporte avec l'appui de l'UGTT et des autorités françaises, qui reconnaissent l'indépendance en mars 1956.

La Tunisie contemporaine

La présidence de Bourguiba. Aux élections d'avril 1956, le Néo-Destour obtient 95 % des voix. Bourguiba met à profit ce moment de grâce pour modifier en faveur des femmes le code musulman du statut personnel. L'année suivante voit la déposition du bey et la proclamation de la République, dont Bourguiba devient le président. Les tenants de l'ancien régime et les « youssefistes » sont mis en jugement en 1958. Bourguiba fera par la suite assassiner Salah Ben Youssef. En 1959, une Constitution confère au président de très larges pouvoirs, tandis que le Néo-Destour monopolise la vie politique. Bourguiba sera réélu en 1964 et en 1969. Au début des années 1960, la Tunisie s'engage dans une politique d'économie dirigée, conduite par Ahmed Ben Salah, auparavant secrétaire général de l'UGTT. Le Néo-Destour se mue en Parti socialiste destourien (PSD) en 1964. Mais le projet de grands domaines agricoles

La Tunisie aujourd'hui

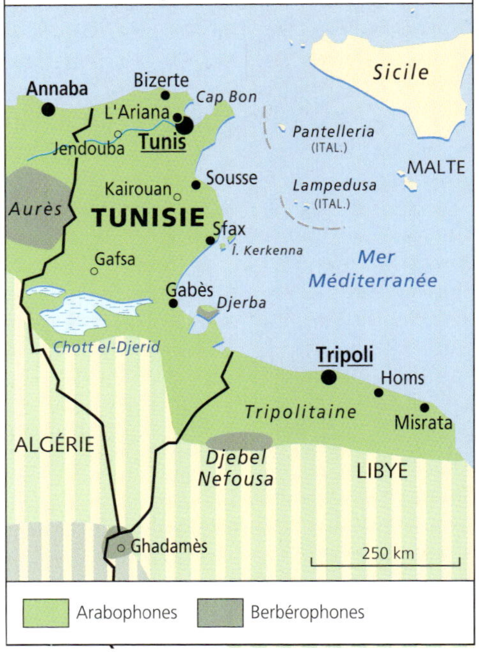

étatisés soulève ensuite une telle opposition que Bourguiba fait machine arrière : en 1969, Ben Salah est destitué. Réélu en 1974, Bourguiba se fait élire l'année suivante président à vie (la succession étant dévolue au Premier ministre en exercice).

Les années suivantes sont celles du désenchantement ; sans démocratie et sous le culte de la personnalité, le nationalisme s'use. Le grand effort de scolarisation accompli par le régime a formé une génération de diplômés que l'absence de démocratie et les difficultés économiques impatientent. Les relations entre l'UGTT et le pouvoir se détériorent. De graves émeutes éclatent en 1978, en 1981 et en 1984. Simultanément, l'islamisme fait des adeptes : il conquiert des bases dans les facultés, les lycées et collèges et gagne les quartiers populaires. Il est principalement organisé dans le Mouvement de la tendance islamique (MTI), plutôt modéré mais néanmoins réprimé.

Le régime autoritaire de Ben Ali. Le général Zine el-Abidine Ben Ali, nommé Premier ministre en octobre 1987, fait destituer Bourguiba le mois suivant (officiellement pour sénilité) et devient président de la République. Il accentue la répression contre les groupes islamistes, tout en démantelant le mouvement associatif démocratique animé notamment par la Ligue tunisienne des droits de l'homme. En 1988, le PSD se mue en Rassemblement constitutionnel démocratique (RCD), tandis que des partis satellites sont autorisés, mais non Ennahda (ex-MTI). Le régime policier se durcit. Une modification de la Constitution, adoptée en 2002, permet à Ben Ali de se faire réélire en 2004 et de se présenter de nouveau, le cas échéant, en 2009.

Le drapeau tunisien, dont l'origine remonte à 1835 environ, s'inspire du drapeau turc.

La population. La Tunisie compte environ 10 millions d'habitants, répartis sur un territoire de 163 000 km². la population est en quasi-totalité de langue arabe et de religion musulmane sunnite. Il subsiste de petits îlots de berbérophones ibadites à Djerba et dans le Sud tunisien (moins de 1 % de la population totale).

À côté de l'arabe, langue officielle, le français demeure largement en usage.

La Libye

La domination italienne. Devancés par les Français en Tunisie, les Italiens se tournent vers la province ottomane de Tripolitaine et y développent leur influence. Quand le nouveau gouvernement ottoman (les Jeunes-Turcs) tente d'y mettre un frein, les Italiens lancent, en 1911, une expédition militaire. Ils occupent les principaux ports, mais les bédouins affluent au secours des troupes turques. L'Italie porte alors la guerre en mer Égée, de sorte que les Turcs doivent leur céder le pays en 1912. Rome baptise ce territoire « Libye », à partir d'un mot grec ancien désignant le nord de l'Afrique. Le *cheikh* senoussi Ahmad al-Charif (voir page 72) se proclame alors émir de Cyrénaïque et poursuit la résistance face aux Italiens. Après sa déposition, en 1918, au profit de son cousin Muhammad Idriss, Rome confirme les privilèges des Senoussi.

En 1919, des accords avec la France et la Grande-Bretagne établissent les frontières de la Libye (voir la carte). Les Italiens, néanmoins, peinent à contrôler le pays. Aussi le *duce* Benito Mussolini décide-t-il une intervention militaire massive en 1923. La Tripolitaine s'incline, tandis que les Senoussi

La Libye italienne

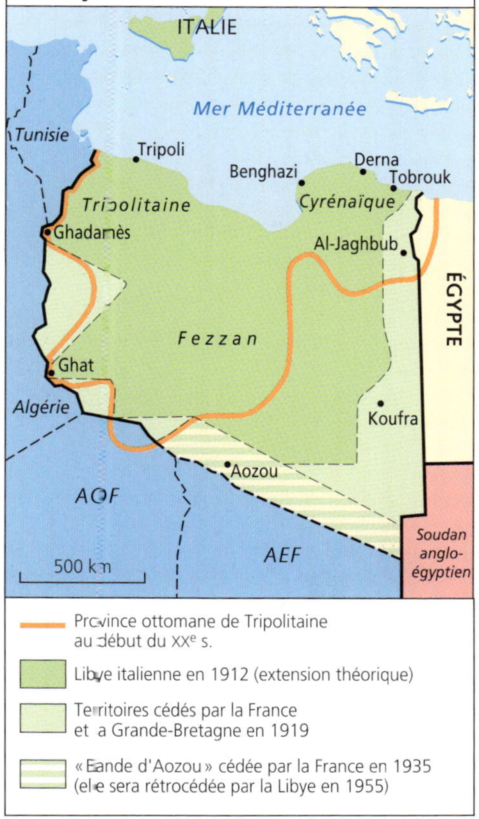

sont expulsés de Cyrénaïque. Dans cette région, toutefois, la population poursuit la guérilla, sous la conduite d'Omar al-Mokhtar. En 1930-1931, le général Rodolfo Graziani (qui mènera plus tard la guerre en Éthiopie) vient à bout de la résistance en utilisant massivement l'aviation et en parquant la population dans des camps. Les terres ainsi libérées sont colonisées par des Italiens.

En 1935, la France cède à l'Italie la bande d'Aozou (voir page 131).

De la défaite italienne à l'indépendance. En 1941, la Libye devient un champ de bataille où s'affrontent, d'un côté, des Italiens, bientôt relayés par des Allemands (dirigés par le maréchal Erwin Rommel), de l'autre, des Britanniques. Sous la conduite du général Bernard Law Montgomery, ces derniers finissent par l'emporter et pénètrent en Tunisie en janvier 1943 (voir page 80).

La Libye, dévastée par la guerre, se trouve ensuite sous occupation britannique (sauf le Fezzan, occupé par les Français). En Cyrénaïque, les Britanniques favorisent les Senoussi et expulsent les colons italiens. Le traité de paix avec l'Italie (1947), s'il met fin à la souveraineté italienne, ne règle pas l'avenir de la Libye. Tandis que l'ONU examine

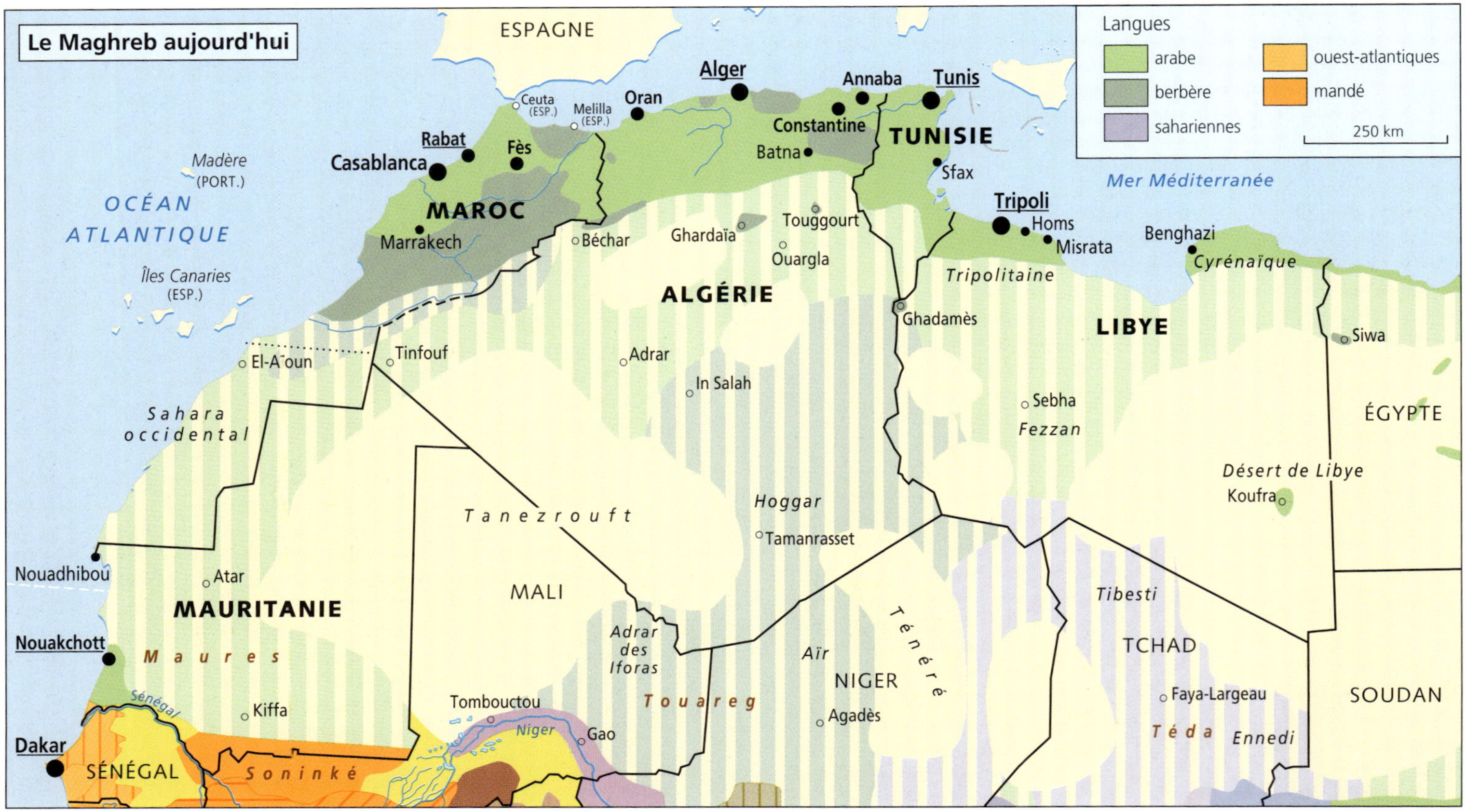

diverses propositions, la Grande-Bretagne permet à Muhammad Idriss de former un gouvernement en Cyrénaïque, puis de demander l'indépendance de la Libye placée sous son autorité. À la fin de 1949, l'Assemblée générale de l'ONU décide que la Libye deviendra indépendante avant le 1er janvier 1952. En 1950, une Assemblée nationale (dont la Ligue arabe critique la composition) proclame Idriss roi de Libye. L'année suivante, une Constitution instaure un État fédéral, le royaume uni de Libye, qui accède à l'indépendance en décembre 1951.

Le royaume de Libye. Idriss exile les dirigeants du Parti national du congrès (de tendance panarabe), influent dans les villes, et gouverne en s'appuyant sur les chefs traditionnels. Il s'appuie aussi sur la Grande-Bretagne et les États-Unis : ces deux puissances disposent en Libye d'importantes bases militaires et lui fournissent une aide économique. (En revanche, les Français évacuent le Fezzan en 1955. La Libye leur rétrocède la bande d'Aozou à cette occasion.)

La découverte de pétrole dans le sous-sol libyen date de 1956. Les gisements, exploités par des compagnies américaines et britanniques, sont d'une richesse telle qu'au bout de quelques années la Libye touche d'énormes royalties. Ce brusque afflux de richesse ébranle la société libyenne : tandis que les citadins s'enrichissent, les chefs des confréries et tribus perdent de leur influence. Une nouvelle génération, instruite, aspire au changement, avec pour référence le chef d'État égyptien, Nasser. Le prestige d'Idriss lui permet néanmoins de conserver son trône jusqu'en 1969.

Kadhafi et la Jamahiriya. En 1969, un groupe de jeunes officiers, dirigés par Mouammar Kadhafi, renverse la monarchie et s'arroge le pouvoir en tant que Conseil du commandement de la révolution (CCR). Les Américains et les Britanniques acceptent peu après d'évacuer leurs bases militaires. Le CCR nationalise l'exploitation pétrolière en 1971. En 1973, Kadhafi lance la « révolution culturelle libyenne », qui conduit à la proclamation, en 1977, de la Jamahiriya arabe libyenne populaire et socialiste. (Le néologisme *jamahiriya,* formé à partir du mot *jamahir,* « masses », signifie en quelque sorte « massocratie ».) Le CCR conserve néanmoins le pouvoir et, face à diverses oppositions, durcit sa politique : répression des confréries musulmanes traditionnelles (dont celle des Senoussi), assassinat d'opposants…

Kadhafi déploie une grande activité en direction non seulement des pays arabes, mais aussi africains. Il cherche ainsi successivement à réaliser l'union avec l'Égypte et la Syrie en 1972, la Tunisie en 1974, le Maroc en 1984, mais ce sont autant d'échecs. En 1973, il engage son pays dans une aventure militaire au Tchad qui va durer quinze ans (voir page 131) et soutient longtemps, financièrement, le Front Polisario qui revendique l'indépendance du Sahara occidental.

Sur le drapeau du royaume de Libye , la partie centrale provient du drapeau de l'émir de Cyrénaïque. La bande rouge représente la Tripolitaine, la bande verte le Fezzan. Le drapeau vert uni, adopté en 1977, évoque à la fois l'islam et le *Livre vert* du colonel Kadhafi (exposé de sa doctrine).

Par ailleurs et surtout, les revenus pétroliers permettent à Kadhafi d'apporter un soutien à de nombreux mouvements révolutionnaires dans le monde entier, y compris terroristes. Les Américains finissent par réagir : en 1986, ils bombardent Tripoli et Benghazi. L'implication (présumée) de la Libye dans des attentats contre des avions de ligne, en 1988-1989, conduit l'ONU à décréter un embargo, qui ne sera levé qu'en 1999. Le régime libyen s'efforce ensuite de parvenir à une normalisation de ses relations avec la communauté internationale, en particulier l'Occident, mais la libéralisation de l'économie dirigée (amorcée dès 1988) ne s'accompagne pas d'un renouvellement politique.

La population. La Libye compte près de 6 millions d'habitants répartis sur un territoire de 1 760 000 km². Elle est en quasi-totalité de langue arabe et musulmane sunnite. Il subsiste des îlots de berbérophones ibadites dans le Djebel Nefousa (au sud-ouest de Tripoli) et dans quelques oasis (Ghadamès, Ghat…).

Le Maroc sous protectorat

La convention de Fès (1912) instaure le protectorat de la France sur le Maroc. Moulay Hafiz doit alors abdiquer en faveur de son frère Moulay Youssef (1912-1927) auquel les Français donneront pour successeur, choisi pour son âge, son fils cadet tout jeune, Mohammed. Le résident général, Louis Hubert Lyautey, s'est installé à Rabat. À coups d'opérations militaires, les Français prennent le contrôle de la partie la plus accessible du pays, entre l'Atlas et l'océan, et établissent la liaison avec l'Algérie. Les Espagnols (dont les zones de protectorat ont été délimitées à la fin de 1912) ont un résident général à Tétouan, placé auprès d'un représentant du sultan. Tanger forme une zone internationale (voir page 85).

La guerre du Rif. Abd el-Krim, né dans une famille rifaine instruite et plurilingue, met sur pied une force militaire qui écrase une armée espagnole à Anoual (à l'ouest de Melilla) en 1921. Deux ans plus tard, il instaure la République confédérée des tribus du Rif, tandis que les Espagnols renoncent à la lutte. En 1925, Abd el-Krim élargit son domaine (la « république du Rif ») en empiétant sur la zone du protectorat français ; il rallie les tribus du Sud qui contrôlent la route de Fès. La France envoie alors des renforts considérables, dotés d'armements lourds. Sous la direction du maréchal Philippe Pétain, les forces franco-espagnoles viennent à bout des Rifains. Abd el-Krim se rend en 1926.

Le régime de protectorat. Le sultan reste formellement le législateur unique, étant entendu qu'il se contente de ratifier, sous le nom de *dahir*, les décisions de la Résidence. En pratique, il y a lieu de distinguer trois Maroc.

– Dans le Maroc « utile », entre l'Atlas et l'océan, l'administration (le « *makhzen* français ») devient de plus en plus directe après le départ de Lyautey (1925). D'importants capitaux privés concourent à la mise en valeur économique (irrigation, exploitations minières, etc.), si bien que le Maroc de l'entre-deux-guerres fait figure de « Californie française ». La population européenne du Maroc atteindra 300 000 personnes au milieu du XXe siècle, dont près de la moitié à Casablanca.

– Dans le pays montagnard où dominent les tribus berbères, l'armée de conquête fait appel à la collaboration et promeut des chefs locaux. Les Français, pour tenir en respect les tribus, s'appuie aussi sur le Glaoui, pacha de Marrakech dont l'autorité s'étend jusqu'aux confins algériens. Néanmoins, la prise de contrôle des montagnes par les Français nécessite une très longue et meurtrière « pacification », qui durera jusqu'en 1934. Les montagnes restent sous administration militaire, tandis que le protectorat s'efforce de réserver aux Berbères un traitement à part, tant sur le plan judiciaire (tribunaux musulmans coutumiers, ce qu'on appelle le « Dahir berbère », effectivement appliqué malgré la protestation nationaliste) que sur le plan culturel (enseignement, fût-il exceptionnel, du français plutôt que de l'arabe) et, plus encore, en privilégiant le recrutement dans l'armée coloniale.

– Dans leur zone, les Espagnols investissent très peu, de telle sorte que le retard économique s'accumule.

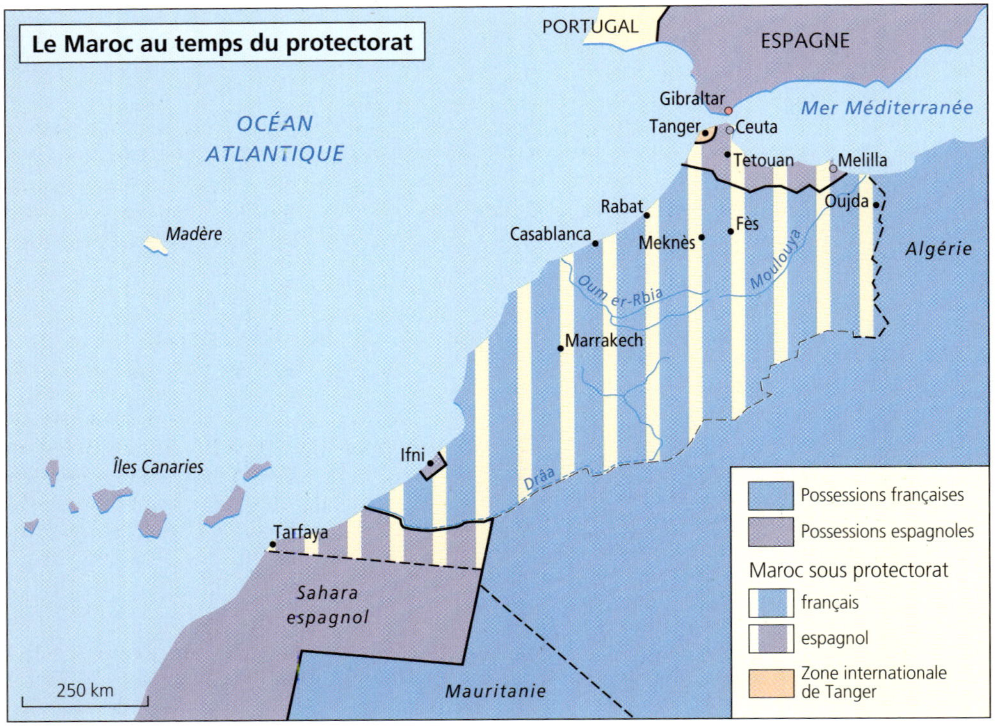

Le Maroc au temps du protectorat

L'Istiqlal et Mohammed V. Après le choc de la « république du Rif », le mouvement nationaliste s'organise au cours des années 1930. Il est porté par la jeunesse instruite issue de la bourgeoisie citadine, en particulier celle de Fès. Deux tendances se distinguent à partir de 1937 : l'une, dirigée par Allal al-Fassi, va devenir le Parti national de l'indépendance ou *Istiqlal* (« indépendance », en arabe) ; l'autre, animée par Mohammed Hassan el-Ouazzani, va former le Parti démocratique de l'indépendance. Dès 1937, les autorités françaises font arrêter Allal al-Fassi et le déportent au Gabon.

Après le débarquement des forces anglo-américaines à Casablanca (novembre 1942), l'Istiqlal redevient actif. Il publie en janvier 1944 le *Manifeste pour l'indépendance*. Les nouvelles autorités françaises réagissent aussitôt : les dirigeants de l'Istiqlal sont arrêtés, ce qui déclenche une insurrection à Fès. En 1947, dans un discours prononcé à Tanger, le sultan Mohammed Ben Youssef cite la Ligue arabe sans se référer à la France. La même année, des troubles graves à Casablanca conduisent à l'interdiction de l'Istiqlal. Les autorités françaises, toujours avec le soutien du Glaoui, décident alors de procéder à un coup de force : en 1953, elles déposent le sultan (exilé en Corse, puis à Madagascar) et le remplacent par son cousin Mohammed Ben Arafa. Le Maroc entre alors dans un cycle de violences (attentats, terrorisme, révoltes de tribus, répression...).

Le déclenchement de la guerre d'indépendance algérienne, en 1954, incite la France à changer de politique. En mai 1955, Allal el-Fassi, depuis Le Caire, annonce la création d'une Armée de libération marocaine. La même année, le sultan, ramené à Paris, signe un accord et retrouve son trône. La France reconnaît l'indépendance du Maroc en mars 1956, l'Espagne en avril.

Le Maroc contemporain

Les débuts de l'indépendance. Deux forces sont en rivalité : le Palais et l'Istiqlal. Mohammed V (le sultan a pris le titre de roi en 1957) met en avant sa légitimité religieuse (en tant que commandeur des croyants) et les prérogatives de la dynastie (armée, maintien de l'ordre...), tout en réactivant les réseaux traditionnels d'allégeance, en pays berbère notamment. Son prestige aidant, il maintient ainsi la monarchie au centre de la vie politique. En revanche, l'Istiqlal se divise : en 1959, son aile gauche se détache pour former l'Union nationale des forces populaires (UNFP), dirigée par Mehdi Ben Barka.

Le règne de Hassan II. À Mohammed V, mort en 1961, succède son fils Hassan II. Après avoir suscité la création de partis modérés à sa dévotion, il fait adopter en 1962 une Constitution réservant au pouvoir royal un rôle prépondérant. Les dirigeants de l'UNFP dénoncent le régime. Ben Barka, qui a quitté le Maroc, est condamné à mort par contumace en 1963. En 1965, à la suite d'émeutes à Casablanca, le roi dissout le Parlement et proclame l'état d'exception. Ben Barka, enlevé à Paris, est assassiné la même année. En 1971-1972, Hassan II échappe à deux attentats : l'un perpétré par des élèves officiers (fusillade de Skhirat), l'autre quand des appareils de l'armée de l'air marocaine attaquent l'avion du roi.

En novembre 1975, Hassan II organise la Marche verte (*Massirah*) : 350 000 civils marocains sans armes pénètrent dans le Sahara espagnol pour demander son retour au sein du royaume chérifien. L'Espagne cède, mais le Front Polisario (mouvement indépendantiste sahraoui, voir page 86) entre en lutte armée. L'union nationale à propos du Sahara permet au roi de proposer à l'opposition une « ouverture », qu'acceptent (non sans réserves) l'Istiqlal et l'Union socialiste des forces populaires (USFP, née en 1974 d'une scission de l'UNFP). À l'issue d'un règne despotique, Hassan II, peu avant sa mort (1999), admet l'existence de prisonniers politiques, enfin libérés.

Mohammed VI. À Hassan II succède son fils Mohammed VI qui, dans un premier temps, affiche sa volonté de se montrer moins distant

TANGER

Les origines de la ville remontent aux Phéniciens. Prise par les Portugais en 1471, elle passe en 1662 aux mains des Anglais, qui l'évacuent en 1684. Le port étant ouvert aux Européens, Tanger devient au XIXe siècle la capitale diplomatique du Maroc. La conférence d'Algésiras préserve son caractère cosmopolite, précisé en 1923 par la convention de Paris (statut de la zone internationale). À Tanger affluent alors toutes sortes de capitaux... L'Espagne franquiste occupe la ville de 1940 à 1945. Le régime international est aboli en 1956.

Jusqu'en 1915, le drapeau marocain était rouge uni, couleur de la dynastie alaouite. L'étoile chérifienne y a alors été ajoutée à la demande des autorités françaises, pour éviter les confusions.

que son père et plus attentif aux conditions de vie du peuple. Des réparations sont accordées aux victimes de la répression, mais les véritables réformes se font attendre. Les attentats terroristes perpétrés par des islamistes radicaux marocains mettent les autorités en situation difficile : à Casablanca en mai 2003 (45 morts) et, plus encore, à Madrid en mars 2004 (192 morts).

La population. Le Maroc compte 31,5 millions d'habitants, répartis sur un territoire de 446 000 km². Après avoir formé pour 60 % de la population au début du XXe siècle, les berbérophones représentaient encore 30 % des Marocains au début des années 1980. Ils se répartissent en trois groupes principaux :

– les plus nombreux sont les Berbères du Haut Atlas et du Moyen Atlas, de langue tamazight ;
– les Berbères du Sous et de l'Anti-Atlas, collectivement connus sous le nom de Chleuh, sont de langue tashilit ;
– ceux du Rif parlent le dhamazighth.

L'arabe est la langue officielle, mais le français reste en usage dans l'administration et les affaires.

La quasi-totalité de la population est musulmane sunnite.

Les frontières du Maroc

Au lendemain de l'indépendance, le Maroc se préoccupe de ses frontières, ce qui le conduit à émettre des revendications territoriales. Quatre questions sont à distinguer.
– Le Maroc revendique Ifni, cédé à l'Espagne en 1860. Il obtiendra gain de cause en 1969.
– Il revendique aussi les présides (Ceuta, Melilla et quelques petites îles) mais, sur ce point, l'Espagne refuse de céder.
– La frontière avec l'Algérie n'est pas contestée à l'est (entre la mer et Figuig). Au sud, en revanche, les Marocains considèrent que la France a conquis des territoires qui étaient sous la suzeraineté du sultan du Maroc depuis des siècles et que leur incorporation à l'Algérie manque de bases juridiques. De surcroît, la France elle-même n'avait pas tracé, au temps du protectorat, une limite nette. L'Algérie s'en tient au principe adopté par l'OUA (Organisation de l'unité africaine) : non-remise en cause des frontières coloniales, fussent-elles demeurées imprécises.
– Par ailleurs, le Maroc, depuis 1956, revendique le Sahara occidental.

La question du Sahara occidental

De la colonisation espagnole à 1979. La prise de possession du Sahara occidental par les Espagnols, entreprise en 1884, s'achève en 1934. La colonie, peuplée de Maures (comme la Mauritanie), se compose de la Saguia el-Hamra (au nord) et du Rio de Oro (au sud).

En 1970, les Espagnols brisent un premier mouvement nationaliste, né en 1967. Le Front Polisario (Front populaire pour la libération de la Saguia el-Hamra et du Rio de Oro), fondé en 1973, réclame l'indépendance. En 1974, l'Espagne organise un recensement, en vue de procéder à un référendum d'autodétermination. Rabat argue toutefois que ce recensement a délibérément ignoré une partie de la population, réfugiée au Maroc. La même année, le Maroc et la Mauritanie concluent un accord secret de partage du Sahara occidental. L'ONU se prononce pour l'indépendance en 1975. Hassan II organise alors la Marche verte (voir page 85), dont le succès conduit à un accord : l'Espagne cède le nord du Sahara occidental au Maroc, le sud à la Mauritanie.

En 1976, le Polisario engage la guérilla et proclame la République arabe sahraouie démocratique (RASD). Il bénéficie du soutien de l'Algérie, qui lui fournit des armes et lui assure une base arrière à Tindouf. Face aux attaques du Polisario, la Mauritanie ne tarde pas à conclure un cessez-le-feu (1978), puis à signer la paix (1979). Les Marocains occupent aussitôt le sud du Sahara occidental.

Dans l'attente d'un référendum. Au cours des années 1980, les Marocains édifient plusieurs « murs » de défense pour protéger la zone, de plus en plus vaste, qu'ils contrôlent. L'OUA (Organisation de l'unité africaine) reconnaît la RASD en 1982 mais, sur le terrain, la position militaire du Polisario ne cesse de s'affaiblir, d'autant que l'Algérie cherche à se désengager. En 1988, le Maroc et le Polisario approuvent un plan de paix proposé par l'ONU, prévoyant un référendum en 1992. Un cessez-le-feu est conclu en 1991. En revanche, le référendum est reporté. Les désaccords portent depuis lors sur la composition des listes électorales, comme si chacune des deux parties avait intérêt à reporter l'échéance : le Front Polisario pour continuer d'exister, le Maroc parce que l'armée marocaine y trouve son avantage.

La Mauritanie

Les Maures donnent leur nom au pays, qui inclut aussi, au sud, des populations noires (dites négro-mauritaniennes ou négro-africaines), semblables à celle du Sénégal voisin. L'inclusion de la Mauritanie dans le Maghreb politique (en tant que membre de l'UMA, voir page 74) résulte de la volonté des Maures, longtemps majoritaires et qui exercent le pouvoir. Elle ne reflète pas le point de vue des Noirs, proportionnellement de plus en plus nombreux.

Les Maures. Aux tribus berbères dites Sanhadja, initiatrices de l'épopée almoravide (voir page 68), se sont superposées, du XIIIe au XVIIIe siècle, des chefferies de grands nomades de langue arabe venant du nord, qui établirent leur domination militaire, religieuse et politique. Il en résulte que la société maure comporte une double aristocratie de tribus « libres » : les « guerrières », plutôt d'origine arabe, et les « maraboutiques », plutôt d'origine berbère (prééminentes dans le domaine religieux et volontiers commerçantes). Elles dominent les autres tribus berbères, les anciens esclaves noirs et les tributaires (Haratines). Toute cette population présente néanmoins une grande homogénéité culturelle : elle s'exprime en un dialecte arabe fortement teinté de berbère, le hassaniya. La société maure va demeurer à peu près inchangée jusqu'au milieu du XXe siècle.

De la colonie à la République islamique. Les Français prennent le contrôle de la vallée du Sénégal dans les années 1850 (voir page 108), puis s'intéressent au pays des Maures à la fin du XIXe siècle. Leurs objectifs sont stratégiques : assurer la liaison entre l'Afrique occidentale et l'Algérie. L'expansion française, d'abord pacifique, se heurte à une vive résistance des Sahariens après 1905 et s'achève en 1913. La liaison avec l'Algérie, *via* Tindouf, ne sera toutefois établie qu'en 1934. En 1920, la Mauritanie, auparavant excroissance du Sénégal, devient une colonie distincte au sein de l'Afrique occidentale française (AOF). Par commodité, on établit sa limite sur le fleuve et on maintient à Saint-Louis les services administratifs. Les autorités coloniales s'appuient sur les chefs de tribus et de confréries de la société maure, sans se préoccuper de mise en valeur.

De 1946 à 1958, la Mauritanie connaît la même évolution politique que les autres territoires de l'AOF (voir page 112). La découverte d'importants gisements de fer date de 1955. Une société française, la Miferma (Mines de fer de Mauritanie), se charge de leur exploitation. En 1957, Nouakchott, alors simple bourgade, est choisie comme capitale. La République islamique de Mauritanie, constituée en 1958, a pour président Moktar Ould Daddah, un jeune avocat. Elle accède à l'indépendance deux ans plus tard. En 1961, Ould Daddah promulgue une Constitution de type présidentiel et fonde le Parti du peuple mauritanien, érigé en parti unique en 1965. L'adoption de l'arabe comme langue officielle provoque, en 1966, des troubles dans le Sud, mais Ould Daddah parvient à les désamorcer. En 1971, il engage une politique économique nouvelle, qui conduit à la nationalisation de la Miferma en 1974.

L'enjeu du Sahara occidental. Dès 1957, Ould Daddah prône le rattachement du Sahara occidental (alors espagnol) à la Mauritanie, pour des raisons ethniques (le Sahara occidental est peuplé de Maures). Quand la décolonisation du Sahara espagnol vient à l'ordre du jour, le roi du Maroc Hassan II convainc Ould Daddah de procéder à un partage (accord secret de 1974). En 1975, l'Espagne cède effectivement le sud du Sahara occidental à la Mauritanie. Le Front Polisario engage alors la guérilla en Mauritanie, qui appelle à l'aide des troupes marocaines et se trouve bientôt dans une situation inextricable, aggravée par des difficultés économiques. Un coup d'État militaire renverse Ould Daddah en 1978. L'année suivante, la Mauritanie signe un accord avec le Front Polisario et se désengage du Sahara occidental.

Un équilibre social fragile. Le recul de l'élevage nomade bouleverse la société mauritanienne : la part des nomades dans la population passe de plus des deux tiers en 1960 à environ 10 % au début du XXIe siècle. En corollaire, de nombreux nomades et oasiens migrent vers les villes (Nouakchott en particulier) et vers le Sud, ce qui provoque des tensions entre Maures et Négro-Mauritaniens à propos des terres cultivables en bord de fleuve. Plus que les lois, la désertification a poussé les « maîtres » à libérer leurs esclaves qui, devenus libres, constituent désormais en ville un prolétariat misérable.

Le colonel Maaouya Ould Taya, parvenu au pouvoir en 1984, s'impose durablement à la tête d'un régime militaire qui accentue la suprématie politique des Maures et défavorise les Négro-Mauritaniens. En 1989, un incident entre des Maures nomades et des agriculteurs soninké se répercute sur la rive sud du fleuve, où des Sénégalais s'en prennent violemment aux commerçants maures. En représailles, les Maures se déchaînent contre les Sénégalais installés en Mauritanie. On compte une centaine de victimes, après quoi 70 000 Noirs (tant Sénégalais que Négro-Mauritaniens) sont expulsés au sud du fleuve. Pour améliorer l'image du pays, Ould Taya fait adopter une Constitution en 1991. Il est élu président de la République en 1992, puis réélu en 1997 et en 2003. L'opposition dénonce à chaque fois des fraudes. Divisée et soumise à des mesures d'intimidation, elle mène une existence précaire. Une tentative de putsch militaire a été déjouée en juin 2003. À l'été 2005, le régime est renversé par une junte.

La population. La Mauritanie compte 3 millions d'habitants répartis sur un territoire de 1 025 000 km² (voir la carte page 82). Les Maures, bien qu'ils soient souvent issus d'un métissage avec des Noirs, sont dits Beydanes (« Blancs »). Ils formaient 80 % de la population au début des années 1980, mais cette proportion tend à baisser, car la natalité plus élevée des Négro-Mauritaniens modifie la structure de la population. Ces derniers incluent des Ouolof (dans le Sud-Ouest), des Toucouleur (dans la vallée du Sénégal), des Soninké (dans le Sud-Est) et des Peul (dispersés dans le Sahel), qui parlent leurs propres langues (voir page 116).

L'arabe est la langue officielle (ce qui favorise les Maures), mais le français reste très en usage, dans l'administration et les affaires. Dans le sud-ouest du pays, une minorité de Maures, les Zenaga, restent de langue berbère.

Les Mauritaniens sont musulmans sunnites.

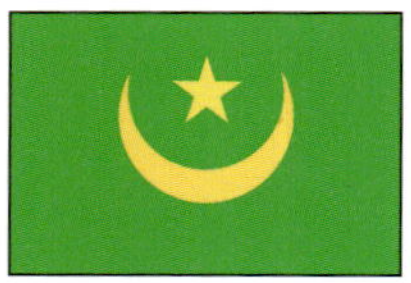

Adopté en 1959, le drapeau mauritanien exprime de façon non équivoque le principe islamique de la République.

L'Afrique de l'Ouest ancienne

L'Afrique de l'Ouest consiste surtout en une vaste zone de savane, comprise entre le Sahara et la forêt équatoriale. La savane présente des aspects divers : dans le nord, à proximité du désert, elle fait place à une steppe semi-aride, le Sahel ; dans le sud, de climat humide, elle est arborée et résulte, du moins pour partie, de l'action de l'homme (destruction progressive d'une forêt claire par des feux de brousse préalables à la culture des sols). La limite de la forêt dense est en revanche demeurée assez nette jusqu'à l'époque contemporaine : pour l'investir, comme certains peuples l'ont fait, il a fallu procéder à de difficiles défrichements.

Au contraste entre savane et forêt se superpose un contraste historique. Avant le XIXe siècle, c'est à travers le Sahara que les peuples de la savane ont entretenu l'essentiel de leurs relations avec le monde extérieur, un monde musulman en l'occurrence. En revanche, les peuples de la forêt se sont trouvés confrontés aux entreprises européennes à partir de la fin du XVe siècle. La traite atlantique s'est surtout effectuée à leurs dépens. Vers la fin du Ier millénaire, les principaux groupes de peuples qui existent aujourd'hui étaient déjà, pour l'essentiel, en place. Dans une perspective historique, on peut les répartir en trois ensembles.

Les peuples de la savane occidentale se divisent en quatre groupes (relevant de la famille nigéro-congolaise, sauf les Songhaï) :

– le groupe des Mandé occupe une vaste région incluant les cours supérieurs des fleuves Niger et Sénégal ;

– le groupe voltaïque se situe au sud de la boucle du Niger ;

– les peuples de langues atlantiques occidentales sont installés sur le cours moyen et inférieur du Sénégal et plus au sud ;

– la boucle du Niger elle-même est le domaine des Songhaï (de la famille nilo-saharienne).

Les peuples de la savane centrale se répartissent en deux groupes principaux :

– entre la boucle du Niger et le lac Tchad, des populations de langues tchadiennes (de la famille afro-asiatique) vont donner naissance aux États haoussa ;

– au nord et à l'est du lac Tchad évoluent des populations de langues nilo-sahariennes, qui vont former l'État du Kanem.

Les peuples de la forêt, de langues nigéro-congolaises, comprennent deux groupes d'inégale importance :

– à l'est, des populations (ancêtres des Akan, Yoruba, Ibo, etc.) que l'on regroupait naguère sous le nom de Kwa ;

– à l'ouest, le petit groupe krou.

LES PEUPLES DE LA SAVANE OCCIDENTALE

Dans la seconde moitié du Ier millénaire, la population de la savane, très clairsemée, se répartit en petites communautés autonomes fondées sur le lignage. Certaines d'entre elles s'associent sous l'autorité d'un chef, notamment en pays mandé, où se constituent des *kafo* (« cantons » ou « chefferies »). Ainsi disséminé, le monde de la savane vit à l'heure locale, ce qui n'exclut pas des échanges commerciaux à moyenne distance. Le changement d'échelle conduisant à la création d'États résulte de l'essor du commerce transsaharien.

La savane, riveraine du Sahara. Au cours du Ier millénaire, les nomades berbères du Sahara occidental utilisent le dromadaire comme animal de bât dans les caravanes. Il va en résulter de multiples conséquences dans la savane.

– En échange du sel, exploité dans le Sahara et très demandé dans la savane, l'Afrique de l'Ouest propose du mil et, accessoirement, de l'or aux marchands maghrébins. Ainsi s'établissent des itinéraires commerciaux à grande distance.

– L'expansion arabe en Afrique du Nord, à partir du VIIe siècle, ouvre le Maghreb vers le sud (voir page 66). Les Berbères islamisés de la « rive » nord-ouest du Sahara sont les organisateurs du commerce transsaharien à grande échelle.

– Ce commerce introduit l'islam au sud du Sahara (vraisemblablement dès le IXe siècle). L'islam se propage ensuite parmi les commerçants de la savane à partir de l'empire du Mali (XIIIe siècle), d'autant qu'il instaure un lien de confiance favorable aux échanges.

Royaumes et empires. Aux chefferies se superposent, le cas échéant, des constructions politiques plus vastes que l'on nomme, par convention, royaumes ou empires. Les origines des royaumes se perdent souvent dans la légende. De taille relativement petite, ils présentent une homogénéité ethnique leur conférant une assez grande stabilité.

LES LANGUES MANDÉ

Le groupe des langues mandé (au nombre d'une trentaine) se distingue nettement des groupes voisins. Sa structure interne soulève, en revanche, des difficultés, d'autant que la terminologie prête à confusion.

Le sous-groupe mandekan (souvent dit « mandingue ») occupe une position centrale. Il inclut le malinké (ou maninka), le bambara et le dioula, qui sont, à l'origine, des variantes d'une même langue. Du même sous-groupe relève le mandinka (ou manding), issu des migrations de Mandé vers l'ouest (actuels Sénégal, Gambie et Guinée-Bissau) et lui-même souvent qualifié de « malinké ».

Parmi les proches cousins du sous-groupe mandekan se trouvent le soninké (ou sarakolé) et deux langues sœurs : le djalonké et le sousou. Un peu plus éloignés sont le kpellé et le mendé, nettement plus le dan (ou « yacouba ») et le bobo (plus précisément : « bobo fing »).

L'histoire de plusieurs peuples peut être ainsi suivie, au fil des siècles, sans trop de difficulté. Les empires, tel celui du Mali (XIIIe-XVe siècle), se situent à une autre échelle. Avec pour noyau un royaume, ils incorporent des populations diverses. Leur puissance repose à la fois sur leur force militaire et sur la maîtrise de grands réseaux commerciaux.

Le Ghana et l'expansion des Mandé

Le Ghana, royaume soninké. La première mention connue du Ghana, vers la fin du VIIIe siècle, émane de Berbères de Tahert (voir page 66). Son centre se situe dans le sud-est de l'actuelle Mauritanie, sans doute à Koumbi-Saleh. Au cœur du Ghana se situe un royaume peuplé de Soninké (du groupe mandé), les *kafo* des alentours payant tribut. Le Ghana s'enrichit du commerce de l'or provenant du Bambouk (près du haut Sénégal). Échangé avec les Berbères contre du sel (et d'autres marchandises) sur le marché d'Aoudaghost, l'or part vers Sidjilmasa (voir page 66). Dès le IXe siècle, le Ghana abrite des commerçants musulmans, mais les rois et la population demeurent attachés aux croyances traditionnelles. Le royaume du Ghana prend le contrôle d'Aoudaghost vers 990, atteignant alors son apogée.

Dans les années 1040, les Berbères du Sahara occidental s'organisent en un puissant mouvement, dit des Almoravides (voir page 68), et reprennent Aoudaghost. Le Ghana décline ensuite lentement, d'autant que sont mis en exploitation les gisements d'or du Bouré (près des sources du Niger), plus riches que ceux du Bambouk.

Les Soussou et les migrations des Mandé. Parmi les Mandé figurent les Soussou, installés à l'est du haut Sénégal. Au début du XIIIe siècle, leur roi Soumangourou Kanté conquiert l'ancien Ghana, puis s'attaque à un royaume mandé fondé dans la région du haut Niger par le clan des Keita. (Ce royaume va donner naissance au Mali et ses habitants vont prendre le nom de Malinké, « ceux du Mali ».) En 1235, Soundiata, à la tête des Keita, vainc à son tour Soumangourou. Selon la tradition, les Soussou migrent alors vers le Fouta-Djalon (voir page 96) et atteindront le littoral au XVIIIe siècle. Il s'agit d'une migration de Mandé parmi d'autres, en direction de régions peu peuplées. Certains fondent des chefferies le long du fleuve Gambie (voir page 95). Au XVIe siècle, des Mandé iront conquérir l'intérieur de l'actuelle Sierra Léone (où ils sont connus sous le nom de Mendé).

Les migrations des Mandé revêtent aussi un autre aspect : celui de la dissémination de marchands, convertis à l'islam et formant à ce titre des réseaux puissants, dès l'époque du Ghana. Ces réseaux (qui finissent par atteindre, d'un côté, l'Atlantique, de l'autre, le pays haoussa) vont à la fois faciliter l'édification de l'empire du Mali et bénéficier de l'ordre impérial. Le nom de « Dioula » s'applique aux marchands mandé (principalement malinké) qui, au sud, se livrent au commerce de la cola et de l'or à partir du XIVe siècle.

L'empire du Mali

Soundiata Keita se rend maître des pays mandé et fonde l'empire du Mali, prenant le titre de *mansa* (« chef suprême »). Son fils Ouli (1255-1270 environ) étend l'empire jusqu'à l'Atlantique en soumettant le royaume du Dyolof (voir page 95) et conquiert la boucle du Niger. Il est le premier *mansa* à faire le pèlerinage de La Mecque. Le règne de Kankan Moussa, également connu sous le nom de Mansa Moussa (1312-1337), marque l'apogée de la puissance du Mali.

L'empire a pour cœur la vallée du Niger (plus précisément le coude à partir de Gao et la partie occidentale du fleuve), qui s'élargit en un « delta intérieur », plaine inondable très fertile. Les principales villes sont la capitale, Niani, en pays malinké, Djenné, grand

SOUDAN ET GUINÉE

On nommait traditionnellement « Soudan » (de l'arabe *Bilad al-Suddan*, « pays des Noirs ») la zone de savane qui s'étend de la Sénégambie aux pieds du massif éthiopien et l'on distinguait :
– le Soudan occidental, de l'Atlantique à la boucle du Niger incluse ; c'est ainsi que l'actuelle république du Mali fait suite à une colonie qui s'appelait le Soudan français ;
– le Soudan central, de part et d'autre du lac Tchad ;
– le Soudan oriental, qui seul conserve aujourd'hui le nom de Soudan (anciennement anglo-égyptien).

Le nom de « Guinée » vient sans doute du berbère *Akal n-Iguinawen*, signifiant aussi « pays des Noirs ». Après avoir été appliqué par les Portugais aux régions littorales de l'Afrique occidentale, il en est venu à désigner la zone de la forêt. On distinguait la Haute-Guinée (à l'ouest de l'actuel Abidjan) de la Basse-Guinée (riveraine du golfe de Guinée).

Quant au nom de « Sahel », ce n'est autre que le descendant du mot arabe *sahil*, « rivage ». La métaphore de la mer, appliquée au Sahara, est à l'évidence ancienne.

LES DOGON

Les Dogon forment à maints égards un peuple à part. Au sein de la famille nigéro-congolaise, leur langue ne semble s'apparenter à aucune autre. Leur religion et leur cosmologie (dans laquelle l'étoile Sirius joue un rôle essentiel) sont aussi complexes qu'inhabituelles. La qualité architecturale de leur habitat traditionnel, accroché à la falaise de Bandiagara (dans l'actuel Mali), fait leur réputation, de même que leurs masques extraordinaires. La notoriété internationale des Dogon résulte d'un ouvrage de l'anthropologue français Marcel Griaule (qui avait vécu pendant de nombreuses années chez eux) : *Dieu d'Eau : Entretiens avec Ogotemmêli*, publié en 1948.

Les Dogon demeurent aujourd'hui principalement agriculteurs, tout en accueillant un nombre important de touristes.

carrefour commercial, et les trois « ports sahariens » de Oualata, Tombouctou et Gao. À l'ouest des pays mandé, jusqu'à l'Atlantique, le pouvoir impérial ne semble pas très assuré. Au nord-est, l'empire inclut une grande partie du pays songhaï.

L'ORGANISATION POLITIQUE. Pour la majorité de la population mandé, attachée aux croyances ancestrales, le *mansa* reste le descendant du héros (et magicien) Soundiata. Mais il est aussi un souverain musulman (plus ou moins de façade), car le clan des Keita est lié à la puissante communauté des marchands.

L'autorité du *mansa* repose sur son armée, forte de cent mille hommes (au temps de Kankan Moussa) et d'une importante cavalerie. À la tête de certaines régions, le *mansa* nomme des gouverneurs. Ailleurs, les rois et chefs traditionnels, maintenus, versent un tribut annuel et fournissent des troupes. L'édifice ne tient que si l'autorité centrale reste solide. Dès qu'elle faiblit, des forces centrifuges se manifestent : les tributaires tentent de s'affranchir, les gouverneurs jouent leur propre jeu.

LA RICHESSE DE L'EMPIRE. Elle résulte d'abord du commerce de l'or vers le nord à travers le Sahara : le Mali, en effet, contrôle le principal gisement de l'époque (Bouré). En sens inverse arrivent le sel et des produits de luxe ou d'intérêt militaire, tels les chevaux. Par ailleurs, les guerres menées par l'empire conduisent à la capture de nombreux prisonniers, réduits en esclavage. Cela permet aux *mansa* de créer, dans le delta intérieur du Niger, des plantations où travaille une main-d'œuvre servile. D'autres esclaves sont acheminés à travers le Sahara et vendus en Afrique du Nord.

Les marchands mandé font aussi le commerce de la noix de cola, originaire de la forêt et très prisée dans la savane (d'autant que sa consommation n'est pas interdite par l'islam). En recherchant la cola, les marchands mandé découvrent, au XIVe siècle, des gisements d'or plus riches que ceux de Bouré : sur la Volta noire, puis plus au sud, dans la forêt (en pays akan, voir page 105). L'axe commercial reliant ces régions à Djenné (puis à Tombouctou) prend alors une grande importance.

LE DÉCLIN DU MALI. À partir de 1360, des querelles de succession déchirent les Keita et la puissance du Mali décline. Les Soninké cessent de payer le tribut. Dans les années 1430, les Touareg prennent le contrôle de Tombouctou, tandis que la ville de Djenné se rend indépendante. Vers 1460, l'empire du Mali ne contrôle plus guère que son territoire d'origine et l'itinéraire commercial menant à Oualata.

L'Empire songhaï

Les Songhaï vivent dans la vallée du Niger, en aval du « coude ». La dynastie songhaï des Dia, peut-être née au VIIIe siècle, va durer jusqu'à la fin du XVe siècle. Elle a pour capitale Koukya, puis, à partir de 1100 environ, Gao. Quand Soundiata fonde l'empire du Mali, les Songhaï contrôlent la navigation sur la boucle du Niger. Les enjeux commerciaux étant considérables, le *mansa* Ouli s'empare de Gao vers 1260 et soumet le royaume des Songhaï. Selon la tradition, il emmène alors en otage un prince de la famille des Dia, Ali Kolon, qui ensuite parvient à s'enfuir, regagne son pays, s'empare du trône, rejette la suzeraineté du Mali et prend le titre dynastique de *sonni* (« libérateur » ?). Au XIVe siècle, la dynastie règne à Koukya.

SONNI ALI BER. Au milieu du XVe siècle, le commerce à grande distance au sud du Sahara est aux mains d'associations de marchands mandé, elles-mêmes liées aux religieux et aux lettrés musulmans, très influents à Gao, Tombouctou et Djenné. Ali Ber, devenu *sonni* en 1464, voit dans une telle situation la possibilité de mener une politique de conquête. À cet effet, il mobilise les Songhaï, tout en se réclamant à sa façon de l'islam (il se proclame kharidjite (voir page 66), ce qui lui vaut la réprobation des religieux. Ali Ber est un excellent chef de guerre, qui délivre Tombouctou des Touareg, s'empare de Djenné, conquiert le delta intérieur du Niger… et fonde ainsi un nouvel empire, dont Gao est la capitale. Les relations entre Ali Ber et les religieux de Tombouctou restent néanmoins difficiles. À sa mort, en 1492, ils opposent à son fils Baro un général réputé très pieux et orthodoxe, Mohammed Touré (fils d'un Soninké). Après une violente guerre civile, ce dernier accède au pouvoir en 1493 avec le titre d'*askya,* fondant ainsi une nouvelle dynastie. Baro se réfugie au Dendi (en aval de Koukya).

Askya Mohammed et ses successeurs. Askya Mohammed agrandit l'empire : à l'ouest, il atteint le fleuve Sénégal et défait les Peul du Tekrour (voir page 95) ; à l'est, il soumet le Dendi, vassalise une partie du pays haoussa (Gobir, Zaria, Katsina, voir page 98), défait les Touareg et atteint Agadès ; au nord, il annexe les salines de Teghazza, dans le Sahara. Le pouvoir d'Askya Mohammed repose sur trois éléments : l'appui de l'élite musulmane (lettrée et commerçante) ; une administration plus solide que ne l'était celle du Mali ; enfin et surtout, une armée de métier, sans doute principalement composée d'esclaves. D'une façon générale, le régime se montre brutal, menant d'incessantes expéditions pour mater des révoltes : des populations entières sont massacrées ou réduites en esclavage. Askya Mohammed, alors âgé de 86 ans, est renversé en 1528. Après une période de guerre civile, l'empire retrouve sa puissance sous les règnes d'Issihak (1539-1549) et de Daoud (1549-1582).

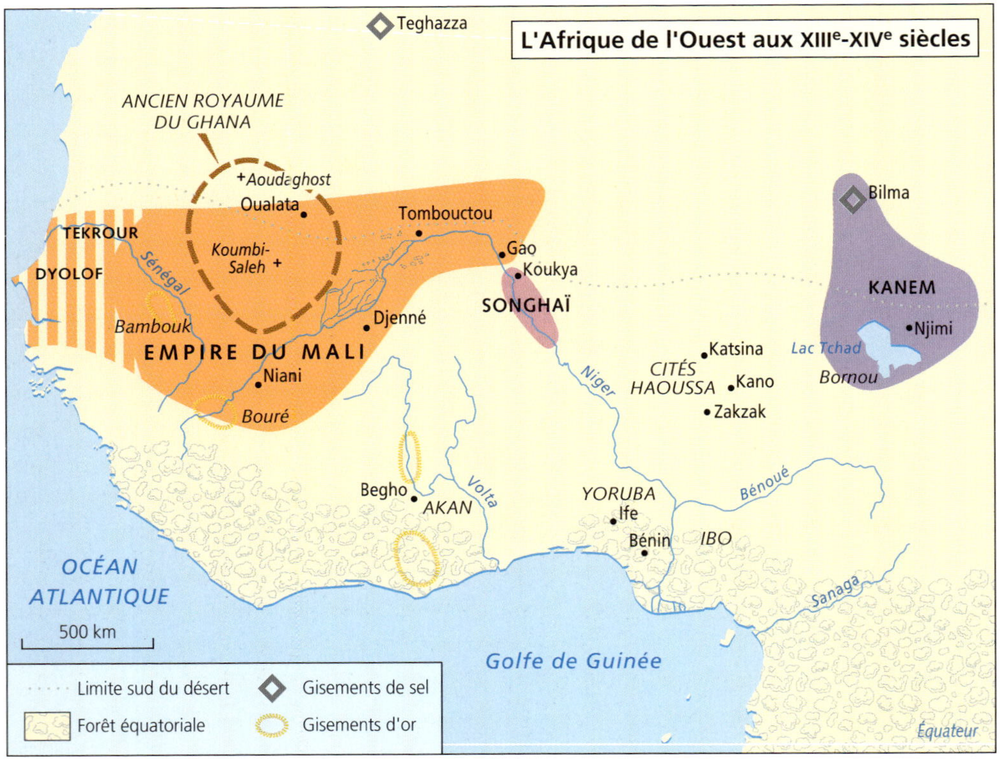

La conquête par les Marocains. Le sultan du Maroc el-Mansur (1578-1603), après avoir pris les salines de Teghazza, forme le projet de s'emparer du commerce de l'or à sa source, en attaquant l'Empire songhaï. Une armée quitte Marrakech en 1590. Principalement composée de renégats mercenaires et commandée par Juder Pacha, lui-même renégat espagnol, elle atteint le Niger l'année suivante, en aval de Tombouctou. Les forces de Juder, équipées d'armes à feu, mettent en déroute l'armée de l'*askya*. Après l'entrée de Juder à Gao, les descendants des *askya* se réfugient au Dendi et y conduisent la résistance des Songhaï jusqu'au milieu du XVIIe siècle. Par ailleurs, les Djerma, apparentés aux Songhaï, quittent la boucle du Niger en direction de l'est. Ils atteindront leur habitat actuel (région de Niamey) au tournant des XVIIe et XVIIIe siècles.

Le régime des Arma. Juder et ses successeurs envoient à Marrakech l'or qu'ils trouvent sur place, mais il apparaît bientôt que la chute de l'Empire songhaï a désorganisé le commerce : l'or du pays akan ne parvient plus à Tombouctou. Aussi le Maroc finit-il, en 1618, par se désintéresser de la question. Les mercenaires se muent en une aristocratie locale, les Arma. Ils élisent dans chacune des trois villes (Tombouctou, Gao et Djenné) un caïd et, pour coiffer l'ensemble, un pacha, résidant à Tombouctou. Ce régime se révèle très instable : on compte 156 pachas de 1612 à 1750 ! À partir du milieu du XVIIe siècle, le pachalik décline. Les Touareg en profitent pour avancer : certains s'installent au sud du coude du Niger, d'autres dans la région de Gao. Au XVIIIe siècle, les Arma entrent en conflit à la fois avec les Touareg et avec les Bambara de Ségou. Djenné tombera aux mains du Peul Cheikhou Amadou (voir page 97) vers 1820, tout comme Tombouctou au début des années 1830. Gao, en grave déclin, demeurera à l'écart : un Arma y sera encore caïd à la fin du XIXe siècle.

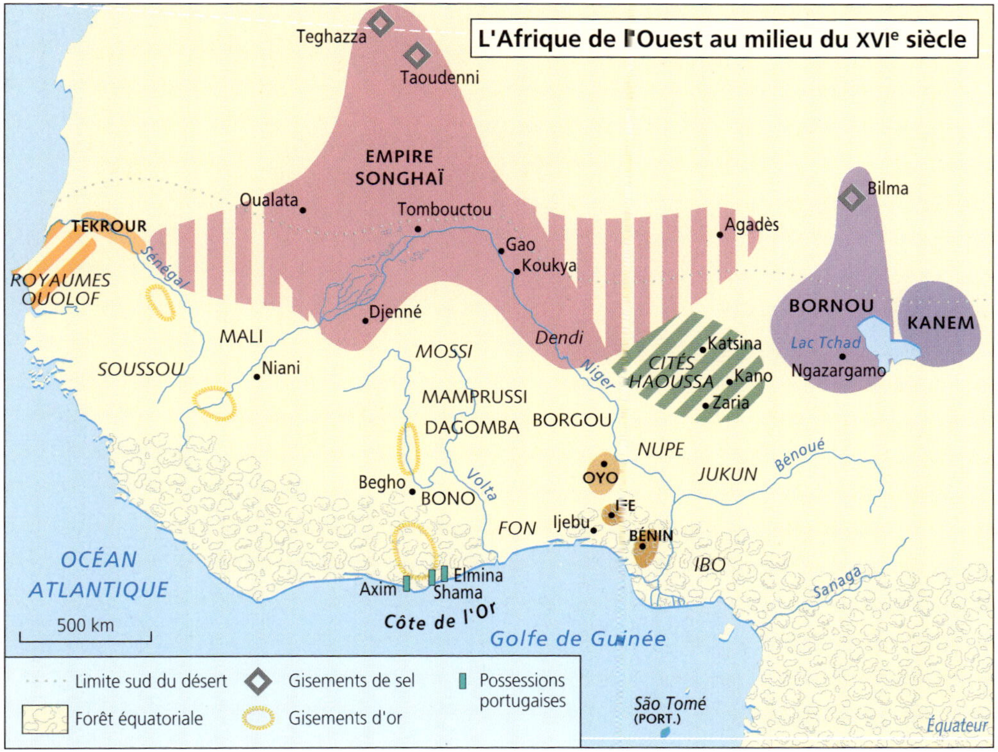

Les pays mandé du XVIIe au XIXe siècle

L'effondrement de l'Empire songhaï crée au cœur des pays mandé un vide politique, tandis que le Mali se trouve réduit à son petit territoire d'origine. En amont du delta intérieur du Niger prédominent dès lors des populations d'agriculteurs de langue malinké, demeurées adeptes des religions traditionnelles, que les musulmans nomment « Bambara ».

Les royaumes bambara. Au XVIIe siècle, des clans guerriers animistes se forment entre Djenné et le haut Sénégal. Selon la tradition, deux frères, membres du clan des Koulibali, se distinguent : Barama Ngolo, fondateur du royaume de Ségou, sur le Niger, et Nya Ngolo, fondateur du royaume du Kaarta, plus à l'ouest. La puissance des Bambara de Ségou s'affirme sous le règne de Mamari Biton Koulibali (v. 1710-1755), qui fait de la guerre l'activité principale de l'État. Après sa mort, ses successeurs se déchirent et les Koulibali sont éliminés. Ngolo Diara (v. 1766-v. 1790) fonde une nouvelle dynastie et poursuit l'expansion : il soumet le Macina (delta intérieur du Niger) et Djenné. Quant au royaume du Kaarta, il s'étend sur un territoire correspondant sensiblement au cœur de l'ancien Ghana. Peuplé de Soninké (majoritaires) et de Malinké (au sud), il atteint ses plus grandes dimensions au début du XIXe siècle, avec pour capitale Nioro.

Le *jihad* (« combat ») de Cheikhou Amadou (voir page 97) mettra fin au royaume de Ségou en 1818. El-Hadj Omar conquerra le royaume de Kaarta en 1854.

Les Dioula. Ces marchands mandé musulmans ont ouvert au XIVe siècle l'itinéraire commercial reliant Djenné au pays des Akan, riche en noix de cola et en or (voir page 105). Ce commerce transite par le grand marché de Begho, où sont installés de nombreux Dioula. Au début du XVIIIe siècle, face à la progression des Ashanti (voir page 105), les Dioula se replient vers le nord-ouest. Le Dioula Sékou Ouattara (mort v. 1740) se saisit du pouvoir à Kong vers 1730, mais le royaume ainsi fondé s'effrite au début du XIXe siècle. En revanche, la ville de Kong reste un grand centre commercial et intellectuel (islamique) jusqu'à sa destruction par Samory en 1897. À partir de 1825, un autre royaume dioula, le Kénédougou, s'étend en pays sénoufo, avec pour capitale Sikasso.

Le haut pays malinké et Samory. Du XVIIe siècle au milieu du XIXe siècle, le haut pays malinké (proche des sources du Sénégal et du Niger) demeure organisé en chefferies. En son centre se développe la ville de Kankan, carrefour commercial où s'installent des marchands musulmans (soninké et kunta, voir page 96), qui en font un foyer de rayonnement de l'islam.

Au milieu du XIXe siècle, le Toucouleur el-Hadj Omar établit dans le haut pays malinké la base à partir de laquelle il va bâtir son empire (voir page 98). Ensuite s'affirme Samory Touré, enfant du pays. Né vers 1830 dans une famille de marchands musulmans, Samory choisit le métier des armes. Toutefois, sans se détourner de l'islam, il entreprend non pas un *jihad* mais plutôt la restauration d'un empire malinké traditionnel. Après s'être constitué, dans les années 1860, un domaine aux alentours de Bissandougou (au sud de Kankan), il étend sa domination, au nord-est, jusqu'aux abords de Bamako, et au sud-ouest, jusque dans l'arrière-pays de Freetown. Les Français négocient avec Samory dans les années 1880, puis passent à l'attaque : ils s'emparent de Bissandougou en 1891. Samory se replie alors vers l'est (voir page 109). Il sera finalement capturé par les Français en 1898 et déporté au Gabon, où il mourra en 1900. Il reste pour les Africains une grande figure, le dernier résistant d'importance à la colonisation.

Les peuples voltaïques

Les peuples de langues voltaïques (ou gour) occupent au sud du fleuve Niger une zone s'étendant du sud de l'actuel Mali aux confins du Nigéria. Parmi ces peuples, seuls les Mossi, les Gourmantché et les Bariba ont formé des États durables. Les autres sont demeurés organisés en petites communautés jusqu'à l'époque coloniale. C'est notamment le cas des Sénoufo, des Gourounsi (appellation ambiguë recouvrant des peuples divers), des Kabré, etc.

Les Mossi. Au XVe siècle, des cavaliers venus de l'est semblent s'être installés parmi les populations voltaïques du nord de l'actuel Ghana et y avoir fondé trois royaumes (Mamprussi, Dagomba et Nanumba). Selon la légende, la fille d'un chef du Mamprussi aurait rencontré dans la forêt un chasseur d'éléphants et en aurait eu un fils, Ouédraogo, devenu le héros légendaire des Mossi. Le *naba* (« chef ») Oubré, descendant de Ouédraogo, aurait créé un royaume plus tard connu sous le nom de sa capitale, Ouagadougou. Le *naba* Yadega, petit-fils d'Oubré, aurait ensuite fondé le Yatenga, plus au nord. Ce dernier événement date sans doute de la première moitié du XVIe siècle. Dans les royaumes de Ouagadougou et du Yatenga, les conquérants (*nakombse*) conservent le pouvoir politique, mais ils s'allient aux autochtones (*tengdemba*, « gens de la terre »), dont ils adoptent la langue. De cette association naît le peuple des Mossi.

L'histoire des royaumes mossi, avant la seconde moitié du XVIIIe siècle, demeure mal connue. À Ouagadougou, le *naba* Doulougou (v. 1796-v. 1825) adopte l'islam, mais cela n'entraîne qu'une conversion superficielle de l'aristocratie. Le royaume du Yatenga résiste aux attaques de Cheikhou Amadou (voir page 97) dans les années 1830. Plus au sud, le royaume de Dagomba se perpétue également. Devenu vassal de l'empire des Ashanti au milieu du XVIIIe siècle, il s'en affranchira en 1874.

Les Gourmantché et les Bariba. Situés à l'est des Mossi, dont ils sont culturellement proches, les Gourmantché étaient organisés en petits royaumes qui reconnaissaient la prééminence de celui de Noungou (actuel Fada-Ngourma). À partir de la fin du XVIIIe siècle, ils luttent contre les Peul, installés en nombre dans le Liptako, au nord de leur territoire.

Les origines du royaume du Borgou semblent remonter au XVe siècle, si ce n'est plus tôt. Peuplé de Bariba, il se compose de principauté rivales. Sa situation sur le grand itinéraire commercial reliant Begho à Kano (en pays haoussa) assure sa prospérité. Au XIXe siècle, le Borgou reste à l'écart de l'expansion du califat de Sokoto, de sorte que sa population demeure animiste.

Les Ouolof et leurs voisins

À l'ouest, la savane atteint l'Atlantique, entre le fleuve Sénégal et la Casamance, au sud de laquelle commence la forêt guinéenne. Dans leur majorité, les peuples de la région parlent des langues du groupe atlantique occidental de la famille nigéro-congolaise. On distingue deux sous-groupes. Au nord se côtoient les Ouolof, les Sérère et les Peul, dont les langues sont apparentées, ainsi que les Diola, les Balante, les Bassari, etc. Tous sont sédentaires, à l'exception des Peul, dont l'histoire comporte de considérables migrations (voir plus loin). Au sud, les Temné et d'autres (Baga, Bullom, Kissi, etc.) ont en commun de vivre dans la zone forestière ou à sa lisière. Aussi leur histoire est-elle traitée avec celle des peuples de la forêt (voir page 107).

Les Ouolof. Vers la fin du XIIIe siècle, les Ouolof fondent au sud du fleuve Sénégal un royaume, le Dyolof, sur lequel règne la dynastie des Ndiaye. L'islam y coexiste avec des traditions africaines. Au XIVe siècle, le Dyolof devient tributaire de l'empire du Mali, puis se désagrège au milieu du XVIe siècle. Quatre petits royaumes se partagent ensuite le pays ouolof : le Dyolof proprement dit (à l'intérieur des terres) et, le long de la côte, du nord au sud, le Walo, le Cayor et le Baol. Ces petits royaumes se font la guerre et se livrent au trafic des esclaves avec les Européens. Simultanément, l'islam progresse dans l'arrière-pays sous l'impulsion des commerçants maures.

Les Sérère et les autres peuples. Venus du nord, les Sérère s'installent dans la région des fleuves Sine et Saloum au début du IIe millénaire. Au XVe siècle, des migrants mandé instaurent en pays sérère deux royaumes (Sine et Saloum). Les Sérère demeurent néanmoins majoritaires et organisés en petites communautés, qui résisteront à l'islamisation jusqu'à la période coloniale.

À partir du XIVe siècle, si ce n'est plus tôt, de nombreux Mandé migrent vers l'ouest en descendant la Gambie. Ils forment des petits royaumes sur ses rives, au point d'y devenir la population la plus importante (les Mandingues). Plus au sud, les peuples de langues atlantiques occidentales demeurent majoritaires : Diola de basse Casamance, Manjak, Papel, Balante et Bijago des régions côtières et insulaires de l'actuelle Guinée-Bissau.

Les Européens en Sénégambie. Après les Portugais, les Français et les Anglais font leur apparition dans la région au XVIe siècle. La concurrence entre Européens s'avive au siècle suivant, quand se développe la traite atlantique. Les Hollandais édifient un fort sur l'île de Gorée en 1617. En 1639, les Français s'établissent à l'embouchure du Sénégal où, vingt ans plus tard, ils entreprennent la construction de la ville de Saint-Louis. En 1677, ils prennent Gorée et dominent dès lors le littoral entre les fleuves Sénégal et Gambie. Les Anglais remontent la Gambie au début des années 1620, puis s'installent sur une île du fleuve (Saint James) en 1661. Quant aux Portugais, basés aux îles du Cap-Vert, ils fondent des comptoirs en Casamance et plus au sud (Ziguinchor, Cacheu, Bissau). Gorée et Saint James sont d'importants centres de traite.

Au XVIIIe siècle, la rivalité franco-britannique s'amplifie. Les Britanniques prennent Saint-Louis et Gorée en 1758. En 1783, le traité de Versailles les restitue à la France et attribue la Gambie à la Grande-Bretagne. Les Britanniques prennent de nouveau Gorée en 1800, puis Saint-Louis en 1809, mais le congrès de Vienne rétablit le *statu quo ante* en 1815. Les marchands britanniques quittent Gorée pour Bathurst (actuel Banjul), à l'embouchure de la Gambie.

Les Peul

De nombreuses hypothèses ont été émises quant à l'origine des Peul (qui se nomment eux-mêmes Foulbé). La plus vraisemblable voit en eux des éleveurs nomades, qui auraient migré de l'ouest du Sahara vers la vallée du Sénégal, s'y seraient mêlés aux populations autochtones et auraient adopté une langue atlantique occidentale.

Les Toucouleur. Dans la vallée du Sénégal, des Peul édifient le royaume de Tekrour, que l'islam atteint dès le Xe siècle. Les Peul qui s'y sédentarisent (et s'islamisent peu à peu) seront plus tard connus sous le nom de Toucouleur (déformation de Tekrour). Du XIe siècle au début du XIVe siècle, la dynastie musulmane des Manna règne sur le Tekrour. Aux Manna font suite les Tondyon, qui deviennent vassaux de l'empire du Mali, puis les Lam, des Peul non islamisés, bientôt tributaires de l'Empire songhaï. Dans la première moitié du XVIe siècle, enfin, des guerriers d'obscure origine, Tenguela et son fils Koli (souvent confondus en Koli-Tenguela), s'emparent du pays. Ils fondent la dynastie des Denianké qui, tout en professant un islam de façade, demeure adepte des croyances traditionnelles. Les Denianké seront renversés dans les années 1770 par un mouvement islamique.

Les migrations des Peul. Alors que les Toucouleur se fixent dans la vallée du Sénégal, les autres Peul poursuivent leur vie nomade d'éleveurs et migrent peu à peu vers l'est et le sud-est, en quête de pâturages. Au XVe siècle, ils sont présents au Fouta-Djalon et dans le delta intérieur du Niger (ou Macina). Ils apparaissent en pays haoussa, puis dans le Bornou (voir page 100), au XVIe siècle. Dès le siècle suivant, leur aire d'expansion atteint ses dimensions actuelles.

Les Peul restent organisés en communautés plus ou moins itinérantes, chacune dirigée par un chef (*ardo*). Au temps des premières migrations, l'espace disponible permet d'éviter les conflits avec les agriculteurs sédentaires. L'accroissement du nombre de Peul conduit ensuite à des tensions, ce qui incite les royaumes à tenter de les contrôler. D'une façon générale, néanmoins, les Peul nomades (Mbororo) demeurent à l'écart et conservent leurs croyances traditionnelles. Les troupeaux des Peul sédentarisés permettent la fumure des champs des paysans. Certains Peul s'installent dans les villes où, pour rompre leur isolement, ils se rapprochent des commerçants musulmans et adoptent l'islam. Les différents groupes de Peul maintiennent cependant des liens, notamment parce que leur langue, le fulfude, demeure homogène et vivante.

Le temps des « jihad »

Au XVIIIe siècle, l'idée d'un renouveau de l'islam se propage chez deux populations de tradition nomade, jusqu'alors marginalisées : les Touareg et les Peul. Ces derniers vont conduire des *jihad* victorieux dans la savane occidentale, mais aussi plus à l'est, en pays haoussa (voir page 99).

Les Touareg et les Kunta. La destruction de l'Empire songhaï par les Marocains a permis aux Touareg d'avancer vers le sud. Parmi eux figurent principalement les Ioullimiden, dans la région de Gao. Au XVIIIe siècle, ils s'allient aux Kunta, une tribu berbère *zawaya* (« cléricale ») évoluant au nord de Tombouctou. Les Kunta adhèrent à la Qadiriyya, confrérie soufie au sein de laquelle Sidi Mukhtar al-Kunti (« le Kunta », 1729-1811) jouit d'un très grand prestige. Ses disciples propagent dans la savane un islam accessible à tous et non plus réservé à une minorité (commerçants, citadins...). Le message touche en premier lieu les groupes exclus des structures politiques traditionnelles.

Les *torobe* et le *jihad*. Au XVIIe siècle, une classe de religieux musulmans, les *torobe* (« ceux qui prient ensemble »), se constitue chez les Toucouleur et les Peul occidentaux. La Qadiriyya fait parmi eux des adeptes, qui entrent en relations avec les Kunta. Les *torobe* ne tardent pas à prêcher que, pour instaurer une société musulmane juste (dans laquelle tous les musulmans, Peul compris, jouiraient des mêmes droits), le recours à la force (*jihad*) peut être nécessaire. Le premier de ces *jihad* date de la fin du XVIIe siècle. Le *torobe* Malik Sy fonde alors au Boundou (sud-est de l'actuel Sénégal), un État musulman qui se maintiendra jusqu'à la fin du XIXe siècle.

Le Fouta-Djalon. Diverses populations se côtoient dans le Fouta-Djalon (à l'ouest des sources du Niger et du Sénégal) au début du XVIIIe siècle. Aux Djalonké et Soussou, agriculteurs de langue mandé et adeptes des religions traditionnelles, sont venus s'ajouter des éleveurs peul, eux aussi adeptes des religions traditionnelles. Les derniers arrivés, au XVIIe siècle, sont des musulmans, peul en majorité. Ils vivent du commerce (y compris la traite des esclaves avec les Européens), édifient des villes (Labé, Timbo...) et contestent l'autorité des chefs djalonké. Les *karamoko* (maîtres d'écoles coraniques) vont canaliser les mécontentements. Dans les années 1720, le *karamoko* peul Alfa, basé à Timbo, proclame le *jihad* et prend le titre d'*almami* (forme peul de l'arabe *al imam*). À la suite d'une guerre difficile, les musulmans l'emportent au milieu du siècle. Un chef militaire peul, Ibrahima Sori, devient *almami* après la mort d'Alfa. Les grands clans peul se partagent le pays. Pour ménager un équilibre entre les Alfaya (descendants d'Alfa) et les Soriya (descendants d'Ibrahima), la charge d'*almami* finira par alterner entre les uns et les autres au XIXe siècle. Tandis que les Djalonké se retrouvent en bas de l'échelle sociale, les Soussou migrent vers la côte. La culture et la langue peul dominent. Sous un dehors théocratique, l'État du Fouta-Djalon est avant tout esclavagiste : la guerre permanente aux frontières vise à la capture d'esclaves, affectés soit au travail de la terre (les Peul demeurant éleveurs), soit à la traite atlantique.

Le Fouta-Toro. Au XVIIIe siècle, la dynastie des Denianké s'affaiblit, de sorte que les Toucouleur musulmans relèvent la tête. La lutte, engagée vers 1770 par l'un d'entre eux, l'*almami* Souleymane Bal, se poursuit sous son successeur, Abdul Kader. En 1796, toutefois, ce dernier subit une grave défaite face aux Ouolof du Cayor, que soutenaient les Français de Saint-Louis. Le Fouta-Toro (Sénégal oriental) abrite ensuite une sorte de fédération de puissantes familles : elles désignent un *almami*, mais ce n'est qu'un fantoche.

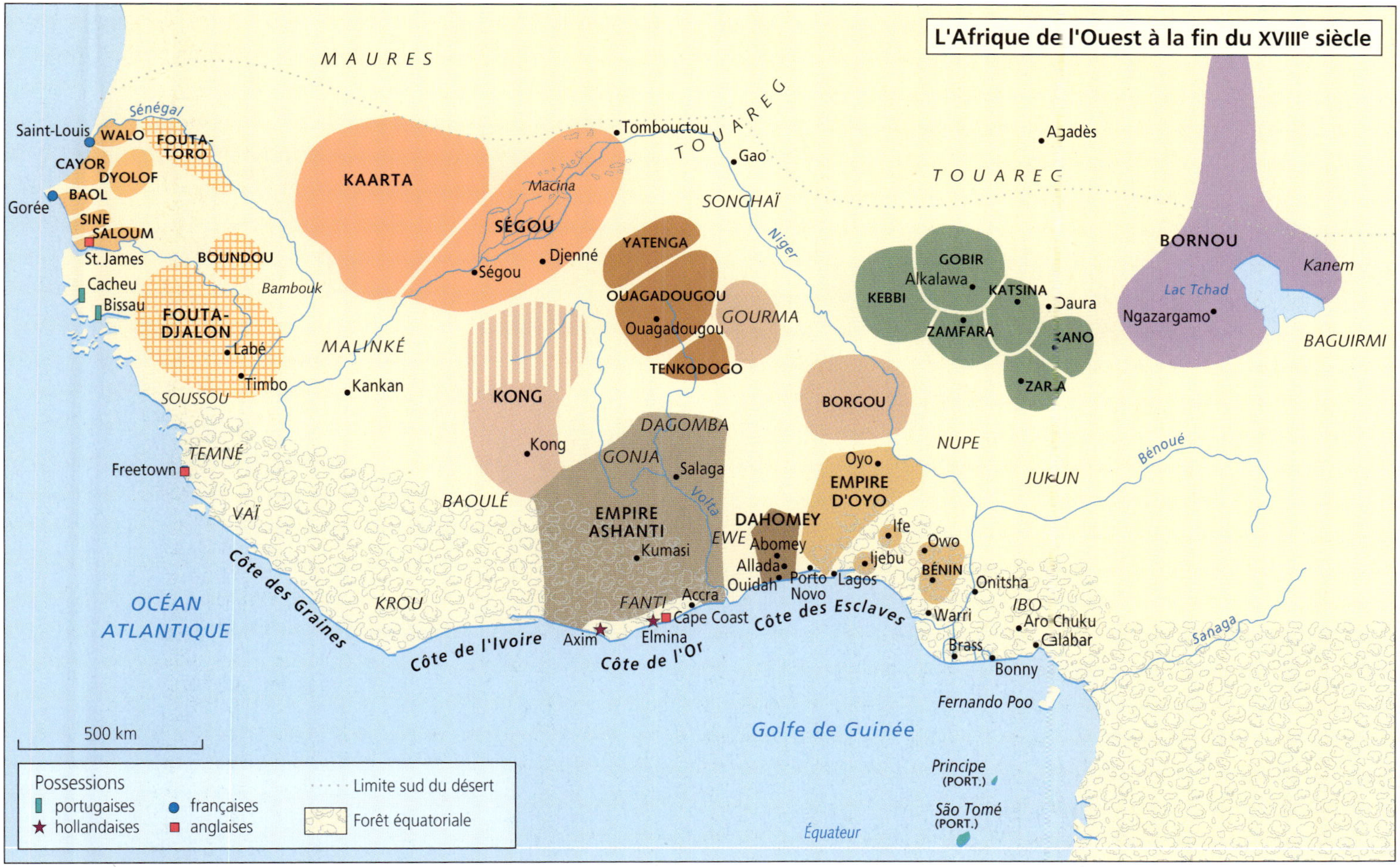

Cheikhou Amadou et le Macina. Les Peul, devenus majoritaires dans le Macina vers la fin du XVIe siècle, y demeurent adeptes des religions traditionnelles et très autonomes. La situation change quand, au XVIIIe siècle, les Bambara de Ségou cherchent à imposer leur domination : la résistance des Peul fournit alors un terrain favorable à la prédication des *torobe*. Parmi eux figure Amadou Lobbo (v. 1775-1844), membre de la Qadiriyya. Dans les années 1810, la tension monte entre Amadou et les *ardo* (chefs peul traditionnels), qui ressentent sa prédication comme une menace. Amadou prépare alors un *jihad* : celui-ci en s'inspirant de l'exemple d'Ousmane dan Fodio (voir page 99) lui attribue le titre de *cheikhou*. Ayant rallié de nombreux Peul, tant musulmans qu'adeptes des religions traditionnelles, il triomphe des *ardo* en 1818. Cheikh ou Amadou fonde ainsi l'État du Macina, qui inclut bientôt Tombouctou et Djenné.

Il instaure une théocratie très autoritaire et puritaine et fonde en 1821 une capitale, Hamdallahi (« Louange à Dieu »), au nord-est de Djenné. Son fils Amadou Cheikhou (1844-1853) poursuit son œuvre, après quoi son petit-fils, Amadou Amadou, finit par succomber face à el-Hadj Omar en 1862.

El-Hadj Omar. Le Toucouleur Omar Seydou Tall (v. 1795-1864), dit el-Hadj Omar, naît dans une famille de *torobe* du Fouta-Toro. Il devient membre de la Tidjaniyya, une confrérie soufie, au cours d'un séjour au Proche-Orient. Fondée au XVIIIe siècle, la Tidjaniyya se distingue de la Qadiriyya, hiérarchisée et conservatrice, par son caractère ouvert à tous les talents, dans un esprit quasiment révolutionnaire. Mal accueilli par les aristocraties du Fouta-Djalon et du Fouta-Toro, Omar s'installe en 1849 à Dinguiraye, à proximité des gisements d'or du Bouré. Il rallie à la Tidjaniyya de nombreux adeptes, toucouleur, peul et autres. Dinguiraye est aussi une base politique et militaire : en se livrant au commerce des esclaves et de l'or, Omar acquiert une quantité importante d'armes à feu et d'autres équipements.

L'Empire toucouleur. En 1854, les forces d'Omar défont le royaume bambara de Kaarta et occupent sa capitale, Nioro. Omar se tourne ensuite vers la vallée du Sénégal, mais il s'y heurte aux forces françaises, retranchées dans Médine (voir page 108), et signe la paix en 1860. Dès l'année suivante, il occupe le royaume bambara de Ségou. Les Peul du Macina, adeptes de la Qadiriyya, se montrent hostiles, au point de combattre aux côtés des Bambara. Aussi Omar attaque-t-il le Macina : ses troupes prennent Hamdallahi en 1862 et atteignent Tombouctou l'année suivante. Tandis que les Peul et les Bambara contre-attaquent, Omar se réfugie chez les Dogon (région de Bandiagara), où il trouve une mort accidentelle en 1864. Son fils Amadou Sékou prend Ségou pour capitale et parvient, peu à peu, à établir son autorité à la tête d'un empire dit, par convention, toucouleur. Les Bambara, sans pour autant accepter ce régime perçu comme étranger, se convertissent à un islam de circonstance. Simultanément, la Tidjaniyya acquiert une position dominante dans la savane occidentale, aux dépens de la Qadiriyya.

LES PEUPLES DE LA SAVANE CENTRALE

Les empires de la savane occidentale (Ghana, Mali, Songhaï) ont dominé la scène jusqu'au XVIe siècle. Les pays de la savane centrale s'affirment ensuite : le Bornou (issu du Kanem, d'origine ancienne) atteint son apogée au XVIIe siècle à l'ouest du lac Tchad. Les cités haoussa s'enrichissent, puis forment au XIXe siècle, sous l'impulsion du Peul Ousmane dan Fodio, le cœur de l'État le plus puissant d'Afrique tropicale : le califat de Sokoto.

Les Haoussa jusqu'au XVIIIe siècle

Les origines des Haoussa et de leur langue (relevant du groupe des langues tchadiennes) restent sujettes à controverses. Le mythe des « Sept Haoussa », qui attribue une origine commune à sept cités (Biram, Daura, Gobir, Kano, Katsina, Rano et Zakzak – actuel Zaria), ne fournit pas d'indications historiques. Il ne fait pas de doute, en revanche, qu'au cours de la première moitié du IIe millénaire les ancêtres des Haoussa édifient des villes. Encloses dans un mur d'enceinte, elles exercent leur hégémonie sur les communautés environnantes. À la tête de chaque ville se situe un *sarki kasa*, « chef du pays ». De tels édifices politiques peuvent être qualifiés de « cités ». Entre les différentes cités, les échanges, commerciaux et culturels, sont d'emblée intenses, ce qui expliquerait l'homogénéisation des divers parlers en une langue commune, le haoussa.

L'essor des cités haoussa. Les histoires les mieux connues sont celles de Kano et de Katsina. Biram, Daura et Rano ne jouent qu'un rôle mineur. En revanche, deux protagonistes vont s'adjoindre aux sept d'origine : Kebbi et Zamfara.

Des marchands musulmans mandé, venus du Mali, s'installent dans les villes haoussa au XIVe siècle et y introduisent l'islam. À la même époque se perfectionne la cavalerie, qui va jouer un grand rôle dans l'histoire des Haoussa, marquée par d'incessantes guerres entre les cités. La cavalerie permet aussi de capturer des esclaves dans le Sud. Au XVe siècle, les Haoussa mettent en place des réseaux commerciaux inspirés de ceux des Mandé. L'itinéraire de Begho à Kano (acheminement de la noix de cola) prend une importance croissante. Kano (la plus peuplée des cités) et Katsina bénéficient le plus de cet essor. Les élites politiques adoptent l'islam, du moins à titre officiel, à partir de la seconde moitié du XVe siècle.

La prospérité économique. Après la chute de l'Empire songhaï, à la fin du XVIe siècle, l'axe principal du commerce transsaharien se reporte vers l'est. Cela bénéficie aux Haoussa dont le pays devient, aux XVIIe-XVIIIe siècles, pour cette raison et pour d'autres, le plus prospère de la savane. La production agricole bénéficie en effet de la complémentarité entre la céréaliculture des Haoussa et l'élevage bovin pratiqué par les Peul, de plus en plus nombreux.

Les commerçants haoussa font preuve d'un grand dynamisme, vers le nord (relations, à travers le Sahara, notamment avec Tripoli), le sud (leurs réseaux atteignent les rives du golfe du Bénin au XVIIIe siècle). Enfin, les produits de l'artisanat haoussa (travail du cuir, tissage et teinture, travail du fer…) nourrissent les échanges. Kano, qui est aussi le principal carrefour commercial, vient en tête à cet égard.

L'évolution politique. Au XVIIe siècle, Kano et Zaria souffrent des attaques répétées des Jukun, cavaliers venus du royaume du Kororofa, au sud-est. Gobir s'affirme alors et domine la scène au XVIIIe siècle.

D'une façon générale, les classes dirigeantes renforcent leur pouvoir : les *sarki* cherchent à se muer en monarques absolus, tandis que les aristocraties perpétuent un régime de type féodal et se livrent des guerres incessantes. Ces classes dirigeantes, tout en adhérant nominalement à l'islam, continuent de recourir aux croyances traditionnelles pour étayer leur autorité. L'essor des échanges fait qu'un islam plus conforme progresse néanmoins, en particulier dans les villes et dans les zones rurales du Nord. Le *jihad* qui va éclater en 1804 résulte des tensions entre les musulmans réformateurs (appartenant à la Qadiriyya, confrérie soufie) et les aristocraties.

Le califat de Sokoto

Né en 1754 dans le Gobir, le Peul Ousmane dan Fodio (accompagné de son frère cadet Abdullahi) va suivre à Agadès l'enseignement d'un religieux touareg. À son retour, il organise dans son pays natal une communauté islamique (surtout composée de Peul), en vue d'obtenir des réformes. Ousmane prêche en peul et en haoussa pour dénoncer les pratiques idolâtres des rois haoussa et leur non-respect de la *charia* (« législation islamique »). En 1802, le roi du Gobir, Yunfa (v. 1801-1808) tente de faire assassiner Ousmane, qui arme alors ses partisans et refuse de quitter le pays. Le conflit est ouvert.

Le *jihad* en pays haoussa. En 1804, Ousmane lance le *jihad*, qui se propage à vive allure : dès 1804, en effet, des religieux et chefs peul venus de tout le pays haoussa obtiennent d'Ousmane un étendard à ses armes et engagent la lutte. Zaria étant tombée la première, son roi va s'installer plus au sud, à Abuja. Les autres villes haoussa sont bientôt prises, dont Katsina et Kano en 1807. Yunfa, roi du Gobir, abandonne le combat et meurt l'année suivante. Il y a deux raisons principales au succès du *jihad* : l'extrême mobilité des cavaliers peul surprend les forces peu maniables des aristocraties haoussa ; la masse de la population haoussa, à laquelle sont promises une administration et une taxation plus justes, a tôt fait de se rallier. À partir de 1808, les Haoussa participent eux aussi au mouvement. Il atteint alors, au sud et au sud-est, des régions peuplées pour l'essentiel d'adeptes des religions traditionnelles.

L'expansion et ses limites. Non sans paradoxe, c'est au nord-ouest que le *jihad* progresse le moins. Le roi du Kebbi résiste, de même que les Touareg voisins, concurrents des Peul. Au nord-est, la progression se heurte à la résistance résolue du Bornou (voir page 100). L'expansion la plus spectaculaire s'opère dans des zones auparavant sans État, dont les populations étaient demeurées animistes : ainsi se constituent les vastes émirats de Bauchi et de l'Adamaoua. Les Peul parviennent aussi à prendre le contrôle du pays des Nupe (voir page 102) et d'une partie du pays yoruba (émirat d'Ilorin, voir page 102). À son apogée, le califat de Sokoto couvre plus de 400 000 kilomètres carrés.

L'organisation du califat. Ousmane porte le titre de calife. En 1812, il délègue ses pouvoirs à son frère Abdullahi et à son fils Mohammed Bello. Le premier, vizir de l'Ouest, s'établit à Gwandu ; le second, vizir de l'Est, à Sokoto. À la mort d'Ousmane, Bello devient calife, titre que conserveront ses successeurs. Le califat englobe une quinzaine d'émirats. Tous les émirs (sauf un) sont des Peul. Dans les quatre émirats qui prennent la suite d'anciennes cités haoussa (Kano, Katsina, Zaria et Daura), l'organisation antérieure subsiste, à la seule différence qu'une aristocratie peul remplace la précédente. Le gouvernement s'appuie sur la tradition du califat abbasside (VIIIe-XIIIe siècle) et la *charia* doit s'appliquer partout. Après avoir réprimé des révoltes, Bello affirme que les émirs tirent leur pouvoir du seul calife et les soumet à des contrôles stricts.

La société et l'économie. Sokoto devient un grand centre de culture islamique, éclipsant Tombouctou. L'islam se propage à tel point qu'à la fin du siècle, l'immense majorité des sujets libres du calife professe cette religion. La culture haoussa reste néanmoins dominante : les chefs peul, devenus citadins, ne tardent pas à s'y rallier. La langue haoussa (écrite en caractères arabes) devient celle de l'administration, puis de la cour de Sokoto vers la fin du siècle.

En assurant la paix, le califat facilite la poursuite du développement économique : au XIXe siècle, le pays haoussa est le plus riche d'Afrique tropicale. La prospérité continue toutefois de reposer, du moins pour partie, sur l'esclavage. Chaque année, les forces du califat lancent des raids contre les populations non musulmanes voisines. De nombreux esclaves sont installés sur des plantations autour des villes. Cette pratique, à laquelle s'ajoute une immigration libre, renforce la densité de population du pays haoussa tout en réduisant celle des régions voisines, notamment au sud.

> **LES POPULATIONS ENVIRONNANT LE LAC TCHAD**
>
> Les Zaghaoua, proches des actuels Teda du Tibesti et Daza de l'Ennedi, sont de langue nilo-saharienne (groupe saharien). Dans le cadre du royaume du Kanem, ils ont imposé leur dialecte, d'où est issu le kanembou. Il en est allé de même au Bornou, après que le *mai* Idriss eut décimé la population autochtone, de langues tchadiennes. L'actuelle langue du Bornou, le kanouri, ne se différencie guère du kanembou.
>
> Près de la rive sud-est du lac Tchad, les Kotoko ont conservé leurs langues tchadiennes. Plus au sud, les Baguirmi (ou Barma) sont de langue nilo-saharienne (groupe soudanien central), comme le sont les Maba du Ouaddaï (groupe maban).

Le Kanem et le Bornou

Le royaume du Kanem. Il se forme quand le clan des Sayf s'impose à la tête des Zaghaoua (voir l'encadré), avant la fin du Ier millénaire. La dynastie va se perpétuer jusqu'au XIXe siècle. Les rois portent le titre de *mai*. Leur conversion à l'islam date du XIe siècle (ce qui n'empêchera pas la royauté de conserver des caractères typiquement africains jusqu'à sa chute). Au début du XIIIe siècle, le royaume inclut tout le pourtour du lac Tchad et, au nord, les gisements de sel de Bilma. Son influence s'étend jusqu'au Fezzan (entre Bilma et Tripoli). La principale exportation transsaharienne consiste en esclaves razziés chaque année dans le Sud. Au XIVe siècle, les Boulala (il s'agit sans doute de nomades), anciens tributaires du Kanem, s'attaquent au cœur même du royaume, à tel point que le *mai* et les Sayf abandonnent le Kanem et se replient dans le Bornou, un royaume vassal à l'ouest du lac Tchad.

L'empire du Bornou. Les Sayf fondent au début du XVIe siècle une capitale, Ngazargamo, et reconquièrent une partie du Kanem. Le *mai* Idriss Alaoma (seconde moitié du XVIe siècle) met sur pied une importante force militaire et la dote d'armes à feu, avec l'aide d'instructeurs turcs. Pour asseoir son autorité au Bornou, il utilise la tactique de la terre brûlée, anéantissant une partie de la population autochtone (voir l'encadré). Le royaume de Bornou forme dès lors le cœur d'un empire incluant, en tant que vassaux : à l'est, le Kanem ; au sud-est, le Kotoko et le Baguirmi ; à l'ouest, une partie (assez mouvante) du pays haoussa. Au nord-ouest, il conserve les salines de Bilma. L'État contrôle le commerce transsaharien, toujours fondé sur l'exportation d'esclaves. Quant au Bornou lui-même, c'est une région agricole relativement riche.

Au XVIIIe siècle, le Bornou subit des pressions extérieures croissantes : afflux de Peul venus de l'ouest, raids des Touareg... Le royaume du Baguirmi s'émancipe. À l'est, le Ouaddaï prend de l'importance. Lorsque le *jihad* d'Ousmane dan Fodio éclate au début du XIXe siècle, la dynastie des Sayf est en pleine décadence.

Le Kanem-Bornou au XIXe siècle. En 1808, les forces du *jihad* mettent à sac Ngazargamo. Le *mai* s'enfuit vers l'est et fait appel au *shehu* (*cheikh*, chef religieux) Mohammed al-Amin al-Kanemi. Celui-ci, comme tous les Kanembou (gens du Kanem), musulmans de longue date, refuse de s'incliner et lance une contre-offensive : dès 1811, la majeure partie du Bornou est reconquise. Al-Kanemi engage ensuite un duel épistolaire avec Mohammed Bello à propos de la légitimité (ou non) du *jihad* contre le Bornou.

À partir de 1817, al-Kanemi exerce la réalité du pouvoir, avec le titre de *shehu* et

Kukawa pour capitale. Sous le règne de son fils Omar (v. 1835-1880), la dynastie des Sayfides, après avoir tenté de se rétablir avec l'appui du Ouaddaï, est éliminée en 1846. Le régime, de plus en plus théocratique, s'appuie sur des esclaves et des Arabes (venus de l'est). Il résiste difficilement à la pression du Ouaddaï et va succomber en 1894 sous les coups du conquérant soudanais Rabah (voir page 110).

Le Ouaddaï

Les Maba, de langue nilo-saharienne, forment la population autochtone du Ouaddaï. Des nomades arabes venus de l'est, les Toundjour, les soumettent vers la fin du XIVe siècle. Au cours de la première moitié du XVIe siècle, les Toundjour sont renversés par une révolte des Maba, conduite par Abd al-Karim, un Nubien arabisé lié à la famille régnant au Darfour (voir page 38). Ses successeurs entreprennent d'islamiser la population. Leur dynastie reste tributaire du Darfour jusqu'au règne de Djoda (1747-1795), qui s'émancipe et annexe l'est du Kanem. Abéché devient la capitale du Ouaddaï au milieu du XIXe siècle.

LES PEUPLES DE LA FORÊT

Sur la côte d'Afrique de l'Ouest, au-delà de la Gambie, les Européens distinguaient jadis deux secteurs : la Haute-Guinée à l'ouest, la Basse-Guinée à l'est. Entre les actuelles Freetown et Abidjan, la forêt de Haute-Guinée forme un bloc compact, difficile à pénétrer et longtemps demeuré peu peuplé. D'une façon générale, les Européens n'ont guère fréquenté ses rivages. En Basse-Guinée, laquelle s'étend à l'ouest d'Abidjan jusqu'au Cameroun, les défrichements, entrepris tôt dans l'histoire, ont beaucoup fait reculer la forêt. Elle a presque complètement disparu au centre, entre Accra et Porto Novo : c'est la zone que l'on nomme parfois la « Grande Clairière ». À l'est, l'histoire des Yoruba, des Edo et des Ibo est celle d'une colonisation progressive de la forêt. À l'ouest, en pays akan, les défrichements ont été plus tardifs.

Les Européens fréquentent les côtes de Basse-Guinée à partir de la fin du XVe siècle et s'intéressent d'abord à l'or (d'où le nom de « Côte de l'Or »). Aux XVIIe et XVIIIe siècles, la traite des esclaves devient leur activité principale. Son centre de gravité se déplace peu à peu vers l'est : de la Côte de l'Or au littoral de la Grande Clairière, dit « Côte des Esclaves », puis à la baie du Biafra. La Basse-Guinée est, avec le territoire de l'actuel Angola, la région d'Afrique la plus affectée par la traite.

Les Yoruba

Au cours du Ier millénaire, les Yoruba entreprennent de défricher la forêt. Les clairières ainsi dégagées finissent par se rejoindre, donnant naissance à des groupes de villages. Les plus importants d'entre eux se dotent d'un centre (marché), lequel plus tard s'entoure de murs et prend l'allure d'une ville, bien que la population demeure en majorité paysanne. Chaque ville abrite des artisans, dont les productions sont tôt réputées (perles de verre, tissus...).

Ife. Selon la tradition, la ville d'Ife aurait été fondée par Oduduwa, son premier *oni* (roi et chef religieux). Un descendant d'Oduduwa, Oranmiyan, aurait ensuite été le premier *oba* (roi) de Bénin, puis le premier *alafin* (roi) d'Oyo. Ces événements semblent remonter au XIIIe ou au XIVe siècle. Ils indiquent qu'Ife a très tôt acquis une prééminence culturelle et religieuse. Les fondateurs de royaumes à la périphérie du pays yoruba se sont sans doute affirmés originaires d'Ife pour asseoir leur légitimité. En revanche, l'*oni* d'Ife n'exerce pas d'autorité politique sur les autres villes. Deux d'entre elles s'affirment à partir du XVe siècle : Ijebu (au sud-ouest d'Ife) et Owo (à l'est).

Oyo. Le royaume d'Oyo a pour capitale non pas l'actuelle ville d'Oyo (fondée au XIXe siècle, voir plus loin), mais Vieil Oyo, plus au nord dans la savane. Au XVIe siècle, il entre en conflit avec les Nupe (implantés au nord-est), qui prennent Vieil Oyo. La famille royale se réfugie chez les Bariba du Borgou (voir page 94). C'est sans doute auprès d'eux qu'elle acquiert une cavalerie et parvient ainsi, vers 1600, à reconquérir sa capitale et à soumettre les Yoruba du Nord. Oyo s'efforce ensuite de contrôler les itinéraires commerciaux vers le littoral, pour se procurer des marchandises européennes en échange d'esclaves que sa cavalerie permet de capturer en grand nombre. Dans la seconde moitié du XVIIe siècle, les forces d'Oyo vassalisent les petits États yoruba jusqu'à la côte, à l'ouest de Lagos. Elles se retournent ensuite contre le royaume du Dahomey (voir page 104) qui, ravagé dans les années 1720, accepte de devenir tributaire.

Après 1780, Oyo décline : les musulmans, nombreux dans le nord du pays yoruba, se révoltent ; les Nupe et les Bariba se font menaçants. Quand le Peul Ousmane dan Fodio lance son *jihad* en pays haoussa, au début du XIXe siècle (voir page 99), le royaume est très affaibli. À la fin des années 1810, le vice-roi d'Ilorin prend le parti des musulmans contre l'*alafin* (roi d'Oyo), ce qui permet aux Peul d'intervenir. Ilorin devient l'un des émirats du califat de Sokoto. L'*alafin* abandonne Vieil Oyo à ses adversaires et se replie au sud, où il fonde l'actuelle ville d'Oyo dans les années 1830.

LE PAYS YORUBA AU XIXe SIÈCLE. Très urbanisé (une cinquantaine de cités), il est politiquement émietté. Des Yoruba de toute la région affluent dans deux nouvelles villes, Ibadan et Abeokuta, et s'y organisent en groupes rivaux. Cette situation engendre des conflits incessants, tout en aiguisant la concurrence économique. Dans un premier temps, il en résulte une recrudescence de la traite des esclaves, contre laquelle la marine britannique ne tarde pas à intervenir. En 1851, les Britanniques expulsent le roi de Lagos et lui substituent un rival, qui s'engage à mettre fin à la traite. Dix ans plus tard, ils annexent Lagos (voir page 108).

Les Yoruba se lancent dans la production d'huile de palme, à l'instar des *Oil Rivers* (voir plus loin). Simultanément, d'anciens esclaves yoruba libérés, puis éduqués et christianisés à Freetown par des missionnaires britanniques, reviennent au pays. Connus sous le nom de Saro, ils s'installent surtout à Abeokuta, où des missionnaires les suivent à partir de 1846. Le pays yoruba, cependant, ne connaît pas la paix. L'accès au marché de Lagos suscite une compétition féroce entre les divers groupes politico-économiques. La ville d'Ibadan, devenue la plus peuplée, cherche à imposer sa domination : la guerre fait rage dans les années 1870 entre villes yoruba. Tant les autorités de Lagos que les Saro souhaitent alors une mainmise britannique sur le pays yoruba, qui sera effective dans les années 1890.

LES NUPE. Ils vivent dans la savane, sur la rive gauche du Niger, au nord des Yoruba, dont ils subissent l'influence culturelle. Leur histoire est mal connue avant le XVIIIe siècle : sans doute sont-ils pris entre les ambitions des Yoruba d'Oyo, au sud, et celles des États haoussa, au nord. Quoi qu'il en soit, l'islam progresse chez les Nupe : leur premier *etsu* (roi) musulman règne de 1746 à 1759. Dans la première moitié du XIXe siècle, des Peul, de plus en plus nombreux dans le pays, mettent à profit des querelles dynastiques pour jouer un rôle croissant. Ils instaurent vers 1820 un émirat dépendant du califat de Sokoto, après quoi des conflits éclatent entre les Nupe et les Peul et au sein des Peul eux-mêmes. Un nouvel émirat est institué en 1856, avec pour capitale Bida.

LES BRONZES D'IFE

Les « bronzes d'Ife », découverts à partir du début du XIXe siècle, sont des têtes creuses, en laiton plutôt qu'en bronze, exécutées selon le procédé de la fonte à cire perdue, techniquement parfaites. Elles représentent des rois et des reines et sont empreintes d'une extraordinaire sérénité, qui les apparente à la sculpture « classique ». Elles datent d'une période comprise entre le XIe et le XVe siècle.

Certains archéologues européens, ne pouvant imaginer que de tels chefs-d'œuvre fussent purement africains, ont émis l'hypothèse d'« influences » extérieures, en vain. Il ne fait aujourd'hui plus de doute que les Yoruba ont apporté une contribution majeure à l'art mondial.

Les Edo

À l'est des Yoruba vivent les Edo, qui semblent avoir entrepris de coloniser la forêt les premiers, dès avant l'ère chrétienne. Ils forment un groupe de peuples étroitement apparentés parmi lesquels figurent les Bini, d'où vient le nom de Bénin. La tradition des Bini veut que, après avoir renversé la dynastie autochtone, ils aient demandé à l'*oni* d'Ife de leur envoyer un nouvel *oba* (roi) : telle serait l'origine de la dynastie qui régnera à Bénin (aujourd'hui Benin City) jusqu'à la fin du XIXe siècle. Sa richesse résulte de la proximité de voies navigables facilitant le commerce : d'un côté, le Niger, de l'autre, la voie qui emprunte les lagunes, le long de la côte. Au XVe siècle, les *oba* soumettent leurs voisins, déplacent les populations et font de Bénin une grande capitale, dont la richesse et l'ornementation va impressionner les Européens.

BÉNIN ET LES EUROPÉENS. Les Portugais entrent en relations commerciales avec Bénin dès les années 1480. Comme partout où ils abordent, ils s'efforcent de diffuser le christianisme. Les *oba* accueillent des missionnaires (auxquels ils prêtent des pouvoirs magiques), mais refusent de se convertir. Ils s'intéressent davantage aux armes à feu, que les Portugais répugnent toutefois à leur fournir. Dès les années 1510, les échanges s'amenuisent. Bénin s'ouvre ensuite au commerce avec les Français et les Anglais, puis les Hollandais. Mais au XVIIe siècle, alors que la traite des esclaves se développe, la part de Bénin dans cette activité se réduit (au profit de la Côte des Esclaves, plus à l'ouest). L'influence européenne disparaît : il n'y a plus ni missionnaires ni chrétiens à Bénin à la fin du XVIIe siècle. Le royaume se livre de nouveau à la traite au XVIIIe siècle et jusqu'au milieu du XIXe siècle, puis se montre opposé à toute innovation.

Les Ibo et leurs voisins

Les Ibo. À l'est du bas Niger, les Ibo (ou « Igbo ») colonisent la forêt en même temps que les Yoruba. Ils demeurent cependant organisés en petites communautés et n'édifient pas de villes, sauf exception (Onitsha). Leur société n'en est pas moins complexe, entretenant des relations commerciales assez lointaines. De surcroît, elle finit par atteindre un stade de surpeuplement, dans une région dont les sols sont assez pauvres. Dans la seconde moitié du XVIIIe siècle, le pays ibo devient une source majeure d'esclaves destinés à la traite atlantique. En l'absence d'État, qui régente ce trafic ? Autant que l'on puisse en juger, ce sont les Aro (eux-mêmes Ibo). Tirant leur autorité de l'oracle d'Aro Chuku (près de la Cross River), ils constituent une puissante organisation, à la fois commerciale et militaire.

D'une façon plus générale, chez les Ibo, des associations initiatiques plus ou moins secrètes, formant de vastes réseaux, contrebalancent l'extrême décentralisation politique. Tel est le cas de l'Ekpe (ou Egbo), née au milieu du XVIIIe siècle et dont les objectifs sont d'abord économiques. Par ses multiples ramifications, elle parvient à contrôler, de façon plus ou moins occulte, les institutions politiques locales du pays ibo. Son champ d'action atteint la côte : elle exerce un rôle dominant à Calabar.

Les peuples du Delta et de la Cross River. Au sud du pays ibo, le delta du Niger, divers estuaires (dont la Cross River) et des lagunes forment un immense labyrinthe où vivent des populations variées : Itsekiri de Warri, Ijo (ou Ijaw) de Brass, Ibibio de Bonny, Efik de Calabar, etc. Aux XVIIe et XVIIIe siècles, des petites cités-États portuaires prennent corps, de type monarchique (Warri, Bonny) ou républicain (Brass, Calabar). Elles vivent du commerce, qui s'effectue par pirogues. La traite constitue une part croissante de leur activité, atteignant son maximum dans la seconde moitié du XVIIIe siècle, en particulier à Bonny. Dans chacune des cités-États (autres que Calabar), la société est organisée en « maisons ». Autour d'un prince-marchand et de sa famille, chaque maison regroupe diverses catégories d'employés et de nombreux esclaves. Une telle organisation présente des caractères novateurs : elle met l'accent sur la réussite commerciale (ce qui conduit à la fondation de nouvelles maisons) et favorise le brassage des populations (les maisons sont composites du point de vue ethnique).

Les « Rivières de l'huile » (*Oil Rivers*). Dans la première moitié du XIXe siècle, les Britanniques s'attachent à substituer à la traite des activités commerciales licites, tandis que la demande européenne d'oléagineux s'accroît. Les maisons du delta et de la Cross River, rompues au commerce, entreprennent de vendre de l'huile de palme, ce qui vaut à la région le nom d'*Oil Rivers*. La traite prend fin, non l'esclavage : dans l'arrière-pays, de nombreux esclaves sont affectés à la production d'huile. Dans les ports, certains esclaves parviennent à s'enrichir dans le commerce. C'est le cas de Ja Ja, un Ibo, devenu l'un des principaux négociants de Bonny vers 1860. Expulsé en 1869, Ja Ja fonde une nouvelle cité-État, Opobo. (Comme d'autres princes-marchands, il s'opposera ensuite aux Britanniques, qui l'exileront aux Antilles en 1887.)

Les Fon et les Ewe

Dans la Grande Clairière vivent les Fon et les Ewe, dont les langues sont très proches. Leurs traditions font état d'un événement commun : la fondation du royaume de Tado (aux confins des actuels Togo et Bénin) par des Yoruba venus de Kétou (dans l'actuel Bénin), peut-être au XIVe siècle. De Tado seraient issues la dynastie fon d'Allada (au XVIe siècle) et la dynastie ewe de Notsé (au XVIe ou XVIIe siècle). Sa contribution considérable à la traite atlantique, aux XVIIe et XVIIIe siècles, vaut au littoral de la Grande Clairière le nom de Côte des Esclaves.

Les Fon et le Dahomey. Trois frères se disputent le trône d'Allada au début du XVIIe siècle : l'un le conserve, le deuxième va fonder Abomey, le troisième crée Adjatché, que les

Portugais nomment « Porto Novo ». Dans la seconde moitié du siècle, les rois d'Allada attirent les commerçants européens pour tenter de monopoliser le commerce des esclaves, en augmentation rapide, tandis que les Européens prennent le contrôle de Ouidah, alors principal centre de traite d'Afrique de l'Ouest. À la même époque, le royaume d'Abomey s'organise de façon centralisée et militariste, puis adopte le nom de Danhomè (francisé en « Dahomey »). Dans les années 1720, le Dahomey s'étend vers le sud, pour tenter à son tour d'accaparer la traite : il conquiert Allada et atteint Ouidah, annexé au milieu du siècle. Le contrôle strict exercé par le roi du Dahomey sur Ouidah entraîne cependant un déclin du trafic, qui se reporte vers l'est, à Porto Novo (demeuré indépendant), à Lagos et dans la baie du Biafra.

Le Dahomey au xixe siècle. Au tournant des XVIIIe et XIXe siècles, des négriers venus du Brésil s'installent sur la côte. La traite (à destination du Brésil et de Cuba) redevient une activité importante. Le roi Guézo (1818-1858) mène des guerres pour capturer des esclaves, mais il est battu en 1851 par les Yoruba d'Abeokuta. L'année suivante, la marine britannique bloque les côtes, de telle sorte que Guézo doit s'engager à abolir la traite dans ses États. Le roi Glélé (1858-1889) reprend l'offensive, sans plus de succès : défaite face à Abeokuta en 1864, blocus britannique en

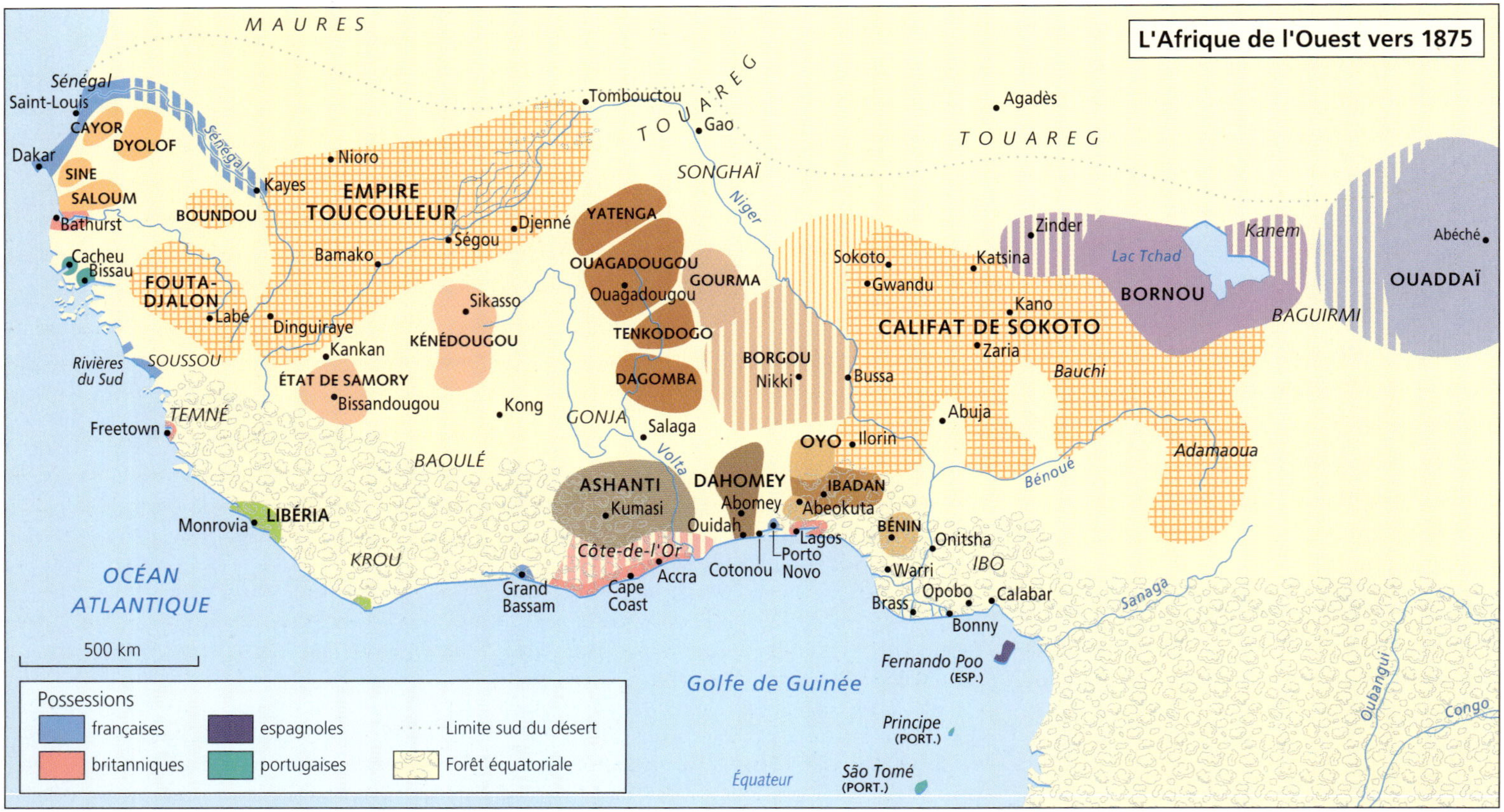

1865. Simultanément, les Français (déjà présents à Ouidah) renforcent leur emprise : en 1863, ils signent un traité de protectorat avec le roi de Porto Novo. Les ambitions européennes se manifestent de nouveau à partir de 1884, quand les Allemands prennent pied au Togo (voir page 109). Entre les Français et Béhanzin, successeur de Glélé, la tension monte rapidement : les Français s'emparent d'Abomey en 1892.

Les Ewe et leurs voisins. Selon leur tradition, les Ewe, mécontents de leur roi, auraient quitté Notsé au début du XVIIIe siècle et se seraient dispersés dans la région environnante, entre la vallée du Mono et la basse vallée de la Volta. Ils sont traditionnellement organisés en tous petits États, nommés *du* et gouvernés par des conseils. Au cours du XVIIIe siècle, ils souffrent des raids esclavagistes lancés par les Ashanti. Au sud-ouest des Ewe, le long de la côte jusqu'à Accra, vivent les Gã (ou « Gan ») et les Adangme, populations de pêcheurs et de commerçants. Ils semblent s'être installés dans la région au XVIe siècle, venant de l'est.

Les Akan

Les Akan parlent une même langue (comportant des dialectes) et incluent à la fois les Ashanti, à l'intérieur, et les Fanti, sur la côte. Ils ont pour proches cousins, à l'ouest, les Baoulé, les Agni et les Nzima. Les Gonja, au nord, leur sont également apparentés. Le premier État akan connu porte le nom de Bono et remonte, semble-t-il, au XIIIe siècle. Il se situe à la lisière de la forêt, au sud du coude de la Volta noire. À partir du Bono, des Akan progressent vers le sud-est, en contournant la forêt, puis longent la côte vers l'ouest : telle est sans doute l'origine des Fanti.

L'attrait de l'or. Il apparaît au XIVe siècle que la forêt proche du pays akan recèle de considérables gisements d'or. Cela attire l'attention des Dioula de Djenné, à l'origine intéressés par la noix de cola. Le centre commercial de Begho, au nord du Bono, expédie bientôt vers le nord de l'or, de la cola et des esclaves. Simultanément, les Akan pénètrent dans la forêt pour y exploiter les gisements.

Les Portugais atteignent en 1471 ce qu'ils nomment la Côte de l'Or, peuplée de Fanti répartis en petits royaumes. Ils édifient des forts, à commencer par celui de São Jorge da Mina (ou « Elmina ») en 1482. Les Portugais s'intéressent avant tout au métal jaune, en échange duquel ils proposent diverses marchandises et, de plus en plus, des esclaves, achetés sur les rives du golfe de Guinée. Les Akan utilisent les esclaves pour défricher la forêt… et mettre au jour de nouveaux gisements.

La Côte de l'Or aux XVIIe et XVIIIe siècles. Les forts construits par les Portugais (et d'autres Européens à leur suite) sur la côte ont pour objectif de se protéger des concurrents : ce sont à la fois des bases navales et des entrepôts fortifiés. Des communautés d'Africains (marchands, artisans…) se forment autour des forts, sous l'autorité de fait des gouverneurs. Par ailleurs, les Européens jouent des rivalités entre les royaumes fanti, qui eux-mêmes jouent des rivalités entre Européens. Les Hollandais prennent les forts portugais vers 1640, en fondent d'autres et affrontent une concurrence croissante : Anglais, Danois, Suédois et Brandebourgeois édifient à leur tour des forts, provoquant des conflits. La situation se stabilise au début du XVIIIe siècle : les Suédois et les Brandebourgeois sont éliminés, les Danois cantonnés à Accra et plus à l'est. Sur la Côte de l'Or proprement dite ne restent en présence que les Hollandais (quartier général à Elmina) et les Britanniques (quartier général à Cape Coast).

L'expansion des Ashanti. Au XVIIe siècle, trois royaumes akan grandissent en arrière du littoral : Denkyira à l'ouest, Akyem au centre, Akwamu à l'est. Leurs rivalités vont faire le jeu d'Akan installés dans le nord de la forêt, les Ashanti (ou Asante). Ces derniers sont organisés en petits États (*oman*), chacun dirigé par un chef (*hene*). Vers la fin du XVIIe siècle, ils s'associent sous la conduite d'Osei Tutu, chef de l'*oman* de Kumasi. Osei Tutu a séjourné à Akwamu, dont il a obtenu des armes à feu. Les Ashanti défont Denkyira vers 1700, puis affrontent Akyem, face auquel Osei Tutu trouve la mort (vraisemblablement en 1717). Dans les années 1730, Akwamu puis Akyem, s'effondrent. Tous ces territoires sont ensuite annexés par les Ashanti.

Au nord, les Ashanti cherchent à contrôler les itinéraires commerciaux. Ils conquièrent le royaume akan de Bono en 1724, puis soumettent les royaumes (non akan) de Gonja et de Dagomba. (Les cavaleries de ces États s'inclinent devant les armes à feu des Ashanti.) Dès le milieu du XVIIIe siècle, les Ashanti sont à la tête d'un empire incluant la vallée de la Comoé à l'ouest, celle de la Volta à l'est, mais ils ne contrôlent pas le littoral. En dépit d'une grande attaque ashanti en 1765, les royaumes fanti survivent, avec le soutien des Britanniques. Les Ashanti entretiennent cependant de bonnes relations avec les Danois d'Accra.

L'organisation des Ashanti. À l'occasion de la victoire sur Denkyira, le *kumasihene* Osei Tutu a été proclamé *asantehene* (« chef des Ashanti »). Sous son autorité et celle de ses successeurs, les Ashanti forment dès lors une « confédération », chaque *oman* conservant son autonomie. En fait, les *asantehene* s'arrogent des pouvoirs considérables, en s'affirmant souverains des pays conquis, et instaurent une société militarisée et esclavagiste. Les esclaves proviennent des guerres, des tributs dus par le Gonja et le Dagomba et des raids lancés contre des voisins, les Ewe en particulier. Dans leur majorité, les esclaves (et d'autres migrants forcés) sont installés dans la région de Kumasi, de telle sorte que l'*asantehene* accroît le nombre de ses sujets directs. À la fin du XVIIIe siècle, l'empire se répartit en cercles concentriques : aux alentours de l'aire métropolitaine de Kumasi subsistent les *oman* d'origine ; au-delà s'étend l'ensemble des pays conquis, surtout peuplé d'Akan et administré par des agents de l'*asantehene* ; en périphérie se situent les vassaux, qui paient tribut.

Le bras de fer avec les Britanniques. En 1806-1807, les Ashanti défont les Fanti et se trouvent ainsi au contact direct des négociants européens. Dès lors, la politique britannique fluctue. Les forts passent en 1821 sous l'autorité du gouverneur de Freetown. Pour mettre fin à la traite, celui-ci lance une expédition contre les Ashanti, en alliance avec les Fanti, mais il est battu et tué en 1824. Les Britanniques ayant pris leur revanche deux ans plus tard, Londres décide néanmoins d'abandonner la responsabilité des forts aux négociants... puis en reprend le contrôle en 1843, avant de racheter les forts danois (en 1850) et, pour finir, les forts hollandais (en 1872).

Désormais sans concurrents, les Britanniques passent à l'offensive : après une attaque des Ashanti, ils lancent en 1874 une expédition qui prend Kumasi et le met à sac. La même année, ils font de la Côte-de-l'Or une colonie. Les Ashanti, qui ont évité l'affrontement direct, préservent leurs forces armées, non leur puissance politique : le Gonja et le Dagomba s'émancipent. L'*asantehene* Kwaku Dua Prempeh, monté sur le trône en 1888, tente en vain de résister aux pressions britanniques (voir page 110).

Les Agni et les Baoulé. L'expansion des Akan vers l'ouest conduit à la formation de peuples qui finissent par se considérer comme distincts, tels les Agni et les Baoulé (aujourd'hui en Côte-d'Ivoire). Dans leur progression, les Agni refoulent vers le littoral les Adioukrou, Ébrié, Atié, Abé et d'autres, tous apparentés aux Ewe. L'un des mythes fondateurs des Agni met en scène Osei Tutu qui, séjournant au Denkyira, aurait fait un enfant à une princesse royale, Akou-Amna. Condamnée à l'exil, elle aurait fondé le royaume de Sanwi, à l'est du cours inférieur de la Comoé, à la fin du XVIIe siècle. Plus au nord, le royaume agni de l'Indiéné (ou Ndenye), avec pour capitale Abengourou, aurait été fondé dans les années 1740.

Selon la tradition des Baoulé, Pokou, sœur d'un prince ashanti assassiné, se serait enfuie de Kumasi avec ses partisans puis, après avoir franchi la Comoé, aurait fondé vers 1730 un royaume, non sans avoir expulsé de la région les Sénoufo et les Gouro qui y résidaient. Le royaume baoulé, avec pour capitale Sakassou, se maintient fermement jusqu'au milieu du XIXe siècle, puis se divise en huit tribus.

Les peuples de Haute-Guinée

Les Krou. La zone de forêt dense (entre les actuelles Monrovia et Abidjan) abrite des populations de langues krou. Elles descendent de groupes de chasseurs et de pêcheurs ayant pénétré dans la forêt on ne sait à quelle époque, peut-être au Ier millénaire. Ces populations, organisées en petites communautés, n'ont jamais formé d'États. Parmi elles figurent les Bété (aujourd'hui en Côte-d'Ivoire) et une quinzaine d'autres, dont les Krou proprement dits (aujourd'hui au Libéria). Les Européens avaient donné au littoral de l'actuel Libéria le nom de Côte des Graines parce qu'ils s'y procuraient la maniguette ou malaguette, épice au goût poivré également appelée « graine de paradis », en vogue jusqu'au XVIIIe siècle.

Au nord-ouest, une mosaïque ethnique. Vers le nord, dans la partie moins dense de la forêt, et vers l'ouest jusqu'à l'actuelle Freetown, la mosaïque ethnique (voir la carte page 118) résulte de migrations plus ou moins anciennes.

Le sous-groupe mandé du Sud inclut les Dan et les Mano, qui semblent installés dans la région de très longue date, après avoir peut-être refoulé les Krou vers le sud. Le sous-groupe mandé du Sud-Ouest comprend les Kpellé (ou Guerzé), les Loma, les Mendé et les Loko. Il se peut que ces populations, elles aussi, aient refoulé les Krou vers le sud. À l'ouest, elles ont progressé aux dépens de populations de langues atlantiques occidentales. Les Kono et les Vaï relèvent du sous-groupe des Mandé du Nord (dont font partie les Malinké, etc.). Leur arrivée dans la région est sans doute plus tardive.

Le sous-groupe sud des populations de langues atlantiques occidentales comprend notamment les Kissi et les Gola (à l'est) et les Temné. La dernière phase de migrations (et la seule historiquement attestée) date du XVIe siècle. C'est alors que les Temné, venus du nord, prennent possession de leur habitat actuel. À la même époque, les Mané, bandes armées originaires du pays malinké, s'ajoutent aux populations mendé déjà en place dans l'arrière-pays et fondent un empire éphémère, qui se désagrégera en petites chefferies au XVIIe siècle.

Les Temné. Les Portugais découvrent en 1462 une rade protégée par une péninsule, plus tard connue sous le nom de Sierra Léone. Ils fondent des établissements sur la côte au début du XVIe siècle, puis entrent en relations avec les Temné dont un roi, vers 1600, se convertira au catholicisme. Au XVIIe siècle, les Hollandais et les Anglais se disputent la prépondérance. Les seconds l'emportent avec le soutien des Temné. Sous le règne du Temné Naimbanna II (1720-1793), la traite s'intensifie en raison de la création d'un État peul dans le Fouta-Djalon (voir page 96), grand pourvoyeur d'esclaves.

Freetown. En 1787, des philanthropes britanniques conçoivent le projet d'installer sur la péninsule de Sierra Léone d'anciens esclaves ayant combattu pour la Grande-Bretagne lors de la guerre de l'Indépendance américaine (1775-1783). C'est, pour l'essentiel, un échec. Une nouvelle tentative, à partir de 1792, réussit mieux : d'anciens esclaves ayant fui les États-Unis ou venant de la Jamaïque donnent vie à Freetown.

Excellente base navale, Freetown (qui a le statut de colonie à partir de 1808) devient le centre des opérations conduites par la marine britannique pour mettre fin à la traite. Les esclaves « recapturés » en mer (*recaptives*), autrement dit libérés, y sont installés, au nombre de 60 000 en un peu plus d'un demi-siècle. L'activité des missionnaires en fait une communauté christianisée et, surtout, instruite : ce sont les Krio (forme locale de « créole »). De nombreux Krio vont chercher fortune sur la Côte de l'Or, dans le pays yoruba (voir page 102), etc.

Naissance du Libéria. En 1821, une association abolitionniste américaine obtient d'un roi local la cession d'un petit territoire, qui deviendra Monrovia. Un premier contingent de Noirs américains y est installé l'année suivante. D'autres établissements voient ensuite le jour sur la côte plus au sud (Greenville et Harper). Les nouveaux arrivants se heurtent à de sérieuses difficultés : hostilité des Africains autochtones, absence de soutien du gouvernement des États-Unis. En 1847, ils proclament l'indépendance de la république du Libéria.

L'Afrique de l'Ouest depuis le XIXe siècle

L'expansion coloniale conduit à un découpage politique totalement nouveau de l'Afrique de l'Ouest. Il résulte d'un enchaînement complexe d'événements pour partie fortuits, particulièrement décisifs dans les années 1880-1890. Les principales puissances coloniales, la France et la Grande-Bretagne, mettent sur pied deux grandes fédérations, l'Afrique occidentale française (AOF) et le Nigéria, de poids démographique similaire. À l'époque des indépendances, toutefois, la première, trop vaste, éclate en huit États distincts, tandis que la seconde se maintient.

L'ÉPOQUE COLONIALE

Deux puissances coloniales dominent la scène d'Afrique occidentale : la France et la Grande-Bretagne. Elles entrent en concurrence au début des années 1880 et vont le demeurer jusqu'en 1898, après quoi chacune d'entre elles, dans son domaine géographique délimité, achèvera ses conquêtes. Trois territoires seulement leur échappent : la Guinée portugaise, le Libéria et le Togo (du moins jusqu'en 1914).

Faidherbe et le Sénégal. Les Français, installés depuis longtemps à Saint-Louis et à Gorée (voir page 95), lancent leurs premières expéditions militaires sur le fleuve Sénégal au début des années 1850 : ils édifient un fort à Podor, puis vainquent les Toucouleur. Le général Louis Faidherbe (1818-1889), nommé gouverneur en 1854, prend aussitôt le contrôle du fleuve au moyen de petits navires et fait bâtir des forts. Dès 1855, le plus éloigné d'entre eux, Médine, se situe à 600 kilomètres à l'intérieur des terres. L'émir toucouleur el-Hadj Omar (voir page 98) tente, sans succès, de s'en emparer, puis signe la paix en 1860. Par ailleurs, Faidherbe crée en 1857 le premier bataillon de « tirailleurs sénégalais », recrutés dans la population indigène. Il peut ainsi rejeter les Maures sur la rive nord du fleuve et annexer le Walo (arrière-pays de Saint-Louis), puis soumettre le Fouta-Toro. Vers le sud, le long de la côte, Faidherbe affirme son autorité en montant les rois ouolof les uns contre les autres, ce qui permet d'assurer la liaison entre Saint-Louis et Dakar (fondé en 1857). Faidherbe prend aussi le contrôle de l'entrée de la Casamance, au sud de la Gambie.

L'administration du Sénégal. La soumission de l'intérieur du pays va prendre du temps. D'abord sous protectorat, les royaumes seront ensuite annexés : Cayor en 1885, Fouta-Toro en 1891, Baol en 1894, Dyolof en 1895. La pacification de la Casamance s'achèvera au début du XXe siècle. En attendant, la colonie s'organise : Saint-Louis, Dakar et Gorée (en 1872), puis Rufisque (en 1880) obtiennent le statut de communes, leurs habitants ayant la citoyenneté française. Ce sont, pour partie, des métis, parmi lesquels sont recrutés des fonctionnaires. Les frontières de la Gambie, enclavée dans le Sénégal, seront fixées en 1889.

Les « points d'appui » français. Pour tenter de contrebalancer l'omniprésence navale des Britanniques, la marine française met en place quelques « points d'appui ». Les postes de Grand-Bassam et d'Assinie, sur la Côte d'Ivoire, datent de 1842, mais ils vont végéter jusque dans les années 1880. Sur la côte dahoméenne, la présence française remonte à l'installation de commerçants marseillais à Ouidah, en 1841. En 1863, les Français signent un traité de protectorat avec le roi de Porto Novo. En 1865-1866, trois postes (Boké, Boffa et Benti) sont établis sur le littoral de l'actuelle Guinée. (Ils prendront le nom de « Rivières du Sud » en 1882.)

Les colonies britanniques. Freetown (voir page 107) est, au milieu du XIXe siècle, le principal établissement britannique d'Afrique occidentale. De son gouverneur relève aussi la Gambie, qui consiste alors en un petit port, Bathurst, et quelques comptoirs. (La Gambie deviendra une colonie distincte en 1888.) Après avoir défait les Ashanti en 1874 (voir page 106), les Britanniques font de la Côte-de-l'Or une colonie de la Couronne. D'abord limitée aux royaumes côtiers, la colonie, avec Accra pour capitale, va peu à peu s'étendre vers l'intérieur, en mordant sur le sud du royaume ashanti. Plus à l'est, la recrudescence de la traite en pays yoruba (voir page 102) incite les Britanniques à intervenir. En 1861, ils annexent Lagos (qui devient une colonie de la Couronne), puis quelques ports voisins, dont Badagri.

Le bas Niger et les « Rivières de l'huile ». Au milieu du XIXe siècle, les Britanniques, déjà principaux partenaires commerciaux des « Rivières de l'huile » (voir page 103), inaugurent la navigation à vapeur sur le bas Niger (et l'usage de la quinine pour prévenir le paludisme). Afin de défendre leurs positions dans la région, ils disposent de consuls.

Il devient toutefois clair, dans les années 1870, que la politique de « laisser faire » ne convient plus, car la concurrence s'exacerbe entre les commerçants européens et entre ceux-ci et les « maisons » africaines. Le Britannique George Goldie se saisit du problème : en fusionnant quatre compagnies britanniques de navigation, il crée en 1879 la puissante United African Company. Mais la concurrence étrangère, tant française qu'allemande, n'est pas éliminée pour autant.

La course aux colonies (1883-1898)

Au tout début des années 1880, Londres envisage un partage de l'Afrique occidentale en deux zones d'influence : française à l'ouest et au nord (quitte à céder la Gambie à la France), britannique au sud et à l'est (de façon à écarter les Français du bas Niger). Toutefois, quand la Grande-Bretagne, en 1882, occupe l'Égypte (voir page 32), les relations franco-britanniques se détériorent durablement. Aussi la France, en 1883, refuse-t-elle tout accord et renforce-t-elle son protectorat sur Porto Novo. De surcroît, les Allemands prennent pied au Togo et au Cameroun l'année suivante.

L'expansion française à l'ouest. À partir de 1876, les Français (avec pour base arrière le Sénégal) progressent en pays malinké, entre le haut Sénégal et le haut Niger. En 1883, ils font de Bamako, jusqu'alors simple bourgade, une position fortifiée. Ils ont alors pour voisin, au nord et au nord-est, l'Empire toucouleur d'Amadou Sékou, qui a succédé en 1864 à son père el-Hadj Omar et pris pour capitale Ségou. Au sud s'étend l'« empire » de Samory, dont le cœur se situe au sud de Kankan. Les Français occupent le Bouré (à l'ouest de Bamako) en 1885. L'année suivante, par un traité, Samory renonce à ses possessions de ce côté, puis s'en va attaquer le royaume du Kénédougou (voir page 94). Tandis qu'il assiège en vain Sikasso, en 1887-1888, les populations de son empire se soulèvent, avec l'appui des Français.

Sur le littoral guinéen, les Français progressent lentement, établissant un quatrième poste à Dubréka en 1885. La frontière avec la Sierra Léone résulte d'accords avec les Britanniques en 1882 et 1889, celle avec la Guinée portugaise d'une convention en 1886. En Côte-d'Ivoire, à partir de 1886, les autorités françaises prennent le chemin du nord, signent des traités et atteignent Kong en 1889.

La nouvelle donne dans le Sud-Est. Dans les années 1880, les Français, installés sur la côte dahoméenne, se heurtent à l'intérieur des terres à l'hostilité du royaume du Dahomey (voir page 105). Les Allemands, devenus d'actifs commerçants dans la région au début des années 1870, créent la surprise en juillet 1884 : leur représentant Gustav Nachtigal signe des traités de protectorat avec le roi Mlapa de Togo et avec quelques-uns de ses voisins. Sur la zone littorale, des accords de délimitation sont passés avec les Français en 1884-1885 et avec les Britanniques en 1886. L'arrière-pays proche, peuplé d'Ewe, sera soumis en 1888. En 1887, un traité anglo-allemand déclare neutre la zone plus au nord, entre les 9e et 11e parallèles (royaume de Dagomba et ses environs).

Nachtigal a également signé des traités au Cameroun en juillet 1884 (voir page 157). Lors de la conférence de Berlin (1884-1885), la France propose de doter le fleuve Niger d'un statut international, mais cette proposition n'est pas suivie d'effets : la conférence se contente d'y proclamer la liberté de navigation. La Grande-Bretagne se décide alors à consolider ses positions : en 1885, elle place les « Rivières de l'huile » sous protectorat. L'année suivante, elle octroie une charte à la compagnie de Goldie, qui devient la Royal Niger Company, officiellement chargée de la défense des intérêts britanniques sur le bas Niger.

L'accord franco-britannique de 1890. La France et la Grande-Bretagne passent en 1890 un accord délimitant des zones d'influence. La France se voit reconnaître le fleuve Niger et ses abords en amont de Say (au sud de Niamey). Deux lignes sont tracées à partir de Say : l'une, jusqu'au lac Tchad, marque la limite méridionale de la zone française, l'autre, jusqu'à Porto Novo, la limite orientale. Cela attribue à la France le Sahara et le Sahel, mais laisse dans le flou une très vaste zone au sud de la boucle du Niger. Il va en résulter deux grands mouvements : d'ouest en est (les Français), du sud vers le nord (les Britanniques, les Allemands et les Français)

La poursuite de l'expansion à l'ouest. Au début des années 1890, les Français se tournent contre Samory, qui se procurait des armes modernes *via* Freetown, avec la bienveillance des Britanniques. Après avoir pris Kankan en 1891, les Français s'installent au sud de la ville, en plein cœur de l'empire de Samory en cours de constitution. En 1892, celui-ci décide de se replier vers l'est et s'installe près de Kong en 1894. En 1895, il défait des forces françaises venues de Grand-Bassam, puis détruit Kong et va soumettre le Gondja en 1896. Samory connaît toutefois des difficultés croissantes. Pour finir, les Français le capturent dans l'ouest de l'actuelle Côte-d'Ivoire, en 1898.

La soumission du Fouta-Djalon, amorcée dans les années 1880 par la signature de traités de protectorat, s'achève en 1896 avec la défaite de l'*almami* Bokar Biro face à des troupes françaises venues du sud et de l'est. En 1895, un traité franco-britannique fixe les frontières de la Sierra Léone. Les

Britanniques entreprennent la conquête de l'intérieur du pays l'année suivante.

L'expansion française vers l'est. Avec l'appui des Bambara, les Français prennent Ségou en 1890 et en expulsent l'aristocratie toucouleur. Amadou s'installe au Kaarta, dont les Français le délogent en 1891 (prise de Nioro). Il se replie alors au Macina mais, dès 1893, les Français descendent le Niger et prennent Djenné, Mopti et Bandiagara, puis Tombouctou l'année suivante. (Pour finir, Amadou trouvera refuge à Sokoto, où il mourra en 1898.)

En 1894, une expédition militaire quitte Djenné en direction de l'est. Le *naba* du Yatenga signe un traité de protectorat en 1895. En 1896, les Français entrent à Ouagadougou, dont le *naba* Wobgo s'est enfui. Un nouveau *naba* signe un traité de protectorat en 1897. Les Français se dirigent alors vers Bobo-Dioulasso, qui tombe la même année, après une vive résistance.

En 1891-1892, une expédition française de reconnaissance a cheminé de Bamako au lac Tchad *via* Say, Sokoto et Kano, puis a traversé le Sahara jusqu'à Tripoli. Des postes militaires sont établis sur le Niger, dans le secteur de Niamey, en 1897.

La progression depuis le sud. Les Français engagent des opérations militaires contre le royaume du Dahomey en 1892. Ils entrent à Abomey la même année, mais le roi Béhanzin résiste jusqu'en 1894. (Il mourra en exil à Alger en 1906.) Les Français progressent néanmoins vers le nord : ils pénètrent dans le Borgou en 1894 et atteignent, au début de 1895, le Gourma (pays des Gourmantché), où ils devancent de peu les Allemands. Ces derniers doivent renoncer à leurs ambitions initiales d'atteindre le Niger. En 1897, un traité franco-allemand établit la frontière entre le Togo et le Dahomey et reconnaît les droits de la France au Gourma. En Côte-de-l'Or, l'avancée des Britanniques vers le nord se heurte à la résistance des Ashanti, du moins jusqu'en 1896. Ils envoient alors une expédition militaire à Kumasi, exilent l'*asantehene* Prempeh et imposent aux Ashanti un protectorat.

Le face-à-face franco-britannique. À partir de 1894, les Français prennent possession du Borgou et s'avancent vers l'est jusqu'à Bussa, sur le Niger, sans y déceler de présence britannique. Cela met en évidence, du côté britannique, un problème : la Royal Niger Company, dont la vocation est avant tout commerciale, ne contrôle qu'en partie les territoires qui lui ont été confiés. Joseph Chamberlain, ministre des Colonies à partir de 1895, met en demeure Goldie : en 1897, celui-ci parvient à soumettre l'émirat de Nupe, puis celui d'Ilorin, tandis que le gouverneur de Lagos prend le contrôle du pays yoruba. Les Britanniques occupent par ailleurs la ville de Bénin en 1897. L'année suivante, Chamberlain met sur pied la West African Frontier Force (sur le modèle des tirailleurs sénégalais) et en confie le commandement à Frederick Lugard. Les forces britanniques et françaises se côtoient bientôt dans le Borgou…

La convention de Paris (juin 1898) met fin à la tension. Dans le Nord, elle substitue à la ligne Say-lac Tchad un nouveau tracé frontalier (qui sera ensuite précisé pour aboutir à la frontière actuelle). Dans le Borgou, elle établit la frontière qui est encore aujourd'hui celle du Nigéria et du Bénin. Par ailleurs, elle adopte le 11e parallèle comme limite nord des possessions britanniques en Côte-de-l'Or. La frontière entre celles-ci et le Togo allemand est arrêtée en 1899.

L'achèvement de la conquête

Les zones forestières. La pénétration française dans les régions forestières de Côte-d'Ivoire se révèle difficile, les populations concernées n'ayant jamais subi de domination extérieure. Après une première approche relativement pacifique mais peu efficace, la conquête s'opère de façon militaire et brutale entre 1908 et 1915. Il en va de même dans la zone forestière de l'actuelle Guinée (aux confins du Libéria), où les Français imposent leur autorité en 1911.

Les Britanniques se trouvent confrontés à une situation semblable en pays ibo : quand ils entreprennent de le soumettre, en 1901, ils se heurtent à une vive résistance qui persistera jusqu'en 1918.

RABAH

Né vers 1840 près de Khartoum, Rabah commande les troupes d'al-Zubayr, maître du Bahr el-Ghazal dans les années 1870 (voir page 40) et grand trafiquant d'ivoire et d'esclaves. À partir de 1876, il opère pour son propre compte entre l'Oubangui et le Chari. La force armée qu'il constitue peu à peu lui permet de s'emparer, en 1893-1894, du Baguirmi et du Bornou, où il s'installe. Il passe alors des accords commerciaux avec la Royal Niger Company, cherche à relancer le commerce transsaharien et finit par se heurter aux ambitions des Français. En 1899, il écrase sur le Chari une colonne française venue du Congo, puis succombe l'année suivante.

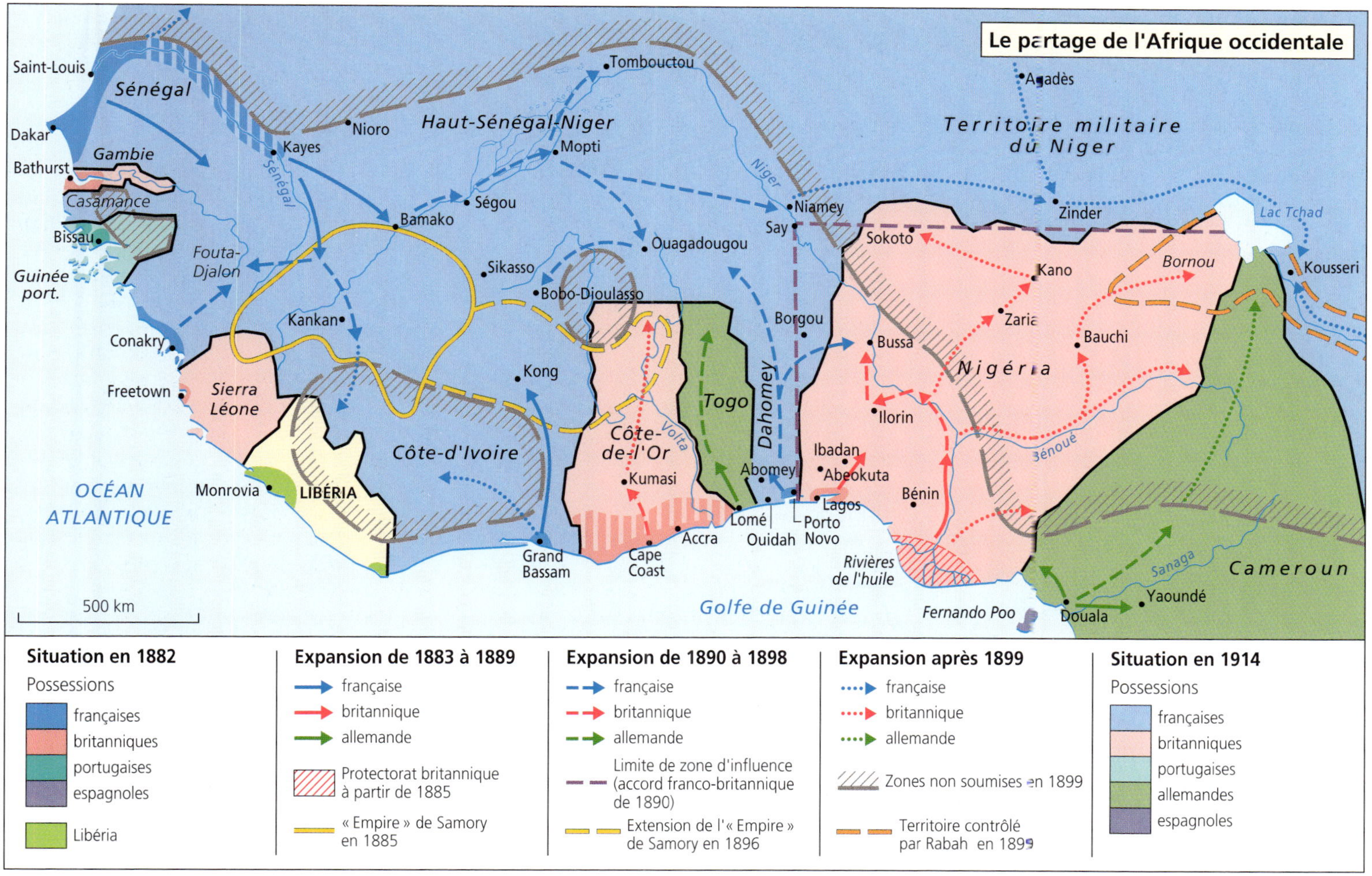

Trois colonnes françaises au Tchad. En 1899, les Français mettent à exécution un plan audacieux dont les origines remontent à 1890 : trois colonnes convergent vers le lac Tchad. L'une, partie de Ouargla (Algérie), traverse le Hoggar et l'Aïr et signe des traités avec le sultan d'Agadès, puis celui de Zinder. Une deuxième colonne, venue de l'ouest, contourne le califat de Sokoto par le nord. Chemin faisant, elle se livre à des massacres, avant que ses propres chefs ne tombent victimes de mutineries… Les survivants rejoignent la première colonne aux environs de Zinder. La troisième colonne vient du Congo français (voir page 156) et descend le Chari. La jonction s'opère en avril 1900 à Kousseri, au sud du lac. Les forces françaises réunies vainquent aussitôt celles de Rabah (voir l'encadré), qui est tué.

La conquête du califat de Sokoto. Des forces britanniques, commandées par Frederick Lugard, entreprennent la conquête du califat de Sokoto en 1900. Elles sont bien armées mais peu nombreuses (2 000 à 3 000 hommes) et vont bénéficier de la division de leurs adversaires. Chaque émirat, en effet, réagit isolément : Zaria, en mauvais rapports avec Sokoto, ouvre d'emblée ses portes ; Kano renforce ses défenses, puis cède à l'artillerie en 1903. La même année, à Sokoto même, les avis sont partagés. Certains résistent âprement à l'entrée de la ville. D'autres, dont le calife Attahiru, s'enfuient vers l'est et sont rattrapés au-delà de Bauchi, où ils trouvent une mort héroïque face à l'ennemi. La conquête du Bornou date de 1905. Des îlots de résistance vont substituer sur le plateau de Jos et dans la vallée de la Bénoué jusque vers 1920.

LE TOGO, ALLEMAND PUIS PARTAGÉ

Les Allemands font du Togo la *Musterkolonie* (colonie modèle) de leur empire. Ils en stimulent rapidement l'essor économique (port de Lomé, chemins de fer...) et favorisent les plantations indigènes (cacao, etc.). Les investissements se concentrent toutefois dans le Sud.

Dès août 1914, le Togo, à peine défendu, tombe aux mains des Français et des Britanniques, qui se le partagent (de façon définitive en 1919). Les deux parties du Togo sont placées sous mandat de la SDN (Société des Nations) en 1922. Le Togo britannique est incorporé, en pratique, à la Côte-de-l'Or (et le restera lors de l'accession à l'indépendance du Ghana). Le Togo français conserve au contraire un statut à part, après une tentative de fusion avec le Dahomey dans les années 1930.

L'Afrique occidentale française

L'expansion coloniale française résulte, en grande partie, d'opérations militaires. Les Français ont vaincu et démantelé les États africains : l'empire d'Amadou, celui – en cours de constitution – de Samory, le royaume du Dahomey... (Seul reste en fonction le *naba* de Ouagadougou, avec des attributions de caractère religieux.) Dans les cas où ils avaient passé des traités de protectorat (au Sénégal ou dans le Fouta-Djalon), ils n'ont pas tardé à les dénoncer, sous divers prétextes. Cela leur a permis d'instaurer peu à peu, dans l'ensemble de leurs possessions, un système homogène d'administration directe.

AOF et colonies. Après des hésitations, Paris décide, en 1895, d'instituer une fédération de colonies : l'Afrique occidentale française (AOF), dont l'organisation se stabilise, dans ses grandes lignes, en 1904. Avec pour capitale Dakar, elle comprend alors le Sénégal, le Haut-Sénégal-Niger, la Guinée française, la Côte-d'Ivoire et le Dahomey, auxquelles s'ajoute le territoire militaire du Niger. En 1919, on détache la Haute-Volta (devenant une colonie) du Haut-Sénégal-Niger, qui prend le nom de Soudan français. La Mauritanie forme une colonie distincte au sein de l'AOF à partir de 1920 (voir page 87). La colonie du Niger date de 1922. Le découpage ainsi établi va se perpétuer jusqu'aux accessions à l'indépendance. La Haute-Volta, supprimée en 1933 et partagée entre ses voisins (Côte-d'Ivoire, Soudan français et Niger), sera rétablie en 1947.

L'administration coloniale. Les Français mettent en place une structure hiérarchisée et autoritaire. À la tête de l'AOF, le gouverneur général, installé à Dakar, exerce son autorité sur les gouverneurs des colonies. Chacune de celles-ci est divisée, en moyenne, en une douzaine de cercles. L'immensité même de l'AOF (4 700 000 km^2) fait que les commandants de cercle jouent un rôle essentiel : la politique coloniale est effectivement mise en œuvre à l'échelle de leur circonscription. Chaque commandant s'appuie sur quelques administrateurs. Toute cette superstructure repose sur moins de cinq cents hauts fonctionnaires français. Aux échelons inférieurs se situent les chefs indigènes (de canton et de village) qui, au contact direct de la population, sont chargés de la collecte des impôts, des réquisitions, du recrutement militaire... Cela leur confère du pouvoir, mais aucune garantie de conserver leur position : ils restent les instruments de l'autorité coloniale, désignés par elle et toujours révocables.

L'administration confie à des Africains les emplois subalternes. Nombre d'employés sont recrutés au Sénégal ou dans le sud du Dahomey, où la scolarisation est la plus avancée. Par ailleurs, la force militaire reste composée de « tirailleurs sénégalais » (en fait principalement recrutés au Soudan français), encadrés par des officiers français.

Le statut des indigènes. L'assimilation, souvent présentée comme un objectif de la politique coloniale française, demeure un mythe, du moins jusqu'en 1946. En dehors des natifs des quatre communes du Sénégal (voir page 108), seuls quelques milliers d'Africains obtiennent la citoyenneté française, tant les conditions d'accès sont restrictives. À la masse des Africains s'applique le statut de l'indigénat, inspiré de celui en vigueur en Algérie (voir page 75). Il permet à l'administration de sanctionner les indigènes sans procédure judiciaire, de leur imposer des corvées (travail forcé), etc. Certaines catégories de personnes vont néanmoins échapper à l'indigénat : chefs de canton, fonctionnaires, anciens combattants, titulaires de diplômes.

Les réformes de 1945-1946. En 1944, la conférence de Brazzaville, réunissant des gouverneurs de colonies en présence du général de Gaulle, pose les principes d'une nouvelle politique française envers les peuples d'Afrique. Les Français élisent une Assemblée constituante en 1945. La population de l'AOF y est représentée par dix députés, dont cinq élus par les citoyens et cinq par les non-citoyens (environ 500 000 votants sur une population totale de 16 millions). Parmi les élus figurent notamment Léopold Sédar Senghor (voir page 115) et Félix Houphouët-Boigny (voir page 124), qui vont jouer un rôle de premier plan dans l'élaboration des textes relatifs aux colonies. La Constitution adoptée en 1946 instaure dans chacun des territoires d'outre-mer (TOM, nouvelle dénomination des colonies) une assemblée élue. Elle attribue aussi à chacun d'eux une représentation au Parlement (un à quatre députés par TOM et autant de sénateurs). Par ailleurs, divers textes suppriment l'indigénat, abolissent le travail forcé, ouvrent l'accès à la citoyenneté française, etc.

Fédéralisme ou non. Les élus africains ne revendiquent pas l'indépendance, du moins dans un premier temps, mais prônent une évolution progressive, axée notamment sur l'africanisation des services publics (formation et recrutement de fonctionnaires africains). Ils s'efforcent aussi de s'organiser. En 1946, à Bamako, des représentants des diverses colonies françaises d'Afrique fondent le Rassemblement démocratique africain (RDA), présidé par Houphouët-Boigny.

Après 1950, le débat porte sur le cadre géographique au sein duquel doit se développer l'autonomie politique. Certains, à commencer par Senghor, souhaitent maintenir une structure fédérale à l'échelle de l'AOF, pour éviter une « balkanisation ». D'autres, dont Houphouët-Boigny, se méfient d'une fédération qui perpétuerait le rôle hégémonique de Dakar (et conduirait la Côte-d'Ivoire, TOM le plus riche d'AOF à l'époque, à payer pour les autres.) Le second point de vue prévaut lors de l'adoption de la loi-cadre de 1956, préparée par Gaston Defferre. Elle n'instaure pas d'échelon fédéral mais une très large décentralisation : chaque TOM est doté d'une assemblée élue au suffrage universel (en un collège unique) et d'un conseil de gouvernement, composé de ministres et présidé par le gouverneur.

De la Communauté à l'indépendance. En 1957, la Côte-de-l'Or accède à l'indépendance sous le nom de Ghana (voir page 126). Il devient clair que la loi-cadre de 1956, si novatrice fût-elle, ne va pas assez loin. Revenu au pouvoir en 1958 (voir page 77), le général de Gaulle fait préparer une nouvelle Constitution. Le projet comporte l'instauration d'une Communauté, établissant une union d'États membres dont la France conserve cependant la direction (politique étrangère et de défense, monnaie, etc.). Lors du référendum de septembre 1958, chacun des TOM vote « oui » de façon massive, sauf la Guinée qui, de ce fait, accède aussitôt à l'indépendance (voir page 118). L'instauration de la Communauté aboutit à la disparition de l'AOF.

Les partisans du fédéralisme mettent sur pied la Fédération du Mali, mais elle se réduit dès 1959 aux seuls Sénégal et Soudan français et demande bientôt son indépendance. Les autres États membres font de même dans les mois suivants et tous obtiennent satisfaction en 1960.

La politique coloniale britannique

Colonies et *Indirect Rule*. L'expansion coloniale britannique en Afrique de l'Ouest a connu deux phases : l'une liée aux activités commerciales et à la lutte contre la traite, étalée dans le temps mais limitée dans l'espace et se traduisant par une évolution précoce de la société africaine locale ; l'autre de conquête militaire postérieure à 1895.

De la première phase sont issues les colonies à proprement parler : Freetown et ses environs immédiats, le littoral de la Côte-de-l'Or et Lagos. Dans ces territoires, les Britanniques mettent tôt en place une administration directe, quitte à recruter (davantage que les Français) des fonctionnaires autochtones. Par ailleurs, ils instaurent aux côtés des gouverneurs des conseils législatifs incluant des représentants africains, qui se révèlent des politiciens très actifs. Ces conseils, de compétences restreintes, sont néanmoins conçus comme les embryons d'un *self-government*, fût-il à échéance lointaine.

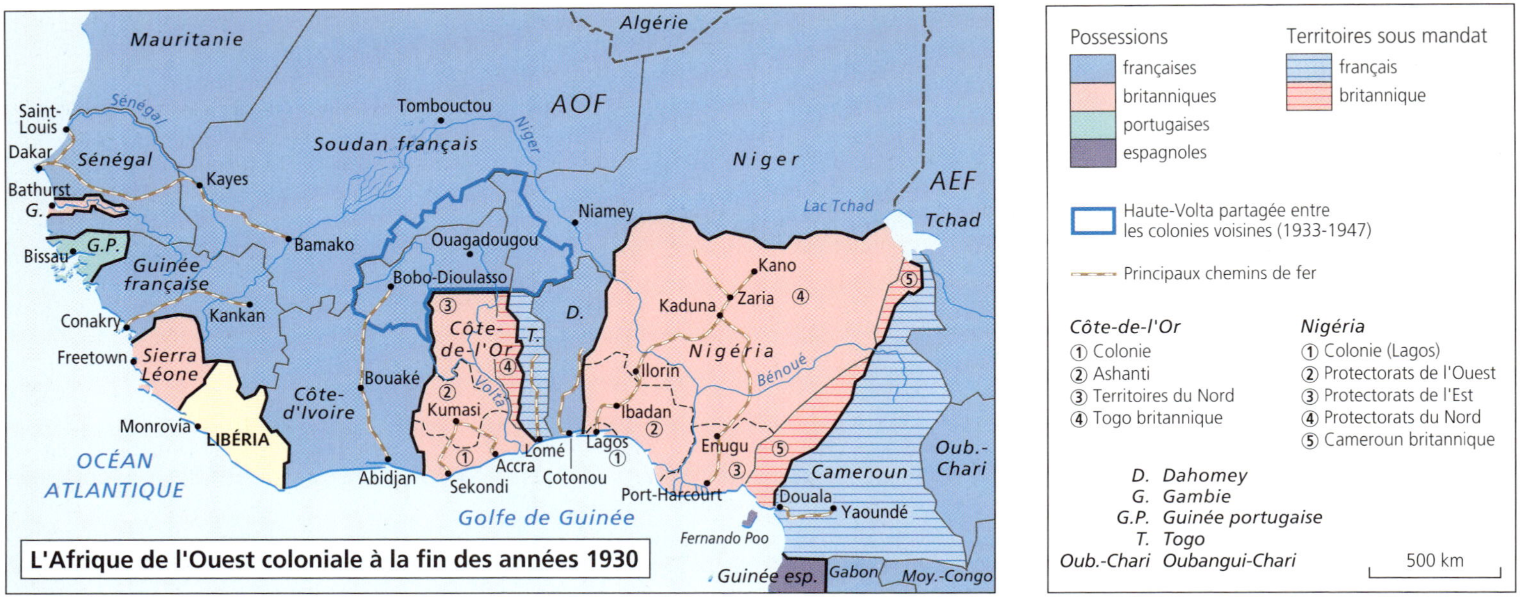

L'Afrique de l'Ouest coloniale à la fin des années 1930

Lorsqu'il conquiert le Nigéria du Nord, Lugard adopte une politique radicalement différente. Sous le nom d'*Indirect Rule* (administration indirecte), celle-ci consiste à préserver, dans toute la mesure du possible, les institutions politiques existantes. Les émirs sont certes placés sous l'autorité britannique, qui leur impose des contraintes majeures (abolition – du moins juridique – de l'esclavage, obligation de rétrocéder la moitié des recettes fiscales, etc.), mais, dans ce cadre, continuent de gouverner. L'agent britannique, aussi puissant soit-il, a le statut de résident auprès de l'émir. Les instances traditionnelles continuent de lever l'impôt selon la loi islamique.

Le système fonctionne si bien, du moins dans le Nigéria du Nord, qu'il prend valeur de modèle. Il n'est toutefois pas transposable partout, car il implique l'existence préalable de structures politiques étoffées et solides. Or, il n'en va ainsi ni dans les sociétés très fragmentées (celles des Ibo) ni dans celles dont les structures politiques traditionnelles se sont effondrées au XIXe siècle (celles des Yoruba).

Pragmatisme britannique. Chaque territoire finit par associer diverses formules. En Sierra Léone, tout l'intérieur a le statut de protectorat (*Indirect Rule* à petite échelle). En Côte-de-l'Or, on distingue trois régions : la colonie (région littorale) ; le pays ashanti, qui conserve son particularisme, du moins de façade ; les Territoires du Nord, où s'applique l'*Indirect Rule*. En 1906 sont institués le protectorat du Nigéria du Nord, gouverné par Lugard, et le protectorat du Nigéria du Sud (s'étendant du pays yoruba au pays ibo), administré avec la colonie de Lagos. On instaure des institutions d'un type particulier (*Native Authorities*) là où l'*Indirect Rule* ne convient pas. En 1914, Lugard obtient que le Nigéria du Nord et le Nigéria du Sud forment une fédération, dont il devient le gouverneur général. Le Sud sera divisé en deux régions, Ouest et Est, en 1939.

L'AFRIQUE DE L'OUEST CONTEMPORAINE

Le Sénégal

En 1959, les « fédéralistes » de l'ex-AOF (voir page 113), dont Léopold Sédar Senghor, instaurent la Fédération du Mali, qui se réduit bientôt à deux États, le Sénégal et le Soudan français (actuel Mali). Elle obtient son indépendance en juin 1960, puis éclate en août quand le Sénégal s'en retire.

La présidence de Senghor. Constamment réélu jusqu'à son retrait volontaire en 1980, Senghor est le chef d'un parti, l'Union progressiste sénégalaise (UPS), dont les origines remontent à 1948. Comme ses prédécesseurs les gouverneurs français, et bien que chrétien lui-même, il sait s'appuyer sur les « marabouts », chefs des confréries musulmanes, qui encadrent depuis des décennies la masse des cultivateurs d'arachide.

Senghor exerce le pouvoir avec fermeté : en 1962, sa rivalité avec le Premier ministre Mamadou Dia, plus marqué à gauche, conduit à la destitution et à la condamnation de ce dernier. En 1966, l'UPS, ayant absorbé les autres partis, devient parti unique. Des troubles marquent la fin des années 1960, notamment parmi les étudiants. En 1970, Senghor confie le poste de Premier ministre à celui qui sera son dauphin, Abdou Diouf. Le climat se détend : Mamadou Dia et d'autres sont libérés en 1974. En 1976, tandis que l'UPS devient le Parti socialiste (PS), deux autres partis sont autorisés : le Parti démocratique sénégalais (PDS) dirigé par Abdoulaye Wade, et le Parti africain de l'indépendance (PAI), communiste. Il s'y ajoute en 1978 un parti de droite, le Mouvement républicain sénégalais (MRS).

De Diouf à Wade. Le 1er janvier 1981, Senghor cède la présidence à Abdou Diouf. Dans les années 1980, les confréries musulmanes (en particulier la Mouridiyya [Mourides], branche de la Qadirriyya, voir page 12) commencent à exercer des pressions sur le gouvernement, en demandant l'introduction de l'éducation religieuse dans l'enseignement public. C'est le point de départ d'un jeu d'influences complexe entre trois forces politiques et sociales : le PS d'Abdou Diouf, les confréries et le PDS d'Abdoulaye Wade. Le PS continue de remporter les élections mais, de plus en plus, se voit accusé de fraudes. En 2000, Abdoulaye Wade, chef de l'opposition par intermittence depuis vingt-cinq ans, finit par remporter l'élection présidentielle. Abdou Diouf s'incline, consacrant ainsi une alternance démocratique. Une nouvelle Constitution est promue en 2001.

> **LÉOPOLD SÉDAR SENGHOR (1906-2001)**
>
> Sérère d'éducation catholique, Léopold Sédar Senghor est reçu au concours d'agrégation de grammaire en 1935. Dans les années 1930, il fréquente à Paris des Antillais,dont le Martiniquais Aimé Césaire, avec lequel il développe le concept de « négritude », qu'il qualifie comme l'« esprit de la civilisation négro-africaine »... Il enseigne en France, tout en étant député du Sénégal à partir de 1945... C'est à la fois un homme politique extrêmement habile – capable d'autoritarisme lorsqu'il accède à la présidence de la République (1960-1980) – et un poète et écrivain de grand talent. Il est élu à l'Académie française en 1983.

La Sénégambie et la Casamance. Enclavée dans le Sénégal, la Gambie fait dès le XIXe siècle figure de bizarrerie. Les Britanniques essaient de l'échanger avec les Français contre d'autres territoires, en vain. Au tout début des années 1960, des tentatives de fusion avec le Sénégal, encouragées par la Grande-Bretagne, tournent court. En 1967, le Sénégal et la Gambie signent néanmoins un accord de coopération, en vertu duquel les forces sénégalaises interviennent en Gambie en 1980, puis en 1981. La même année est instaurée la Confédération de Sénégambie qui sera toutefois suspendue en 1989.

L'enclave de Gambie a aussi pour effet d'isoler la Casamance du reste du Sénégal et d'y favoriser un particularisme qui, à partir de 1983, se traduit par une lutte armée séparatiste, de faible ampleur mais persistante. Elle est notamment le fait des Diola.

La population. Le Sénégal compte 11,6 millions d'habitants, répartis sur un territoire de 196 700 km^2. Les Ouolof forment plus de

Aux couleurs panafricaines s'ajoute une étoile verte dont les significations sont multiples (unité, espoir, ouverture...).

44 % de la population, les Peul 12 %, les Toucouleur 11 %, les Sérère 15 % environ, les Diola 5 % (en Casamance). Parmi les autres peuples figurent des Malinké (dans le Sud-Est) et des Soninké (sur le haut Sénégal).

Bien que le français soit la langue officielle, le ouolof fait fonction de langue véhiculaire dans l'ensemble du pays. Plus de 90 % de la population professe l'islam. Les chrétiens – catholiques – (5 % environ) sont principalement des Sérère et des Diola.

La Gambie

Colonie distincte à partir de 1888, la Gambie ne retient guère l'attention de Londres. C'est avant tout un lieu de culture de l'arachide, où l'on investit peu.

De Jawara à Jammeh. L'autonomie interne date de 1960. La même année, Dawda Jawara fonde le Parti populaire progressiste (PPP) puis, après avoir remporté les élections de 1962, devient Premier ministre. Des négociations en vue d'une union avec le Sénégal n'ayant pas abouti, la Gambie accède à l'indépendance en 1965. En 1967, elle signe néanmoins un traité de coopération avec Dakar. La république est proclamée en 1970 et Jawara en devient le président. Quand des violences éclatent dans la capitale, en 1980, l'armée sénégalaise est appelée à rétablir l'ordre, en vertu des accords de 1967. Il en va de même lors de très graves émeutes, l'année suivante. À la suite de ces événements, la Confédération de Sénégambie voit le jour en 1982, mais, en 1989, des dissensions inciteront le Sénégal à en suspendre l'application.

En 1994, un coup d'État militaire, conduit par un jeune lieutenant, Yahya

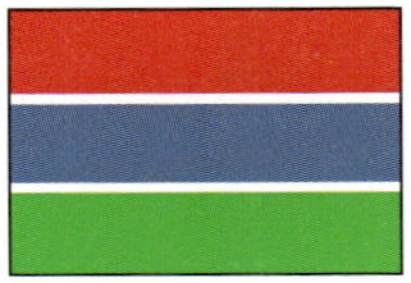

Sur le drapeau de la Gambie, le vert représente le territoire et sa végétation, le bleu le fleuve, le rouge la chaleur et le soleil.

Jammeh, renverse Jawara (qui part en exil au Sénégal). L'année suivante, Jammeh, après s'être engagé à combattre la corruption, promet des élections libres, que ses partisans et lui-même remportent. Il est réélu président en 2001.

La population. La Gambie compte 1 430 000 habitants, répartis sur un territoire de 11 300 km². Les Mandinka (ou Manding), qui appartiennent au groupe des Mandé, sont les plus nombreux (près de 45 %), suivis des Peul (18 % environ), des Ouolof (12 % environ) et des Diola (7 % environ). Ces différentes populations cohabitent sur les deux rives du fleuve.

L'anglais est la langue officielle.

Plus de 90 % des Gambiens sont musulmans. On compte un peu moins de 5 % de chrétiens.

Les îles du Cap-Vert

Quand les Portugais découvrent l'archipel du Cap-Vert, en 1460, il est inhabité. Ils y créent des plantations où travaillent des esclaves amenés des côtes africaines voisines. Les îles deviennent ensuite d'importants relais dans la traite négrière en direction des Amériques. Du XVIIIe siècle jusqu'au milieu du XXe siècle, des périodes de sécheresse entraînant famine frappent l'archipel. De nombreux Capver-

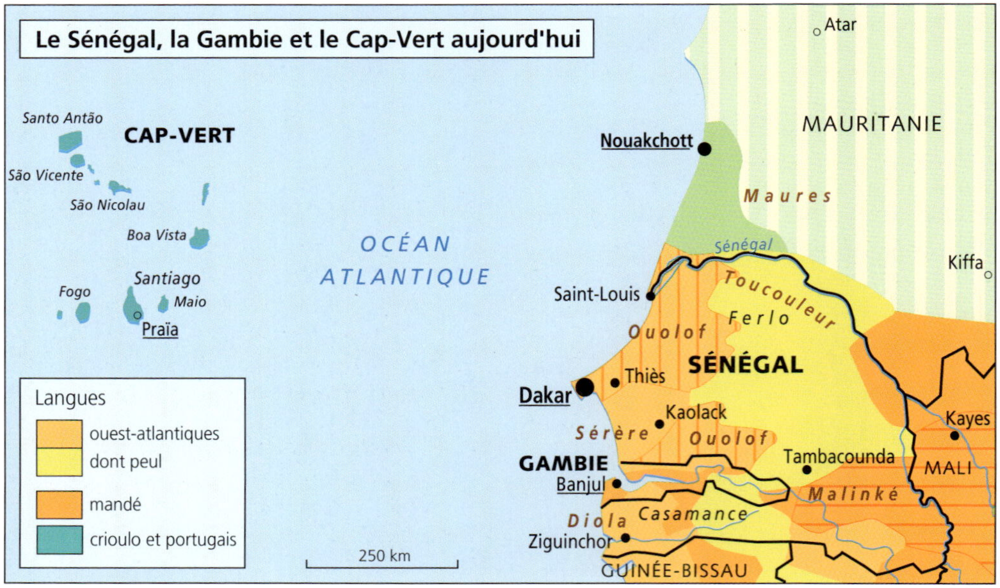

diens migrent vers d'autres possessions portugaises (Guinée, São Tomé, Angola) où ils occupent des postes de cadres administratifs et d'instituteurs. Certains s'embarquent sur des baleiniers américains (c'est l'origine de l'émigration aux États-Unis).

La lutte du PAIGC pour l'indépendance. En 1956, le Capverdien Amilcar Cabral crée en Guinée portugaise le Parti africain pour l'indépendance de la Guinée et du Cap-Vert (PAIGC, voir ci-contre). Aucun mouvement de guérilla, toutefois, ne voit le jour dans l'archipel, pour des raisons à la fois géographiques et politiques (de nombreux Capverdiens ne souhaitent pas rompre avec le Portugal). À la suite de la révolution des Œillets, qui, en 1974, met fin à la dictature salazariste au Portugal, le PAIGC obtient néanmoins que l'archipel accède à l'indépendance, en 1975, sous la présidence de l'un de ses dirigeants, Aristides Pereira. Mais le renversement du frère d'Amilcar Cabral, Luis Cabral, à Bissau (voir ci-contre) conduit à la rupture des liens avec la Guinée-Bissau : en 1981, Pereira instaure le PAICV (Parti africain pour l'indépendance du Cap-Vert). Pereira se maintient à la tête ce parti unique jusqu'en 1991. La Constitution de 1990 ayant instauré le multipartisme, ses adversaires du MPD (Mouvement pour la démocratie) remportent les élections, puis sont à leur tour battus par le PAICV en 2001.

Sur l'ancien drapeau du Cap-Vert, semblable à celui de Guinée-Bissau, le coquillage et les épis de maïs se référaient à la pêche et à l'agriculture. Les dix étoiles figurant sur le drapeau adopté en 1992 correspondent aux îles de l'archipel.

Un certain équilibre. Dotées d'un régime démocratique, les îles du Cap-Vert bénéficient aussi du niveau de vie le plus élevé d'Afrique de l'Ouest – grâce notamment à l'aide alimentaire fournie par l'Europe et les États-Unis et grâce aux revenus redistribués dans l'archipel par les nombreux expatriés (700 000).

La population. Le Cap-Vert compte 510 000 habitants, répartis sur un territoire de 4 000 km². La population se compose de métis (environ 70 % du total), de Noirs africains et de Blancs (1 %). Bien que le portugais soit la langue officielle, tous les Capverdiens s'expriment en un créole du portugais, le crioulo. La quasi-totalité de la population est de tradition catholique.

La Guinée-Bissau

Présents à Cacheu et à Bissau à partir du XVIIe siècle, les Portugais ne s'intéressent vraiment à la Guinée qu'après 1879, date à laquelle ils en font une colonie distincte. (Elle dépendait auparavant des îles du Cap-Vert.) En 1886, une convention avec la France en établit les frontières. Il reste toutefois aux Portugais à conquérir le pays, ce qui nécessite d'innombrables campagnes militaires jusqu'en 1915 (à l'aide de troupes en grande partie capverdiennes). Le régime colonial autoritaire impose aux paysans la culture de l'arachide.

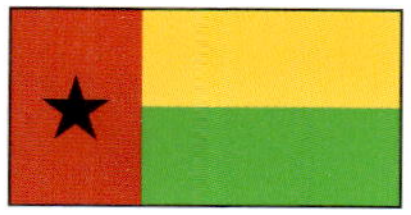

Guinée-Bissau : aux trois couleurs panafricaines s'ajoute une grande étoile noire, symbole du PAIGC.

Le combat d'Amilcar Cabral. En 1956, un Capverdien, Amilcar Cabral, crée en Guinée portugaise le Parti africain pour l'indépendance de la Guinée et du Cap-Vert (PAIGC), d'idéologie marxiste. Le mouvement s'implante chez les animistes (Balante et autres), mais suscite l'hostilité des Peul, que favorisent les Portugais. La guérilla débute dans le Sud en 1963, avec des bases arrière en Guinée. Lisbonne engage dans les combats des forces considérables (près de 20 000 soldats portugais), en vain. La lutte se poursuit malgré l'assassinat d'Amilcar Cabral à Conakry en 1973. L'année suivante, à la suite du changement de régime à Lisbonne, la Guinée-Bissau accède à l'indépendance, sous la présidence de Luis Cabral, frère d'Amilcar.

La Guinée-Bissau indépendante. Dans le contexte très difficile d'un pays ravagé par la guerre, le PAIGC, parti unique, tente d'instaurer un régime socialiste. Par ailleurs, Luis Cabral pousse à une union avec les îles du Cap-Vert, mais il est renversé en 1980 par son Premier ministre, Bernardo João Vieira, un Guinéen de souche. Vieira maintient la domination du PAIGC, tout en prenant ses distances avec le marxisme dès 1986. En 1994 ont lieu les premières élections générales pluralistes, que le PAIGC remporte de justesse.

En 1998, un conflit entre Vieira et le général Ansumane Mané dégénère en guerre civile. Vieira se voit contraint à l'exil en mai 1999. Kumba Yala, chef de l'opposition au PAIGC, est élu président en janvier 2000. Un coup d'État le renverse en 2003. L'année suivante, des élections législatives donnent de nouveau l'avantage au PAIGC.

La population. La Guinée-Bissau compte 1 600 000 habitants répartis sur un territoire de 36 000 km². Les Balante, proches de la côte, forment le groupe ethnique le plus important (environ 25 % de la population). Parmi les autres populations côtières figurent les Manjak ou Manjaco (12 % environ) et les Papel (10 % environ), appartenant au groupe des peuples de langues atlantiques occidentales. À l'intérieur prédominent les Peul (20 %) et les Mandinka ou Manding (11 % environ). Les Bidjogo habitent l'important archipel des Bissago. Le portugais est la langue officielle, un créole portugais (crioulo) faisant fonction de langue véhiculaire.

Plus de 40 % de la population professe l'islam, à commencer par les Peul et les Mandinka. La proportion de chrétiens (catholiques) se situe entre 5 % et 10 %. Les croyances traditionnelles restent très largement répandues.

La Guinée

Dans ce territoire d'outre-mer français, l'exploitation de riches gisements de bauxite, en arrière du littoral, démarre dans les années 1950 et fournira dès lors à la Guinée l'essentiel de ses ressources à l'exportation.

L'indépendance avec Sékou Touré. En 1952, le syndicaliste Sékou Touré (un Malinké qui se prétendra descendant de Samory Touré, voir page 94) devient secrétaire général du Parti démocratique de Guinée (PDG), section du Rassemblement démocratique africain (RDA, voir page 113). Le PDG ayant remporté les élections de 1957, Sékou Touré s'impose à la tête du pays et supprime les chefferies traditionnelles. En 1958, il entraîne les Guinéens à voter « non » lors du référendum portant sur la mise en place d'une Communauté franco-africaine (voir page 113). De ce fait, la Guinée accède aussitôt à l'indépendance, tandis que la plupart des Français repartent avec leurs capitaux.

La Guinée se rapproche alors du Ghana et du Mali (voir page 121) et obtient une aide de l'URSS et des pays de l'Est. En 1962, elle se tourne également vers les États-Unis, qui s'attachent à contrebalancer l'influence soviétique et qui exploitent les mines de bauxite. La Guinée demeure néanmoins très isolée : les relations avec la France ne seront normalisées qu'après 1975.

Le régime s'appuie sur un parti unique, le PDG (dont les principaux dirigeants sont des Malinké), applique le modèle socialiste à l'économie et, à partir de 1968, fait régner la terreur. Un nombre croissant de Guinéens vont se réfugier à l'étranger. Vers la fin des années 1970, néanmoins, Sékou Touré s'efforce d'infléchir sa politique. Il meurt en 1984, lors d'un séjour aux États-Unis.

La Guinée, la Guinée-Bissau, la Sierra Léone et le Libéria aujourd'hui

La IIe République. Peu après la mort de Sékou Touré, l'armée prend le pouvoir et institue le Comité militaire de redressement national (CMRN), présidé par le colonel Lansana Conté (un Soussou). Le nouveau régime, qualifié de IIe République, libère les prisonniers politiques, tandis que 200 000 Guinéens rentrent d'exil. Conté cumule bientôt tous les pouvoirs, déjoue une tentative de coup d'État en 1985, puis se résout à engager des réformes économiques, ce qui provoque des tensions. Les réformes politiques suivent : en 1990, une Loi fondamentale introduit le bipartisme, qui évolue peu après en multipartisme. Conté, à la tête du Parti de l'unité et du progrès (PUP), remporte les élections présidentielle et législatives de 1993, mais l'opposition, au demeurant divisée, en conteste les résultats. Il en va de même en 1998. En 2001, un référendum autorise Conté à se présenter une troisième fois : il est réélu en 2003, l'opposition ayant boycotté le scrutin.

Les principaux partis politiques reflètent la composition ethnique du pays. Le PUP bénéficie du soutien des Soussou et des populations de Guinée-Forestière. Le Rassemblement du peuple de Guinée (RPG) s'appuie sur les Malinké, l'Union pour la nouvelle république (UNR) sur les Peul.

La population. La Guinée compte 9 400 000 habitants, répartis sur un territoire de 245 800 km². La Guinée-Maritime est le domaine des Soussou (environ 15 % de la population totale) et de divers peuples côtiers, tels les Baga. La Moyenne-Guinée correspond au Fouta-Djalon, peuplé de Peuls (environ 35 %) et de Djalonké. La Haute-Guinée, avec pour capitale Kankan, est le pays des Malinké (30 % environ). Enfin, la Guinée-Forestière, aux confins de la Sierra Léone, du Libéria et de la Côte-d'Ivoire, abrite des populations diverses, également présentes dans les pays voisins : Kissi, Guerzé, Toma, etc.

Le français est la langue officielle, bien que Sékou Traoré, après 1968, ait tenté d'en bannir l'usage.

Le drapeau de la Guinée associe les trois couleurs panafricaines.

Les musulmans représentent environ 90 % de la population. La proportion de chrétiens (principalement des catholiques) se situe aux alentours de 1,5 %.

La Sierra Léone

À l'époque coloniale, on distingue la colonie et le protectorat. Dans la première (Freetown et ses environs) dominent les Krio, relativement privilégiés, nombreux dans l'administration. Par ailleurs, la communauté libanaise de Freetown joue un rôle économique de premier plan. Dans le protectorat (tout l'intérieur du pays), soumis à l'*Indirect Rule*, les chefs traditionnels restent en place. À partir de 1947, les Britanniques s'emploient à réunir ces deux entités en un même ensemble politique, en dépit des réticences des Krio. Les chefs du protectorat fondent le Parti du peuple de Sierra Léone (SLPP), dirigé par Milton Margai (un Mendé). Un autre parti, le Congrès de tout le peuple (APC), est fondé par des syndicalistes, sous la conduite de Siaka Stevens (un Limba). Le SLPP ayant remporté les élections de 1951, Margai devient Premier ministre dans le cadre d'un régime d'autonomie interne.

L'indépendance. La Sierra Léone accède à l'indépendance en 1961. À Milton Margai, mort en 1964, succède son frère Albert Margai, qui cherche à réduire les privilèges des Krio. Ces derniers soutiennent alors l'APC, victorieux (de peu) aux élections de 1967. Stevens gouverne de façon autoritaire, alors que la situation économique se détériore et que la tension monte dans la population. Après avoir remporté les élections de 1978, il instaure le parti unique. Les élections de 1982 se déroulent néanmoins dans un climat de violence. En 1985, Stevens, âgé de 80 ans, cède le pouvoir au général Joseph Momoh (un Limba).

La guerre. En 1989, la guerre civile éclate au Libéria (voir page 121). Hostile au gouvernement de Freetown, le chef libérien Charles Taylor suscite, en 1991, la création du Front révolutionnaire uni (RUF), bientôt maître de l'est de la Sierra Léone. En 1992, des militaires renversent Momoh et portent au pouvoir l'un des leurs, le Krio Valentine Strasser. Mais l'armée ne parvient pas à refouler le RUF et le pays sombre dans l'anarchie. En 1996, le général Julius Maada Bio renverse Strasser, puis fait procéder à des élections, remportées par le SLPP : Ahmed Tejan

LES DIAMANTS ET LE RUF

La découverte de diamants en Sierra Léone remonte aux années 1930. Ils sont assez faciles à exploiter, car présents dans des alluvions, de sorte qu'à côté de compagnies européennes de nombreux Africains se sont engagés dans l'aventure. Il en est résulté des tensions dès la fin des années 1950.

L'objectif premier du RUF consistait sans doute à s'emparer des gisements, mais cela n'explique pas le caractère inhabituel du mouvement. Dénué de base éthnique claire ou d'idéologie, il a recouru à la terreur avec une extrême cruauté, en amputant les membres de ses victimes, au nombre de 20 000 environ.

Kabbah (un Mendé) devient président. Il s'appuie sur les Kamajors, milices d'autodéfense constituées à partir de 1992, en pays mendé notamment.

En 1997, une junte militaire renverse Kabbah, qui s'enfuit en Guinée. Des combats éclatent à Freetown, livrée au pillage et à la terreur, tandis que le départ des Libanais plonge l'économie dans le chaos. Deux coalitions s'affrontent : d'un côté, la junte, alliée au RUF ; de l'autre, les partisans de Kabbah, soutenus par l'Ecomog (Force ouest-africaine d'interposition, conduite par le Nigéria). En 1998, l'Ecomog prend Freetown, où Kabbah revient, mais la guerre ne cesse pas. La mission militaire (Minusil) que l'ONU envoie au début de 2000 manque de moyens, de sorte que le RUF attaque de nouveau Freetown. Les Britanniques interviennent alors directement et contribuent au renforcement de la Minusil. La guerre civile prend fin en 2001. Kabbah est réélu président en 2002.

La population. La Sierra Léone compte 5 500 000 habitants, répartis sur un territoire de 71 000 km^2 (voir la carte page 118). Les Mendé, dans le Sud, forment près de 35 % de la population. Les Temné, dans le Nord-Ouest, sont un peu moins nombreux (32 % environ). Parmi les autres populations figurent les Limba (8 %), dans l'Extrême Nord, les Kono (5 %), à l'est, les Bullom et les Sherbro, sur la côte, les Koranko (3,5 %), au nord-est, ainsi que des Peul, dispersés à l'intérieur du pays. Les Krio, concentrés à Freetown, forment moins de 2 % du total (et sont pour la plupart chrétiens).

L'anglais est la langue officielle, le krio (créole de l'anglais) servant de langue véhiculaire.

Les musulmans, qui représentent 40 % de la population, prédominent dans le Nord et l'Est. On compte 8 % de chrétiens, pour les trois quarts protestants. Les croyances traditionnelles continuent de jouer un rôle important dans la société.

Sierra Léone : le vert représente le pays et son agriculture, le blanc la paix et la justice, le bleu l'océan.

Le Libéria

En 1847, les esclaves libérés venus des États-Unis et installés à Monrovia (ainsi nommée en l'honneur du président américain James Monroe) adoptent une Constitution (excluant les indigènes de la citoyenneté) et proclament l'indépendance de la république du Libéria. Celle-ci est aussitôt reconnue par les principales puissances (sauf les États-Unis, qui attendent 1862). En 1857, le Libéria incorpore un autre établissement du même type, Harper, proche du cap des Palmes, et prend ainsi sa configuration actuelle. Ses frontières résultent d'accords avec la Grande-Bretagne (1885) et avec la France (1892 et 1910). Les Libéro-Américains sont au nombre de 22 000 à la fin du siècle.

La république n'a guère de ressources, aussi recourt-elle à des expédients : traite à peine déguisée de Noirs autochtones en direction de l'île de Fernando Poo (actuelle Bioko), emprunts à l'étranger... En 1926, elle attribue à la société américaine Firestone une concession de 400 000 hectares pour des plantations d'hévéa. Les revenus ainsi perçus permettent d'équiper l'armée libérienne, qui prend effectivement le contrôle de l'intérieur du pays dans les années 1930. La société n'en demeure pas moins de type colonial : les Libéro-Américains forment une aristocratie qui monopolise le pouvoir et la richesse.

De Tubman à Tolbert. Après 1945, plusieurs sociétés américaines investissent au Libéria. Des mines de fer sont mises en exploitation dans les années 1950-1960. Il en résulte une relative prospérité, dont William Tubman, devenu président en 1944, tire parti pour entreprendre l'intégration des autochtones. Ces derniers obtiennent le droit de vote en 1963 mais, à la même époque, les ouvriers des plantations et des mines déclenchent des grèves. En 1966, Tubman se fait attribuer des pouvoirs exceptionnels, puis meurt en 1971. Il a pour successeur William Tolbert, sous la présidence duquel s'aggravent la corruption et le népotisme, déjà caractéristiques de l'époque de Tubman.

Le régime militaire. En 1980, un coup d'État militaire porte au pouvoir le sergent-chef Samuel K. Doe (un Krahn). Tolbert est assassiné, après quoi treize anciens ministres sont exécutés. Le nouveau régime (dominé par des Krahn) se montre incompétent et autoritaire, même si, sous la pression des États-Unis, il finit par adopter une façade constitutionnelle. Tandis que la situation économique se dégrade, les oppositions montent. En 1985, une tentative de coup État échoue, fomentée par des Gio et des Mano originaires de la région du mont Nimba. L'armée s'y livre aussitôt à de féroces représailles. Des conjurés se regroupent ensuite sous l'autorité de Charles

Taylor (un Gio), qui fonde le Front national patriotique du Libéria (NPFL).

La guerre civile. Le NPFL déclenche une insurrection dans le Nord en 1989. Dès la mi-1990, il contrôle la plus grande partie du pays, à l'exception de Monrovia. Doe meurt assassiné. C'est alors que l'Ecomog (voir page 120) intervient, privant Taylor d'une victoire quasiment acquise. En 1992, le NPFL lance contre Monrovia une attaque massive, mais échoue. L'ONU décrète ensuite un embargo sur les armes, qui pénalise surtout le NPFL. De surcroît, l'Ecomog reprend le contrôle de la région côtière, de Monrovia à Buchanan. Dès lors, le conflit s'enlise, entrecoupé d'accords de paix non tenus. Tout l'intérieur est aux mains de seigneurs de la guerre (Taylor et d'autres) qui exacerbent les rivalités ethniques. En 1996, la guerre fait rage à Monrovia même. La même année, le Nigéria parvient à imposer un accord prévoyant un cessez-le-feu et des élections libres. Elles ont lieu en 1997 et se traduisent par une large victoire de Taylor (75 % des suffrages). À cette date, la guerre a fait quelque 200 000 morts et entraîné la fuite de 2,5 millions de Libériens.

En 2001, les LURD (Libériens unis pour la reconstruction et la démocratie), agissant depuis les frontières nord et ouest, lancent l'offensive contre les forces gouvernementales. Le Model (Mouvement pour la démocratie au Libéria), puissant chez les Krahn, s'insurge à son tour en 2003. Taylor doit quitter le pays la même année. La Mission des Nations unies pour le Libéria (Minul) supervise ensuite un programme de désarmement, non sans difficultés.

Le drapeau libérien est à l'évidence inspiré du drapeau américain. Les onze bandes se réfèrent aux onze signataires de la déclaration d'indépendance (1847).

La population. Le Libéria compte 3 300 000 habitants, répartis sur un territoire de 111 000 km^2 (voir la carte page 118). On compte une vingtaine d'ethnies, qui se répartissent en quatre groupes linguistiques. Du groupe krou (sud et est du pays) relèvent les Bassa (près de 15 % de la population), les Grébo (près de 10 %), les Krou proprement dits (ou Klaoh), les Krahn et d'autres encore. Le groupe mandé du Nord inclut les Kpellé ou Guerzé (environ 20 % de la population), au nord-est de Monrovia, et les Vaï, dans l'Extrême Ouest. Au groupe mandé du Sud appartiennent les Gio (ou Dan) et les Mano (au total, environ 15 % au total), dans la région du mont Nimba. Les Gola, dans l'ouest, relèvent du groupe ouest-atlantique. Les Libéro-Américains forment moins de 3 % de la population.

L'anglais est la langue officielle.

Les affiliations religieuses sont très mal connues. Les chrétiens forment peut-être la moitié de la population, les musulmans moins de 20 %.

Le Mali

Modibo Keita, natif de Bamako, prend la tête de la vie politique au Soudan français après 1945. Il s'appuie sur l'Union soudanaise (US), section du Rassemblement démocratique africain (RDA) fondé à Bamako en 1946 (voir page 113). En 1959, le Soudan se trouve au centre de tentatives de mise en place d'une fédération avec, d'un côté, le Sénégal, de l'autre, la Haute-Volta et le Dahomey. Mais ces deux derniers renoncent et seuls le Soudan et le Sénégal forment la Fédération du Mali, indépendante en juin 1960. Les relations entre Modibo Keita et Léopold Sédar Senghor (voir page 115) se tendent toutefois si vite que la fédération éclate en août suivant. Le Soudan ex-français conserve le nom de Mali.

Le régime socialiste de Modibo Keita. En tant que président de la République du Mali, Modibo Keita gouverne de façon autoritaire : l'US-RDA devient, en pratique, un parti unique. Il engage une politique d'édification du socialisme : création de sociétés d'État, organisation de coopératives agricoles, nationalisation des banques… Au bout de quelques années, l'échec de l'expérience devient patent : à la bureaucratisation de l'économie s'ajoute une forte inflation. Face à un mécontentement grandissant de la population, le régime renforce son caractère autoritaire : Modibo Keita dissout l'Assemblée nationale en 1968. La même année, un coup d'État militaire le renverse. Mis en détention, Modibo Keita mourra en 1977.

La dictature de Moussa Traoré. Le Comité militaire de libération nationale (CMLN), dirigé par le lieutenant Moussa Traoré (originaire de Kayes), promet une libéralisation politique, mais celle-ci se fait attendre. Le système du parti unique, maintenu, s'incarne dans l'Union démocratique du peuple malien (UDPM), fondée en 1979. Moussa Traoré est élu président. Le nouveau régime affronte de graves difficultés, dues notamment à la sécheresse qui sévit dans le Sahel après 1970. En

1981, l'UDPM engage la libéralisation de l'économie (suppression de nombreuses sociétés d'État, etc.) mais, ce faisant, le régime se heurte aux syndicats, puissants chez les fonctionnaires, tandis que les étudiants manifestent leur mécontentement. À la fin de 1985, le conflit frontalier avec le Burkina Faso suscite une mobilisation nationaliste intense et offre au régime un répit.

La démocratisation. Après la répression violente de manifestations en faveur de la démocratie, une junte militaire renverse Moussa Traoré en 1991. Le Comité de transition pour le salut du peuple (CTSP), présidé par le général Amadou Toumani Touré, restaure le multipartisme. L'Alliance pour la démocratie au Mali (Adema), qui s'était opposée à Traoré, remporte les élections générales de 1992. Son fondateur, Alpha Oumar Konaré, réputé intègre et très respecté, est élu président. Non sans rencontrer des difficultés, en particulier avec les Touareg (voir l'encadré), il parvient à maintenir un régime relativement démocratique. En 2002, conformément à la nouvelle Constitution, il renonce à la Présidence. Le général en retraite Amadou Toumani Touré est élu à sa succession, consacrant la première alternance démocratique du pays. Konaré sera élu à la présidence de l'Union africaine (ex-OUA) en 2003.

La population. Le Mali compte 13,5 millions d'habitants, répartis sur un territoire de 1 240 000 km². Le groupe mandé (qui représente la moitié de la population) se subdivise en Bambara (un tiers environ du total à eux seuls), en Malinké et en Soninké. Les Peul (15 % environ) demeurent les plus nombreux dans le Macina (delta intérieur du Niger). Les Sénoufo (12 % environ), du groupe voltaïque, sont concentrés dans la région de Sikasso. Les

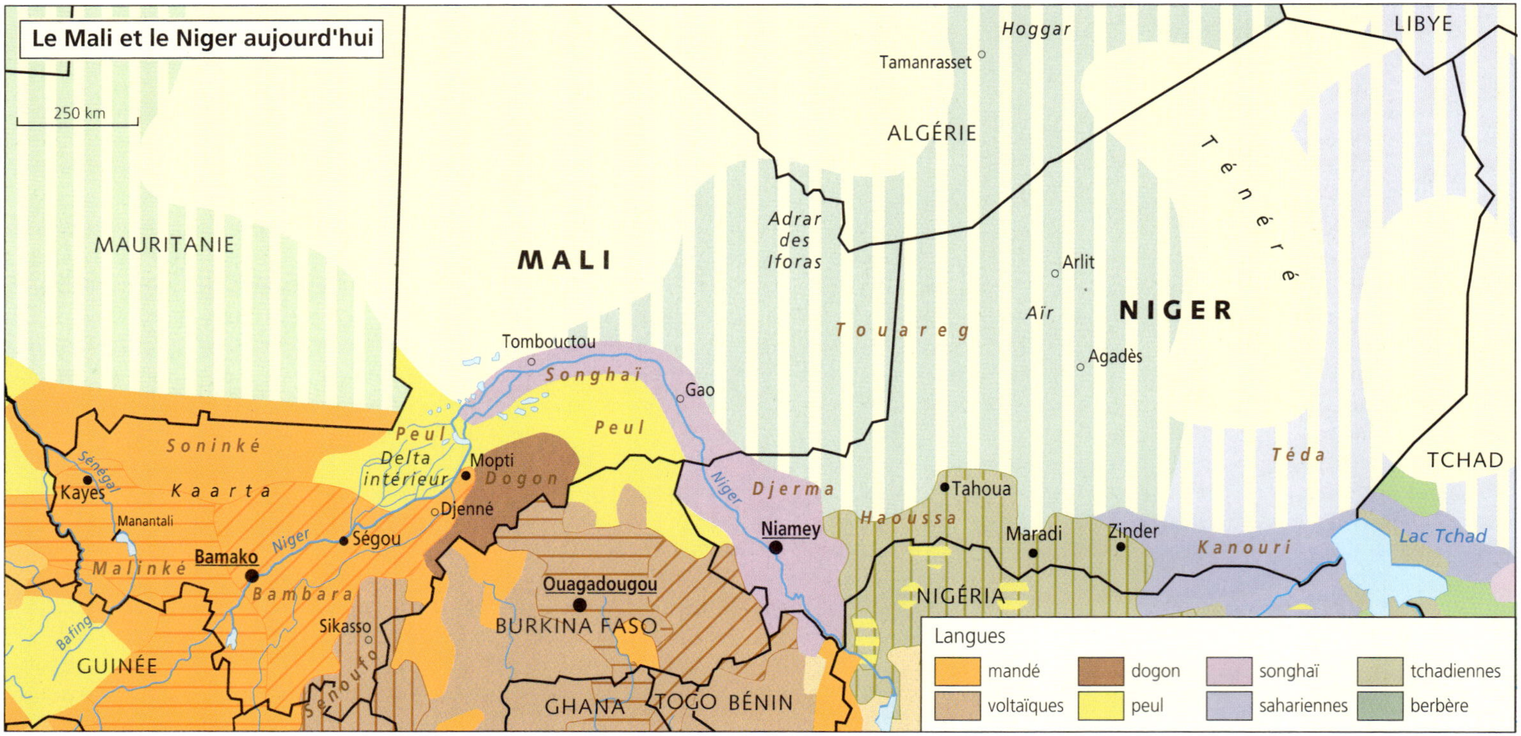

LES TOUAREG

Les Touareg sont des éleveurs nomades de langue berbère, aujourd'hui répartis entre le Niger, le Mali et l'Algérie (où ils sont peu nombreux) ; de petits groupes vivent aussi en Libye et au Burkina Faso. Leur nombre se situerait entre 800 000 et un million de personnes. Convertis à l'islam, mais le pratiquant de façon particulière, ils ont conservé leur langue (tamacheq) et leur écriture (tifinagh). Celle-ci, dont l'origine remonte au IIe siècle, n'a guère d'autre usage que les lettres d'amour et la poésie. Les Touareg forment, traditionnellement, une société à la fois matrilinéaire et très hiérarchisée : chefs de confédération, nobles guerriers, vassaux et serfs (éleveurs de bétail), captifs (descendants des Noirs razziés). Ils sont répartis en huit confédérations : Kel Ahaggar (Tassili du Hoggar) et Kel Ajjer (Tassili des Ajjer), en Algérie ; Kel Aïr, Kel Gress et Ioullimiden Kel Dinniq, au Niger ; Ioullimiden Kel Ataram, Kel Adrar (Adrar des Iforhas) et Kel Tademekkat, au Mali.

Ces « hommes libres » ont longtemps résisté à la progression des Français dans le Sahara et ne se sont inclinés qu'au début du XXe siècle. Le régime colonial a affaibli les nobles guerriers (privés de leurs activités d'antan…) au bénéfice des éleveurs. Le traumatisme majeur date toutefois des accessions à l'indépendance : les Touareg, qui avaient établi de bonnes relations avec les militaires français du Sahara, ont alors été marginalisés dans des États qui ne se souciaient pas d'eux. De surcroît, après 1970, la sécheresse a décimé leur seule ressource : le bétail.

Révoltes et accommodements. Tant au Niger qu'au Mali, des insurrections de Touareg éclatent en 1990. Au Niger, les combats se poursuivent jusqu'en 1994, après quoi un accord provisoire (1995) débouche sur un accord de paix définitif (1998). Au Mali, un premier accord, en 1992, ne suffit pas à ramener le calme. Des Touareg attaquent Gao en 1994, ce qui incite les Songhaï à s'organiser en milice… Dès l'année suivante, toutefois, des éléments modérés, de part et d'autre, parviennent à un accord à Tombouctou. Dans les deux pays, les Touareg obtiennent ce qu'ils demandaient : une relative autonomie politique et leur part d'aides publiques. Mais il est clair que leur mode de vie nomade n'a plus guère d'avenir.

Songhaï (7 % environ), de langue nilo-saharienne, vivent dans la vallée du Niger, de part et d'autre de Tombouctou et de Gao. Les Touareg (7 % environ) évoluent dans la même région et plus au nord, dans le Sahara (voir l'encadré). Enfin les Dogon (5 %) forment une population à part (voir page 91).

Le français est la langue officielle, mais le bambara tend à devenir la langue véhiculaire dans tout le pays.

Le drapeau malien reprend les couleurs panafricaines.

De 80 % à 90 % de la population professe l'islam (chez les Bambara, Dogon et Sénoufo, les cultes et traditions animistes sont encore très vivants). Les chrétiens sont très peu nombreux (moins de 2 %).

Le Burkina Faso

L'administration coloniale française tend à considérer la Haute-Volta, dont la population est relativement dense, comme un réservoir de main-d'œuvre pour la Côte-d'Ivoire, très souvent recrutée sous la contrainte. Le chemin de fer dit « Abidjan-Niger », qui atteint Bobo-Dioulasso en 1934, puis Ouagadougou en 1954, facilite l'« émigration » vers la Côte-d'Ivoire et le Ghana. Après 1946, le Rassemblement démocratique africain (RDA), dirigé par Ouezzin Coulibaly, devient la principale force politique du pays. Maurice Yaméogo, successeur de Coulibaly, remporte les élections de 1959. La Haute-Volta accède à l'indépendance en 1960.

De Yaméogo à Lamizana. Yaméogo, qui s'appuie sur l'Union démocratique voltaïque (UDV), nouvelle dénomination du RDA, est réélu en 1965, mais son autoritarisme suscite un mécontentement grandissant. En 1966, à la suite d'un vaste mouvement de grève, l'armée intervient et porte au pouvoir le colonel Sangoulé Lamizana. Les militaires, en adoptant des mesures d'austérité, parviennent à redresser la situation économique. La Constitution de 1970 marque un retour au régime parlementaire, mais le général Lamizana conserve la réalité du pouvoir. Les militaires ayant mis fin à l'expérience parlementaire dès 1974, les syndicats deviennent la principale force d'opposition. En 1977, une nouvelle Constitution instaure un régime présidentiel. Lamizana est réélu président. Les grèves et manifestations s'amplifient néanmoins, ce qui incite l'armée à intervenir de nouveau. Trois coups d'État se succèdent : celui du colonel Sayé Zerbo en 1980, celui du commandant Jean-Baptiste Ouédraogo en 1982 et celui du capitaine Thomas Sankara en 1983.

De Sankara à Compaoré. Le troisième coup d'État diffère des précédents : sanglant, il est l'œuvre de jeunes officiers révolutionnaires qui entendent rénover la société en profondeur. En 1984, la Haute-Volta devient une république démocratique et populaire et prend le nom de Burkina Faso (« Patrie des hommes intègres »). Le nouveau régime procède à des purges dans l'armée, réorganise l'administration, s'attaque aux privilèges des chefs traditionnels et des propriétaires terriens, à certaines pratiques traditionnelles comme l'excision, etc. Ce faisant, Sankara s'attire la faveur populaire et des jeunes, mais heurte les élites. Après la guerre contre le Mali (à la fin de 1985), qui ressoude un temps la nation, des dissensions apparaissent au sein de l'équipe dirigeante. En 1987, un groupe d'officiers renverse Sankara et le tue.

Le capitaine Blaise Compaoré, devenu chef de l'État, engage une politique de « rectification » (des erreurs de Sankara). En 1991, il fait adopter une nouvelle Constitution, instaurant théoriquement le multipartisme mais, la même année, il est seul candidat à l'élection présidentielle. Il est réélu en 1998. Les élections législatives de 2002 témoignent d'une certaine ouverture : le parti présidentiel (Congrès pour la démocratie et le progrès) n'obtient que 57 sièges sur 111. La crise ouverte en septembre 2002 en Côte-d'Ivoire (voir page 125) conduit à une tension entre le Burkina et ce pays, où vivent alors trois millions de Burkinabé.

Le drapeau de la Haute-Volta évoquait les trois grands cours d'eau du pays : la Volta Noire, la Volta Blanche et la Volta Rouge. Le drapeau du Burkina, adopté en 1984, reprend les couleurs panafricaines.

La population. Le Burkina Faso compte 13,2 millions d'habitants, répartis sur un territoire de 274 000 km^2 (voir la carte page 127). Les Mossi forment près de la moitié de la population. Parmi les autres populations voltaïques (environ 22 % du total) figurent les Gourounsi, les Lobi et les Sénoufo, dans le Sud et le Sud-Ouest, et les Gourmantché dans l'Est. Du groupe mandé (environ 16 %) relèvent notamment les Bobo, de la région de Bobo-Dioulasso. L'extrême nord du pays est habité par des Peul (environ 8 %).

Le français est la langue officielle. Le more, langue des Mossi, sert de langue véhiculaire.

Il semble que plus de 40 % de la population professe un islam teinté d'animisme. On évalue la proportion de chrétiens à 12 %, pour les trois quarts catholiques. Le reste de la population demeure adepte des croyances traditionnelles.

La Côte-d'Ivoire

À l'époque coloniale, des résidents français possèdent d'importantes plantations (café, cacao, bananes) en Côte-d'Ivoire (et recourent au travail forcé jusqu'à son abolition en 1946). Dans ce contexte débute la carrière politique de Félix Houphouët-Boigny (1905-1993). Né à Yamoussoukro, ce fils de chef baoulé fait des études à Dakar et devient planteur de cacao. Il fonde en 1944 le Syndicat agricole africain (association de planteurs), lequel forme l'année suivante le noyau du Parti démocratique de Côte-d'Ivoire (PDCI). En 1946, le PDCI participe à la création, à Bamako, du Rassemblement démocratique africain (RDA, voir page 113), dont Houphouët est élu président.

Houphouët défend avec succès les intérêts des planteurs africains, qui recrutent de la main-d'œuvre immigrée venue du Nord (Haute-Volta, Soudan français). La Côte-d'Ivoire est alors la colonie la plus riche d'AOF. En tant que député, Houphouët joue un rôle important au Parlement, à Paris, et devient membre du gouvernement français à deux reprises (1956 et 1958).

Le « miracle ivoirien ». Élu président de la République en 1960, Houphouët sera réélu tous les cinq ans jusqu'en 1990. Au début des années 1960, il écarte ses rivaux au sein du PDCI, qui devient le parti unique, et concentre le pouvoir entre ses mains. L'agriculture, principale richesse du pays, repose surtout sur le cacao et le café, cultivés par de très nombreux petits planteurs. L'essor spectaculaire de ces productions, dans les années 1960 et 1970, finance le « miracle ivoirien » : la Côte-d'Ivoire acquiert une nette avance sur ses voisins dans divers domaines (taux de scolarisation, réseau routier, politique sociale, caisse de compensation pour régulariser le prix du cacao, etc.). Simultanément, de très nombreux travailleurs immigrés, venus du Mali et de Haute-Volta, continuent de s'installer dans le pays. À partir de 1978, toutefois, la chute des cours mondiaux entraîne des difficultés, qui ne cessent de s'aggraver au cours des années 1980, de même que s'alourdit la dette extérieure. Houphouët continue de gouverner d'une main de fer. En 1983, il élève sa ville natale, Yamoussoukro, au rang de capitale du pays.

La contestation éclate en 1990 : grève des fonctionnaires, manifestations d'étudiants… Sous la pression de la rue (et des bailleurs de fonds), Houphouët cède du terrain, en autorisant les partis d'opposition. Il n'en est pas moins réélu pour un septième mandat, avec 85 % des voix, après quoi le PDCI remporte les élections législatives. Alassane Ouattara est nommé Premier ministre.

La question de l'« ivoirité ». À la mort d'Houphouët, en 1993, le président de l'Assemblée nationale, Henri Konan Bédié, s'autoproclame président. Il fait adopter des dispositions de défense de l'« ivoirité » : ne peuvent être candidats aux élections que les citoyens de père et de mère ivoiriens. Ces mesures excluent 30 % de la population, dont Ouattara (né en Côte-d'Ivoire de parents réputés voltaïques). Bédié et le PDCI remportent ainsi les élections de 1995, tandis que la Côte-d'Ivoire s'enfonce dans la crise économique et les tensions entre communautés. En 1999, un coup d'État militaire porte au pouvoir le général Robert Gueï. L'année suivante, Laurent Gbagbo remporte l'élection présidentielle aux dépens de Gueï, Ouattara demeurant écarté du scrutin. La rébellion qui éclate en septembre 2002 contrôle bientôt la moitié nord du pays. Elle est animée par des militaires originaires du Nord, hostiles à Gbagbo, désormais champion acerbe de l'« ivoirité ». D'autres mouvements rebelles naissent dans l'Ouest, où interviennent des éléments armés venus du Libéria. Non sans réticences, Gbagbo fait appel à des troupes françaises pour s'interposer (opération *Licorne*). En 2003, l'entremise de la France et du Ghana conduit à de laborieux compromis, mais la situation reste très tendue.

La population. La Côte-d'Ivoire compte 18 200 000 habitants, répartis sur un territoire de 322 000 km² (voir la carte page 127). La population se compose de quatre groupes principaux, auxquels s'ajoutent les descendants d'immigrés (environ 40 % de la population du pays). Le groupe akan (environ 25 % de la population totale) inclut les Baoulé, dans le Centre, et les Agni, dans le Sud-Est. Du groupe mandé (20 % environ) relèvent les Malinké, dans le Nord-Ouest, et les Dan (ou « Yacouba »), à l'ouest. Le groupe krou (15 % environ) inclut les Bété, dans le Sud-Ouest. Le groupe voltaïque (15 % environ) inclut les Sénoufo, dans le Nord, et les Lobi et Koulango, dans le Nord-Est.

Côte-d'Ivoire : l'orangé symbolise la savane du Nord, le blanc la paix et l'unité, le vert la forêt du Sud.

Le français est la langue officielle.

Les proportions d'adeptes des différentes religions sont mal connues. Pour les musulmans, nombreux dans le Nord, elle varie, selon les estimations, de 25 % à plus de 35 %. Quant aux chrétiens (majoritairement des catholiques), elle se situe entre 15 % et plus de 25 %.

Le Ghana

Dans l'entre-deux-guerres et après 1945, la Côte-de-l'Or (possession britannique) est la colonie la plus prospère d'Afrique occidentale. Elle le doit en particulier au cacao, dont elle assure le tiers de la production mondiale en 1950. La culture du cacaoyer se concentre dans le pays ashanti, où s'est constituée une bourgeoisie de quelque trente mille planteurs africains. Un office de commercialisation (Marketing Board) met le cacao sur le marché et régularise les prix. Par ailleurs, la population de la zone littorale bénéficie d'un taux de scolarisation élevé, surtout après 1945.

Vers l'indépendance. La Constitution de 1948 accorde une majorité de sièges aux autochtones au sein du Conseil législatif. La vie politique reste alors dominée par la Convention unie de la Côte-de-l'Or (UGCC), regroupant des planteurs et des intellectuels anglicisés, plutôt conservateurs. À la suite de grèves ouvrières en 1948, Kwame Nkrumah, un Fanti, quitte l'UGCC et fonde, en 1949, le Parti de la convention du peuple (CPP), qui recrute dans le prolétariat urbain et la petite bourgeoisie. En 1950, il lance une campagne de désobéissance civile et se retrouve en prison. Une nouvelle Constitution ayant été adoptée, les élections de 1951 voient triompher le CPP. Nkrumah devient Premier ministre. Tandis qu'une opposition de droite s'organise, sous la conduite de Kofi Abrefa Busia (un Ashanti), Nkrumah collabore avec les Britanniques, en renforçant l'équipement du pays grâce aux fonds du Marketing Board. Aux élections de 1956, le CPP remporte les trois quarts des sièges. Il ne reste aux Britanniques qu'à accorder l'indépendance en 1957. Le pays prend alors le nom de « Ghana », emprunté au premier grand État d'Afrique de l'Ouest (voir page 90).

L'échec politique de Nkrumah. Une nouvelle Constitution, en 1960, fait du Ghana une république, dont Nkrumah est élu président. À l'extérieur, celui-ci mène une politique innovatrice fondée sur le non-alignement et le panafricanisme. Il manifeste, en revanche, moins d'aptitudes dans le domaine économique : sa stratégie de « développement rapide » dilapide les ressources du Marketing Board, tandis que des projets grandioses, tel le barrage d'Akosombo (retenue d'eau de plus de 8 000 km² sur la Volta), n'ont qu'un impact économique limité. De surcroît, le régime devient de plus en plus autoritaire (instauration du parti unique en 1964) et personnel (culte de l'Osagyefo, le « Rédempteur » ou le « Chef victorieux »). En 1966, alors qu'il est en visite en Chine, l'armée s'empare du pouvoir et forme un Conseil de libération nationale. Nkrumah se réfugie en Guinée (et mourra à Bucarest en 1972).

Les IIe et IIIe Républiques. Les militaires ne parviennent pas à sortir le pays du marasme et décident, en 1969, de rendre le pouvoir aux civils. Les élections générales du mois d'août donnent la victoire au Parti du progrès de Kofi Abrefa Busia, qui devient Premier ministre, tandis qu'est proclamée la IIe République. Mais K. A. Busia ne parvient pas plus que ses prédécesseurs à relancer l'économie et fait la part trop belle aux Ashanti. Les militaires reprennent le pouvoir en 1972, sous la direction du général Ignatius Kutu Acheampong. La situation devient critique, marquée par des famines. Une Assemblée constituante, réunie en 1978, élabore une nouvelle Constitution (IIIe République) et prévoit des élections.

Le drapeau ghanéen reprend les couleurs panafricaines. L'étoile noire, voulue par Nkrumah, symbolise la liberté de l'Afrique.

En 1979, de jeunes officiers, conduits par le capitaine d'aviation Jerry John Rawlings (né à Accra en 1947), procèdent à un coup d'État d'inspiration révolutionnaire. Ils font exécuter des généraux (dont Acheampong), mais n'annulent pas les élections prévues, qui sont remportées par le Parti national du peuple (PNP) de Hilla Limann, élu président. Celui-ci se montre peu efficace, tandis que grandit la popularité de Rawlings.

Le Ghana de Rawlings. Rawlings reprend le pouvoir en 1981, suspend la Constitution, interdit les partis politiques et institue un Conseil national provisoire de défense. En dépit de son style révolutionnaire, Rawlings parvient enfin à remettre l'économie ghanéenne sur pied, en rétablissant la confiance (à l'intérieur et à l'extérieur) et en réduisant les dépenses publiques. Il entend également restaurer l'État.

En 1992, une nouvelle Constitution rétablit le multipartisme. La même année, Rawlings remporte haut la main l'élection présidentielle. L'opposition, contestant la régularité du scrutin, boycotte les législatives, ce qui assure la suprématie du Congrès national démocratique (NDC) de Rawlings. La IVe République est proclamée en 1993. Rawlings, réélu en 1996, ne se représente pas en 2000, conformément à la Constitution. Son successeur à la tête du NDC, John Atta Mills, a pour concurrent John Agyekum Kufuor, chef du Nouveau parti patriotique (NPP). Kufuor l'emporte de justesse.

La population. Le Ghana compte 22 millions d'habitants, répartis sur un territoire de 238 000 km². Le groupe des Akan, qui forme un peu plus de la moitié de la population, comprend les Akan proprement dits (Fanti sur la côte, Ashanti à l'intérieur) et des peuples apparentés : Abron (au nord des zones peuplées par les Ashanti), Anyi et Nzima (dans le sud-ouest du pays).

Dans le Sud-Est se situent des Ewe (12 % environ de la population), également présents au Togo, et les Gã-Adangmé (8 % environ), aux alentours d'Accra.

Le Nord est le domaine de populations de langues voltaïques, dont les Dagomba et les Mamprusi (15 % environ au total), très proches des Mossi du Burkina Faso.

L'anglais est la langue officielle. À Accra et dans le Sud en général, le twi (un dialecte akan de l'est du pays ashanti) sert de langue véhiculaire.

D'une façon approximative, les chrétiens (60 % à 65 % de la population) se répartissent en 45 % de protestants, 30 % de catholiques et 25 % de fidèles d'Églises autochtones. La proportion de musulmans se situe aux alentours de 15 %, en majorité dans le Nord. Les 20 % à 25 % restants sont adeptes des croyances traditionnelles.

Le Togo

Le Togo passe sous la tutelle des Nations unies en 1946. Divers partis se forment : le Comité d'unité togolaise (CUT) de Sylvanus Olympio (1902-1963), un Ewe de Lomé, le Parti togolais du progrès (PTP) de Nicolas Grunitzky (1913-1969), un Ewe de l'intérieur (Atakpamé), et l'Union des chefs et des populations du Nord (UCPN). Grunitzky remporte les élections de 1951. À la suite du référendum de 1957 posant la question de l'avenir du Togo sous administration française (voir l'encadré), le Togo français est constitué en

République autonome du Togo, avec Grunitzky comme Premier ministre. (Le Togo britannique a rejoint la Côte-de-l'Or, formant un territoire qui deviendra le Ghana indépendant.) Aux élections législatives de 1958, contrôlées par l'ONU, le PTP s'effondre au profit du CUT. Sylvanus Olympio, devenu Premier ministre, conduit le pays à l'indépendance (1960).

De la Ire à la IIe République. Olympio fait adopter une Constitution de type présidentiel et mène une politique autoritaire, provoquant des mécontentements, en particulier dans le Nord, délaissé par le gouvernement. En 1963, Olympio refuse de réintégrer dans l'armée togolaise des soldats qui avaient combattu dans les rangs français durant la guerre d'indépendance algérienne. Ces soldats, en majorité des Kabré (du nord du pays), fomentent un putsch et assassinent Olympio. (C'est le premier coup d'État militaire dans un pays nouvellement indépendant d'Afrique noire.) Un comité militaire fait alors appel à Grunitzky, élu président dès 1963, après l'adoption d'une nouvelle Constitution (IIe République). Grunitzky se montre politiquement libéral, tolérant l'existence d'une opposition.

La longue dictature d'Éyadéma. En 1967, l'armée s'empare du pouvoir. Le lieutenant-colonel Étienne Gnassingbé Éyadéma (un Kabré) s'impose et devient président de la République. Après avoir supprimé les partis politiques, il fait accepter par les chefs coutumiers la création d'un parti unique, le Rassemblement du peuple togolais (RPT). En 1972, un référendum approuve la nouvelle politique. Les Nordistes sont alors majoritaires à la direction du pays. En 1979, une

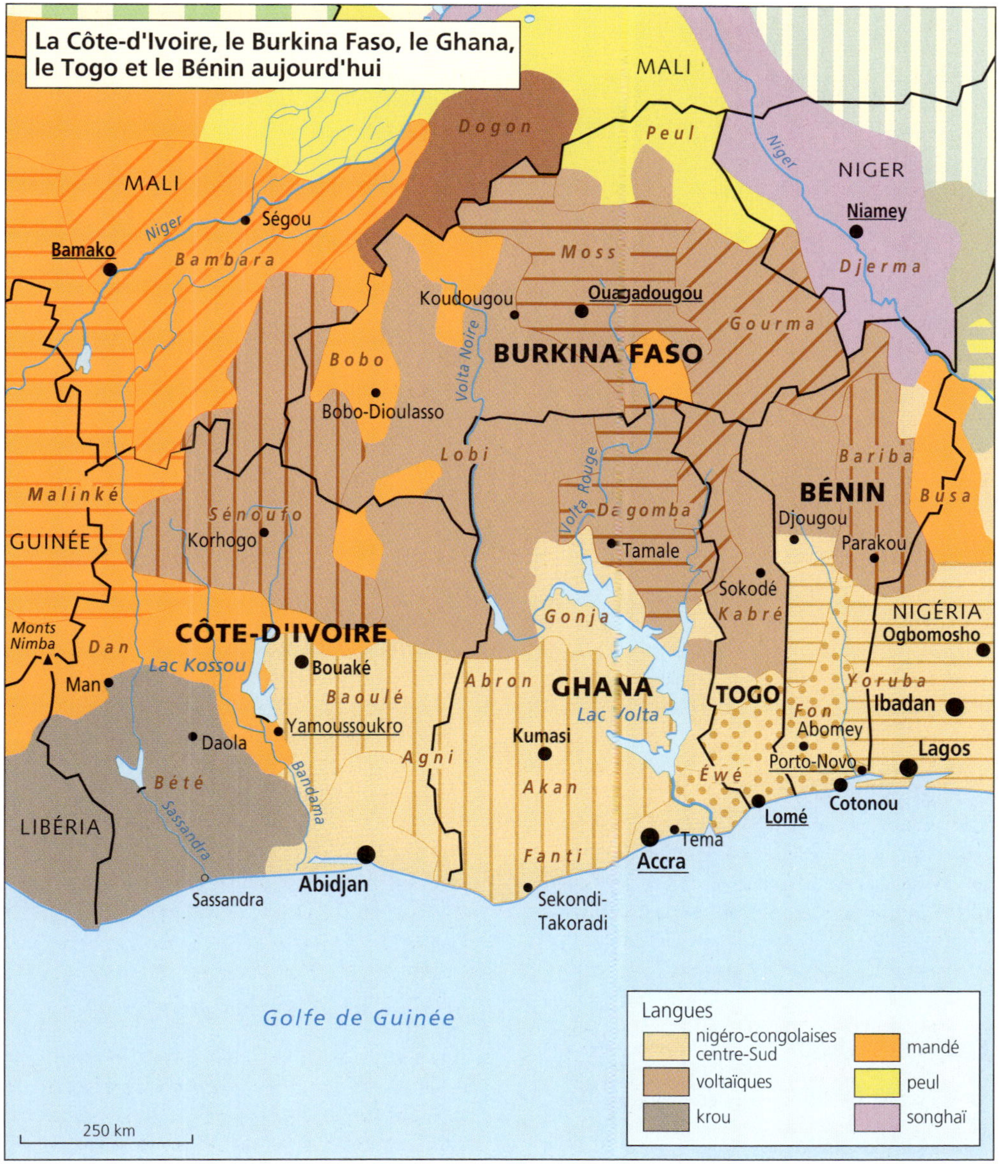

La Côte-d'Ivoire, le Burkina Faso, le Ghana, le Togo et le Bénin aujourd'hui

LES EWE ET LES DEUX TOGOS

Le traité anglo-allemand de 1886, en établissant la frontière entre la Côte-de-l'Or et le Togo, a divisé en deux le peuple ewe. À partir de 1919, les Ewe ont posé la question de la réunification de leur territoire de peuplement, en s'adressant à la SDN, puis à l'ONU après 1945. Deux solutions étaient envisagées : l'une (peu réaliste) de rattachement du Togo français à la Côte-de-l'Or, l'autre de réunion des deux Togos (solution partielle, car elle n'aurait pas concerné les Ewe de Côte-de-l'Or proprement dite).

En 1956, par référendum, le Togo britannique a opté pour le rattachement à la Côte-de-l'Or (qui deviendra le Ghana l'année suivante), les voix du Nord et du Centre l'ayant emporté sur celles des Ewe du Sud, favorables à une réunification du Togo. Dans le Togo français, le référendum de 1957 a approuvé un destin séparé, comme le souhaitaient massivement les populations du centre et du nord du pays.

nouvelle Constitution instaure la IIIe République, dont Éyadéma est élu président. Il est réélu en 1986.

À la suite de manifestations violentes, Éyadéma accepte en 1991 la réunion d'une conférence nationale, qui désigne un nouveau gouvernement. Mais l'armée résiste à une telle évolution, de sorte qu'il conserve la réalité du pouvoir. En 1992 éclate une grève générale suivie, au début de 1993, d'affrontements à Lomé entre la population et l'armée. Plus de 200 000 Togolais du Sud fuient à l'étranger. Éyadéma remporte l'élection présidentielle de 1993, boycottée par l'opposition. Celle-ci gagne de peu les élections législatives de 1994, mais Éyadéma parvient à la diviser. Il est réélu dans des conditions très critiquées en 1998 et 2003. À la mort d'Éyadéma, en février 2005, l'armée confie le pouvoir à l'un de ses fils, Faure Gnassingbé. Devant les protestations internationales, celui-ci démissionne et déclare se soumettre à une élection présidentielle. Il en est sans surprise vainqueur, le scrutin ayant été marqué par des fraudes massives. Des manifestations violemment réprimées provoquent des centaines de morts.

Les bandes horizontales représentent les cinq régions du Togo. L'étoile blanche symbolise l'unité nationale.

La population. Le Togo compte près de 5 millions d'habitants, répartis sur un territoire de 57 000 km^2 (voir la carte page 127). Les Ewe, concentrés dans le Sud, forment environ 45 % de la population. Les Kabré ou Kabyé (20 % environ) sont de langue voltaïque. Parmi les autres populations de langues voltaïques figurent les Tem ou Kotokoli (7 % environ), qui vivent dans le centre du pays, et des Gourmantché (10 % environ), installés dans l'extrême nord.

Le français est la langue officielle.

La proportion de chrétiens se situe entre 30 % et 35 %, aux trois quarts catholiques. Les musulmans, concentrés dans le Nord, représentent environ 15 % de la population. La moitié des Togolais restent fidèles aux croyances traditionnelles.

Le Bénin

À l'époque coloniale, le sud du Dahomey, tôt scolarisé grâce aux missions religieuses, se caractérise par sa vie politique foisonnante. De nombreux Dahoméens vont occuper des postes de fonctionnaires et de cadres dans les autres territoires d'AOF (voir page 112). En revanche, le nord de la colonie prend du retard.

La république du Dahomey. En 1959, à la suite d'élections, le Parti progressiste dahoméen (PPD), dirigé par Sourou Migan Apithy (originaire de Porto Novo), doit céder le pouvoir à son rival, le Parti dahoméen de l'unité (PDU), dirigé par Hubert Maga (un Bariba). Celui-ci conduit le pays à l'indépendance et en devient le président en 1960. Il fait bientôt face à une situation difficile, en raison du retour au pays des fonctionnaires et cadres dahoméens licenciés par les pays de l'AOF devenus indépendants. En 1963, le colonel

LES KABRÉ, LEURS VOISINS ET LE POUVOIR MILITAIRE

Les peuples des massifs montagneux du centre-nord du Togo et du nord-ouest du Bénin présentent des caractères particuliers. De langues voltaïques (une douzaine au total), ils forment traditionnellement des sociétés « segmentaires », peu hiérarchisées mais pratiquant une agriculture savante, d'un rendement assez élevé, permettant de nourrir une population importante.

Jusque vers la fin du XIXe siècle, ces peuples ont fait l'objet de raids esclavagistes, notamment de la part du royaume du Dahomey, conduisant les Tamberma à fortifier leurs villages. À l'époque coloniale, de nombreux jeunes ont choisi le métier des armes, en rejoignant les « tirailleurs sénégalais », et la tradition s'est maintenue après l'indépendance. Tant au Togo qu'au Bénin, les populations du Nord, prépondérantes dans l'armée, ont ainsi écarté du pouvoir celles du Sud : Étienne Gnassingbé Éyadéma a gouverné le Togo à partir de 1967 et Mathieu Kérékou le Bénin de 1972 à 1991, puis de nouveau à partir de1996.

Christophe Soglo, agissant au nom de l'armée, impose la formule d'un gouvernement tripartite, associant Apithy, Maga et Justin Ahomadegbé (un Fon d'Abomey). Dans le cadre d'une nouvelle Constitution, adoptée en 1964, Apithy devient président, Ahomadegbé Premier ministre. Mais leurs rivalités conduisent Soglo à assumer lui-même le pouvoir en 1965. Deux ans plus tard, il est renversé lors d'un putsch qui ouvre une période de forte instabilité. En 1970 est mis en place un Conseil présidentiel « à trois têtes » : Apithy, Maga et Ahomadegbé.

La République populaire du Bénin. En 1972, le colonel Mathieu Kérékou (originaire de l'Atakora, dans le Nord), s'empare du pouvoir et met en place un Conseil national de la révolution (CNR) qui, en 1974, engage officiellement le pays dans une voie marxiste-léniniste. L'année suivante, le Dahomey devient la République populaire du Bénin. (La nouvelle appellation, qui se réfère au golfe de Bénin, vise surtout à éliminer celle de Dahomey, plus propre à désigner le Sud.) La Constitution de 1977 instaure un régime d'assemblée à parti unique, le Parti de la révolution populaire du Bénin (PRPB). La politique économique du nouveau régime, d'abord dogmatique, s'assouplit au cours des années 1980, sans toutefois faire taire le mécontentement. En 1989, des grèves et des émeutes éclatent à Porto Novo et à Cotonou.

La transition démocratique. Kérékou réoriente alors sa politique, en abandonnant toute référence au marxisme. En 1990, une conférence nationale décide la mise en place d'un régime civil fondé sur le multipartisme (le terme « populaire » disparaît du nom officiel du pays). Nicéphore Soglo (un ancien administrateur de la Banque mondiale) devient Premier ministre. Après l'adoption d'une nouvelle Constitution, Soglo l'emporte sur Kérékou lors de l'élection présidentielle de 1991. Mais les difficultés économiques persistantes conduisent à une victoire électorale de Kérékou en 1996. Il est réélu en 2001, après que Soglo, dénonçant des fraudes électorales, a retiré sa candidature.

La population. Le Bénin compte 8,5 millions d'habitants répartis sur un territoire de 113 000 km² (voir la carte page 127). Dans le Sud prédominent les Fon, qui forment, selon les estimations, de 25 % à 40 % de la population. Ils ont pour voisins, à l'est et à l'ouest, des Yoruba (10 % environ), localement appelés « Nago ». Le Nord-Est est le domaine des Bariba (10 % environ). Dans le Nord-Ouest (chaîne de l'Atakora et alentour) se côtoient des populations de langues voltaïques (moins de 10 % au total). On les qualifie globalement de « Somba », mais elles portent d'autres noms : Bétamaribé ou Tamberma, etc. (voir l'encadré).

> LE « VODOU »
>
> En Haïti, le vaudou est un culte animiste mêlé à des éléments du rite catholique. Il y a été apporté par des esclaves fon ou ewe, *vodu* signifiant en fon « mystère ». Le terme de vaudou (écrit en français du Bénin « vodou ») est redevenu d'actualité quand le régime de Mathieu Kérékou a condamné les croyances traditionnelles, contraires au « socialisme scientifique ». Après le retour à la tolérance religieuse, en 1990, l'État a officiellement reconnu la religion du « vodou » en 1996.

Le drapeau actuel du Bénin (ex-Dahomey), adopté à l'indépendance, associe les couleurs panafricaines. De 1975 à 1991, la République populaire lui avait substitué un drapeau vert uni portant une étoile rouge.

Le français est la langue officielle.

La proportion de chrétiens (en grande majorité catholiques, dont le culte est souvent associé à des rites syncrétiques) se situe aux alentours de 25 %. Ils sont concentrés dans le Sud. Les musulmans (environ 15 %) vivent dans le Nord-Est. Les croyances traditionnelles conservent une place éminente, chez les Somba mais aussi chez les Fon, en particulier sous la forme du « vodou » (voir l'encadré).

Le Niger

En 1946, Hamani Diori fonde le Parti progressiste nigérien (PPN), section locale du Rassemblement démocratique africain (RDA, voir page 113). Après 1956, le Parti de l'indépendance (Sawaba), dirigé par Djibo Bakari, appelle à voter « non » lors du référendum de 1958 sur l'instauration d'une Communauté avec la France (voir page 113). Diori prône le « oui », qui obtient 80 % des suffrages. Lorsque le Niger accède à l'indépendance, en 1960, Diori est élu président et le PPN devient parti unique. Il est réélu en 1965 et 1970.

Le régime militaire. La sécheresse qui sévit à partir de 1973 affecte gravement le Niger (elle tue 60 % du bétail), sans que Diori ne parvienne à rétablir la situation. Il est renversé en 1974 par un coup d'État militaire conduit par le lieutenant-colonel Seyni Kountché. Ce dernier gouverne de manière autoritaire, en bénéficiant, au cours des années 1970, d'une forte hausse du prix de l'uranium, dont le Niger possède un riche gisement (à Arlit, dans l'Aïr). Il peut ainsi prendre des mesures d'apaisement, telle la libération, en 1980, de Diori et de Bakari, qui avaient été arrêtés en 1974. Les années 1980 sont de nouveau difficiles : sécheresse en 1983-1984, baisse des cours de l'uranium.

À Kountché, mort en 1987, succède le colonel Ali Saibou. Celui-ci cherche à stabiliser le régime, en instaurant un parti unique, le Mouvement national pour une société de développement (MNSD), en promulguant une nouvelle Constitution (IIe République) et en se faisant élire président. Dès 1990, toutefois, des manifestations et des grèves appellent à un régime démocratique. Ali Saibou se résigne à convoquer, en 1991, une conférence nationale, qui l'écarte du pouvoir.

La IIIe République. Une nouvelle Constitution, adoptée en 1992, inaugure la IIIe République. Aux élections de 1993, l'opposition au MNSD l'emporte. L'un de ses chefs de file, Mahamane Ousmane (un Haoussa), est élu président. Mais une situation économique catastrophique, jointe à la difficile question des Touareg (voir page 123), ravive les tensions politiques. En 1996, le colonel Ibrahim Baré Mainassara, à la tête d'une junte militaire, s'empare du pouvoir, puis est élu président dans des conditions très contestables. Son assassinat, en 1999, permet un rapide retour à la démocratie. Mamadou Tandja est élu président la même année.

Niger : la bande orange figure le Sahara, la blanche frappée d'un disque solaire symbolise la paix, la verte figure la savane.

La population. Le Niger compte 14 millions d'habitants, répartis sur un territoire de 1 267 000 km² (voir la carte page 122). La population se compose de deux ensembles principaux : les Haoussa (environ 53 %) et les Songhaï et Djerma (deux populations étroitement apparentées, environ 22 %). Ces derniers, qui parlent une même langue, prédominent dans la capitale (et dans la vie politique, depuis l'époque coloniale). Viennent ensuite les Touareg (9 % environ), les Peul (10 % environ), dispersés dans le Sahel, et les Kanouri, à l'est.

Le français est la langue officielle. Le haoussa joue le rôle de langue véhiculaire dans une grande partie du pays.

Les musulmans forment plus de 95 % de la population.

Le Tchad

Après leur victoire sur le conquérant soudanais Rabah (voir page 110), les Français instaurent, en 1900, le Territoire militaire des pays et protectorats du Tchad. En 1906, ils le rattachent à la colonie voisine, qui prend le nom d'Oubangui-Chari-Tchad, puis est intégrée à l'Afrique équatoriale française (AEF) instituée en 1910 (voir page 157). Le Tchad devient une colonie distincte en 1920, avec pour chef-lieu Fort-Lamy (actuel N'Djamena). Dans le Sud, les Français encouragent les missions chrétiennes, promeuvent la scolarisation (fût-ce de façon limitée) et introduisent, vers 1930, la culture du coton. Dans le Nord, musulman, ils maintiennent une administration de type militaire.

La colonie ainsi formée a pour cœur l'ancien État du Kanem (voir page 100), auquel sont associées des populations très différentes : nomades perpétuellement insoumis au nord (Toubou et autres), descendants des victimes des raids esclavagistes au sud (Sara et autres).

Indépendance et insurrection. En 1946, un métis, Gabriel Lisette, fonde le Parti progressiste tchadien (PPT), section locale du Rassemblement démocratique africain (RDA, voir page 113). Il gagne les élections de 1957, puis doit céder la main en 1959 à François N'Garta Tombalbaye, un Sara, qui conduit le pays à l'indépendance (1960).

Tombalbaye nomme dans le Nord des fonctionnaires originaires du Sud, peu compétents, qui s'aliènent vite la population. Il durcit alors le régime, en érigeant le PPT en parti unique en 1963. Au milieu des années 1960, la révolte éclate chez les musulmans : elle gagne le Ouaddaï en 1967, puis le Borkou-Ennedi-Tibesti (BET) en 1968. Un corps expéditionnaire français réduit la rébellion en 1969, mais les insurgés se replient au Soudan et y fondent le Frolinat (Front de libération nationale du Tchad). La Libye, où Mouammar Kadhafi a pris le pouvoir en 1969, profite des circonstances pour occuper Aozou (voir l'encadré) en 1973.

L'éphémère victoire de Goukouni Oueddeï. En 1975, un coup d'État renverse et tue

Le Tchad aujourd'hui

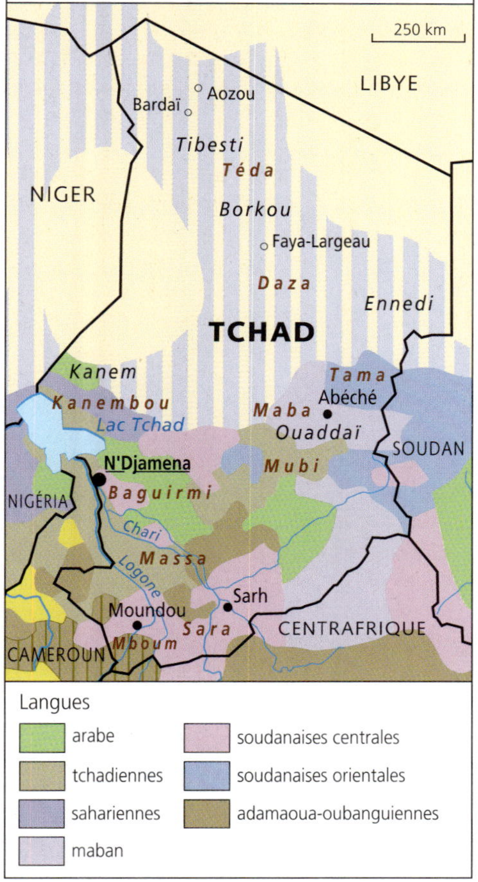

Tombalbaye. Un Conseil supérieur militaire (en majorité composé de Sudistes) assume le pouvoir, sous la direction du général Félix Malloum. La rébellion musulmane, soutenue par la Libye, reprend en 1977. Deux Toubou dominent la scène dans les années suivantes.

– Goukouni Oueddeï (né en 1944) est l'un des fils du chef traditionnel des Téda du Tibesti. Il s'est affirmé comme le principal dirigeant du Frolinat et entretient de bonnes relations avec la Libye.

– Hissène Habré (né en 1942) est un Daza, fils de berger devenu haut fonctionnaire. En 1976, il fonde son propre mouvement, les Forces armées du Nord (FAN). C'est un nationaliste hostile aux Libyens.

En 1978, le Frolinat prend le contrôle de l'ensemble du BET, puis menace N'Djamena, avant que l'intervention de forces françaises ne brise son offensive. Dès lors, les rivalités entre Nordistes éclatent et tournent à la guerre civile. Habré se rapproche de Malloum, puis se réconcilie avec Goukouni, qui forme en 1979 un Gouvernement d'union nationale de transition (GUNT). En 1980, Habré entre en dissidence. Goukouni finit par l'emporter à N'Djamena grâce à l'appui des Libyens. En 1981, il signe avec Kadhafi un accord de fusion des deux États (qui ne sera pas appliqué). La France se rapproche alors de Goukouni, tandis que les Libyens évacuent N'Djamena.

La guerre et la dictature sous Habré. Habré, qui avait pris le maquis, repart à l'attaque, entre dans N'Djamena en 1982 et devient président de la République. En 1983, la guerre reprend dans le Nord, la Libye soutenant Goukouni. Des forces françaises s'interposent, puis interviennent de nouveau en 1986. L'année suivante, les forces conduites par Habré remportent une grande victoire sur les Libyens, en reprenant Faya-Largeau. Le conflit avec la Libye prend fin peu après. En dépit de ces succès, Habré maintient un régime extrêmement autoritaire et répressif, responsable de dizaines de milliers de victimes.

Le coup de force d'Idriss Déby. En 1989, le chef d'État-Major de l'armée, Idriss Déby, entre en dissidence. Déby (né en 1952) est un Zaghaoua de l'Ennedi, militaire de carrière. Il gagne le Soudan, où il crée le Mouvement patriotique du salut (MPS). En 1990, les combattants du MPS se dirigent vers la capitale. La France ayant refusé d'intervenir, Habré s'enfuit. Déby entre à N'Djamena sans combattre et devient président de la République. Il se fait réélire en 1996 et 2001.

La population. Le Tchad compte 9 750 000 habitants, répartis sur un territoire de 1 284 000 km². Les Sara et les peuples qui leur sont apparentés (Baguirmi, etc.) forment environ le tiers de la population. À proximité des Sara vivent les Mboum (7 % environ), également présents au Cameroun. Parmi les populations de langues tchadiennes (12 % environ) figurent les Mubi, les Masa et les Kotoko. Dans la zone sahélienne, une partie importante de la population du pays (plus de

> LA BANDE D'AOZOU
>
> La France a cédé ce territoire à l'Italie en 1935, alors que la Libye était encore italienne, mais l'accord n'a pas été ratifié. En 1955, le royaume de Libye y a renoncé, sous réserve d'une délimitation plus précise de la frontière. Kadhafi, au contraire, a choisi de rouvrir le dossier en s'emparant d'Aozou en 1973, pour exercer une influence au Tchad. Après leur défaite de 1987, les Libyens ont accepté de porter la question devant la Cour internationale de justice de La Haye. Celle-ci a rendu un arrêt favorable au Tchad en 1994.

Le drapeau du Tchad s'inspire à la fois du tricolore français et des couleurs panafricaines.

20 %) se compose de Choa, Noirs de langue arabe (arabisés à la suite d'infiltration anciennes d'Arabes venus de l'est). Dans la région du Ouaddaï se côtoient deux groupes distincts : les Maba et les Masalit (6 % environ), d'une part, les Tama (6 % environ), d'autre part. Le Nord est le domaine des populations de langues sahariennes : les Toubou (7 % environ), les Kanembou (près du lac Tchad) et les Zagaoua. Les Toubou se répartissent eux-mêmes en Téda (au nord-ouest) et Daza (au sud-est).

Le français et l'arabe sont les langues officielles. La proportion de musulmans s'élève à 50 % environ, celles des chrétiens (concentrés dans le Sud-Ouest) à 33 % environ, dont près des deux tiers sont catholiques.

Le Nigéria

Bien que la fédération du Nigéria remonte à 1914 (voir page 114), le Nord et le Sud (lui-même divisé en deux parties, Ouest et Est, en 1939) ont évolué différemment à l'époque coloniale. À l'inverse du Sud, le Nord, contrôlé par les musulmans, n'est pas touché par les missions chrétiennes et par l'éducation à l'occidentale (en application d'un pacte entre Lugard et les émirs, semble-t-il). Il en est résulté, au milieu du XXe siècle, un considérable décalage dans le domaine de la formation. (C'est pourquoi de nombreux Ibo, mieux éduqués, vont ensuite accéder à des postes de responsabilité, y compris dans le Nord.)

Le décalage est aussi politique : des mouvements nationalistes sont apparus dans le Sud dès le début du XXe siècle, tandis que, dans le Nord, les activités politiques débutent après 1940. D'une façon plus générale, dans le Sud, l'essor de la presse et du syndicalisme ont tôt favorisé l'idée démocratique.

Une scène politique très polarisée. Quand les Britanniques abordent la question du *self-government,* les dirigeants du Nord formulent deux exigences (qui seront satisfaites) : que le Nord dispose de 50 % des sièges à la Chambre des représentants (proportion élevée à 52 % en 1958) et que chaque région conserve une pleine autonomie. Une Constitution fédérale est adoptée en 1954, Lagos ayant le statut de capitale fédérale.

La vie politique reflète la division du pays en trois régions (qui sont, en fait, des États fédérés). Le Groupe d'action (AG), dans l'Ouest (Western Region), est dominé par des Yoruba ; le Conseil national du Nigéria et du Cameroun (qui deviendra le Congrès national des citoyens nigérians, NCNC), d'ambition d'abord nationale, puis de plus en plus confiné dans l'Est (Eastern Region), est animé par des Ibo ; le Congrès des peuples du Nord (NPC), accueille principalement des Haoussa-Peul musulmans.

Les minorités ethniques, très nombreuses, réagissent à la domination politique et culturelle des trois ethnies principales dans chacune des trois régions. Elles fondent des partis distincts, sur des bases ethno-géographiques plus restreintes : Middle Belt, Bornou, pays d'Ilorin (dans le Nord), delta du Niger (dans l'Est), Mid-West (dans l'Ouest), etc. Ces petits partis jouent un double rôle : au sein de chaque région, ils forment une opposition au parti dominant ; à l'échelon fédéral, ils militent pour un gouvernement central fort et demandent la création de nouveaux États.

L'indépendance. Aux élections de 1959, les grands partis du Sud s'allient aux petits partis du Nord, empêchant le NPC de gouverner seul. Les Britanniques, craignant une sécession, favorisent une coalition entre le NPC et le NCNC. C'est d'autant plus aisé que le chef de l'AG, Obafemi Awolowo, un progressiste, se montre hostile aux conservateurs du NPC. L'un des chefs du NPC, Abubakar Tafawa Balewa, devient Premier ministre fédéral (tandis que l'autre, Ahmadu Bello, reste Premier ministre du Nord). Le Nigéria accède à l'indépendance le 1er octobre 1960. Nnamdi Azikiwe, leader du NCNC, devient gouverneur général. (La République sera proclamée le 1er octobre 1963, permettant à Azikiwe d'en devenir le président.)

La Ire République. Dans l'Ouest, un conflit naît entre partisans et adversaires d'Awolowo. Ces derniers, conduits par Ladoke Akintola, acceptent mal que les Yoruba soient tenus à l'écart du pouvoir fédéral. Il s'ensuit des troubles tels que Balewa proclame l'état d'urgence dans l'Ouest : Awolowo est arrêté. Akintola crée alors le Parti des peuples unis (UPP), avec l'appui du NPC. Simultanément, le NPC et le NCNC s'accordent pour instaurer une région du Centre-Ouest (Mid-West), détachée de la région Ouest, afin d'affaiblir encore l'AG.

La coalition du NPC et du NCNC achoppe néanmoins sur la rivalité entre le président Azikiwe et le Premier ministre Balewa au sein de l'exécutif. Elle conduit à un renversement d'alliances en vue des élections fédérales de 1964 : le NPC s'entend avec l'UPP, tandis que le NCNC s'allie à l'AG. À l'issue des scrutins, qui se sont déroulés dans un climat tendu, le « bras de fer » se poursuit entre Azikiwe et Balewa.

D'Ironsi à Gowon. Un groupe d'officiers procède à un coup d'État militaire sanglant en janvier 1966. Entre autres personnalités exécutées figurent le Premier ministre fédéral (Balewa), plusieurs officiers généraux, le Premier ministre de l'Ouest (Akintola) et le Premier ministre du Nord (Bello). Le fait que les dirigeants ibo soient, pour la plupart, épargnés, signe aussitôt la responsabilité du putsch aux yeux des Nigérians. (Le président Azikiwe est destitué mais non tué.) Le général Johnson Aguiyi Ironsi (lui-même ibo), commandant en chef de l'armée, assume le pouvoir. Il prend des mesures extrêmes, dont l'abolition du système fédéral. Cela suscite des émeutes dans le Nord, puis le massacre d'Ibo (environ 100 000 victimes). Des soldats du Nord tuent Ironsi à Ibadan en juillet.

Le général Yakubu Gowon prend alors le pouvoir. (Il est originaire d'une petite ethnie, les Anga, du plateau de Bauchi, dans le Nord.) Le colonel Odumegwu Ojukwu, gouverneur de la région Est, refuse toutefois de s'incliner. Après avoir libéré Awolowo (et d'autres), Gowon cherche une solution à la question du fédéralisme, tandis que l'idée d'une sécession progresse chez les Ibo. En avril 1967, Ojukwu prend le contrôle de toutes les instances fédérales dans l'Est. Gowon proclame l'état d'urgence et instaure douze États (ce qui satisfait les minorités), dont trois correspondant à la région Est. Le 30 mai, celle-ci proclame son indépendance, sous le nom de « république du Biafra ». La guerre éclate en juillet.

La guerre du Biafra (1967-1970). Les forces séparatistes prennent Benin City et se dirigent vers Lagos, puis battent en retraite en septembre. Les combats se circonscrivent dès lors à la région Est. Les autorités biafraises présentent la guerre comme la résistance des Ibo chrétiens face à des envahisseurs musulmans, ce qui leur vaut des sympathies en Occident, mais la réalité est différente. Si les Nordistes sont effectivement majoritaires dans l'armée fédérale, les autres peuples du Nigéria se montrent très attachés à la Fédération, en particulier les « petits », y compris ceux du delta du Niger, inclus dans le Biafra contre leur gré. Il en va de même des Yoruba et de leur leader le plus écouté, Awolowo.

LE MIDDLE BELT

Quand la région Nord existait encore, avant 1967, on y distinguait deux zones :
– l'une peuplée en majorité de Haoussa-Peul, dite « Extrême Nord » ;
– l'autre prenant en écharpe le centre du Nigéria dite « Middle Belt », abritant des populations extrêmement diverses, pour partie islamisées ou christianisées.

Ces dernières se plaignaient alors de la domination exercée par les Haoussa-Peul au sein de la région Nord. La création de nouveaux États, à partir de 1967, leur a donné satisfaction, mais l'expression « Middle Belt » est demeurée d'usage courant. Le Middle Belt a donné au Nigéria trois chefs d'État : Yakubu Gowon, Ibrahim Babangida et Abdulsalami Abubakar.

Les fournitures d'armes jouent un rôle essentiel. À cet égard, la Fédération s'appuie sur la Grande-Bretagne et l'URSS, le Biafra sur la France, Israël et le Portugal. Quand les forces fédérales prennent Port Harcourt en mai 1968, le Biafra devient une forteresse assiégée. C'est alors que sévit la famine. En janvier 1970, Ojukwu se réfugie en Côte-d'Ivoire et les forces séparatistes capitulent. Le bilan du conflit s'établit à un million de morts environ.

De Gowon à Obasanjo. Gowon, qui a conduit la guerre, proclame dès 1970 une amnistie générale et engage la politique des « 3 R » : reconstruction, réhabilitation, réconciliation. Elle connaît un succès rapide, grâce au « boom » du pétrole. Ensuite se pose la question du retour au régime civil, pour lequel le régime militaire montre peu d'empressement. En juillet 1975, le général Muritala Mohammed (un musulman du Nord) renverse Gowon. Il renforce le pouvoir fédéral et s'efforce de lutter contre la corruption, mais meurt assassiné au début de 1976. Son adjoint le général Olusegun Obasanjo (un Yoruba chrétien) lui succède. En 1976, le nombre d'États passe de douze à dix-neuf, tandis que s'engage la rédaction d'une nouvelle Constitution. Elle entre en vigueur en 1979.

La IIe République. Trois principaux partis se forment. Le Parti national du Nigéria (NPN), animé par les Haoussa-Peul, dispose aussi d'appuis dans les minorités du Sud. Le Parti du peuple nigérian (NPP, issu d'une branche du NCNC), dirigé par Azikiwe, est surtout implanté en pays ibo et dans le Middle Belt. le Parti uni du Nigéria (UPN, successeur de l'AG), dirigé par Awolowo, domine chez les Yoruba. Les élections de 1979 se déroulent dans le calme. Le candidat du NPP, Alhaji Shehu Shagari, remporte l'élection présidentielle, devant Awolowo. En 1980, il est décidé d'entreprendre la construction d'une nouvelle capitale fédérale, Abuja, dans le Middle Belt. (Les autorités fédérales s'y installeront effectivement en 1990-1991.)

La IIe République se caractérise d'emblée par un essor sans précédent du clientélisme et de la corruption. De surcroît, des conflits (manipulés par les clans politiques locaux) éclatent dans les villes du Nord, entre musulmans de diverses obédiences, puis entre musulmans et chrétiens. Lors des élections de 1983, l'UPN et le NPP s'allient contre le NPN. Ce dernier l'emporte, mais la fraude électorale à grande échelle conduit à des contestations telles que le pays sombre dans le chaos. Le 31 décembre 1983, un coup d'État militaire met fin à la IIe République et porte au pouvoir le général Muhammadu Buhari.

Le retour au régime militaire. Buhari se donne pour premier objectif de restaurer l'économie : réduction des dépenses publiques, lutte contre la contrebande, etc. Les partis sont interdits et de nombreux hommes politiques (surtout sudistes) mis en jugement pour corruption.

En 1985, une révolution de palais écarte Buhari, jugé trop lié aux intérêts du Nord, au profit du général Ibrahim Babangida, originaire du Middle Belt.

Babangida, d'abord populaire, s'attribue bientôt la totalité du pouvoir et réprime les oppositions (étudiants, syndicats, presse...). Il annonce néanmoins une « transition » politique, assez laborieuse. En 1989, une nouvelle Constitution instaure le bipartisme. En 1991, le nombre d'États passe de vingt et un (depuis 1987) à trente. L'élection la plus importante est toutefois la présidentielle, remportée, en juin 1993, par le social-démocrate Moshood Abiola, un Yoruba musulman. Sans que l'on sache avec certitude pourquoi (pressions du Nord ?), Babangida annule l'élection. Des émeutes éclatent aussitôt à Lagos et dans d'autres villes du Sud. Babangida se retire en août, après avoir désigné un gouvernement d'union nationale, qui se révèle vite impuissant. La IIIe République ne dure que quelques mois.

En novembre 1993, le général Sani Abacha (originaire du Nord) prend le pouvoir. Il interdit les partis politiques, dissout toutes les assemblées élues et instaure un régime dictatorial. En 1995, il fait pendre neuf dirigeants ogoni, dont le poète Ken Saro Wiwa, en dépit des protestations internationales. (Les Ogoni, peuple du delta du Niger, protestaient contre la destruction de leur environnement par l'industrie pétrolière.) Après avoir porté le nombre d'États de trente à trente-six en 1996, Abacha promet à son tour une « transition » politique, puis meurt en 1998. Le général Abdulsalami Abubakar (originaire du Middle Belt) lui succède.

La IVe République. Abubakar promet un retour au régime civil et s'y tient. Trois partis se forment : le Parti démocratique du peuple (PDP), dans le Nord et le Sud-Est ; l'Alliance pour la démocratie (AD), en pays yoruba ; le Parti de tous les peuples (APP), regroupant les conservateurs du Nord. En 1999, le général en retraite Olusegun Obasanjo (soutenu par le PDP) est élu président. (Il avait gouverné le pays de 1976 à 1979, puis avait été emprisonné sous le régime d'Abacha.) Il a été réélu en 2003.

La population. Le Nigéria compte 131,5 millions d'habitants, répartis sur un territoire de 924 000 km². La population se compose de plus de 250 groupes ethniques, mais les trois principaux peuples représentent environ 72 % de la population totale : Haoussa-Peul (33 %), Yoruba (21 %), Ibo (18 %). Les Haoussa (deux tiers) et les Peul (un tiers) vivent en symbiose depuis l'avènement du

LA RENTE PÉTROLIÈRE

L'exploitation du pétrole a débuté dans le delta du Niger (et *offshore*) en 1958. Elle a joué un rôle dans la guerre du Biafra, car la sécession aurait privé le Nigéria de ses gisements. La contribution du pétrole aux ressources du gouvernement fédéral est passée de 9 % en 1965-1966 à 80 % dix ans plus tard et à 97 % en 1989-1990.

La rente pétrolière constitue un enjeu de pouvoir essentiel, dans la mesure où elle permet à ceux qui y ont accès d'entretenir des clientèles locales en tant que bases électorales (les Nigérians étant très attachés à la démocratie, à leur manière). La corruption sévit ainsi à une très grande échelle, mais elle se trouve en quelque sorte tempérée par le système fédéral qui (même en période de dictature militaire) impose une certaine forme de redistribution. Dans l'État du Delta, l'inégal accès aux ressources pétrolières, ainsi que l'inégale représentation des principaux groupes ethniques dans les institutions gouvernementales et locales sont au cœur d'un conflit qui est devenu violent à partir de 1997. Les actions de guérilla entre milices armées rivales pour le contrôle du piratage du pétrole et entre milices et forces de l'ordre ont fait des centaines de morts et provoqué le déplacement de milliers de personnes.

califat de Sokoto (voir page 99), à tel point qu'il est souvent difficile de les distinguer. Parmi les autres populations importantes figurent les Ibibio (6 %), les Kanouri (4 %), les Edo (3,5 %), les Tiv, les Ijo (ou Ijaw), les Nupe…

L'anglais est la langue officielle. Le haoussa sert de langue véhiculaire dans tout le nord du pays.

Environ la moitié de la population est musulmane. L'islam domine dans le Nord proprement dit (ancien califat de Sokoto et Bornou), tout en progressant dans le Middle Belt et chez les Yoruba. Parmi les chrétiens, les protestants représentent environ 25 % de la population totale, les catholiques moins de 15 %. Les questions religieuses jouent un rôle politique important, en particulier dans le Nord, où plusieurs États ont adopté la *charia* (législation islamique).

Le drapeau nigérian est le lauréat d'un concours organisé en 1959 : il figure le fleuve Niger, en blanc, coulant dans la savane et la forêt.

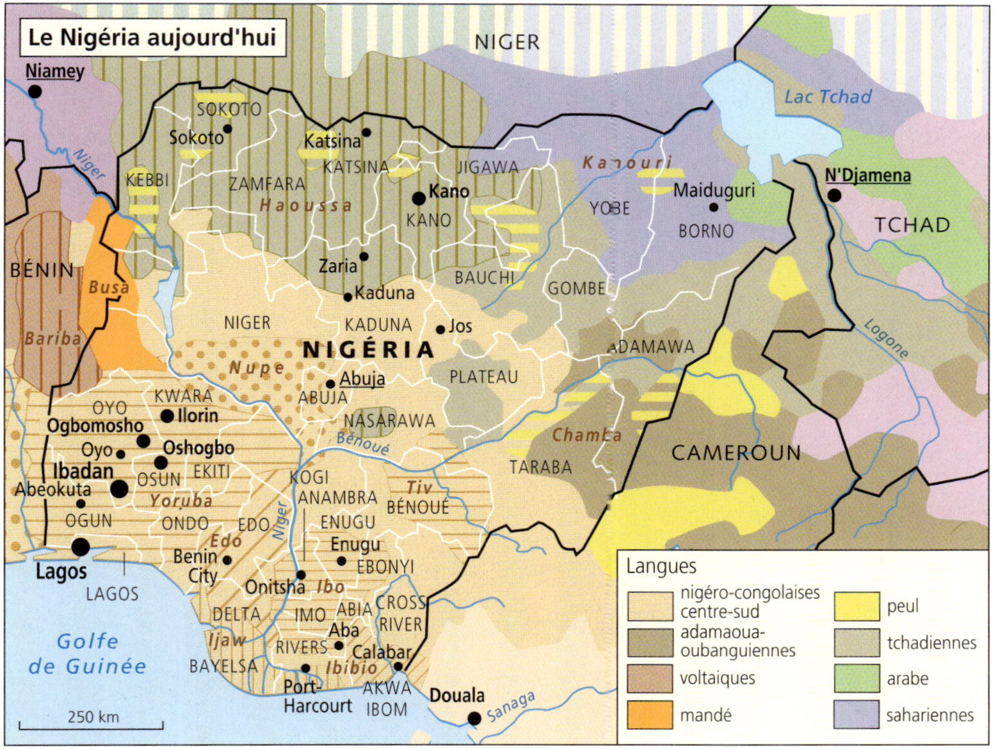

L'Afrique bantoue ancienne

Pour désigner le tiers méridional du continent africain, l'appellation « Afrique bantoue » a le mérite de la simplicité, bien qu'elle soit approximative. En effet, si les populations de langues bantoues y sont de loin les plus nombreuses, elles en côtoient d'autres. C'est notamment le cas au nord-est (populations de langues nilo-sahariennes) et tout au sud, où cohabitent des Bantous, des populations de langues khoisan, des Blancs et des métis (*Cape Coloured*), les uns et les autres de langue afrikaans ou anglaise.

On compte aujourd'hui environ 380 langues bantoues, si étroitement apparentées que certains linguistes les considèrent comme autant de dialectes d'une même langue. En fait, l'intercompréhension prévaut entre ces langues lorsqu'elles sont géographiquement voisines, mais des Bantous du bas Congo ne comprennent pas pour autant des Bantous d'Afrique du Sud. Cette homogénéité linguistique résulte de migrations relativement rapides qui ont eu pour point de départ l'ouest de l'actuel Cameroun au cours du Ier millénaire av. J.-C. et ont atteint le sud du continent dans le IIe millénaire apr. J.-C.

L'AFRIQUE CENTRALE

L'Afrique centrale s'organise autour de la forêt équatoriale, en grande partie drainée par le Congo et ses affluents. Dans le fond du golfe de Guinée, la forêt se prolonge vers l'ouest (voir page 101), sans solution de continuité. Au nord s'étend une zone de savane, dont les populations parlent des langues « adamaoua-oubanguiennes », non bantoues. Leur situation géographique et leurs origines commandent néanmoins de les inclure dans l'Afrique centrale. À l'est, la forêt équatoriale s'étend jusqu'aux pieds du Rift occidental, lequel marque une limite nette avec une région très différente, celle des Grands Lacs (voir page 143). Vers le sud, les transitions sont floues : la forêt dense se désagrège peu à peu en une mosaïque forêt-savane, elle-même de plus en plus ouverte. Au sud-ouest, la savane fait place à une steppe semi-désertique aux alentours de l'actuelle frontière entre l'Angola et la Namibie. Au sud-est, en revanche, rien ne sépare l'actuel Katanga des pays du Zambèze (voir page 150).

Les peuples de langues adamaoua-oubanguiennes

Le groupe linguistique habituellement dit « de l'Adamaoua oriental » peut aussi être qualifié d'« adamaoua-oubanguien ». Il relève de la famille nigéro-congolaise. Les peuples concernés occupent une zone de savane longue de 2 500 kilomètres, s'étirant de l'est du Nigéria aux confins du Soudan et du Congo. Une telle extension résulte d'une migration d'ouest en est, certainement contemporaine de celle réalisée par les Bantous en direction des Grands Lacs. On distingue deux sous-groupes : l'un se situe dans le massif de l'Adamaoua et alentour, l'autre occupe les plaines drainées par l'Oubangui.

Les peuples de l'Adamaoua. À l'ouest de l'Adamaoua, les Chamba, disposant d'une cavalerie, lancent au XVIIIe siècle des raids contre leurs voisins méridionaux : c'est certainement l'origine de la migration des Fang (voir page 137). Les Mboum dominent alors l'est du massif. À la même époque, des Peul, venus du nord-ouest (voir page 96), s'installent au nord.

Au tout début du XIXe siècle, le Peul musulman Ousmane dan Fodio engage le *jihad* (« combat ») en pays haoussa (voir page 99) et confie le commandement des opérations à l'est à un lettré peul, Adama. Celui-ci s'établit à Yola, rallie les Peul de la région et entreprend de soumettre les populations du massif, en refoulant les Chamba vers l'ouest et les Mboum vers l'est. Dans ce qui prend alors le nom d'« Adamaoua » (« pays d'Adama »), les Peul instaurent des « principautés » vassales de l'émirat de Yola, chacune dirigée par un *lamido*. Les Peul forment une aristocratie qui réduit les autochtones au servage. Après la mort d'Adama, en 1847, les *lamido* se comportent en souverains indépendants.

Les peuples du bassin de l'Oubangui. Ils sont tôt exposés aux raids esclavagistes des États musulmans situés plus au nord : Kanem-Bornou, Ouaddaï, Darfour. Au XIXe siècle, l'intensification des raids affecte les peuples demeurés au nord de l'Oubangui, en particulier les Gbaya et les Banda. D'autres populations, entre le XVIe et le XVIIIe siècle, ont progressé au sud du fleuve, en refoulant ou assimilant les tribus bantoues locales. Elles se réclament d'un chef valeureux, Kola Ngbandi, et adoptent son nom. Au XIXe siècle, l'activité des piroguiers ngbandi se développe sur l'Oubangui. Leur langue devient celle du commerce, sous une forme simplifiée dite « sango » (voir page 166).

Les Zandé semblent s'être installés entre le Mbomou et l'Uélé au XVIIe siècle. Ceux demeurés au nord de l'Oubangui portent le nom de Nzakara. Les Zandé, en conquérants, imposent leur ordre social et leur langue aux populations bantoues et nilotiques locales. Aux alentours de 1860, des commerçants arabes, à la recherche d'ivoire et d'esclaves, atteignent le pays des Zandé. Ces derniers se procurent ainsi des armes à feu, avec pour conséquence une traite de grande ampleur dans la région pendant près d'un demi-siècle.

Les Bantous du golfe de Guinée

Dans les années 1470, les Portugais explorent le fond du golfe de Guinée et découvrent l'île de Fernando Poo. Ils explorent un estuaire qu'ils nomment *o rio dos Camarões* (« le fleuve des Crevettes »), qui évoluera plus tard en « Cameroun ». (Sur cet estuaire se situe aujourd'hui Douala.) Ils découvrent, enfin, les îles de Príncipe, São Tomé et Annobón et explorent la baie du Gabon. Délaissant Fernando Poo, dont les autochtones (les Bubi) sont hostiles, les Portugais concentrent leur attention sur les trois autres îles, jusqu'alors inhabitées.

Les peuples du littoral. Les Douala s'installent sur les rives de l'estuaire du Cameroun à la fin du XVIe siècle. Aux siècles suivants, ils vendent des esclaves et de l'ivoire aux Hollandais, aux Anglais et aux Français. À moindre échelle, les Ndowé font de même, sur la zone littorale connue sous le nom de « Rio Muni ». Plus au sud vivent les Mpongwé, autour de la baie du Gabon, et les Oroungou, près du cap Lopez (où se situe aujourd'hui Port-Gentil). Eux aussi se font intermédiaires dans la traite, qui débute dans la région au milieu du XVIIIe siècle.

Les Bamiléké et les Bamoum. Les Allemands ont donné le nom de Bamiléké à une population installée dans l'ouest de l'actuel Cameroun, au nord de la forêt équatoriale, et dont on connaît mal l'histoire. Organisés en chefferies indépendantes, ils partagent néanmoins une culture commune. Les origines du royaume des Bamoum, voisins des Bamiléké, remontent sans doute au XVIIe siècle. Son expansion date du début du XIXe siècle, sous le règne de Mbwé-Mbwé, qui organise une armée de métier et se procure des armes à feu. Il fait fortifier la capitale, Foumban, et renforce le pouvoir monarchique. Le commerce se développe, tant vers le littoral qu'avec l'intérieur (vente de cola). Des esclaves sont affectés à la production agricole, de telle sorte que se constitue une classe privilégiée, pour l'essentiel concentrée à Foumban.

Les Fang. Jusqu'au XVIIIe siècle, les Fang étaient installés dans la savane, sur la rive droite de la Sanaga. Selon leurs traditions, ils ont été attaqués par des « centaures rouges au corps couvert d'écailles », sans doute des Chamba (voir page 136), et ont alors entrepris une migration vers le sud, en pénétrant dans la forêt. Les Fang (que les Européens appellent à l'époque « Pahouins ») s'y organisent en villages pionniers et guerriers. Ils assimilent (ou éliminent) les populations déjà présentes et atteignent le bas Ogooué vers 1900. Les autorités coloniales françaises mettent alors fin à leur expansion.

São Tomé et Principe. À partir de 1485 environ, des colons portugais s'installent dans les deux îles de São Tomé et de Principe, où ils introduisent la culture de la canne à sucre. Ils font venir des esclaves du delta du Niger puis, après 1510, du Kongo. Le succès du commerce de la canne conduit toutefois à une telle augmentation du nombre d'esclaves que, à partir des années 1570, il devient difficile de les contrôler. Les planteurs migrent alors vers le Brésil, tandis que São Tomé se mue en un relais de la traite négrière (entre l'Angola et le Brésil, principalement). Les *Tomenhos* (pour la plupart métis) exercent une grande influence sur les côtes du Kongo et de l'Angola.

Les divers occupants de Fernando Poo. En 1778, le Portugal cède à l'Espagne Fernando Poo et Annobón, en échange d'un règlement frontalier dans le sud du Brésil. Les Espagnols entendent se livrer à la traite en direction de l'Amérique du Sud, mais l'expédition qui débarque à Fernando Poo meurt décimée par les fièvres et le projet est abandonné dès 1781. De 1827 à 1834, avec l'assentiment de l'Espagne, la marine britannique utilise l'île comme base pour surveiller la traite clandestine et y débarque des esclaves libérés.

Les prémices de la colonisation. En 1839, les Français signent le premier traité avec un roi mpongwé. La marine française engage la lutte contre la traite en 1845. En 1849, elle installe des esclaves libérés sur la rive nord de la baie du Gabon : c'est l'acte de naissance de Libreville, inspirée de Freetown (voir page 107), mais qui ne se développera guère, la lutte des Français contre la traite demeurant sporadique. En 1862, la France signe un traité avec le roi des Oroungou et prend pied au cap Lopez. Les initiatives françaises réveillent les autorités espagnoles : à partir de 1843, elles passent des traités avec les chefs ndowé, sur la côte du Rio Muni, puis, en 1845, reprennent possession de Fernando Poo, qui devient un lieu de déportation. Un gouverneur y est nommé en 1858.

Dans la région de l'estuaire du Cameroun, les Britanniques, missionnaires et commerçants, sont les plus actifs au milieu du XIXe siècle. Ils sont rejoints dans les années 1860 par des Allemands, dont Eduard Woermann, fondateur d'une maison de commerce à Douala en 1868. C'est lui qui va intéresser les autorités de Berlin au Cameroun.

Les peuples du Congo

Le Congo et ses affluents drainent une immense plaine, la cuvette du Congo, entièrement occupée par la forêt. En aval, de part et d'autre du cours inférieur du fleuve, s'étend une zone de mosaïque forêt-savane, plus favorable à l'occupation humaine que la forêt équatoriale proprement dite. Des États y sont apparus assez tôt, créés par les Kongo (ou Bakongo) et les Téké.

La naissance du Kongo. Les Bakongo, d'abord installés au nord du fleuve, non loin de son embouchure, sont organisés en petits royaumes : Loango, Kakongo, Ngoyo... Selon la tradition, certains d'entre eux auraient franchi le fleuve sous la conduite de Nimi a Lukeni, soumis les populations de la rive gauche (certainement des Mbundu) et ainsi fondé le royaume du Kongo, avec pour capitale Mbanza Kongo. Leurs descendants forment une aristocratie, dont la langue va peu à peu s'imposer. L'influence du *mani* Kongo (« roi du Kongo ») atteint les fleuves Congo, au nord, Kwango (ou « Cuango »), à l'est, et Cuanza, au sud. Au nord-est, un conflit chronique oppose le Kongo aux Téké (voir page 139) pour des raisons commerciales.

Les Portugais et Afonso Ier. Les Portugais atteignent l'embouchure du Congo en 1483. Intéressé, le *mani* Kongo Nzinga a Nkuwu demande l'envoi de missionnaires et d'artisans, qui arrivent au Kongo en 1491. Il reçoit le baptême (sous le nom de João Ier), de même que des membres de l'aristocratie. Ayant défait les Téké avec l'aide des Portugais, il apostasie néanmoins peu après. À sa mort, en 1506, l'un de ses fils, non chrétien, est désigné pour lui succéder. Mais un autre de ses enfants, Afonso, le défait et monte sur le trône.

Chrétien convaincu et lettré en portugais, Afonso voit dans le catholicisme un moyen de renforcer son autorité. Il favorise l'enseignement et compte sur les Portugais pour l'aider à consolider son royaume. Les malentendus vont pourtant s'accumuler. La politique officielle portugaise (promotion du catholicisme, etc.) se double d'intérêts commerciaux : dès 1510, les Portugais sont acheteurs d'esclaves, d'abord destinés à São Tomé. De son côté, Afonso s'oppose à un essor de la traite, qui dépeuplerait ses États.

CONGO, KONGO, BAKONGO, KIKONGO

Par convention, *Kongo* désigne le royaume historique (à l'embouchure du fleuve) et la population, *Congo*, le fleuve et les deux États riverains actuels (Congo-Kinshasa et Congo-Brazzaville). Le fleuve porte dans cette région le nom de « Nzari » (d'où « Zaïre »).

Dans le mot Bakongo, « ba » est un préfixe propre à la classe des noms humains au pluriel. Le système des « classes nominales » caractérise les langues bantoues : chaque nom y est précédé d'un préfixe propre à cette catégorie.

Quant à la langue kikongo, elle résulte de la fusion et de la simplification de divers dialectes kongo. Née à l'époque de la traite, elle est aujourd'hui la langue véhiculaire dans toute la région du bas Congo.

LES PYGMÉES

Les Pygmées, que caractérise leur petite taille (stature moyenne masculine des Mbuti : 1,44 mètre), semblent être les plus anciens occupants de la forêt équatoriale. Au nombre de 150 000 environ, ils se répartissent en petits groupes très dispersés, du Cameroun au Rwanda. Ils se nomment « Binga » à l'ouest de l'Oubangui, « Twa » à l'est. Les mieux connus sont les Mbuti de la forêt de l'Ituri, dans le nord-est du Congo.

La plupart des Pygmées continuent de tirer leur subsistance de la chasse et de la cueillette, sans néanmoins échapper à l'influence, forte et ancienne, des Bantous. On ne connaît en effet pas de langue propre aux Pygmées : ils parlent celle de leurs voisins. D'une façon générale, les Bantous se sont traditionnellement considérés comme les supérieurs et les maîtres des Pygmées. Dans l'Ouest, ils ont imposé aux Binga des corvées (travaux agricoles). Dans la forêt de l'Ituri, les échanges étaient traditionnellement plus équilibrés : les Mbuti fournissaient du gibier et, à l'occasion, de l'ivoire et recevaient en échange du sel, des produits agricoles (bananes, etc.) et des armes en fer.

Il rebaptise sa capitale São Salvador, pour manifester son attachement à l'Église, puis tente d'expulser les trafiquants européens. En vain, car ces derniers ont partie liée avec des membres de l'aristocratie du Kongo. Après avoir échappé à un attentat fomenté par des négociants portugais, il meurt en 1543.

Le déclin du Kongo. Les successeurs d'Afonso entretiennent avec les Portugais des relations fluctuantes. Alvaro Ier (1568-1587) fait appel à eux pour lutter contre une invasion des Yaka (voir page 140). Garcia II (1641-1661) se rapproche des Hollandais, quand ils occupent Luanda dans les années 1640, puis doit signer un traité de quasi-protectorat avec les Portugais, revenus en force. Antonio Ier (1661-1665) s'étant insurgé, les Portugais le tuent. Après 1670, tandis que le royaume se déchire, la capitale est abandonnée. Pedro IV (1703-1718) se réinstalle à São Salvador en 1709, mais le pouvoir du *mani* Kongo ne cesse ensuite de décliner, de même que la pratique du christianisme. Il n'en subsistera que des traces au XIXe siècle, lors de l'arrivée de nouveaux missionnaires.

Le Loango et ses voisins. Les Vili, habitants du Loango, forment un groupe à part au sein des Bakongo. Les Portugais se procurent auprès d'eux du cuivre, exploité dans l'arrière-pays, à Mindouli. La traite (à laquelle se livrent les Hollandais, les Anglais, les Français et les Portugais) devient l'activité principale au milieu du XVIIe siècle. Elle est organisée par les Vili eux-mêmes (dont les réseaux rejoignent à l'intérieur ceux des Téké) et bouleverse leur société : une minorité de négociants accapare la richesse, tandis que l'artisanat et le commerce du cuivre périclitent. Simultanément, les institutions se désagrègent à tel point qu'à partir de 1787 le trône du Loango restera vacant, faute de candidat ! À cette époque, les Européens délaissent le Loango au profit de ses voisins le Kakango et le Ngoyo.

Les Téké. Le cœur du royaume des Téké (ou Batéké ou encore Tyo) est un pays de savane situé sur la rive droite du Congo. Les Téké tirent leur prospérité du cuivre (gisement de Mindouli) et de leur rôle d'intermédiaires commerciaux. Ils entrent en conflit avec le royaume du Kongo, qui cherche à accéder, lui aussi, à ces sources de revenus. L'essor de la traite, aux XVIIe et XVIIIe siècles, conduit à chercher les esclaves toujours plus loin à l'intérieur des terres, ce qui renforce le rôle d'intermédiaires joué par les Téké. Leur société se transforme : les marchands du Pool (voir l'encadré) deviennent dominants, tandis que le *makoko* (« roi ») voit son rôle décliner. Quand la traite cesse, au XIXe siècle, les Téké concentrent leur attention sur le commerce de l'ivoire.

Les peuples de la forêt congolaise. Les plus anciens habitants de la forêt congolaise sont les Pygmées, encore présents en groupes disséminés (voir l'encadré). Les Bantous de la cuvette du Congo se répartissent en quatre groupes principaux : les Mongo, les Ngombe, les « gens d'eau » et les Mbochi.

– L'histoire des Mongo, établis dans la partie orientale de la cuvette, s'est déroulée à une échelle essentiellement locale jusqu'à la fin

LE POOL MALEBO, CARREFOUR COMMERCIAL

Le Pool Malebo (anciennement Stanley Pool) est un élargissement du fleuve Congo de forme circulaire, d'un diamètre de 25 kilomètres environ. En amont, le Congo se prête à la navigation, de même que ses principaux affluents. En aval, des rapides rendent au contraire la navigation impossible jusqu'à Matadi. Il en résulte que les rives du Pool, étape obligée entre deux modes de transport, forment depuis longtemps un carrefour commercial majeur. Avant la colonisation, les piroguiers dominaient en amont, tandis qu'en aval il fallait recourir au portage, selon divers itinéraires reliant le Pool au littoral.

Les Européens ont construit des chemins de fer : l'un de Matadi à Léopoldville (actuel Kinshasa) mis en service en 1898, l'autre de Pointe-Noire à Brazzaville, achevé en 1934 (voir page 157).

BANGALA ET LINGALA

L'explorateur Henry Morton Stanley le premier, en 1877, utilise le nom de « Bangala » (dont l'origine est obscure) pour désigner des populations situées entre l'Oubangui et le Congo, au nord du confluent. Bien qu'elle soit d'abord fort imprécise (comme Stanley en prend conscience), l'appellation est adoptée par les populations concernées, en particulier les « gens d'eau », qui se forgent ainsi une « identité ethnique ».

Simultanément, l'essor du commerce fluvial favorise la formation d'une langue véhiculaire. Il s'agit à l'origine de celle des Bobangi, à la fois enrichie d'apports kikongo et européens et appauvrie (par simplification de la syntaxe). Sous le nom de « lingala », elle est aujourd'hui langue nationale dans tout le nord-ouest du Congo-Kinshasa (voir la carte page 166).

du XIXe siècle. Leur conscience de former un groupe se manifeste à l'époque coloniale, tandis qu'apparaît l'appellation de « Mongo », dont l'origine reste controversée.

– L'origine du nom des Ngombe n'est pas claire non plus. Venus du nord-est, ils ont atteint la rive droite du Congo au XVIIIe siècle, puis ont franchi le fleuve.

– De part et d'autre du cours inférieur de l'Oubangui vivent les « gens d'eau », surtout pêcheurs et piroguiers. Quand, au XVIIIe siècle, les réseaux commerciaux constitués à l'amont du Pool s'étendent au bas Oubangui, les piroguiers se réorientent vers le commerce. C'est notamment le cas des Bobangi, qui s'installent sur le cours du Congo en aval (entre le confluent de l'Oubangui et celui du Kwa) et y monopolisent le trafic. Du dialecte des Bobangi est issue une langue véhiculaire : le lingala (voir l'encadré page 142).

– Sur la rive droite du Congo, enfin, se situent les Mbochi (au nord des zones peuplées par les Téké). Venus de l'est, ils auraient gagné leur territoire actuel au cours de la première moitié du XIXe siècle.

Les peuples des savanes du Sud

Dans l'est et le centre des savanes, deux traditions politiques et culturelles ont dominé la scène jusqu'au XIXe siècle : celle des Luba et celle des Lunda. Par convention, on utilise les appellations « Empire luba » et « Empire lunda », mais il s'agit plutôt de vastes réseaux d'influence.

À l'ouest, les Portugais ont fondé leur colonie d'Angola vers la fin du XVIe siècle. La traite qu'ils ont pratiquée à grande échelle, aux XVIIe et XVIIIe siècles, a profondément marqué les sociétés de la région.

L'Empire luba et son influence. Le récit traditionnel rattache les origines des Luba au royaume des Kalundwe (à la limite des actuels Katanga et Kasaï). Le roi Kongolo aurait été tué par son neveu Kalala Ilunga, qui aurait ensuite fondé ce qui deviendra l'Empire luba. Bien qu'il soit difficile de dater de tels événements, on s'accorde aujourd'hui à considérer que la mort de Kongolo remonte au XIVe voire au XIIIe siècle.

Le cœur de l'Empire luba jouxte à l'est le pays des Kalundwe. L'autorité du souverain, le *mulopwe,* est relayée sur le terrain soit par des chefs locaux ayant accepté sa suprématie (et lui versant un tribut), soit par des personnalités nommées. On connaît mal l'extension de l'empire : sans doute correspond-elle, en gros, au nord et au centre de l'actuel Katanga. Son influence s'exerce toutefois plus loin. C'est ainsi que les Phiri, d'origine luba, arrivés aux alentours de 1400 dans la région du lac Malawi, seraient à l'origine des États maravi (voir page 150). Un autre groupe se serait installé chez les Bemba au XVIIe siècle. L'expansion la plus importante s'est opérée vers l'ouest, dans l'actuel Kasaï, sans doute au XVe siècle. Des Luba, peu soucieux de l'autorité du *mulopwe,* s'y sont mêlés à d'autres populations. Telle est l'origine des actuels Luba Lubilanji (ou du Kasaï), de langue tsiluba, distincts des Luba Shankadi (ou du Katanga), de langue kiluba.

Les fondements de l'Empire lunda. Aux origines se situent les Ruund, installés à l'ouest des Kalundwe. Le fondateur de l'Empire lunda naît de l'union de la fille du chef des Ruund avec un chasseur venu de la cour des Luba. Il prend le nom de Mwata Yamvo, qui deviendra le titre des souverains.

L'organisation du pouvoir lunda présente un caractère original : chaque nouveau *mwant yav* hérite automatiquement de tous les liens de parenté, inchangés, de son prédécesseur (« parenté perpétuelle »). Il en résulte que les « vassaux », assimilés à des frères cadets du *mwant yav,* le demeurent indéfiniment. Un tel système assure au pouvoir central une grande stabilité et conduit à un essaimage des vassaux, puisque le lien persiste, en principe, quel que soit l'éloignement dans l'espace et dans le temps. La société lunda est très militarisée. Les tributs que les vassaux expédient chaque année au *mwant yav* consistent notamment en esclaves, capturés lors de guerres contre les peuples voisins. L'Empire lunda deviendra ainsi un grand pourvoyeur d'esclaves au XVIIIe siècle.

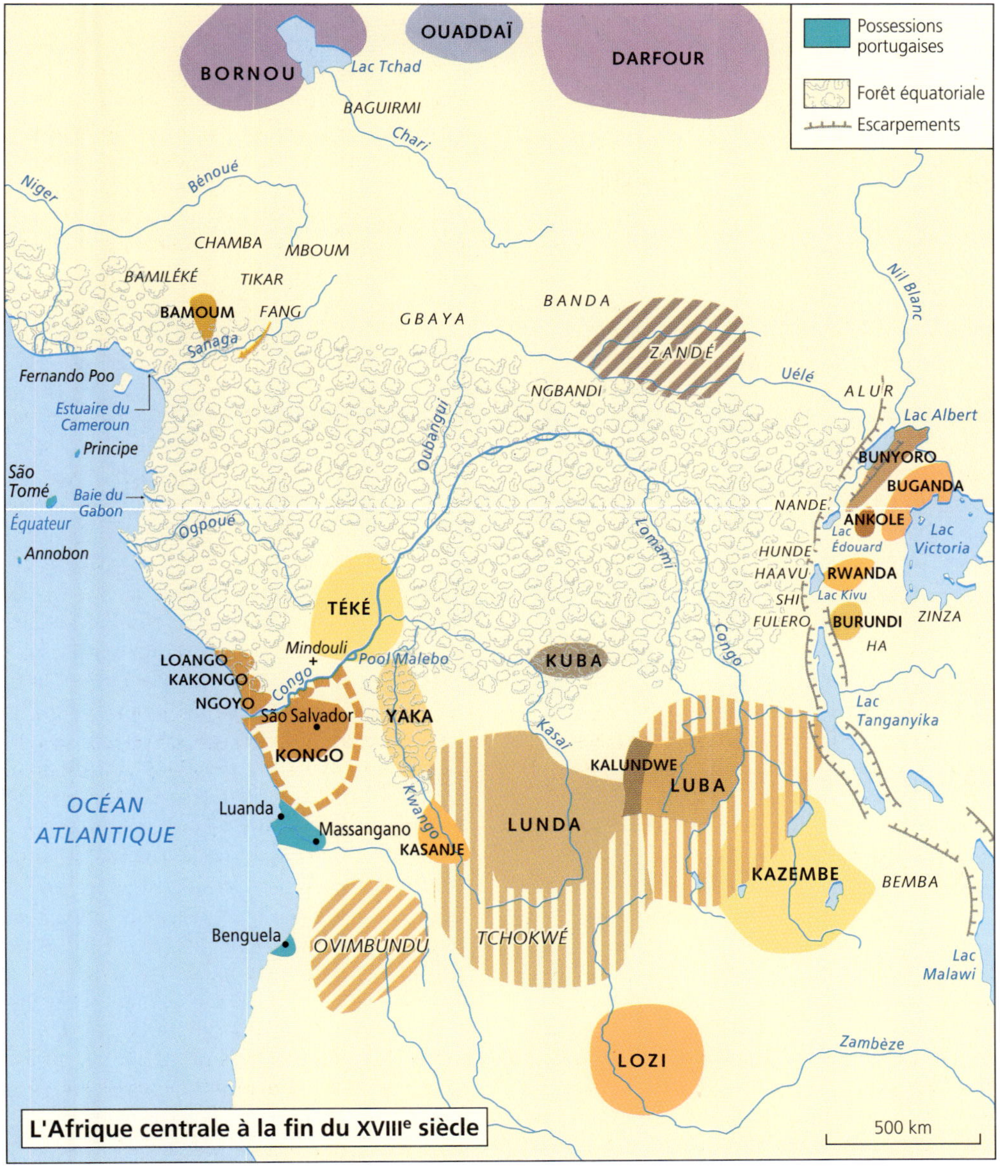

L'Afrique centrale à la fin du XVIIIe siècle

L'expansion lunda vers l'ouest et le sud. Les Imbangala, d'origine lunda, fondent au début du XVIIe siècle un royaume dans la vallée supérieure du Kwango (ou Cuango). Connu sous le nom de Kasanje (à l'origine titre du souverain), il joue le rôle de courtier dans le commerce des esclaves et de l'ivoire. Dans la vallée inférieure du Kwango, d'autres guerriers lunda créent le royaume des Yaka. Au sud, dans la région des sources du Zambèze, des Lunda fondent des chefferies parmi les Luena. Le royaume des Lozi, dans l'ouest de l'actuelle Zambie, semble avoir eu pour initiateurs des Lunda. Enfin, les Tchokwé, qui vont jouer un grand rôle au XIXe siècle (voir page 142) sont de culture lunda.

Le royaume du Kazembe. Au XVIIIe siècle, les monarques lunda s'engagent dans une politique de conquête du centre de l'actuel Katanga, riche en cuivre et en sel. À la cour du *mwant yav*, le responsable de l'expansion militaire porte le titre de *kazembe*. Parmi les *kazembe* qui se succèdent, Kanyembo, dans les années 1750, s'empare de la vallée du Luapula et des rives du lac Bangweulu, en pays bemba. Il organise ses conquêtes en un royaume, reconnu par le *mwant yav*. Des Portugais du Mozambique entrent en relation avec le royaume, auquel ils donnent le nom de « Kazembe », titre de son souverain.

Les origines de l'Angola. Les Portugais, d'abord actifs au Kongo, s'intéressent ensuite à son voisin du sud, le royaume du Ndongo, peuplé de Mbundu et dont le roi porte le titre de *ngola* (d'où « Angola »). Les Portugais sont persuadés (à tort) d'y trouver des mines d'argent, tandis que des *Tomenhos* (de São Tomé) s'installent sur l'île de Loanda. En 1575, les

Portugais bâtissent sur la terre ferme, en face de l'île, le fort de São Paulo de Loanda (à l'origine de la ville de Luanda), puis entreprennent de conquérir les terres comprises entre les fleuves Bengo et Cuanza, se heurtant parfois à la résistance des Mbundu.

La traite devient l'activité principale des Portugais au début du XVIIe siècle. À cet effet, ils s'appuient sur des *pombeiros* (trafiquants européens et surtout métis), puis attaquent le Ndongo en force. Une femme, Nzinga (dite « Dona Ana »), accède au trône du Ndongo en 1624. Elle coopère un temps avec les Portugais, puis s'en va au Matamba, dont elle devient reine. Quand les Hollandais occupent Luanda, dans les années 1640, Nzinga tente sans succès de reconquérir le Ndongo. La situation se stabilise ensuite : à l'est de l'Angola, le Matamba et le Kasanje, tout en préservant leur indépendance, se font les courtiers de la traite des esclaves.

L'Angola et la traite. Au sud de Luanda, les Portugais fondent Benguela, mais ils ne peuvent s'avancer dans l'arrière-pays, peuplé d'Ovimbundu. En revanche, ils continuent de progresser le long de la Cuanza. La plupart des Portugais (pour beaucoup, des proscrits) vivent dans trois villes : Luanda, Benguela et Massangano. Des métis s'y installent également en nombre croissant.

La traite (à destination du Brésil) provoque rapidement le dépeuplement de l'ancien Ndongo, de sorte que les esclaves sont recherchés de plus en plus loin, en particulier dans l'Empire lunda. À la fin du XVIIIe siècle, ils représentent près de 90 % de la valeur des exportations. La traite s'accroît encore au début du XIXe siècle, quand les autres pays européens (Grande-Bretagne, France...) cessent de la pratiquer. Le reflux prendra du temps : le Portugal interdira officiellement la traite en 1836, mais la mesure ne prendra effet en Angola qu'en 1845. Quant à l'esclavage lui-même, il y deviendra illégal en 1878.

L'Angola au XIXe siècle. Tandis que la traite décroît, d'autres spéculations commerciales prennent le relais : « boom » de l'ivoire à partir des années 1830, « boom » du caoutchouc après 1870. Dans ce contexte, les autorités portugaises s'efforcent d'étendre leur emprise territoriale, sans grand succès faute de moyens militaires. En revanche, de nombreux commerçants, pour la plupart métis (« luso-africains »), tirent parti des circonstances. En parcourant le *sertão* (l'intérieur) dans un esprit de totale libre entreprise, ils jouent un rôle décisif dans l'extension du réseau des échanges. Simultanément, la chasse à l'éléphant à grande échelle, sur des territoires toujours plus vastes, fait le jeu d'aventuriers africains et donne libre cours à la violence, avec deux conséquences : la désagrégation de nombreuses sociétés traditionnelles et un nouvel essor du trafic des esclaves à l'intérieur même du continent.

La prospérité des Ovimbundu et des Tchokwé. La nouvelle donne commerciale pénalise les États auparavant bénéficiaires de la traite : les royaumes du Kasanje, du Matamba et des Yaka s'effondrent au milieu du siècle. Elle fait en revanche la fortune d'autres populations.

Les Ovimbundu, dans l'arrière-pays de Benguela, sont organisés en une demi-douzaine de petits États, dont le Bihe est le plus commerçant. Pour acheminer l'ivoire, ils organisent d'immenses caravanes de porteurs, opérant chez les Lunda, à partir de 1840, puis au Kazembe et chez les Lozi de la haute vallée du Zambèze. Leur activité ne déclinera qu'après 1890.

Les Tchokwé (ou *A-yoko,* « ceux qui ont fui ») se sont installés au XVIIIe siècle dans la région des sources du Kwango et du Kasaï pour échapper à la traite. De culture lunda, ils forment une communauté caractérisée par son genre de vie centré sur la chasse. Aussi profitent-ils du « boom » de l'ivoire : détenteurs d'un nombre croissant d'armes à feu, ils étendent leur rayon d'action vers le nord-est à partir de 1850 environ et parviennent s'imposer à l'Empire lunda.

Le Kazembe et les Luba au XIXe siècle. Le Kazembe commerce tant avec les Ovimbundu qu'avec les Yao, à l'est (voir page 151). Les chasseurs d'éléphants nyamwezi (voir page 149) et les caravaniers arabo-swahili parviennent dans la région après 1860. Ils préfèrent opérer auprès de populations moins organisées que celles du Kazembe, dont le rôle commercial se restreint. De surcroît, le Nyamwezi Msiri défait les troupes du Kazembe vers 1869 et fonde plus à l'est un royaume, le Garenganze, qui tend à accaparer le commerce.

L'État luba se désagrège dans les années 1870, à la suite d'un conflit de succession. Chacun des camps en présence s'était procuré des armes à feu, auprès de Msiri ou de marchands arabo-swahili ou luso-africains.

L'AFRIQUE ORIENTALE

Dans la géographie spectaculaire de l'Afrique orientale, on distingue quatre ensembles. À l'ouest, un fossé d'effondrement, le Rift occidental, bordé de hauts reliefs, accueille quatre grands lacs : Albert, Édouard, Kivu et Tanganyika. À l'est du Rift occidental s'étend un vaste plateau, d'une altitude de plus de mille mètres. Le lac Victoria en occupe une partie déprimée. Le Nil (dit « Nil Victoria ») s'écoule du lac Victoria vers le lac Albert, puis prend la direction du nord (le Nil Albert devenant le Nil Blanc). Un second fossé d'effondrement, le Rift oriental (en anglais Great Rift Valley), entaille l'est du plateau, du lac Turkana (anciennement lac Rodolphe) au centre de l'actuelle Tanzanie. De part et d'autre se dressent de grands volcans : à l'ouest, le mont Elgon (4 321 m) ; à l'est, les monts Kénya (plus de 5 000 m), Kilimandjaro (5 895 m) et Meru (4 566 m). À l'est et en contrebas du plateau s'étend la zone littorale, avec ses îles (Zanzibar, Pemba, etc.).

Climat et peuplement. Aux contrastes de relief s'ajoutent des contrastes climatiques. Les régions les mieux arrosées sont les massifs bordant le Rift occidental, le pourtour du lac Victoria, les pentes des grands volcans et la zone littorale (bénéficiant de la mousson). Une semi-aridité prévaut, à l'inverse, dans le Nord-Est et à l'est du plateau. Reflétant ces contrastes, le peuplement se répartit en trois grands domaines : la région des Grands Lacs, apte à accueillir une population nombreuse pratiquant l'agriculture et (sauf exception) l'élevage ; le reste du plateau, parcouru par des sociétés pastorales, mais ponctué de reliefs se prêtant à l'agriculture ; la zone littorale, tournée vers la mer.

Ces trois ensembles ont connu des histoires distinctes : les royaumes des Grands Lacs, à l'ouest, et le monde swahili, sur la côte, se sont très longtemps ignorés, la zone intermédiaire des steppes faisant écran.

Un carrefour ethnique. Quatre familles linguistiques se côtoient en Afrique orientale. Les occupants les plus anciens du plateau, des chasseurs-cueilleurs de langues khoisan (voir page 141), ont aujourd'hui pour descendants les Hadza et les Sandawe. Des éleveurs de langues couchitiques les ont plus tard rejoints. C'est l'origine des actuels Iraqw.

La seconde moitié du Ier millénaire av. J.-C. voit l'arrivée de populations de langues bantoues, venues de l'ouest. Il s'agit d'agriculteurs, qui entreprennent de défricher la région des Grands Lacs. Au cours de la première moitié du Ier millénaire apr. J.-C., des Bantous se dirigent vers le sud et atteignent les pays du Zambèze. D'autres partent vers l'est et le sud-est et s'installent dans divers massifs montagneux, laissant les steppes aux sociétés pastorales. D'autres encore atteignent le littoral, qu'ils longent vers le nord (ils sont à l'origine du groupe swahili).

Des peuples de langues nilotiques ont migré vers l'Afrique orientale en trois vagues successives. De la première semblent lointainement issus les actuels Kalenjin. La deuxième vague est à l'origine des Karamojong, des Teso, des Masai, etc. La troisième vague s'ébranle au début du IIe millénaire. Elle se compose de Luo (au sens large), dont certains (les Luo au sens restreint) finiront par s'installer à l'est du lac Victoria. D'autres se cantonnent au nord du Nil Victoria (les Acholi, les Lango...).

La région des Grands Lacs

Le mythe des « conquérants ». Dans la zone interlacustre (entre le Rift occidental et le lac Victoria), les observateurs européens, au cours de la seconde moitié du XIXe siècle, ont fait la connaissance de sociétés composées d'une minorité d'éleveurs, formant une « aristocratie », et d'une majorité d'agriculteurs, en position subordonnée, tous s'exprimant néanmoins en une même langue bantoue. Tel était le cas des Tutsi et des Hutu (au Rwanda et au Burundi) ou des Hima et des Bairu (dans le sud-ouest de l'Ouganda). De surcroît, les Européens, alors très attentifs aux « races » constatèrent que les Tutsi et les Hima étaient, d'une façon générale, de plus grande taille que les Hutu ou les Bairu. Aussi imaginèrent-ils que les éleveurs descendaient de conquérants venus du nord et qu'ils n'étaient pas de la même race que les agriculteurs bantous, dont ils avaient cependant adopté la langue.

Le caractère fallacieux de cette hypothèse est apparu dans le dernier quart du XXe siècle : la conquête n'a jamais eu lieu. On s'accorde aujourd'hui plutôt sur l'enchaînement suivant. Les défrichements entrepris par les Bantous transforment le paysage en une mosaïque de champs cultivés, de prairies et de forêts secondaires. L'élevage du bétail se développe plus tard et fait figure d'activité de prestige. Le bétail en vient ainsi à matérialiser la richesse et la puissance, de telle sorte que les éleveurs acquièrent un rôle privilégié. L'hypothèse des conquérants se révèle inutile : il s'agit d'un évolution sociale au sein d'une même population. Quant aux écarts entre types physiques, ils tiendraient à des différences de régime alimentaire et de mode de vie et, peut-être surtout, au mariage préférentiel avec des individus de haute taille.

La genèse des royaumes. Au sud-est du lac Albert, la tradition retient d'abord le royaume de Kitara, dirigé par la dynastie des Chwezi. Ce royaume aurait atteint son apogée au XVe siècle. Des Nilotiques occidentaux (ou Luo) s'installent au nord du Nil Victoria à la même époque. Une partie d'entre eux, les Bito, pénètre dans le Kitara au début du XVIe siècle, met fin au règne des Chwezi et organise un nouveau royaume, le Bunyoro, dont le premier roi porte le nom de Rukidi. Parmi les Hima, qui, selon la tradition, formaient l'aristocratie du royaume de Kitara, certains partent alors vers le sud, dont le clan des Hinda. Ils seraient à l'origine du royaume de Karagwe, à l'ouest du lac Victoria, puis de celui d'Ankole (ou Nkore), à l'est du lac Édouard. Au sud du Karagwe, ils auraient essaimé chez les Haya, les Zinza et les Ha. Le Rwanda se rattache indirectement à ces traditions, non le Burundi.

Le Bunyoro et l'Ankole. Puissant au XVIIe siècle, le Bunyoro décline au siècle suivant, à tel point que les royaumes voisins, Ankole et Buganda, s'étendent à ses dépens. La monarchie reprend vigueur au milieu du XIXe siècle. Le roi Kabarega (v. 1869-1899) crée une armée professionnelle et se procure des armes à feu auprès de trafiquants venus de Khartoum. Les premières caravanes arabo-swahili parviennent au Bunyoro en 1877. En 1886, Kabarega remporte une victoire sur le Buganda. Le royaume d'Ankole connaît son apogée sous le règne de Mutambuka (v. 1839-v. 1867).

Les origines et l'expansion du Buganda. Sur la rive nord-ouest du lac Victoria, dépourvue de relief, le climat se prête à la culture du bananier (voir l'encadré), mais des maladies du bétail s'opposent à l'élevage, de telle sorte que la société qui prend forme dans cet espace diffère de ses voisines. La genèse du Buganda (« royaume des Ganda ») semble locale, bien que la tradition en attribue la fondation à un frère de Rukidi, héros des Bito. Aux XVe-XVIe siècles, il s'agit d'une confédération de clans avec à sa tête le *kabaka* (« roi »), sans grand pouvoir. L'expansion date du XVIIIe siècle, le long des rives du lac (à l'est et au sud-ouest) et vers l'intérieur, aux dépens du Bunyoro. Les *kabaka* renforcent alors leurs prérogatives, en plaçant sous leur contrôle direct les provinces conquises. Ainsi s'affirme un système politique centralisé et bureaucratique, qui finit par conférer au Buganda une grande homogénéité culturelle.

Le Buganda au XIXe siècle. Trois *kabaka* se succèdent : Suna (v. 1825-1856), Mutesa (1856-1884) et Mwanga (1884-1898). Dans les années 1840-1850, le Buganda conquiert le Busoga, à l'est du Nil Victoria, tandis qu'au sud-ouest il astreint divers petits royaumes (Karagwe, Buhaya, Buzinza...) à payer tribut.

Vers la fin du XVIIIe siècle, le Buganda est entré en relations commerciales avec les Arabo-Swahili par l'intermédiaire des Nyamwezi (voir page 149). Les premières caravanes venues de la côte atteignent le Karagwe dans les années 1840. Le *kabaka* s'assure le monopole des échanges : il cède de l'ivoire (mais très peu d'esclaves) en contrepartie d'armes à feu. Des marchands arabo-swahili s'étant installés au Buganda, les premières conversions à l'islam datent des années 1850, avec l'approbation de Mutesa. En 1875, l'explorateur Henry Morton Stanley (voir page 155) séjourne au Buganda et propose à Mutesa l'envoi de missionnaires. Le *kabaka* s'y montre favorable, pour contrebalancer l'influence musulmane. Des missionnaires anglicans arrivent en 1877, suivis, dès 1879, de Pères blancs français. Mutesa attise aussitôt leur rivalité. Son successeur, Mwanga, se brouille avec les missionnaires : en 1886, quarante-deux Ganda convertis au christianisme sont brûlés vifs. Il s'ensuit une période confuse de « guerres de religions » entre quatre camps : protestant, catholique, musulman et animiste.

LE BANANIER

Le bananier assure des rendements élevés toute l'année sans nécessiter un travail considérable. De surcroît, ses variétés répondent à divers besoins. Chez les Ganda, on distingue ainsi : les *matoke* (bananes à cuire), les *gonja* (bananes à rôtir), les *menvu* (bananes-fruits) et les *mbide* (bananes à bière). En Afrique orientale, le bananier a trouvé ses principaux terrains d'élection au Buganda et sur les pentes de divers volcans et massifs : les monts Elgon, Kilimandjaro et Meru, les pays des Shaamba et des Nyakyusa.

Le Rwanda et le Burundi. Selon la tradition, des Hinda, venus du Karagwe, s'installent à l'est de l'actuelle ville de Kigali au début du XVIIe siècle. Ils fondent la dynastie des Nyiginya, qui consolide et étend son pouvoir en adoptant des rituels propres aux Hutu. L'expansion territoriale prend toute son ampleur au XIXe siècle : le Rwanda atteint alors ses dimensions actuelles. Le *mwami* (« roi ») s'appuie principalement sur une hiérarchie militaire, qui se superpose aux institutions tant hutu que tutsi. Sous le règne de Kigeri Rwabugiri (v. 1860-1895), le royaume du Rwanda est l'un des plus puissants de la région. Toutefois, à la différence du Buganda, il se tient à l'écart des Arabo-Swahili : aucun d'entre eux n'est autorisé à pénétrer dans le royaume avant 1878 et, ensuite, le commerce demeure très limité.

Chez les Rundi, le royaume (Burundi) date du début du XVIIIe siècle. Sa grande expansion (jusqu'à atteindre, à peu près, ses limites actuelles) date du règne du *mwami* Ntare Rugamba (v. 1800-v. 1850). Elle s'accompagne d'âpres conflits avec le Rwanda. Mwezi Gisabo (v. 1850-1908) renforce le pouvoir royal, mais la monarchie rundi demeure moins solide que sa voisine du nord. Des guerres civiles éclatent vers la fin du siècle. Comme le Rwanda, le Burundi s'oppose autant que possible à l'entrée de commerçants étrangers dans le royaume.

Royaumes et chefferies périphériques. Divers peuples partagent les traditions des royaumes des Grands Lacs. À l'ouest du Rift occidental, les Hunde, les Haavu, les Shi et les Fulero sont organisés en petits royaumes gouvernés par des *mwami*. Au nord-ouest du lac Édouard, les Nande ont subi l'influence du

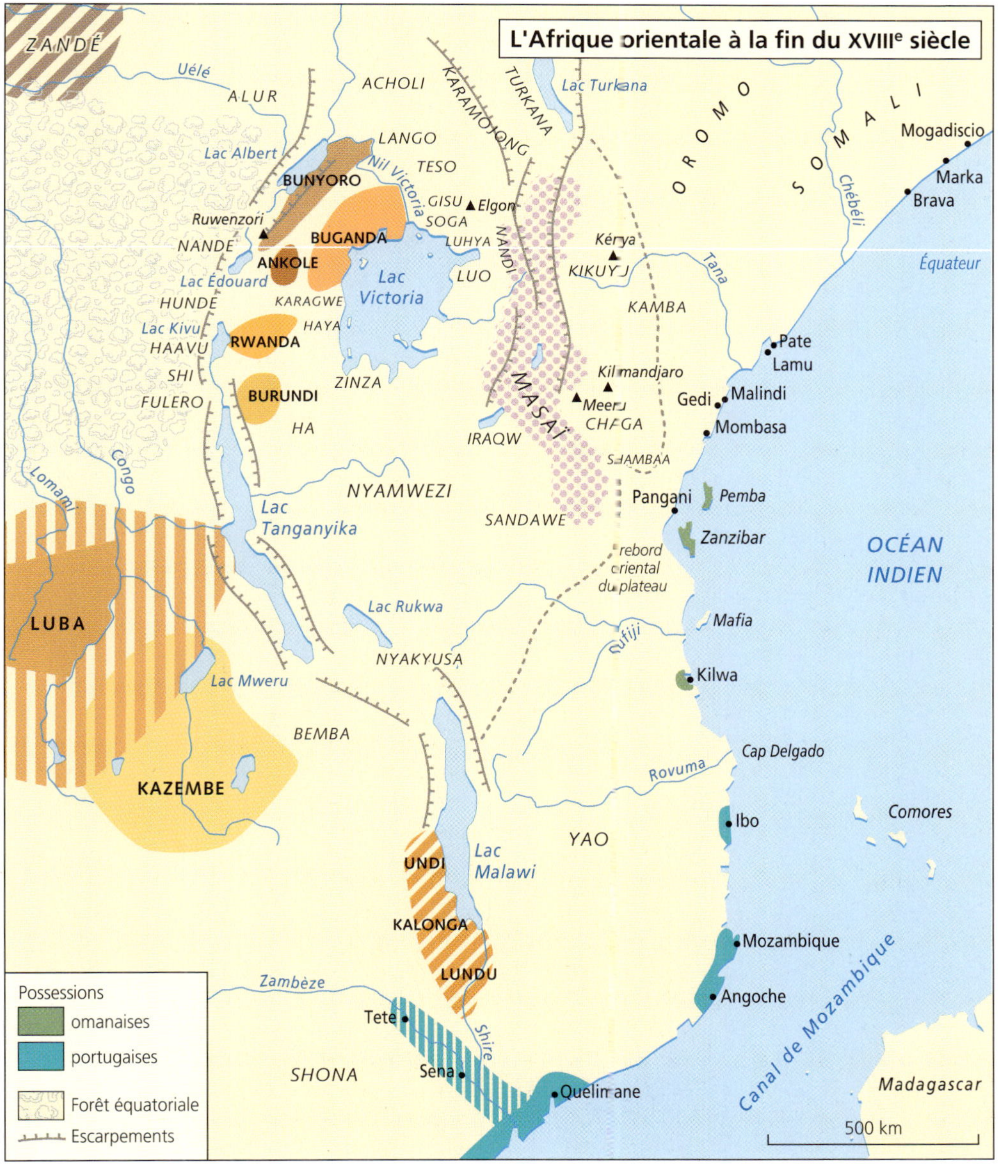

145

Bunyoro. Au nord-ouest du lac Albert, les Alur (Nilotiques occidentaux) forment une aristocratie dont dépendent des agriculteurs bantous. À l'est du Rwanda et du Burundi, les royaumes du Buhaya, du Buzinza et du Buha, jadis fondés par des Hinda, sont des agrégats de chefferies dont le roi n'exerce qu'une autorité rituelle.

Les peuples du plateau

En dehors de la zone interlacustre et de la côte swahili, les populations d'Afrique orientale conservent des structures politiques à petite échelle, qu'il s'agisse de sociétés pastorales ou d'agriculteurs sédentaires. Elles se répartissent en quatre ensembles.

Les sociétés pastorales. À l'ouest du lac Turkana nomadisent les Turkana, et, à l'ouest de ceux-ci, les Karamojong ; les uns et les autres sont des Nilotiques orientaux. Aux XVIIe-XVIIIe siècles, d'autres Nilotiques orientaux, les Masai, sont devenus dominants dans le Rift oriental, jusqu'à atteindre les steppes au sud du mont Kilimandjaro. Au XIXe siècle, des conflits opposent entre eux divers groupes de Masai, qui s'attaquent aussi aux populations voisines. Certains peuples se réorganisent pour mieux leur résister, les Kikuyu en particulier. Par ailleurs, l'hostilité des Masai empêche les caravanes arabo-swahili de franchir le Rift oriental.

Les peuples des savanes du Nord. Les savanes situées au nord et à l'est du Nil Victoria et à l'est du lac Victoria se prêtent à la fois à l'élevage et à l'agriculture. Cinq peuples s'échelonnent du nord-ouest au sud-est : les Acholi et les Lango (Nilotiques occidentaux) ; les Teso (Nilotiques orientaux), qui seront soumis par les Ganda au début du XXe siècle avec l'assentiment des Britanniques ; les Luyia (Bantous), au sud du mont Elgon ; les Luo (Nilotiques occidentaux), autour de la baie de Kendu. Au XIXe siècle, ces peuples demeurent, pour l'essentiel, à l'écart des bouleversements engendrés par l'essor du grand commerce (ivoire et esclaves).

Les peuples des hauts reliefs. Plusieurs peuples bantous ont fait du bananier l'élément principal de leur agriculture : les Gisu, sur les pentes du mont Elgon ; les Chaga, sur les pentes des monts Kilimandjaro et Meru ; les Shambaa, dans les monts Usambara, au sud-est du Kilimandjaro ; les Nyakyusa, à l'extrême sud du plateau, près du lac Malawi. Sur le rebord ouest du Rift oriental sont installés les Nandi, Kipsiki, Pakot, etc., tous Nilotiques méridionaux (et que l'on regroupe aujourd'hui sous le nom de « Kalenjin »). Pasteurs à l'origine, ils ont été évincés des steppes par les Masai et sont devenus, pour la plupart, agriculteurs. Les Kikuyu (Bantous) sont principalement agriculteurs. Ils occupent les hautes terres entre le mont Kénya et le rebord oriental du Rift.

Les peuples des savanes du Sud. La vaste zone de savane et de forêt claire au sud du lac Victoria demeure peu peuplée, en raison de sols pauvres et de fréquentes sécheresses. En revanche, les éléphants y sont nombreux, du moins avant que la « chasse à l'ivoire » ne les décime au XIXe siècle. Les Nyamwezi (Bantous), organisés en chefferies, occupent une grande partie de la région. Quand la demande d'ivoire émanant de la côte swahili les atteint, à la fin du XVIIIe siècle, ils se font chasseurs d'éléphants. Au siècle suivant, ils jouent un rôle important dans l'essor des réseaux commerciaux arabo-swahili. D'autres peuples (les Gogo, les Hehe…) se contentent de prélever des droits de passage.

Le monde swahili

Le régime des vents facilite la navigation le long de la côte d'Afrique orientale. En hiver, la mousson et l'alizé conjugués soufflent du nord-est, jusqu'à la latitude du cap Delgado : les navires se dirigent vers le sud. En été, l'alizé soufflant du sud-est se trouve relayé,

LA LANGUE SWAHILI

Le *kiswahili* (« langue swahili ») a pour origine la langue des Bantous de la région littorale proche des îles Lamu. L'appellation « swahili » vient de l'arabe *sahil*, « rivage ». Quand la navigation des Chirazi et des Bantous se développe le long de la côte d'Afrique orientale, le swahili y devient la *lingua franca* des marins et des marchands. À partir du XIIIe siècle, c'est aussi la langue dominante des citadins, y compris les Chirazi (qui continuent néanmoins de pratiquer l'arabe). Le swahili incorpore peu à peu des mots arabes, persans, indiens, portugais… Les premiers écrits en swahili (en caractères arabes) datent sans doute du XVIe siècle. La langue se diffuse à l'intérieur des terres au XIXe siècle.

Dans la première moitié du XXe siècle, les autorités britanniques font établir un swahili normalisé (*standard swahili*), fondé sur le dialecte urbain de Zanzibar. Il est aujourd'hui en usage de Djibouti au nord du Mozambique et, depuis l'indépendance, dans l'est du Congo-Kinshasa. En Tanzanie, il a le statut de langue officielle.

après le passage de l'équateur, par la mousson qui souffle alors vers le nord-est.

Les origines. Aux VIIIe-IXe siècles, des Bantous venus de l'Ouest, après avoir atteint l'océan Indien, longent le littoral vers le nord, jusque dans le sud de l'actuelle Somalie. À la même époque, des navigateurs musulmans fréquentent la région et y prennent pied. Bien que dits « Chirazi », ces nouveaux arrivants sont arabes plutôt que persans. Ils se procurent sur la côte africaine du bois, de l'ivoire et des esclaves. Au contact des Chirazi, les Bantous du littoral développent une navigation de cabotage. Ils atteignent les Comores et, peut-être, Madagascar, avant l'an mille. Installés de préférence sur des sites insulaires, plus faciles à défendre, les Chirazi prennent femme(s) chez les Bantous et les gagnent, peu à peu, à l'islam. Une culture originale va naître de la symbiose des Chirazi et des Bantous, ces derniers conservant leur langue (voir l'encadré) et leurs usages.

La prospérité des Chirazi. Les courants commerciaux s'intensifient après l'an mille, notamment en raison d'une demande croissante d'or, que les Chirazi vont se procurer près de l'embouchure du Zambèze (voir page 150). Sur le littoral se développe un chapelet de petites cités-États, souvent rivales, dont l'apogée se situe entre le XIIIe et le XVe siècle. Ce sont (du nord au sud) : Mogadiscio, Merca, Brava, Pate, Lamu, Malindi, Gedi, Mombasa, Pangani, Kizimkazi (sur l'île de Zanzibar), Kisimani (sur l'île de Mafia), Kilwa. Bien que musulmanes, ces villes sont de moins en moins arabes : les Chirazi, tout en conservant le pouvoir, deviennent minoritaires (et se métissent). Kilwa tient le premier rôle jusqu'au XIVe siècle. De son sultan dépend Sofala, comptoir situé au sud de l'embouchure du Zambèze, où un gouverneur contrôle le commerce de l'or. Au XVe siècle, les villes situées plus au nord tirent leur prospérité du commerce avec l'Inde, alors en plein essor.

La domination portugaise. Après avoir doublé le cap de Bonne-Espérance au début de 1498, Vasco de Gama atteint l'île de Mozambique, puis Mombasa et enfin Malindi. Les autorités de cette ville lui attribuent un pilote indien, grâce auquel il atteint les Indes. Sur le chemin du retour, Vasco de Gama conclut avec Malindi une alliance qui restera en vigueur pendant près de deux siècles. Au cours de nouvelles expéditions, les Portugais s'imposent par la force : à Sofala en 1502, à Kilwa et à Mombasa en 1505, dans les îles de Mafia, Zanzibar et Pemba en 1509. Mais ils échouent à Mogadiscio, où une dynastie somali s'établit au début du siècle.

Aux yeux des Portugais, les ports d'Afrique de l'Est constituent avant tout des escales entre les Indes orientales (où ils se procurent des épices) et l'Europe. Ils s'efforcent néanmoins d'en tirer profit en imposant le paiement de tributs aux cités-États locales et en prélevant des taxes sur les échanges. En pratique, toutefois, leur action désorganise les courants commerciaux traditionnels et stimule la contrebande. Elle provoque aussi des insurrections, en particulier à Mombasa, que les Portugais mettent à sac en 1528. Dans les années 1580, Ali Bey, pirate et prédicateur se réclamant du sultan ottoman, soulève les villes de la côte. Les Portugais reprennent Mombasa en 1588 et y édifient une puissante forteresse : Fort-Jésus.

Des Portugais aux Omanais. Durant la première moitié du XVIIe siècle, les Hollandais acquièrent la prépondérance aux Indes orientales et dans l'océan Indien. Contre les Portugais, ils soutiennent les Omanais, actifs sur la côte d'Afrique de l'Est dans la seconde moitié du XVIIe siècle. Les Omanais prennent Fort-Jésus en 1698, Zanzibar en 1699, Kilwa en 1710. Les Portugais tentent des contre-offensives, puis se cantonnent au sud du cap Delgado.

En 1752, un traité confirme les zones d'influence respectives. Des Omanais et des Hadrami (gens de l'Hadramaout) s'installent sur la côte swahili. Les premiers forment une aristocratie, les seconds se consacrent principalement au commerce. Cette évolution suscite le ressentiment des Chirazi. La domination omanaise reste néanmoins légère, en raison de luttes dynastiques en Oman même : en 1744 la dynastie des Ben Saïd (aujourd'hui encore régnante) y supplante celle des Yarubi. Le gouverneur de Mombasa, allié aux Yarubi, en profite pour proclamer son indépendance.

Le sultanat de Zanzibar

Le retour des Omanais. L'essor du commerce (ivoire et esclaves) sur la côte d'Afrique orientale incite les Omanais à s'y intéresser de nouveau : ils se réinstallent à Kilwa en 1785, à Zanzibar en 1800. La reconquête des autres villes date du règne de Sayyid Saïd (1804-1856) : Mombasa, la dernière, tombe en 1837. L'expansion omanaise bénéficie de l'assentiment des Britanniques qui, toutefois, entendent mettre fin au commerce des esclaves en direction de l'île Maurice et de l'Inde. Aussi obtiennent-ils du sultan d'Oman un accord (1822) en vertu duquel celui-ci renonce à la traite à l'est d'une ligne cap Delgado-Diu (dans l'ouest de l'Inde). Sayyid Saïd se trouve ainsi conforté, implicitement, dans ses ambitions en Afrique orientale, mais sous la surveillance d'un allié de plus en plus exigeant. En 1840, il transfère sa capitale de Mascate à Zanzibar, qui devient le cœur du sultanat.

Ivoire, esclaves et girofle. L'économie du sultanat de Zanzibar repose sur trois activités principales : le commerce de l'ivoire, la traite, la culture du giroflier.

La demande d'ivoire connaît une hausse continue au XIXe siècle. Aussi devient-il rentable d'aller chasser l'éléphant toujours plus loin : des caravanes de plus en plus importantes et de mieux en mieux armées vont s'enfoncer à l'intérieur du continent dans la seconde moitié du siècle. L'Inde constitue le principal marché (et réexporte une part croissante de ses achats vers l'Europe et l'Amérique du Nord).

Si la traite perd ses débouchés lointains (sauf le Moyen-Orient) après 1822, le commerce régional des esclaves persiste, notamment à destination des plantations de giroflier. Les mesures adoptées pour restreindre puis interdire la traite n'ont pas grand effet : vers la fin du siècle, Zanzibar reste une plaque tournante du commerce négrier.

Le giroflier, originaire des Moluques, a été introduit à Zanzibar en 1818. Le grand essor de ses plantations (à Zanzibar et à Pemba) date des années 1835-1845, le plein rendement étant atteint vers 1850. L'Inde importe les deux tiers de la production.

Les Arabes, les Indiens et les autres. On qualifie d'« arabo-swahili » la population du sultanat car, bien que gouvernée par des Arabes, elle reste de culture swahili. Les Arabes organisent les expéditions à l'intérieur du continent et possèdent les plantations et les esclaves (le sultan lui-même étant de loin le plus grand propriétaire). Des Indiens sont installés à Zanzibar depuis le début du XIXe siècle, sous la protection du sultan. Au nombre de 6 000 environ vers 1860, ils ne se mêlent pas au reste de la population. Leur double rôle est essentiel : ils financent (par le crédit) les expéditions des Arabo-Swahili ; ils assurent la liaison avec les acheteurs d'ivoire et de girofle, dans leur majorité établis en Inde. Dans les îles et sur la côte, la masse de la population libre se compose d'autochtones (dont la langue maternelle est de longue date le swahili), parmi lesquels figurent les Chirazi, relégués à des positions subalternes. Il s'y ajoute de nombreux esclaves : vers 1860, ils forment les deux tiers de la population de l'île de Zanzibar.

Les grands axes commerciaux. Au sud, les Yao font du négoce dans l'arrière-pays de Kilwa. Le commerce des esclaves devient leur activité principale après 1840 (voir page 151). Au nord, dans l'arrière-pays de Mombasa, le commerce est aux mains des Kamba (proches cousins de Kikuyu) avant que les Arabo-Swahili, mieux armés, ne les supplantent dans les années 1850. La pénétration vers l'intérieur reste toutefois difficile, en raison des attaques des éleveurs nomades (Masai et autres).

Le sultanat de Zanzibar et l'expansion arabo-swahili (vers 1875)

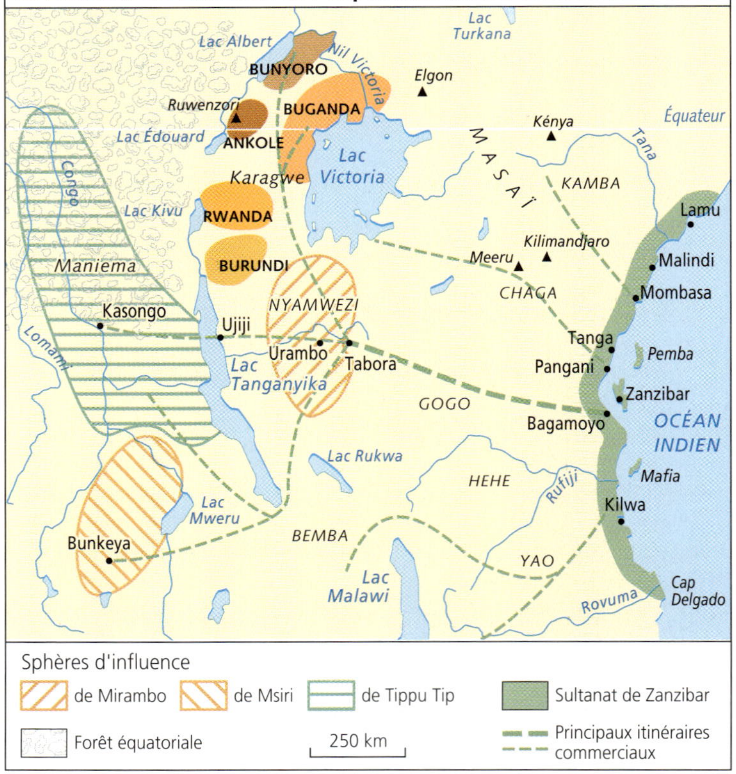

Les itinéraires principaux ont pour débouché Bagamoyo, en face de Zanzibar, et les ports voisins. L'axe le plus actif a été inauguré par les Nyamwezi au tout début du XIXe siècle : ils ont atteint le littoral pour y vendre de l'ivoire. En sens inverse, des Arabo-Swahili se sont enfoncés jusqu'au lac Tanganyika vers 1820. Dans les années 1840, Tabora devient un grand carrefour commercial et Ujiji un port actif sur le lac. Vingt ans plus tard, les caravanes des Arabo-Swahili gagnent l'actuel Katanga et le Maniéma (haut bassin du Congo), en traversant le lac Tanganyika ou en le contournant par le sud.

L'entrée en jeu des Européens. Un consul britannique siège à Zanzibar à partir de 1841. Il joue un rôle important, mais doit compter avec la concurrence des Américains et des Français. En 1845, un traité imposé par la Grande-Bretagne interdit toute vente d'esclaves à l'extérieur des possessions africaines du sultan. Après la mort de Sayyid Saïd (1856), les Britanniques soutiennent l'un des prétendants au trône, Sayyid Majid, contre ses frères et obtiennent, en 1861, que le sultanat de Zanzibar se détache d'Oman. Majid joue des rivalités entre les Européens, dont les Allemands, entrés dans le jeu quand les Américains en sont sortis, lors de la guerre de Sécession (1861-1865). Après la mort de Majid (1870), les Britanniques imposent à son successeur la signature d'un traité (1873) mettant fin au commerce des esclaves, sans grand effet.

À partir de 1857, de nombreux explorateurs, principalement britanniques, empruntent les itinéraires des Arabo-Swahili. Leur description de la traite alarme l'opinion européenne et favorise l'envoi de missionnaires.

Les Nyamwezi. Le commerce arabo-swahili fait évoluer la société des Nyamwezi (qui sont des Bantous). Des hommes nouveaux émergent, dont Mirambo et Msiri. Mtyela Kasanda, né vers 1835-1840, devient *ntemi* (« chef ») des Rambo, d'où son nom, Mirambo, et celui de sa petite capitale, Urambo, à l'ouest de Tabora. Après s'être enrichi dans le commerce, il organise une armée avec l'aide de Ngoni (voir page 154) et établit sa suprématie sur l'ensemble du pays nyamwezi. Il ne parvient toutefois pas à s'emparer de Tabora, pas plus que les forces arabo-swahili ne parviennent à le battre, en dépit d'une longue guerre (1871-1875). Pour faire pièce à l'islam, Mirambo entretient de bonnes relations avec les Européens… tout en se liant d'amitié avec Tippo Tip. Après sa mort, en 1884, l'État qu'il avait bâti se désagrège.

Dans les années 1860, des chasseurs d'éléphant nyamwezi parviennent dans l'actuel Katanga, où on les nomme « Yeke ». L'un d'entre eux, Ngelengwa, fils d'un *ntemi,* impose son autorité aux populations locales et défait le Kazembe (voir page 142) vers 1869. Il se proclame alors roi du Garenganze (le nom de sa tribu d'origine), avec le titre de *mushid,* qui, déformé, lui vaut le nom de Msiri. La capitale de son royaume, Bunkeya, devient le plus grand centre commercial d'Afrique centrale entre 1870 et 1885. Les Yeke vendent aux Arabo-Swahili du cuivre, de l'ivoire et, surtout, des esclaves, en échange d'armes à feu et de munitions. Des révoltes, à partir de 1886, mettent fin à leur prospérité. En 1891, Msiri trouvera la mort face à une expédition lancée par l'État indépendant du Congo.

Tippo Tip. Hamed Muhammed Juma al-Murjebi, dit « Tippo Tip », né vers 1839, est le fils (métis) du principal négociant arabe de Tabora. Devenu caravanier, il rencontre l'explorateur missionnaire anti-esclavagiste David Livingstone, auquel il vient en aide. Après 1870, il opère au Maniema, à l'ouest du lac Tanganyika. Tippo Tip et d'autres traitants arabo-swahili y mettent en place un système de type colonial : ils continuent de vendre de l'ivoire mais non des esclaves, qu'ils affectent à des travaux agricoles ou autres. En 1876, Tippo Tip assiste l'explorateur Stanley dans sa traversée du Maniema vers le nord (voir page 155). Stanley le nomme gouverneur de la province orientale du Congo en 1887, mais la « révolte arabe » de 1891 (à laquelle Tippo Tip n'est pas mêlé) met fin à sa mission. Tippo Tip se retire alors à Zanzibar, où il rédige ses *Mémoires* et meurt en 1905.

CARAVANES ET ARMES À FEU

Les expéditions caravanières d'Afrique orientale utilisent des porteurs. Ce sont parfois des esclaves mais, plus souvent, des « professionnels », en particulier des Nyamwezi, chez qui le portage est une activité traditionnelle. Le trajet de Tabora à Bagamoyo prend environ dix semaines.

En direction de la côte sont acheminés l'ivoire et les esclaves ; en sens inverse, des tissus et, à partir du milieu du siècle, des armes à feu et des munitions. Ces armes permettent de chasser l'éléphant à grande échelle. Elles engagent aussi l'ensemble de la région dans une spirale de violence : raids esclavagistes, création de milices privées (souvent composées d'esclaves) pour protéger les caravanes, multiplication des chefs de bandes incontrôlés, etc.

L'AFRIQUE AUSTRALE

Deux grandes zones sont à distinguer : l'Ouest, en grande partie semi-désertique ; l'Est, au climat favorable à l'agriculture et à l'élevage (sur les plateaux).

Les Bantous ont colonisé l'Est dans toute la mesure du possible, en éliminant ou absorbant les populations khoisan qui les y avaient précédés. Dans l'Ouest, au contraire, le peuplement est resté faible, fait de Khoisan et de quelques groupes de Bantous venus de l'actuel Angola (Ovambo, Herero...).

Les pays du Zambèze

De part et d'autre du fleuve, les plateaux se prêtent à l'élevage du bétail. Ceux du Nord (actuelle Zambie) sont toutefois peu propices à l'agriculture, en raison de fréquentes sécheresses, ce qui explique leur faible peuplement. Les plateaux méridionaux (actuel Zimbabwé) jouissent d'un climat plus clément et, de surcroît, recèlent de riches gisements de cuivre et d'or. Aussi ont-ils tôt attiré une population assez importante : des Bantous, venus du nord, s'y sont installés à partir du IIIe siècle. Les plaines sont en grande partie insalubres et peu favorables à l'occupation humaine. Elles s'étendent le long du littoral (actuel Mozambique) et dans le fond du large couloir parcouru par le Zambèze. Les abords du lac Malawi, enfin, sont protégés par le relief et bien arrosés.

LE TEMPS DES *ZIMBABWÉ*. Entre le Zambèze et le Limpopo, l'exploitation de l'or commence tôt, peut-être au VIIIe siècle. Après l'an mille, la société se transforme : des chefs fondent leur pouvoir sur la maîtrise d'immenses troupeaux tout en contrôlant le commerce de l'or. Les relations avec la côte s'intensifient : acheteurs d'or et d'ivoire, les marchands arabo-swahili offrent en échange des perles de verre et des tissus. Sur le plateau, de petits États se constituent, chacun doté d'un *zimbabwé* (« grande maison de pierre »), dont les fonctions semblent être à la fois politiques et religieuses.

Au XIIIe siècle, l'un de ces États affirme sa prééminence, avec pour capitale le Grand Zimbabwé (voir l'encadré). Il tire sa richesse du commerce de l'or en direction de Sofala, comptoir dépendant de la cité arabo-swahili de Kilwa (voir page 147). Après un apogée au XIVe siècle, le Grand Zimbabwé décline, peut-être en raison de difficultés écologiques (épuisement des sols, déboisement...). Simultanément, le commerce de l'or se reporte vers la vallée du Zambèze.

L'ÉTAT DU *MWENE MUTAPA*. Au début du XVe siècle, des Shona (ou du moins leurs ancêtres) s'installent sur le rebord septentrional du plateau et y fondent des petits royaumes. L'un d'entre eux impose bientôt sa suprématie, avec pour souverain le *mwene Mutapa* (« maître du Mutapa »). (Les Portugais, confondant le titre royal avec le nom du pays, appelleront le royaume « Monomotapa »). Le Mutapa, qui domine le nord-est du plateau, exporte de l'or (dont le souverain monopolise le commerce), de l'ivoire et du cuivre, et importe des produits de luxe (perles, céramiques, étoffes). Pour s'en rapprocher, les Arabo-Swahili fondent des comptoirs sur le Zambèze, à Sena et à Tete. Le royaume du Butua se forme à la même époque dans le sud-ouest du plateau. Il a pour capitale Khami (à proximité de l'actuel Bulawayo).

LES ROYAUMES MARAVI. Les Maravi occupent les régions à l'ouest et au sud du lac Malawi. Vers 1400, ils sont rejoints par les Phiri, originaires du pays luba (voir page 140). Ces derniers s'assimilent aux Maravi, tout en imposant leur autorité politique. Il en résulte trois royaumes :

– le Kalonga, le plus ancien, situé sur la rive sud du lac ;

– le Lundu, situé dans la vallée du Shire et dont la puissance durera jusqu'au XVIe siècle ;

LE GRAND ZIMBABWÉ

Les ruines du Grand Zimbabwé consistent en un extraordinaire ensemble de murs de pierres taillées. Ces murs épais, édifiés sans mortier, formaient l'ossature d'une ville. Les Portugais en avaient appris l'existence dès le début du XVIe siècle. Le premier Européen sur le site fut un chasseur d'éléphants sud-africain, en 1868. L'imagination des Européens ne tarda pas à s'enflammer, en particulier celle du romancier anglais Sir Rider Haggard qui, dans *Les Mines du roi Salomon* (1885), attribua la construction du Grand Zimbabwé aux Sabéens (voir page 47). Les archéologues finirent toutefois par conclure que l'ensemble remontait au XIVe siècle. Aussi l'idée que c'était l'œuvre de Bantous fit-elle peu à peu son chemin, sauf dans l'esprit des autorités blanches de Rhodésie et d'Afrique du Sud, qui nièrent l'évidence tant que durèrent leurs régimes.

ses guerriers, les Zimba, ravageront alors le pays des Macua et la côte de l'océan Indien jusqu'à Mombasa ;

– l'Undi, situé à l'ouest du lac, qui deviendra le plus riche au XVIIIe siècle, en vendant de l'ivoire aux Portugais.

À partir de la fin du XVIIIe siècle, les Maravi sont victimes des raids esclavagistes lancés par les Yao.

Les Portugais et le Monomotapa. Les Portugais, intéressés par l'or, s'établissent à Sofala en 1505, puis créent des comptoirs à Sena et à Tete, à l'exemple des Arabo-Swahili. La concurrence avec ces derniers devient de plus en plus âpre. En 1561, une mission de jésuites parvient au Monomotapa, obtient la conversion du souverain, puis est massacrée, peut-être à l'instigation de musulmans. Les Portugais lancent dix ans plus tard une expédition punitive, mais ils doivent renoncer à accéder au plateau.

Dans les décennies suivantes, des aventuriers portugais s'installent sur la rive sud du Zambèze, forment des armées d'esclaves, obtiennent des terres cédées par les chefferies locales et constituent ainsi de vastes domaines privés, les *prazos*. Le commerce des esclaves et de l'ivoire prend le pas sur celui de l'or. C'est sans doute pourquoi le *mwene Mutapa,* au début du XVIIe siècle, voit son pouvoir faiblir. Confronté à une rébellion, il fait appel aux *prazeiros* (détenteurs de *prazos*). Les Portugais en profitent pour imposer au Monomotapa un véritable protectorat (en 1629).

Le royaume des Changamire. La tradition dit que la dynastie des Changamire remonte à Changa, un gouverneur en rébellion contre le *mwene Mutapa.* Dans les années 1690, un Changamire expulse les Portugais du Monomotapa et en prend le contrôle. Il conquiert aussi le Butua, où les Changamire (dits aussi « Rozvi ») établissent leur capitale, Danangombe (ou Dhlo Dhlo). Ils exercent un contrôle strict sur le commerce extérieur et ne traitent avec les Portugais qu'en certains lieux, tels que Zumbo (sur le Zambèze) ou Manica (sur le rebord oriental du plateau). Ils acquièrent, contre de l'or, des produits de luxe (tissus, porcelaine, etc.) et des armes à feu.

Le Mozambique au XVIIIe siècle. Les *prazeiros* de la vallée du Zambèze, de plus en plus métissés, adoptent un genre de vie africain tout en continuant de se considérer comme des Portugais. Sur le littoral, la domination portugaise se cantonne au sud du cap Delgado après le traité signé avec les Omanais en 1752 (voir page 147). La même année, le Portugal nomme un gouverneur, siégeant à Mozambique : c'est l'acte de naissance de la colonie du même nom. Elle se résume alors en un chapelet de comptoirs côtiers (outre Mozambique, Ibo, Angoche, Quelimane, Sofala, Inhambane et Espirito Santo, renommé Lourenço Marquès) et exerce une autorité nominale sur les *prazeiros*. Les Portugais ont le monopole du commerce extérieur, ce qui n'empêche pas les Français de s'y procurer, à titre officieux, des esclaves destinés aux plantations des îles Mascareignes (voir page 202).

Les Yao. Colporteurs de tradition, les Yao évoluent entre le lac Malawi et l'océan Indien, dans le bassin du fleuve Rovuma (qui sépare aujourd'hui la Tanzanie du Mozambique). Ils s'engagent au XVIIIe siècle dans le commerce de l'ivoire puis, au siècle suivant, dans celui des esclaves, capturés en pays maravi (voir page 150). Les Yao s'organisent alors en « chefferies marchandes » rivales. La culture swahili les influence au point que, vers la fin du siècle, leurs chefs se convertissent à l'islam.

Les Khoisan et les Bantous du Sud

En Afrique du Sud, les données climatiques jouent un rôle essentiel : à l'ouest, la sécheresse rend l'agriculture difficile, voire impossible ; à l'est, la végétation abonde et prend un caractère subtropical sur la côte. Il s'y ajoute un troisième ensemble, de climat méditerranéen, entre Le Cap et la Fish River.

Les populations khoisan. Des populations d'un type physique différent de celui des Noirs d'Afrique tropicale sont présentes dans le sud du continent depuis des milliers d'an-

LES LANGUES KHOISAN

L'appellation « khoisan », forgée à la fin des années 1920, associe deux mots nama : *khoi* (« personne ») et *san* (« chasseur-cueilleur »). Elle désigne une famille linguistique, tandis que les appellations traditionnelles « Hottentot » et « Bochiman » se réfèrent à des modes de vie. La famille khoisan se compose de deux langues cantonnées à la Tanzanie, le hadza et le sandawe (voir page 143), et d'une trentaine de langues propres à l'Afrique australe. La plus importante d'entre elles, le nama, est parlée de part et d'autre du cours inférieur du fleuve Orange, en Namibie et en Afrique du Sud. Les langues khoisan sont riches en clics, « consonnes dont l'émission se caractérise par une double occlusion dans le conduit vocal ».

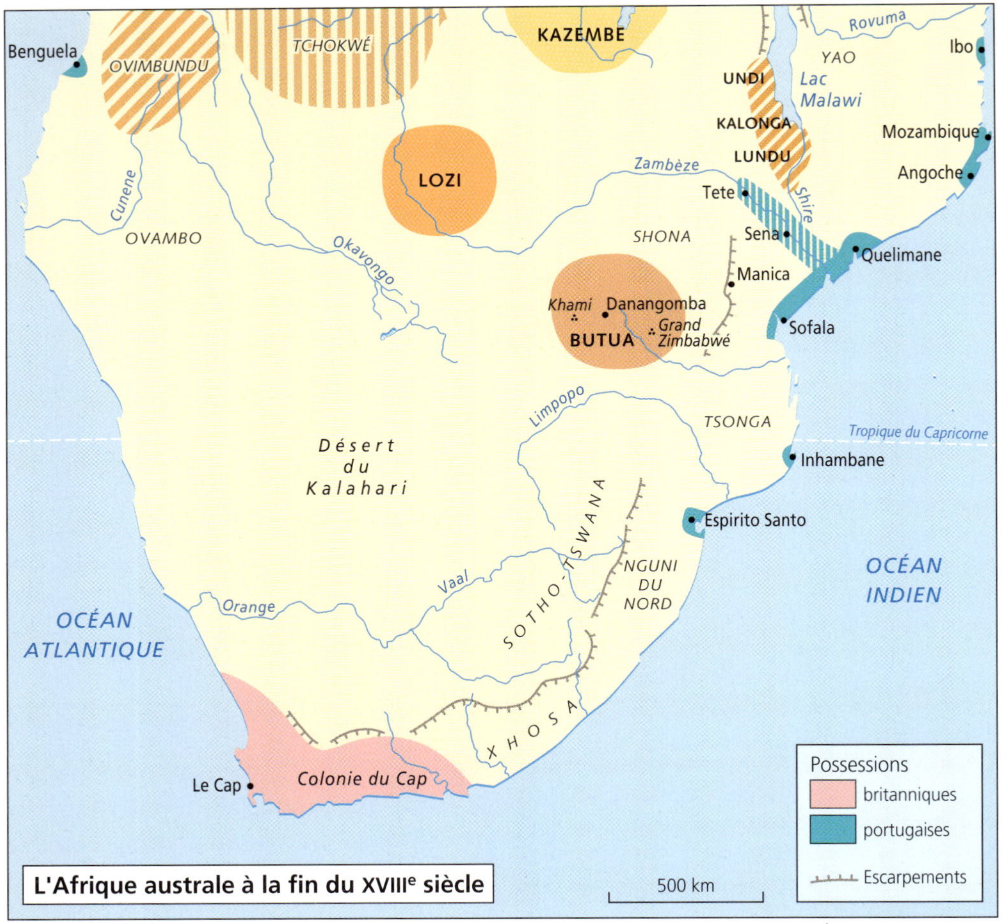

L'Afrique australe à la fin du XVIIIe siècle

nées. Elles ont pour actuels descendants les peuples de langues khoisan (voir l'encadré). Selon leur genre de vie, on les répartit en deux ensembles : les San, chasseurs-cueilleurs, que les Européens nommaient « Bochimans » (*Bushmen* en anglais, « hommes de la brousse ») ; les Khoi-khoi, éleveurs, naguère dits « Hottentots ». Les deux appellations européennes ont peu à peu pris une connotation péjorative. Les éleveurs, concentrés dans les régions les plus favorables à leur activité (zone littorale tout au sud, basse vallée du fleuve Orange), sont organisés en clans (issus d'un ancêtre commun), plus ou moins associés en « tribus ». Les chasseurs-cueilleurs forment de toutes petites communautés itinérantes, très dispersées.

L'ARRIVÉE DES BANTOUS. La pénétration des Bantous en Afrique australe remonte aux premiers siècles du Ier millénaire apr. J.-C. et s'effectue de façon progressive : certains membres d'un village le quittent pour en fonder un autre plus loin, etc. Les Bantous du Sud se répartissent tôt en deux ensembles :

– certains colonisent les régions proches de l'océan Indien ; ce sont les Nguni, dont les principaux représentants actuels se nomment Zoulou, Xhosa et Ndebele ;

– d'autres demeurent sur le plateau, qu'ils colonisent en progressant vers l'ouest ; ils ont pour descendants les Sotho, les Tswana, etc.

À la différence des Khoisan, les Bantous pratiquent à la fois la culture et l'élevage, maîtrisent la métallurgie du fer et sont organisés de façon hiérarchisée, en chefferies héréditaires. En revanche, comme les Khoikhoi, ils voient dans la possession du bétail un signe de richesse et de puissance.

LES RELATIONS ENTRE BANTOUS ET KHOISAN. Les Bantous entrent en concurrence avec les chasseurs-cueilleurs, qui considèrent leur bétail comme du gibier. Les relations entre les deux populations évoluent de diverses façons : dans certains cas, les Bantous, mieux armés, s'efforcent d'exterminer les « sauvages » (ce sera encore vrai en pays xhosa au XIXe siècle) ; dans d'autres, ils réduisent les chasseurs-cueilleurs à un état de quasi-servage. Il semble néanmoins que l'assimilation des chasseurs-cueilleurs par les Bantous ait prévalu, comme en témoigne la présence de clics dans plusieurs langues bantoues d'Afrique du Sud. Au Transkei, les Xhosa ont intégré des clans entiers de Khoi-khoi.

L'actuelle Afrique du Sud à la fin du XVIIIe siècle. Les zones correspondant aux trois grands domaines climatiques connaissent des évolutions très différentes.

– À l'est, l'expansion des Bantous arrive à son terme : il ne reste à peu près plus de terres fertiles disponibles. L'accès au seul exutoire, la région du Cap, est barré par les Hollandais (qui atteignent la Fish River vers la fin du XVIIIe siècle). Enfermée dans un cul-de-sac, la population bantoue va, pour partie, refluer vers le nord, dans la première moitié du XIXe siècle.

– Au sud, les Hollandais, arrivés en 1652 (voir page 178), contrôlent toute la zone de climat méditerranéen, après avoir plus ou moins soumis les Khoi-khoi.

– À l'ouest, les San, s'ils se tiennent à l'écart des Hollandais, continuent de mener leur existence habituelle.

Les Zoulou et le « temps des troubles »

Au début du XIXe siècle, les Nguni entrent dans une période de bouleversements. Ceux du Sud (les Xhosa) font face aux Blancs de la colonie du Cap (voir page 178). Ceux du Nord se militarisent à l'extrême, pour des raisons liées à une pression démographique croissante.

Les Xhosa face aux Blancs. De 1779 à 1878, les Xhosa s'efforcent de résister à l'avancée des Blancs. Il s'ensuit neuf conflits, traditionnellement dits « guerres cafres » (*Kaffir wars*). Dans le dernier quart du XVIIIe siècle, les Xhosa remportent les trois premières guerres, face aux Hollandais. Il n'en va plus de même face aux Britanniques qui, en 1811-1812, les refoulent à l'est de la Fish River, puis les vainquent de nouveau en 1819 et reportent la frontière plus à l'est. À la suite de deux autres guerres (1834-1835 et 1846-1847), la frontière se stabilise sur la Kei, mais la guerre reprend de 1850 à 1854. Désorientés, les Xhosa écoutent la prophétesse Nongqawuse : elle affirme qu'il faut détruire le bétail et les récoltes, après quoi les Blancs seront précipités dans la mer. Ainsi survient, en 1857, le « suicide » des Xhosa : 400 000 têtes de bétail sont massacrées, 40 000 Xhosa meurent de faim, 33 000 se réfugient dans la colonie du Cap et s'y prolétarisent. Les

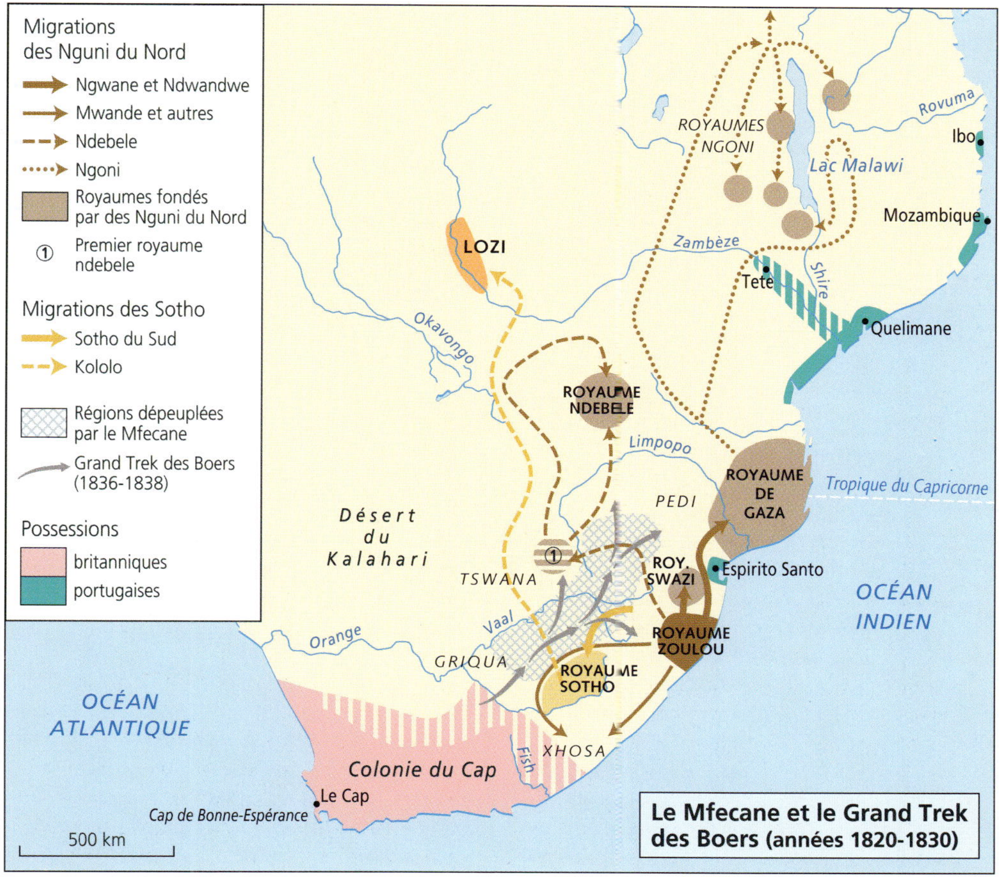

Le Mfecane et le Grand Trek des Boers (années 1820-1830)

Britanniques en profitent pour accélérer la colonisation de la région : les Xhosa, dépossédés d'une grande partie de leurs terres, deviennent ouvriers agricoles, etc. En revanche, les autorités britanniques s'opposent à la colonisation au-delà de la Kei, du moins dans un premier temps.

Chaka et les Zoulou. Chez les Nguni du Nord, trois groupes s'affirment après 1810 : les Mthethwa, dirigés par Dingiswayo, les Ndwandwe, dirigés par Zwide, et les Ngwane. La guerre ayant éclaté entre les Mthethwa et les Ndwandwe, Zwide tue Dingiswayo (en 1818, semble-t-il). Chaka, membre du petit groupe des Zoulou (également des Nguni), s'empare de la succession de Dingiswayo, défait les Ndwandwe et domine bientôt tout le territoire compris entre la Pongolo et la Tugela. Dans l'État ainsi fondé, les Zoulou forment une aristocratie. Chaka réorganise l'armée : forte de 40 000 hommes, elle se compose de régiments (*impi*) soumis à une discipline rigoureuse et répartis en casernes disséminées dans le pays. Les *impi* attaquent les populations voisines, pour partie incorporées de force dans l'État zoulou. Un tel militarisme va provoquer des réactions en chaîne (le « temps des troubles »). En contrepartie, il forge une nation zoulou dont la cohésion ne se démentira plus. Chaka ayant été assassiné en 1828, son demi-frère Dingane lui succède, après avoir éliminé ses rivaux.

Le *Mfecane*. Deux types de mouvements caractérisent le « temps des troubles » (*Mfecane*) : celui de Nguni engagés dans des entreprises de conquête en s'inspirant du modèle zoulou ; celui des populations fuyant les zones de guerre.

Au début des années 1820, un chef zoulou en conflit avec Chaka, Mzilikazi, s'installe dans le haut Veld et y fonde le royaume des « Ndebele » (en nguni) ou « Matebele » (en sotho). Les Ngwane, sous la conduite de Sobhuza, fondent au nord du pays zoulou un royaume qui deviendra le Swaziland (du nom du fils de Sobhuza, Mswati). Parmi les Ndwandwe, Shoshangane se distingue : en imposant sa domination aux Thonga (dans le sud de l'actuel Mozambique), il fonde le royaume de Gaza (du nom de son père). Les Ndwandwe y forment une aristocratie qui ne se mêle guère à la population locale.

Parmi les populations fuyant les zones de guerre figurent les Sotho et les Tswana du haut Veld. Seuls les Pedi se maintiennent dans l'est de la région. Les Tswana migrent vers l'ouest, à proximité du désert du Kalahari. La majorité des Sotho (du Sud) trouve refuge dans la vallée de la Caledon. Le Sotho Moshoeshoe, fils d'un chef de village, établit à Thaba Bosiu (à l'est de l'actuel Maseru) une puissante position fortifiée. Cela permet aux Sotho de résister aux attaques des Ndebele et des Griqua (voir page 178). Moshoeshoe fonde ainsi un royaume aussi différent que possible du royaume zoulou : institutions décentralisées, absence d'armée permanente. C'est l'origine du Basutoland, aujourd'hui Lésotho.

Les pays du Zambèze au XIXe siècle

L'expansion des Ngoni. Dans les années 1830, des généraux et leurs guerriers (nguni) poursuivent leur chemin vers le nord. En tant qu'envahisseurs, ils seront ensuite connus sous le nom de Ngoni. Le plus entreprenant d'entre eux, Zwangendaba, s'attaque au royaume des Changamire (Butua), qui ne s'en relèvera pas, puis poursuit sa route jusqu'à la région comprise entre le lac Tanganyika et le lac Malawi. À partir de là, les Ngoni essaiment dans diverses directions. Certains continuent vers le nord, jusque chez les Nyamwezi (et joueront un rôle dans l'ascension de Mirambo, voir page 149). Les plus nombreux se répartissent autour du lac Malawi, où ils fondent des petits royaumes.

Les migrations des Ndebele et des Kololo. En 1836-1837, le royaume des Ndebele (ou Matebele), sur lequel règne Mzilikazi, entre en conflit avec les Boers, qui ont entrepris leur Grand Trek (voir page 178). Mzilikazi décide alors de se replier au nord du Limpopo : les Ndebele s'installent dans le Butua, autrement dit l'ancien royaume des Changamire, que les Ngoni menés par Zwangendaba ont déjà mis à bas. Ils soumettent les Shona de la région et fondent un royaume que les Britanniques nommeront Matabeleland (avec pour capitale Bulawayo). Les Ndebele y imposent leur langue.

Dans les années 1840, les Kololo (un groupe de Sotho) quittent le Veld en direction du nord, franchissent le Zambèze et atteignent le pays des Lozi. Ils s'y emparent du pouvoir, sans toutefois éliminer l'aristocratie lozi, et leur langue s'impose.

Le Mozambique en déclin. La traite prend fin vers le milieu du XIXe siècle. La colonie portugaise connaît alors une période de marasme, qu'aggravent les attaques des Nguni (fondation du royaume de Gaza). Certaines exportations (ivoire, etc.) s'effondrent face à la concurrence du commerce arabo-swahili.

L'Afrique bantoue depuis le XIXe siècle

Dans l'Afrique bantoue coloniale, les Blancs pèsent d'un plus grand poids qu'en Afrique de l'Ouest. Ils s'installent en tant que colons en Afrique du Sud, mais aussi, à de moindres degrés, dans le Sud-Ouest africain (aujourd'hui Namibie), en Rhodésie du Sud et du Nord et au Kénya. Au Congo belge, les Blancs encadrent la population d'une façon paternaliste et autoritaire. Les possessions portugaises constituent un cas à part : les faibles moyens de la métropole font que l'emprise coloniale s'achève à peine quand, vers 1960, éclatent les guerres d'indépendance.

L'AFRIQUE CENTRALE COLONIALE

La course au Congo

LES AMBITIONS DE LÉOPOLD II. Le roi des Belges Léopold II désire « une colonie pour la Belgique ». Au début de 1876, les découvertes de l'explorateur britannique Verney Cameron, qui vient de traverser l'Afrique d'est en ouest (de Bagamoyo à Benguela), retiennent son attention. La même année, Léopold convoque à Bruxelles une conférence d'explorateurs et fonde l'Association internationale africaine (AIA), qu'il préside. Elle se donne pour objectif de mener une « croisade » pour ouvrir l'Afrique centrale à la civilisation. À la même époque, l'explorateur Henry Morton Stanley a, lui aussi, décidé de traverser le continent d'est en ouest, au départ de Zanzibar. En 1876, il atteint (comme David Livingstone et Cameron avant lui) la Lualaba, dont il descend le cours avec l'appui initial de Tippo Tip (voir page 149). Moins d'un an plus tard, Stanley atteint l'embouchure du Congo, montrant ainsi que la Lualaba et le Congo ne forment qu'un seul et même fleuve. Léopold embauche Stanley en 1878 et fonde le Comité d'études du haut Congo, lequel s'intéresse aussi à la prospection commerciale. Au début de 1879, Stanley entreprend d'établir une liaison permanente entre l'embouchure du Congo et le Pool Malebo (voir page 139), sur la rive gauche.

BRAZZA CONTRE STANLEY. Sur la côte gabonaise, les Français, après avoir fondé Libreville en 1849, ont pris pied en 1862 au cap Lopez, à l'embouchure de l'Ogooué. En 1875-1878, un jeune officier de marine, Pierre Savorgnan de Brazza (1852-1905), remonte l'Ogooué, pénètre dans le nord du pays téké jusqu'à l'Alima (un affluent du Congo), puis doit rebrousser chemin. Quand Léopold envoie Stanley sur le bas Congo, en 1879, les autorités françaises confient à Brazza une deuxième mission. Il remonte de nouveau l'Ogooué et atteint le Pool en 1880, alors que Stanley est encore sur le bas Congo. Au nom de la France, Brazza signe un traité avec le *makoko* (« roi ») des Téké (voir page 139). Il descend ensuite le Congo, croise Stanley, retourne au Gabon et finit par regagner la France en 1882. Lorsque Stanley parvient au Pool en 1881, il découvre que le *makoko* a déjà traité avec Brazza, mais il parvient à s'installer sur la rive gauche du fleuve. En 1882, à Paris, Brazza enflamme l'opinion, en dépit de l'opposition du ministère des Colonies (qui ne s'intéresse alors qu'à l'Afrique de l'Ouest). Le Parlement ratifie le « traité Makoko » avant la fin de l'année.

LA NAISSANCE DE L'ÉTAT INDÉPENDANT DU CONGO. Léopold engage une contre-offensive : après avoir créé l'Association internationale du Congo (AIC) en 1882, il convainc Stanley de retourner au Congo pour y signer des traités politiques au nom de l'AIC. De son côté, Brazza se voit confier une troisième mission (1883-1885), avec le rang de commissaire de la République. Il fonde Brazzaville et met sur pied les établissements français du Congo. En 1883, un traité avec le principal chef des Vili concède à la France le littoral du Loango (voir page 139), où sera fondé le port de Pointe-Noire. Une expédition assure la liaison entre ce littoral et Brazzaville, en contournant par le nord le Cabinda (où sont installés les Portugais).

L'accès au fleuve Congo devient alors un enjeu international. Au début de 1884, la Grande-Bretagne et le Portugal signent un traité reconnaissant (entre autres points) la souveraineté portugaise sur les deux rives de l'estuaire du Congo. Menacé dans ses entreprises, Léopold décide d'obtenir une reconnaissance internationale de l'AIC. La France acquiesce en avril (en contrepartie d'un droit de préemption sur le Congo, au cas où Léopold vendrait ses droits). Les États-Unis emboîtent le pas, mais la Grande-Bretagne se montre très réticente. Quand s'ouvre la conférence européenne de Berlin sur l'Afrique, en novembre 1884 (voir page 21), Léopold obtient l'approbation de Bismarck (qui voit dans l'AIC un moyen de « neutraliser » le bassin du Congo). Il ne reste plus à la Grande-Bretagne qu'à s'incliner. Léopold négocie ensuite avec la France le tracé de frontière en aval du Pool, puis parvient à un accord avec le Portugal. Pour finir, au début de 1885, la conférence entérine l'existence de l'État indépendant du Congo (EIC), dont Léopold II devient le souverain (avec l'assentiment du Parlement belge). À l'intérieur du continent, les limites de l'EIC demeurent néanmoins théoriques (voir la carte page 159).

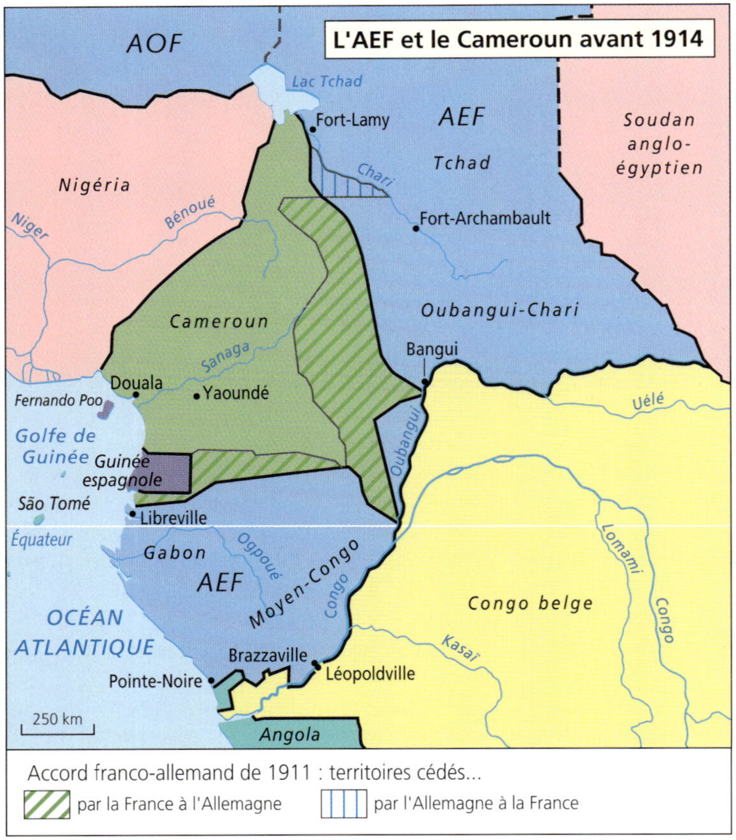

L'Afrique équatoriale française

En 1886, Brazza est nommé commissaire général du gouvernement dans le Congo français, incluant le Gabon. Les Français poursuivent leur progression vers le nord, en remontant le cours du Congo et de ses affluents, la Sangha et l'Oubangui ; ils fondent Bangui en 1889. En 1892, des traités avec des chefs gbaya attribuent aux Français l'ouest des savanes. À l'est, la frontière avec l'État indépendant du Congo est établie en 1894 sur l'Oubangui et le Mbomou. Les frontières avec le Cameroun allemand sont fixées la même année. En 1896, les Français et les Gbaya infligent une défaite aux Peul de l'Adamaoua. Les opérations se poursuivent ensuite plus au nord, face à Rabah (voir page 110), vaincu et tué en 1900.

Du Congo français à l'AEF. Dans les années 1890, Brazza s'oppose à des groupes financiers désireux d'exploiter l'hévéa sauvage du Congo, mais le gouvernement français finit par céder : en 1898, Brazza est relevé de ses fonctions. Des concessions sont ensuite accordées à trente-huit compagnies, couvrant le tiers du territoire du Congo français et ses dépendances (Gabon et Oubangui). L'administration coloniale, réduite à un faible effectif, ne parvient pas à les contrôler et, de surcroît, encaisse 15 % de leurs bénéfices en guise de recettes fiscales. Il s'ensuit que les compagnies se livrent à un véritable pillage des ressources, en exploitant la population indigène sans retenue (travail forcé, portage, etc.), comme dans l'EIC voisin. Le gouvernement finit par confier à Brazza une mission d'enquête, en 1905, mais les réformes tardent. La révolte éclate en 1908 chez les Mandja (ou Manza), au nord de Bangui, et ne prendra fin qu'en 1911. Un autre soulèvement affectera en 1913 le pays mbochi (dans le nord du Moyen-Congo).

En 1910 est instituée l'Afrique équatoriale française (AEF), sur le modèle de l'AOF, composée de quatre colonies : Gabon, Moyen-Congo, Oubangui-Chari et Tchad. À partir de 1911, les concessions sont supprimées ou renégociées. Paris ne s'intéresse toutefois guère à l'Afrique équatoriale, comme l'indique l'accord franco-allemand de 1911 : en échange d'une liberté d'action au Maroc, la France cède au Cameroun allemand des territoires qui sectionnent l'AEF en trois morceaux (voir la carte), la liaison entre eux n'étant plus assurée que par la navigation sur le Congo. Ces territoires seront récupérés dès 1916.

Du travail forcé à l'« effort de guerre ». La construction du chemin de fer Congo-Océan, reliant Pointe-Noire à Brazzaville, débute en 1921. C'est une entreprise difficile, pour laquelle l'administration recourt au travail forcé dans des conditions qui deviennent dramatiques : on évalue à 20 000 le nombre de morts sur le chantier. La ligne est inaugurée en 1934. Au Moyen-Congo, le mécontentement de la population s'exprime au travers d'un mouvement religieux syncrétiste, dit « matswanisme », fondé par André Matswa, un ancien tirailleur. Les troubles résultant des actions de ce mouvement durent de 1926 à 1942. Matswa est emprisonné en 1930, puis déporté au Tchad. Condamné à la peine capitale en 1941, il meurt en prison l'année suivante. En Oubangui-Chari, le recrutement de travailleurs pour le Congo-Océan provoque une révolte des Gbaya, dite « guerre des Houes », lancée en 1928 par Karinou, une autorité religieuse traditionnelle. Elle dure jusqu'en 1931.

Félix Éboué (1884-1944), un Guyanais, gouverneur du Tchad, se rallie à la France libre dès 1940. Le général de Gaulle le nomme gouverneur général de l'AEF. La population africaine continue de vivre des années difficiles, au nom de l'effort de guerre cette fois. L'AEF disparaît quand la Constitution française adoptée en 1958 instaure une Communauté (voir page 113).

Le Cameroun colonial

Le Cameroun allemand. Peu après la signature de traités à Douala par l'explorateur allemand Gustav Nachtigal en 1884 (voir page 109), Bismarck se résout à une conquête militaire. En 1885, des accords avec la Grande-Bretagne et la France esquissent des frontières à l'ouest et au sud. La conquête se révèle difficile et n'est à peu près achevée qu'en 1905, le Nord n'étant pas encore véritablement « pacifié » en 1914. Les Allemands instaurent un système d'administration directe dans le Sud. Dans le Nord, en revanche, ils se contentent d'une administration indirecte, laissant en place les *lamido* et divers émirs. Comme les autres puissances coloniales, ils recourent au travail forcé, mais ils s'attachent plus que d'autres au développement économique. Dans le Sud-Est, région forestière, une compagnie concessionnaire exploite l'hévéa et l'ivoire. Dans le Centre se multiplient les plantations : banane, cacao, café, hévéa... Les missionnaires jouent un rôle important, notamment en matière d'éducation.

En 1911, la France cède au Cameroun des territoires lui donnant accès au fleuve Congo (voir la carte). Trois ans plus tard, la Première Guerre mondiale éclate. Des forces françaises et britanniques (africaines) entreprennent alors de conquérir ce territoire, face à des forces allemandes (africaines, elles aussi) qui résistent durement et ne rendent les armes qu'au début de 1916. La France récupère aussitôt les territoires cédés en 1911.

Du mandat de la SDN... Les Français et les Britanniques se partagent le Cameroun en 1916, environ 80 % du territoire étant occupé par les premiers. En 1919, la SDN (Société des Nations) place le pays sous mandat (voir page 23) et confirme le partage. Les Français administrent le Cameroun comme une colonie, mais ils ne l'incorporent pas dans l'AEF. Le développement économique se poursuit : les plantations de caféiers se multiplient, pour beaucoup aux mains de Camerounais. En 1940, comme l'AEF, le Cameroun rallie la France libre. Les Britanniques divisent leur territoire en deux parties, lesquelles sont intégrées *de facto* au Nigéria (voir la carte page 114). La partie septentrionale, rattachée au Nigéria du Nord, est administrée comme celui-ci (*Indirect Rule*). La partie méridionale dépend du Nigéria du Sud. Dans les années 1920, les Britanniques autorisent les planteurs allemands à s'y installer de nouveau.

… À LA TUTELLE DE L'ONU. Après la Seconde Guerre mondiale, le régime de tutelle de l'ONU succède à celui du mandat. En tant que « territoire associé », le Cameroun français obtient en 1946 un statut semblable à celui des territoires d'outre-mer français (représentation au Parlement, etc.). Une vie politique prend forme, avec toutefois une particularité. L'Union des populations du Cameroun (UPC), fondée en 1948 par des syndicalistes dont Ruben Um Nyobe, adopte une ligne de plus en plus révolutionnaire. Dissoute en 1955 pour activités subversives, l'UPC s'engage alors dans la lutte armée en pays basa (les Basa sont des Bantous implantés à l'est de Douala) et bamiléké. L'armée française, qui intervient de façon implacable, se heurte à une vive résistance chez les Bamiléké. Um Nyobe est tué en 1958 par un commando militaire franco-camerounais. La rébellion se poursuit après l'indépendance (voir page 160).

Du côté britannique, l'intégration au Nigéria se poursuit dans le Nord. Dans le Sud, divers courants politiques forment en 1953 le Kamerun National Congress (KNC), avec pour principal dirigeant Emmanuel Endeley. Quand l'autonomie est accordée en 1957, Endeley devient Premier ministre. Des divergences apparaissent toutefois au sein du KNC, conduisant John Ngu Foncha (un Bamiléké) à fonder le Kamerun National Democratic Party (KNDP). Ce dernier remporte les élections de 1959. La même année, à la suite d'âpres discussions, l'ONU décide d'un référendum dans le Nord, en 1959. Les partisans du *statu quo* l'emportent. En 1961, un second référendum d'autodétermination est organisé par régions, dans le Nord et dans le Sud, offrant deux possibilités : rattachement au Nigéria ou au Cameroun. Le Nord, essentiellement musulman, opte pour le Nigéria ; le Sud, chrétien et animiste, pour le Cameroun.

L'État indépendant du Congo

Après 1885, Léopold doit concilier deux impératifs : prendre effectivement possession de l'immense territoire sur lequel s'exerce (de façon encore théorique) sa souveraineté ; trouver les ressources nécessaires à l'entreprise, car il est clair que sa fortune personnelle, aussi considérable soit-elle, n'y suffira pas.

L'OCCUPATION EFFECTIVE. À l'ouest, la prise de possession s'opère sans trop de difficulté, en remontant le Congo et ses affluents (Kasaï, etc.). Stanley dirige les opérations jusqu'en 1890, date à laquelle il quitte définitivement le Congo. Léopold concentre alors son attention sur le Katanga, qui lui a été attribué mais dont la compagnie fondée par le Britannique Cecil Rhodes (voir page 180) se rapproche dangereusement. Quatre expéditions prennent la direction du Katanga. Après des tentatives de négociations, le principal potentat de la région, Msiri, un Nyamwezi (voir page 149), est tué en 1891. L'autorité de l'EIC s'impose dans la région, tandis que les expéditions lancées par Rhodes échouent.

La situation à l'est est plus compliquée. En 1887, Stanley a nommé Tippo Tip (voir page 149) gouverneur de la partie orientale de l'EIC, étant entendu qu'au-delà de la Lomani (un affluent de la rive droite du Congo) les Arabo-Swahili conservaient le contrôle du commerce de l'ivoire. La tension finit néanmoins par monter entre les expéditions de l'EIC, de plus en plus entreprenantes, et les Arabo-Swahili. La guerre (dite « révolte arabe ») éclate en 1891 : c'est la plus dévastatrice de l'histoire de l'EIC. En 1892, les Arabo-Swahili sont éliminés et le Maniema conquis.

LES QUESTIONS ÉCONOMIQUES ET FINANCIÈRES. À la fin des années 1880, Léopold éprouve de graves difficultés financières et cherche des solutions. Au motif de renforcer la lutte contre l'esclavage, il obtient en 1890 de prélever des droits de douane sur les produits importés dans l'EIC (contrairement aux engagements de strict libre-échange pris à Berlin en 1885). La même année, l'État belge lui accorde un prêt sans intérêt. En 1892, il instaure un monopole de l'ivoire et du caoutchouc sur une partie du territoire (le « domaine privé de la Couronne »), tout en concédant le reste à des sociétés (dont certaines lui appartiennent…). En 1895, il obtient un nouveau prêt de l'État belge. Simultanément, la construction du chemin de fer Matadi-Léopoldville (actuel Kinshasa) progresse : entreprise en 1889, elle s'achève en 1898. En 1896, L'EIC commence enfin à équilibrer ses comptes, grâce au « boom » du caoutchouc (lui-même lié à la naissance de l'industrie automobile).

LA FIN DE L'EIC. La quête effrénée de latex sauvage conduit à une très dure exploitation des Africains, placés sous un régime de terreur. La conspiration du silence, y compris chez de nombreux missionnaires, est enfin rompue, à partir de 1900, par l'action d'un journaliste anglais, Edmond Morel. Léopold contre-attaque en dénonçant les « campagnes anticongolaises », mais son image de propagateur de la civilisation se dégrade inéluctablement. En 1905, un rapport rédigé par un Belge, Émile Janssens, confirme le tout et ajoute que Léopold, s'il a beaucoup dépensé au Congo au début, s'est ensuite fortement enrichi. La Grande-Bretagne et les États-Unis exercent des pressions sur Bruxelles pour que la Belgique reprenne la charge du Congo et s'engage, à la fois, à respecter les clauses de 1885 et à mettre fin aux abus. Mais la question se résout autrement : en 1908, le roi et le gouvernement belge parviennent à un accord, après quoi la Belgique annexe le Congo sans rien promettre à personne. La France et l'Allemagne donnent leur approbation.

Le Congo belge

UNE COLONIE PROSPÈRE. La colonie hérite des institutions de l'EIC et ne les modifie guère, si ce n'est en mettant fin aux abus les plus flagrants. Lors de la Première Guerre mondiale, la Force publique (armée coloniale congolaise) participe à la conquête de l'Afrique orientale allemande (voir page 170). En 1919, le Ruanda-Urundi passe ainsi sous mandat belge.

Dans les années 1920, le Congo belge connaît une croissance économique rapide, fondée notamment sur ses ressources minières : cuivre du Katanga, diamants du Kasaï, or de la Province orientale. Simultanément se développent de vastes plantations, tandis que la coercition tend à se généraliser, y compris sous la forme d'une réglementation de l'agriculture indigène elle-même. La récession des années 1930 incite les autorités coloniales à renforcer encore la centralisation administrative.

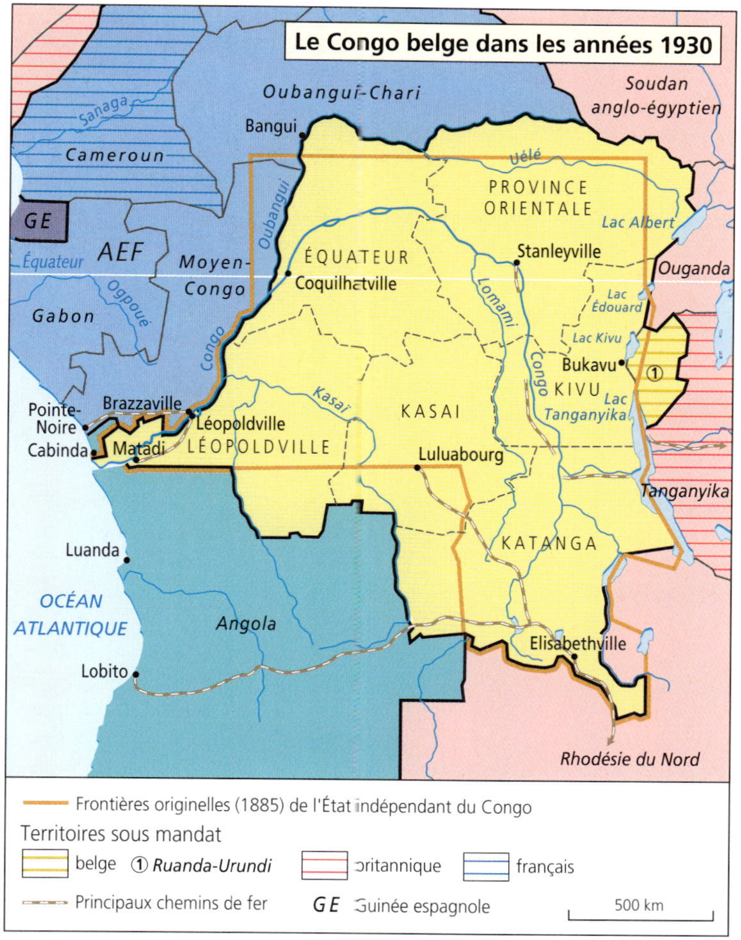

LE SYSTÈME COLONIAL BELGE. Il repose sur trois piliers, l'administration, les missions et les grands groupes capitalistes, qui font preuve d'une grande convergence de vues et collaborent étroitement. Un encadrement européen important met l'accent sur le développement économique, la productivité et l'efficacité, suscitant un paternalisme systématique à tous les échelons. Les missions catholiques, elles-mêmes belges, sont privilégiées par l'administration. En vertu du concordat passé en 1906 entre l'Église catholique et l'EIC, les autorités coloniales subventionnent les écoles des missions et veillent à assurer à celles-ci des revenus (concessions de terres, etc.). Il existe aussi des missions protestantes (anglo-saxonnes et scandinaves), en contact avec environ 20 % de la population. Le troisième pilier, capitaliste, s'identifie, en grande partie, à la Société générale de Belgique (SGB), qui contrôle l'Union minière du haut Katanga (UMHK) et une quarantaine d'autres sociétés (dont la colonie est souvent elle-même actionnaire).

Face au système colonial, les Congolais s'expriment dans des mouvements religieux. C'est ainsi qu'en 1921 Simon Kimbangu fonde l'Église de Jésus-Christ sur la terre, dont l'influence progresse chez les Bakongo. Les missions, inquiètes, obtiennent en 1923 que Kimbangu soit jugé et emprisonné. Il restera en prison jusqu'à sa mort en 1951, mais le kimbanguisme ne disparaîtra pas pour autant. Un autre mouvement religieux, le Kitawala, inspiré des Témoins de Jéhovah et venu de Rhodésie, se développe au Katanga dans les années 1920.

Les troubles des années 1940. En 1940, après l'invasion de la Belgique par l'Allemagne, Pierre Ryckmans (gouverneur général du Congo de 1934 à 1946) se tourne vers les Alliés. Ces derniers se procurent au Katanga des minerais stratégiques (dont l'uranium), tandis que le Congo participe à l'effort de guerre, d'où une nouvelle extension du travail obligatoire. Cela provoque des troubles : mutinerie de la Force publique dans le Kasaï en 1944, grèves et émeutes à Matadi en 1945.

L'administration coloniale se montre plus souple après 1945. Sans pour autant accorder de droits politiques aux « évolués » (Congolais « sachant lire et écrire »), elle facilite la formation d'associations culturelles, de syndicats, etc. Mais, simultanément, les autres composantes du système (colons, missions, entreprises industrielles...) renforcent leurs positions, de telle sorte qu'en pratique la politique coloniale de l'entre-deux-guerres se poursuit. La forte expansion économique que connaît le Congo de 1949 à 1956 aggrave ces contradictions : en accélérant l'urbanisation, elle hâte la dissolution des institutions rurales traditionnelles. Le Congo devient l'un des pays les plus industrialisés d'Afrique noire, avec une population salariée atteignant près de 40 % de la population active masculine.

La marche précipitée vers l'indépendance. Les premières élections (communales) se déroulent en 1957 dans les principales villes. À Léopoldville, elles sont remportées par l'Abako (Association des Bakongo), fondée en 1950 par Joseph Kasavubu, un ancien séminariste. En 1958, d'autres élus congolais, dont Patrice Lumumba, fondent le Mouvement national congolais (MNC) afin de constituer un groupe d'interlocuteurs face aux autorités belges.

De graves émeutes éclatent en janvier 1959 à Léopoldville, sur le thème de l'indépendance, réclamée par l'Abako. Un message royal y répond favorablement, mais sans fixer d'échéances. Le MNC demande que des élections au suffrage universel se tiennent en 1961. À la fin de 1959, la Belgique admet le principe d'une « table ronde », qui s'ouvre à Bruxelles en janvier 1960. La date d'indépendance ayant été fixée au 30 juin de la même année, les négociations portent sur la structure du futur État, fédéral ou non, et sur les modalités de sauvegarde des intérêts belges.

L'AFRIQUE CENTRALE CONTEMPORAINE

Le Cameroun

D'Ahidjo à Biya. Ahmadou Ahidjo, fils d'un chef peul, anime à partir de 1958 l'Union camerounaise (UC), qui regroupe des modérés hostiles à l'UPC (voir page 158). Il est élu président de la République au lendemain de l'indépendance, en 1960. L'année suivante, la partie sud du Cameroun anciennement britannique rejoint l'ex-Cameroun français pour former une république fédérale. À la même époque, l'UPC relance une guérilla qui ne cessera qu'en 1970-1971.

Le régime renforce son autoritarisme : l'Union nationale camerounaise (UNC) est érigée en parti unique en 1966. En 1972, il est mis fin au système fédéral, après un référendum. Ahidjo abandonne la présidence de la République en 1982, au profit du Premier ministre Paul Biya, son dauphin. Mais un conflit éclate bientôt : en 1983, Ahidjo doit démissionner de la présidence de l'UNC, qui deviendra en 1985 le Rassemblement démocratique du peuple camerounais (RDPC). Après l'élection de Biya à la Présidence, en 1984, Ahidjo, accusé de complot, est condamné par contumace. (Il mourra en exil à Dakar en 1989.)

Des équilibres complexes. Biya accepte, en 1990, de restaurer le multipartisme, mais les élections de 1992 sont boycottées par l'opposition, tandis que l'élection présidentielle qui suit est, à l'évidence, entachée de fraudes. Biya se maintient néanmoins au pouvoir, en sauvegardant les équilibres entre les différentes populations du Cameroun… et en pratiquant la corruption à grande échelle. Ces équilibres, complexes dans le détail, se résument en un système assez simple : le pouvoir politique est aux mains des Fang (chrétiens) de la région de Yaoundé (l'ethnie de Biya), qui le partagent avec les Peul (musulmans) de l'Adamaoua et les Kirdi (traditionnellement animistes) de l'Extrême Nord. Les Bamiléké, naguère très impliqués dans les combats de l'UPC, jouent de leur côté un rôle économique de premier plan. Dans le Cameroun anglophone, l'opposition monte contre Biya, sans être homogène : certains demandent un retour au fédéralisme, voire à l'indépendance, mais les Bamiléké, tant anglophones que francophones, demeurent de fermes partisans de l'unité.

Le drapeau camerounais reprend les couleurs panafricaines. De 1961 à 1972, deux étoiles figuraient les deux États fédérés. L'étoile unique symbolise depuis lors l'unité.

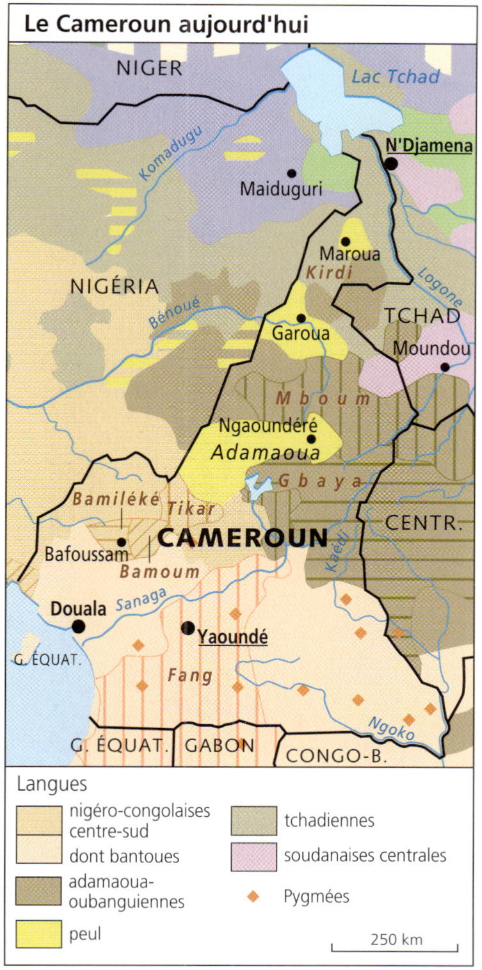

La population. Le Cameroun compte 16 millions d'habitants, répartis sur un territoire de 475 000 km². Dans la zone forestière du Sud prédominent des peuples de langues bantoues (environ 35 % de la population totale), incluant les Fang (environ 20 % à eux seuls), les Basa, les Douala, etc. Plus au nord se répartissent des peuples dits par les linguistes « semi-bantous » (entre 25 % et 30 % du total) : les Bamiléké et leurs voisins les Bamoum, les Tikar, les Vouté. Les Peul de l'Adamaoua et de la région de Garoua forment environ 10 % de la population totale. Dans les montagnes au nord de Garoua vivent des populations de langues tchadiennes, divisées en petits groupes ethniques et globalement connues sous le nom de Kirdi (signifiant « animiste » en langue peul). À proximité du Logone et du lac Tchad, les Massa et les Kotoko sont aussi de langues tchadiennes.

Les deux langues officielles du pays sont le français et l'anglais.

Les chrétiens (deux tiers de catholiques, un tiers de protestants) forment un peu plus de la moitié de la population. Les musulmans (entre 20 % et 25 %) prédominent dans l'Adamaoua et ses abords, ainsi que dans l'Extrême Nord.

La Guinée équatoriale

L'Espagne ne s'intéresse vraiment à sa colonie (la Guinée espagnole) qu'à partir de 1858, quand elle nomme un gouverneur à Santa Isabel (sur l'île de Fernando Poo). L'île devient au XXe siècle productrice de cacao, recourant à une main-d'œuvre d'abord venue du Libéria (dans des conditions proches de l'esclavage), puis du Nigéria. Sur le continent, les frontières du Rio Muni sont fixées par un accord avec la France en 1900, mais l'intérieur du territoire n'est effectivement occupé qu'en 1926. En 1959, la colonie devient province espagnole, après quoi Madrid change de politique : l'autonomie est accordée en 1964, l'indépendance en 1968.

L'indépendance et la dictature. République indivisible, la Guinée équatoriale se compose de l'île de Bioko (ex-Fernando Poo), du Mbini (ex-Rio Muni) et de l'île de Pagalu (ex-Annobón). Elle a pour capitale Malabo (ex-Santa Isabel). Macias Nguema, un Fang du Mbini, devient président de la République en 1968. Il instaure un régime dictatorial et violent qui provoque l'exode des Espagnols et des Nigérians, puis d'un tiers environ de la population autochtone, et ruine l'économie. En 1979, une révolution de palais conduite par le colonel Teodoro Obiang Nguema (neveu de Macias) destitue le dictateur, exécuté la même année, mais le pouvoir reste aux mains du même clan de Fang du Mbini. La vie politique reste dominée par le Parti démocratique de Guinée équatoriale, fondé en 1987. Obiang Nguema est réélu président en 1989, en 1995 et en 2002. L'exploitation pétrolière engendre de considérables revenus.

La population. La Guinée équatoriale compte 500 000 habitants, répartis sur un territoire de 28 000 km². La population se compose essentiellement de Fang (plus de 80 % du total), dans le Mbini (et immigrés à Bioko), et de Bubi (10 % environ), autochtones de Bioko.

L'espagnol est la langue officielle.

Les chrétiens, en très grande majorité catholiques, représentent plus de 90 % de la population.

Guinée équatoriale : les trois bandes horizontales symbolisent respectivement l'agriculture, la paix et l'indépendance. Le triangle bleu figure la mer, qui unit les différentes parties du pays.

São Tomé et Principe

Dans la première moitié du XXe siècle, les *Tomenhos*, aristocratie métisse, sont dépossédés de leurs terres au profit de colons blancs et de groupes financiers, ce qui radicalise leurs élites. Le Mouvement de libération de São Tomé et Principe (MLSTP), formé en exil au début des années 1950, accède au pouvoir lors de l'indépendance, en 1975. Son dirigeant Manuel Pinto da Costa, devenu chef de l'État, adopte une ligne se déclarant « marxiste-léniniste » : nationalisation des terres, accords avec les pays d'Europe de l'Est et l'Angola. Après 1985, Pinto da Costa opte pour une libéralisation, qui conduit à l'instauration du multipartisme en 1990. L'année suivante, un opposant, Miguel Trovoada, ancien cofondateur du MLSTP, remporte l'élection présidentielle, puis est réélu en 1996. Fradique de Menezes, appartenant au même courant politique, lui succède en 2001. De son côté, le MLSTP gagne les élections législatives de 1994, 1998 et 2002.

La population. São Tomé et Principe compte 160 000 habitants, répartis sur un territoire de 960 km². La population se compose de métis, d'Angolares (descendants d'esclaves angolais), de Forros (descendants d'esclaves affranchis) et de Serviçais (travailleurs immigrés).

Aux couleurs panafricaines s'ajoutent deux étoiles noires, symbolisant les deux îles de São Tomé et Principe et leur population africaine.

Le portugais est la langue officielle. La langue usuelle est le crioulo, créole portugais.

La population est en très grande majorité chrétienne, avec environ 80 % de catholiques.

Le Gabon

Léon M'Ba, qui avait fondé en 1946 le Bloc démocratique gabonais (BDG), devient le premier président de la République indépendante, en 1960. En 1964, il dissout l'Assemblée nationale, ce qui provoque un coup d'État, mais une intervention militaire française le rétablit au pouvoir. À sa mort en 1967, le vice-président, Albert (plus tard Omar) Bongo, lui succède. Il crée en 1968 un nouveau parti unique, le Parti démocratique gabonais (PDG).

Un règne interminable. L'exploitation du pétrole apporte au pays une réelle prospérité, mais l'opposition reproche à Bongo la corruption et les privilèges dont jouit son ethnie d'origine (Téké de l'est du pays). La tension monte en 1990. Bongo promet une démocratisation, mais cela n'évite pas des émeutes à Libreville et à Port-Gentil, suivies d'une nouvelle intervention des forces françaises. En dépit de l'instauration du multipartisme, le PDG reste dominant. Bongo est réélu en 1993, puis en 1998, dans des conditions que l'opposition conteste. Une crise économique affecte ensuite le pays, en dépit de la production pétrolière.

La population. Le Gabon compte 1 380 000 habitants, répartis sur un territoire de 267 000 km². Les Fang (environ 35 % du total) sont concentrés dans le nord du pays. Les Myéné (environ 15 %) incluent les

Gabon : le vert figure la forêt, le jaune le soleil (ou l'équateur), le bleu l'océan.

Mpongwé, les Oroungou et d'autres, installés dans la région littorale, au sud de Libreville. Les M'Bédé (environ 15 %) se situent dans l'est du pays, aux alentours de Masuku et plus au nord. Ils ont pour voisins des Téké. Les Punu (environ 12 %) prédominent dans le Sud.

Le français est la langue officielle.

On estime la proportion de catholiques aux deux tiers de la population. Il s'y ajoute environ 30 % de protestants et d'adeptes d'Églises chrétiennes africaines.

Le Congo-Brazzaville

Après 1945, deux personnalités politiques s'affirment. Jean-Félix Tchicaya, qui s'appuie sur les Vili de la région de Pointe-Noire (alors la capitale du Moyen-Congo, Brazzaville étant la capitale fédérale de l'AEF), fonde le Parti progressiste congolais (PPC). Il a pour principal concurrent Jacques Opangault, un Mbochi, chef du Mouvement socialiste africain (MSA), leader incontesté dans le Nord. Les Kongo du sud du pays sont alors considérés comme « évolués », tandis que les Mbochi, originaires d'une région pauvre, font volontiers carrière dans l'armée.

L'abbé Fulbert Youlou. En 1955, un troisième homme entre dans le jeu : l'abbé Fulbert Youlou, qui entend s'appuyer sur les Kongo. Après avoir créé l'Union démocratique de défense des intérêts africains

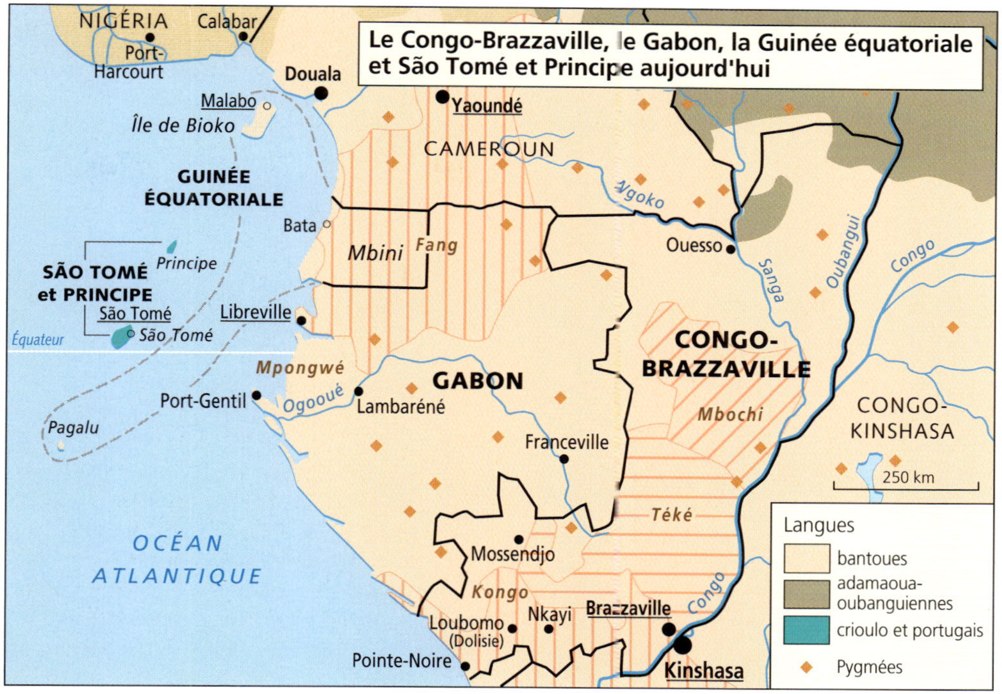

(UDDIA), il est élu maire de Brazzaville en 1956. À la suite des élections territoriales de 1957, le MSA et l'UDDIA se retrouvent face à face, le PPC étant marginalisé. Youlou prend la tête d'un gouvernement provisoire en 1958, tandis que la capitale est transférée à Brazzaville. En janvier 1959, des émeutes y opposent les adversaires de Youlou (surtout Mbochi du MSA) aux partisans de l'UDDIA. L'intervention des troupes françaises évite une guerre civile. Vainqueur aux élections de 1959, Youlou obtient le ralliement du MSA : Opangault entre au gouvernement peu avant l'indépendance, en 1960. Youlou, élu président de la République en 1961, annonce en 1963 qu'il va instaurer un régime de parti unique. La même année, une grève générale et des émeutes le contraignent à la démission.

La République populaire. Sous la présidence d'Alphonse Massamba-Débat (un Kongo), le régime s'oriente à gauche, avec pour parti unique le Mouvement national de la révolution (MNR). Pascal Lissouba, qui s'affirme marxiste, occupe le poste de Premier ministre de 1963 à 1967, mais des conflits divisent l'équipe dirigeante. En 1968, le capitaine Marien Ngouabi (un Mbochi) s'impose : il devient chef de l'État l'année suivante.

La République populaire du Congo est proclamée en 1970, le MNR prenant le nom de Parti congolais du travail (PCT). Pour quadriller la population, le régime met en place des milices « populaires » et introduit ainsi une pratique dangereuse dans la vie du pays. Il demeure contrôlé par un petit nombre de militaires originaires du Nord, plus ou moins rivaux. Ngouabi ayant été assassiné en 1977, Massamba-Débat, accusé d'avoir fomenté le complot, est aussitôt exécuté. Le colonel Denis Sassou Nguesso s'empare du pouvoir en 1979. En 1985, des émeutes éclatent à Brazzaville, mais Sassou Nguesso se maintient, puis entreprend de libéraliser l'économie.

Les principales forces des années 1990. En 1991, Sassou Nguesso accepte le rétablissement du multipartisme. Une nouvelle Constitution ayant été adoptée, l'Union panafricaine pour la démocratie sociale (UPADS) remporte les élections de 1992. Son chef, Pascal Lissouba (qui ne se réclame plus du marxisme), devient président de la République. La vie politique congolaise se résume alors à un jeu triangulaire. Les « nordistes », autrement dit les Mbochi, ont pour chef Sassou Nguesso et pour milices les « Cobras ». Dans la région de Brazzaville dominent des Kongo (dont, principalement, les Lari), avec pour chef Bernard Kolelas et pour milices les « Ninjas ». Le « Nibolek », actif entre le Pool et le littoral, regroupe les partisans de Lissouba.

Les trois guerres de Brazzaville. Les résultats des élections anticipées de 1993 sont aussitôt contestés. Des combats ayant éclaté à Brazzaville entre le Nibolek et les Kongo-Lari, Lissouba instaure l'état d'urgence. Mais la violence tourne à la guerre civile, à Brazzaville du moins, et se poursuit jusqu'en 1994. Les autorités ne parviennent ensuite pas à désarmer les milices, de sorte que le conflit persiste. La deuxième guerre de Brazzaville éclate en juin 1997. Elle oppose les « Cobras » de Sassou Nguesso (que rejoint une partie de l'armée) au Nibolek, appuyé par les « Ninjas ». Après cinq mois de guerre, Sassou Nguesso, mieux organisé, l'emporte avec le soutien de l'Angola. Il prend Brazzaville et Pointe-Noire et se fait proclamer président de la République en octobre, tandis que Lissouba et Kolélas s'enfuient à l'étranger. En 1998, le Nibolek et les « Ninjas » reprennent la guérilla, ce qui conduit à la troisième guerre de Brazzaville : avec l'appui des Angolais, l'armée congolaise chasse les « Ninjas » de la capitale. La guerre affecte ensuite tout le sud du pays, avant qu'un accord de cessation des hostilités ne soit trouvé à la fin de 1999. Une nouvelle Constitution entre en vigueur en 2002. Sassou Nguesso est élu président de la République, pour la première fois depuis sa prise du pouvoir en 1979.

La population. Le Congo-Brazzaville compte 4 millions d'habitants, répartis sur un territoire de 342 000 km². Les Kongo (qui se répartissent eux-mêmes en plusieurs sous-groupes, dont les Lari de la région de Brazzaville et les Vili du littoral) forment un peu plus de la moitié de la population. Viennent ensuite les Téké (environ 17 %), dans le centre du pays, et les Mbochi (12 % environ), dans le Nord.

Le drapeau du Congo-Brazzaville reprend les couleurs panafricaines. À l'époque de la République populaire (1970-1991), il comportait un emblème de type communiste.

Le français est la langue officielle. Dans le Nord, le lingala sert de langue véhiculaire, comme dans le Congo-Kinshasa voisin. Dans le Sud, ce rôle est tenu par le kikongo (voir page 138).

Les catholiques forment près de 55 % de la population totale, les protestants 25 %, les adeptes des Églises chrétiennes africaines (dont les « matswanistes »), 15 %.

La République centrafricaine

Boganda, Dacko, Bokassa. L'abbé Barthélemy Boganda, qui domine la scène politique de l'Oubangui-Chari après 1945, crée en 1950 le Mouvement d'évolution sociale de l'Afrique noire (MESAN). Il se montre partisan d'un État unitaire regroupant le Tchad, l'Oubangui-Chari et le Moyen-Congo, puis meurt dans un accident d'avion en 1959. Son cousin David Dacko lui succède et conduit le pays à l'indépendance (1960) sous le nom de République centrafricaine (RCA ou Centrafrique). Il est réélu en 1964, après avoir fait du MESAN le parti unique en 1962. À la fin de 1965, Jean Bedel Bokassa, qui fut capitaine dans l'armée française, procède à un coup d'État, puis dissout l'Assemblée nationale et concentre le pouvoir, en s'appuyant sur le MESAN. Président à vie en 1972, Bokassa se fait en outre proclamer

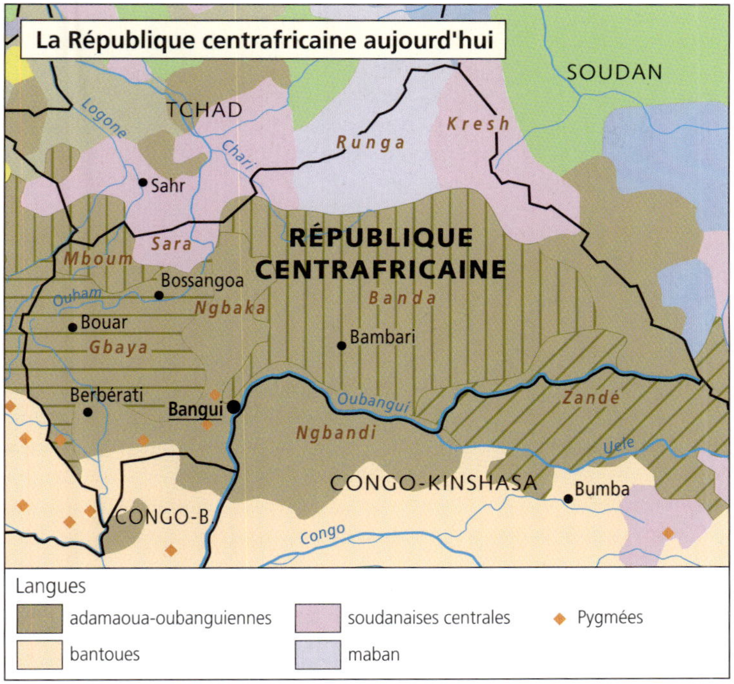

maréchal puis empereur : il est couronné en décembre 1977. En 1979, à la suite de manifestations de lycéens, de nombreux enfants meurent en prison. La même année, Dacko met fin au régime de Bokassa (alors à Tripoli) avec l'aide militaire de la France. Dans le cadre d'une nouvelle Constitution, Dacko est élu président en 1981, mais il est renversé la même année par un coup d'État militaire, qui porte le général André Kolingba au pouvoir. Ce dernier fait entrer des civils au gouvernement à partir de 1985.

Les conflits internes. Des grèves et manifestations conduisent à l'autorisation du multipartisme en 1991. Les élections de 1992 sont toutefois annulées en raison d'irrégularités. L'année suivante, de nouvelles élections portent au pouvoir Ange-Félix Patassé (un ancien Premier ministre de Bokassa). Les années qui suivent sont marquées par la rivalité entre Patassé et Kolingba. Le premier, qui est un Sara, du Nord-Ouest, s'appuie sur son ethnie et sur les Gbaya. Le second, qui est un Yakoma, représente les « gens du fleuve ». En 1996-1997, des mutineries de soldats (surtout yakoma) éclatent à Bangui et dégénèrent en conflits interethniques. Les forces françaises interviennent, relayées par une force d'interposition africaine, puis par l'ONU (jusqu'en 2000). La France a fermé ses bases militaires de Bouar et de Bangui en 1997-1998. En 2001, une nouvelle tentative de putsch, fomentée par Kolingba, échoue après des combats difficiles. En 2003, la prise de pouvoir par le général François Bozizé, ancien chef d'État-Major limogé, ferme la parenthèse de dix années de légalité constitutionnelle ponctuées par trois mutineries et quatre tentatives de coup d'État.

Adopté en 1958, le drapeau centrafricain associe les trois couleurs panafricaines à celles du tricolore français, dans l'espoir d'une coopération entre l'Europe et l'Afrique. L'étoile symbolise l'idéal de l'unité africaine.

La population. La Centrafrique compte 4 millions d' habitants, répartis sur un territoire de 623 000 km². Les quatre cinquièmes de la population parlent des langues oubanguiennes. Plus significative apparaît la distinction entre les « gens de la savane » et les « gens du fleuve ». Parmi les premiers figurent les Banda (près de 30 % de la population totale) et les Gbaya (25 %). Le second groupe inclut les Ngbandi (dont les Yakoma), les Ngbaka, les Nzakara (ou Zandé) et d'autres. Les Sara, dans le Nord-Ouest, sont de langue nilo-saharienne.

Le français est la langue officielle. Le sango, forme simplifiée de la langue des Ngbandi, est une langue véhiculaire devenue nationale.

Les protestants (plus de 40 % de la population totale) sont plus nombreux que les catholiques (environ 30 %). On compte aussi près de 10 % de musulmans, dans le nord du pays.

Le Congo-Kinshasa

La « table ronde » réunie à Bruxelles au début de 1960 (voir page 160) met en place un État unitaire tout en accordant aux provinces une large autonomie. Des élections ont lieu en mai, avant l'indépendance fixée au 30 juin. Elles accordent la majorité au mouvement le plus anticolonialiste, à savoir le Mouvement national congolais (MNC) de Patrice

Lumumba et ses alliés. Lumumba devient Premier ministre, tandis que Joseph Kasavubu est élu président de la République.

Le Congo de Patrice Lumumba. D'une façon schématique, deux camps semblent s'opposer : celui des nationalistes, incarnés par Lumumba, et celui des « modérés », soutenus par les Belges. C'est en réalité plus compliqué, car il s'y mêle des revendications régionalistes et ethniques, qui vont menacer le Congo d'éclatement.

Dès juillet, des mutineries éclatent dans la Force publique, notamment au Kasaï, accompagnées de violences envers des Européens. Des troupes belges interviennent au Katanga, au Kasaï, à Matadi et à Léopoldville (actuel Kinshasa). Moïse Tschombé proclame l'indépendance du Katanga, dont les troupes belges prennent le contrôle. Elles soutiennent aussi une rébellion dans le Sud-Kasaï. Lumumba rompt avec Bruxelles et se tourne vers l'ONU : celle-ci envoie des « casques bleus », qui n'interviennent toutefois pas au Katanga. Les civils belges quittent massivement le pays au cours de l'été, le privant ainsi de son encadrement. L'Armée nationale congolaise (ANC, ex-Force publique) intervient dans le Sud-Kasaï et y massacre des populations luba (ou baluba), ce qui conduit le secrétaire général de l'ONU, Dag Hammarskjöld, à dénoncer un « génocide ». En septembre, Kasavubu démet Lumumba, peu avant que le colonel Joseph-Désiré Mobutu, chef d'État-Major de l'ANC, ne prenne lui-même le pouvoir (Kasavubu demeurant président de la République). Mobutu fait arrêter Lumumba, qui sera assassiné en janvier 1961.

La difficile réunification. Au début de 1961, le pouvoir central ne contrôle que les provinces de Léopoldville et de l'Équateur, ainsi que Luluabourg (actuel Kananga). Les lumumbistes, conduits par Antoine Gizenga, sont retranchés dans la Province orientale et le Kivu et tentent d'opérer une jonction avec les Baluba du nord du Katanga, hostiles à Tschombé. Au Katanga même, ce dernier consolide son pouvoir, malgré le départ des troupes belges. Il s'appuie sur une force armée (la « gendarmerie katangaise ») encadrée par des Blancs, avec le soutien de l'Union minière du haut Katanga (UMHK). Un système semblable prévaut dans la zone diamantifère du Sud-Kasaï, sous la direction d'Albert Kalondji.

Mobutu rend le pouvoir aux civils en août 1961 : Cyrille Adoula devient Premier ministre. En janvier 1962, le nouveau gouvernement met fin au séparatisme de la Province orientale : Gizenga est emprisonné. Les lumumbistes ne désarment pas pour autant et créent un Comité national de libération. En janvier 1963, Tschombé finit par s'incliner devant les forces de l'ONU, renonce à la sécession du Katanga et part en exil. Malgré cela, le pays demeure très difficile à gouverner. Aussi Kasavubu, après avoir mis le Parlement en congé, fait-il approuver en 1964 une nouvelle Constitution, renforçant les pouvoirs du président. Les « casques bleus » quittent le Congo en juin 1964. Le mois suivant, Kasavubu rappelle Tschombé, qui forme un « gouvernement de salut public ».

Les lumumbistes engagent alors une grande offensive : partis du Burundi, ils prennent le contrôle de tout l'est du pays (Kivu, nord du Katanga et du Kasaï, Province orientale) et proclament à Stanleyville (actuel Kisangani) une République populaire du Congo. Ils ne bénéficient toutefois pas d'aides étrangères et s'effondrent face aux parachutistes belges avant la fin de l'année. En 1965, Tschombé remporte les élections législatives. Kasavubu en prend ombrage, révoque Tschombé en octobre, puis doit lui-même s'incliner face au coup d'État du général Mobutu en novembre.

Le régime de Mobutu. En quelques années, Mobutu concentre le pouvoir entre ses mains. Tout en prenant des mesures de caractère nationaliste (réhabilitation de Lumumba en 1967, mise en liquidation de l'UMHK, remplacée par une société congolaise…), il instaure un régime de plus en plus répressif. En 1971, il engage une politique d'« authenticité », qui se traduit notamment par l'africanisation des noms propres : le Congo prend le nom de « Zaïre », le Katanga celui de Shaba, etc. Ensuite viennent les mesures de « zaïrisation » de l'économie, à tous les niveaux. Les années 1980 bénéficient d'un calme relatif et l'unité du pays ne paraît plus menacée. Le bilan du régime n'en est pas moins négatif : prise de contrôle de l'État par Mobutu et ses proches, corruption, népotisme, délabrement de l'économie, chute du niveau de vie de la grande majorité de la population…

En 1990, Mobutu, sentant le vent tourner, annonce un processus de démocratisation mais, la même année, la répression de manifestations d'étudiants à Lubumbashi fait 500 morts. En 1991, il accepte la réunion d'une conférence nationale chargée d'élaborer une Constitution démocratique, puis adopte à son égard une tactique de division et d'enlisement qui finit par bloquer le fonctionnement du gouvernement. Alors que les Forces armées zaïroises (FAZ) multiplient les violences contre la population, l'État zaïrois entre en déliquescence au milieu des années 1990.

De Mobutu à Kabila. En 1996, le gouvernement du Rwanda décide de « régler » la question du million de Hutu réfugiés au Kivu (voir page 176) par une intervention militaire, avec l'appui de l'Ouganda. Plus de 600 000 Hutu sont reconduits au Rwanda, tandis que 400 000 autres s'enfuient vers l'ouest. L'opération est néanmoins présentée comme une « affaire congolaise », dans la mesure où y participe l'Alliance des forces démocratiques pour la libération du Congo (AFDLC) de Laurent-Désiré Kabila (un acteur des rébellions de 1964-1965 reconverti dans le commerce de l'or et de l'ivoire). Les troupes alliées (rwandaises, ougandaises et AFDLC) prennent la direction de l'ouest avec deux objectifs : liquider les Hutu en fuite et abattre le régime de Mobutu. Les FAZ n'offrant pas de réelle résistance, Kisangani tombe en mars 1997, le Katanga en avril. Les coalisés entrent en mai à Kinshasa, où Kabila est accueilli en libérateur.

La situation s'améliore : chute de l'inflation, moindre insécurité. Kabila rend au pays son nom d'antan (« République démocratique du Congo »), celui de « Zaïre » étant identifié au régime de Mobutu. Mais le pouvoir redevient vite très autoritaire. Par ailleurs, Kabila cherche à se débarrasser d'alliés devenus encombrants à Kinshasa, en particulier les Tutsi du Rwanda. En 1998, une rébellion lancée depuis le Kivu fait basculer le pays dans la guerre. Deux camps s'affrontent : dans l'un figurent trois mouvements congolais rebelles, le Rwanda et l'Ouganda ; dans l'autre, le Congo de Kabila, assisté par l'Angola, le

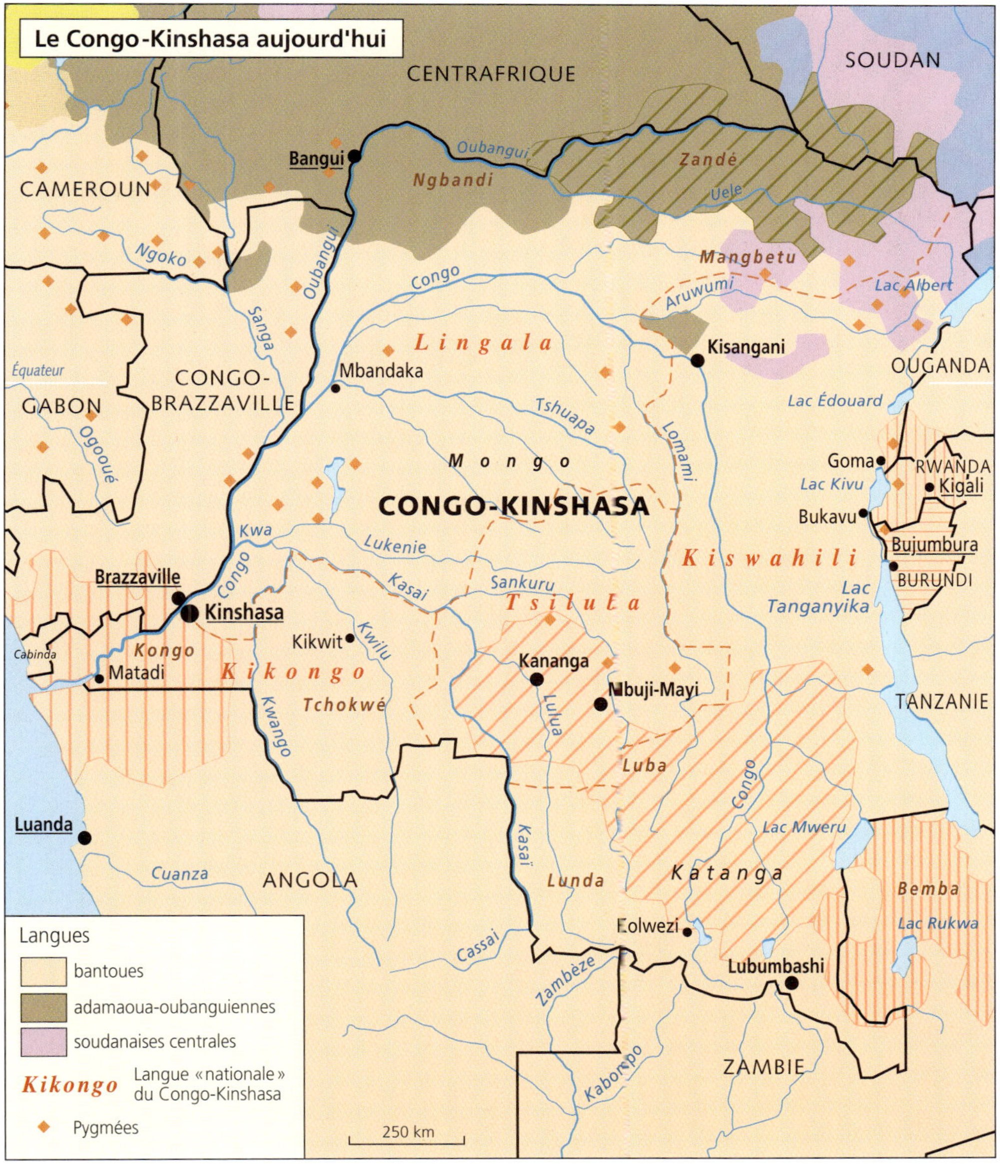

167

Zimbabwé et la Namibie. Les Rwandais et les Ougandais envahissent l'est du pays, puis tendent à se diviser. Des accords signés par les belligérants à Lusaka en 1999 ne sont pas appliqués. L.-D. Kabila ayant été assassiné en janvier 2001, son fils Joseph Kabila lui succède. En 2002, un laborieux processus de paix se met en place : les armées étrangères quittent le pays. Une Constitution « de transition », visant à une réconciliation nationale, est promulguée l'année suivante. La partie orientale du pays continue néanmoins d'échapper, pour l'essentiel, aux autorités centrales. C'est en particulier le cas de la région de l'Ituri, dans le Nord-Est, où se sont affrontées des milices soutenues respectivement par le Rwanda et l'Ouganda. Une force multinationale, principalement française, y est intervenue en 2003.

La population. Le Congo-Kinshasa compte plus de 57,5 millions d'habitants, répartis sur un territoire de 2 345 000 km^2.

Sur le drapeau adopté à l'indépendance, la grande étoile figurait l'unité nationale, les six petites les provinces. La création de nouvelles provinces, en 1963, a entraîné la suppression des six étoiles, remplacées par une diagonale rouge. Sur le drapeau du Zaïre (1971-1992), aux couleurs panafricaines, la main brandissant une torche évoquait l'esprit révolutionnaire du peuple. Le drapeau originel est redevenu officiel en 1992.

Les locuteurs de langues bantoues forment environ 80 % de la population totale. Ils se répartissent en nombreux sous-groupes : Kongo à l'ouest (16 % de la population totale), Mongo dans la cuvette (13 %), Luba dans le Sud-Est (18 %), etc. Le Congo abrite aussi des populations de langues oubanguiennes (Zandé, Ngbandi...), dans le Nord, et de langues nilo-sahariennes dans le Nord-Est.

Le français est la langue officielle. Quatre grandes langues véhiculaires ont le statut de langues nationales : le kikongo, le lingala, le kiswahili (ou « kingwana ») et le tsiluba (voir la carte).

Les chrétiens forment la grande majorité de la population. Ils se répartissent en catholiques (45 % environ), protestants (25 % environ) et kimbanguistes (plus de 15 %).

L'AFRIQUE ORIENTALE COLONIALE

Le temps des explorateurs. Au milieu du XIXe siècle, les Européens savent, par l'intermédiaire des Arabo-Swahili, qu'il existe des grands lacs (à moins qu'il ne s'agisse d'une vaste mer intérieure...) et s'interrogent quant aux sources du Nil Blanc. Le Britannique John Speke inaugure les explorations. Après avoir atteint le lac Tanganyika (avec Richard Burton), il s'avance en 1858 jusqu'au lac Ukerewe (qu'il nomme Victoria) et se convainc que c'est l'origine du Nil, mais il n'est pas cru. Reparti en 1860, Speke reconnaît, en 1862, une partie de ce qu'on nomme aujourd'hui le Nil Victoria. En 1864, Samuel Baker, venu de Khartoum, découvre le lac Albert. Livingstone, alors déjà très célèbre (voir page 179), disparaît deux ans plus tard dans la région du lac Tanganyika. Henry Stanley part à sa recherche et le retrouve à Ujiji en 1871 (« Doctor Livingstone, I presume ? »). Ensemble, ils montrent que l'écoulement du lac Tanganyika se fait vers l'ouest, dans le Lualaba (aujourd'hui Lukuga). Livingstone reste ensuite en Afrique, où il mourra l'année suivante, tandis que Stanley prépare une nouvelle expédition, dotée de moyens importants. En 1875, il explore les rivages du lac Victoria et rencontre le roi du Buganda, auquel il propose l'envoi de missionnaires (voir page 144). En 1876, il contourne le lac Tanganyika puis descend le Lualaba, ce qui finit par le conduire jusqu'à l'embouchure du Congo en 1877 (voir page 155). Dans les années suivantes, d'autres explorateurs, en particulier des Allemands, précisent la connaissance de la région.

Le partage de l'Afrique orientale. À partir de 1877, l'opinion britannique s'intéresse à la cause des missionnaires au Buganda. Quant à la politique officielle de Londres, elle continue de s'appuyer sur le sultan de Zanzibar, pourvu qu'il suive les indications données par le consul britannique. Toutefois, quand, en 1882, la Grande-Bretagne occupe l'Égypte (voir page 32), la question du contrôle des sources du Nil acquiert une dimension stratégique.

Les initiatives de l'Allemand Carl Peters vont précipiter les changements. Sans instructions de son gouvernement, il signe en 1884 des traités avec des chefs de l'arrière-pays de Pangani et Bagamoyo, puis obtient de Bismarck, l'année suivante, une charte impériale pour sa compagnie, la Deutsch-Ostafrikanische Gesellschaft (DOAG). Londres décide de temporiser : en 1886, la Grande-Bretagne et l'Allemagne concluent un accord, sans avoir consulté le sultan de Zanzibar. L'accord limite les possessions continentales de ce dernier à une bande côtière de dix miles (16 km) de largeur, tandis que l'intérieur est divisé en zones d'influence : allemande au sud, britannique au nord.

En 1888, la DOAG se fait concéder par le sultan l'administration du sud de la bande côtière. Cela provoque à Pangani une révolte des Arabo-Swahili, conduite par un planteur de canne à sucre, Abushiri. L'année suivante, les autorités de Berlin interviennent directement, répriment la rébellion et mettent fin à la charte de la DOAG. De leur côté, en 1888, les Britanniques octroient une charte à l'Imperial British East Africa Company (IBEAC), dotée de moyens plus importants que la DOAG. Carl Peters reprend néanmoins l'offensive d'un autre côté : parti de Witu, au nord de Mombasa, en 1889, il atteint l'Ouganda en 1890. (Uganda signifie « pays des Ganda ». Les Européens applique ce nom au sens large à toute la région.)

Londres trouve alors avec Berlin un accord. En échange de la cession de l'île de Helgoland (base navale en mer du Nord), la Grande-Bretagne obtient l'exercice d'un protectorat sur le sultanat (réduit aux îles de Zanzibar et Pemba) et la reconnaissance de son hégémonie en Ouganda.

L'Ouganda sous protectorat. Les Britanniques s'intéressent d'abord à l'Ouganda, pour plusieurs raisons : le contrôle des sources du Nil, la protection des missionnaires (alors que la guerre civile sévit depuis 1886, voir page 144), la richesse agricole du pays. Dès 1890, l'IBEAC confie la direction des opérations à Frederick Lugard (qui gouvernera plus tard le Nigéria, voir page 114). Il arme les protestants pour défaire les catholiques, puis instaure une administration indirecte, en s'appuyant sur les structures administratives du Buganda. En 1894, un régime de protectorat remplace celui de l'IBEAC. La mort du *kabaka* Mwanga, en 1898, s'accompagne de troubles, avant qu'un accord ne soit trouvé en 1900. Une modification du régime foncier introduit la propriété privée au profit du *kabaka* et de quelques milliers de notables, tandis que le régent Apollo Kagwa, en tant que Premier ministre va gouverner le Buganda jusqu'en 1925. D'une façon plus générale, les Baganda occupent une position privilégiée au sein du protectorat : ils sont partout les auxiliaires des Britanniques, notamment dans le domaine administratif. Simultanément, l'Ouganda devient un pays de petits paysans producteurs de cultures d'exportation, fermé à la colonisation blanche en 1916. Les missions (seules en charge de la scolarisation) jouent un rôle très actif : la christianisation progresse rapidement.

Plusieurs clivages marquent l'Ouganda colonial et persisteront au-delà de l'indépendance.

L'un oppose les gens du Sud aux gens du Nord, de part et d'autre du Nil Victoria. Parmi les premiers, tous bantous, figurent les Baganda et les sujets d'autres royaumes (Bunyoro, Ankole...). Les gens du Nord (Lango, Acholi, etc.) sont de langues nilo-sahariennes, moins organisés que ceux du Sud. Ils se tournent volontiers vers le métier des armes, avec l'assentiment des Britanniques.

Un autre clivage, ne recoupant pas le premier, oppose les catholiques aux protestants depuis les « guerres de religion » de la fin du XIXe siècle. Des contentieux de caractère économique opposent enfin les planteurs de café (production la plus importante) à la fois à l'aristocratie ganda, maîtresse du foncier, et aux Indiens immigrés, puissants dans le commerce.

Le Kénya colonial. Entre l'océan et l'Ouganda s'étend le British East African Protectorate (BEAP), constitué en 1894 et qui deviendra la colonie du Kénya en 1920. Pour désenclaver l'Ouganda, les Britanniques construisent (de 1896 à 1901) un chemin de fer reliant Mombasa à Kisumu, sur le lac Victoria (au-delà, l'accès au Buganda s'effectue en bateau). De la construction du chemin de fer résultent deux conséquences. D'une part, une grande partie de la main-d'œuvre indienne utilisée sur le chantier reste sur place. D'autre part et surtout, le BEAP cherche à assurer la rentabilité de la ligne. Aussi encourage-t-il l'installation de colons européens dans les Highlands (en particulier le rebord oriental du Rift), alors peu peuplés et se prêtant au développement agricole (terres riches, bien arrosées).

Le sous-peuplement des Highlands à la fin du XIXe siècle n'est toutefois qu'un phénomène transitoire : il résulte d'épidémies, de famines et des attaques des Masai. Les Kikuyu, nombreux au pied du mont Kénya, sont prêts à reprendre leur expansion. Dans les années 1920, les colons, quoique peu nombreux (quelques milliers), exercent une grande influence : ils parviennent à se réserver le quart des terres arables du pays, tandis que les Masai, les Kikuyu, les Luo, etc. sont confinés dans certaines zones. Le système conduit à une situation absurde car les colons, faute de parvenir à exploiter l'ensemble des terres qu'ils possèdent, ne peuvent employer qu'un nombre restreint d'Africains. En revanche, la densité de population devient très élevée dans les territoires réservés aux indigènes, en particulier les Kikuyu. Aussi un nombre croissant d'entre eux s'installent-ils, en tant que squatters, sur les terres que les Européens ne peuvent exploiter. En 1925, les Kikuyu fondent la Kikuyu Central Association (KCA) pour promouvoir leurs revendications. Parmi ses dirigeants figure Kamau Johnstone, plus tard connu sous le nom de Jomo Kenyatta. Les Indiens, plus nombreux que les Européens, défendent aussi leurs droits, en tant que sujets britanniques, et fondent des syndicats.

Après 1945, la Grande-Bretagne s'efforce de mettre sur pied un système « multiracial », assurant à chacune des trois « communautés » (européenne, indienne, africaine) une représentation au Conseil législatif. Mais il est évident que cela ne vise qu'à protéger les colons. La révolte des Mau-Mau éclate en 1952 (voir page 172).

L'Afrique orientale allemande. Les possessions allemandes correspondent au territoire le plus affecté par l'expansion arabo-swahili. Elle a fortement ébranlé les sociétés traditionnelles, tout en introduisant les éléments d'une culture commune fondée sur la langue swahili. En revanche, l'islam n'a guère progressé à l'intérieur, si ce n'est chez les Yao. La conquête du pays par les Allemands, puis les combats de 1914-1917 (voir plus loin) vont accentuer la désagrégation des sociétés traditionnelles.

Les Allemands installent leur capitale à Dar-es-Salam (port fondé par le sultan de Zanzibar en 1867), puis entreprennent la construction d'un chemin de fer reliant Dar-es-Salam à Kigoma, sur le lac Tanganyika (à côté d'Ujiji). En 1897-1898, ils matent une révolte des Hehe. En arrière de la côte, ils créent des plantations de coton où ils recourent au travail forcé. C'est là, au sud-ouest de Dar-es-Salam, qu'éclate en 1905 la révolte « maji-maji ». Un magicien, Kinjikitile Ngwale, prêche l'expulsion des Allemands et affirme, à cet effet, le pouvoir magique d'un mélange d'eau (*maji* en swahili), d'huile de ricin et de graines de millet. Kinjikitile est bientôt arrêté et pendu, mais la révolte s'étend : elle conduit à l'assassinat d'un évêque allemand, puis gagne les Ngindo et les Ngoni, à l'est du lac Nyassa. Les Allemands, dotés de renforts venus d'Europe, lancent leur contre-offensive en octobre, en détruisant les villages et les récoltes. La famine qui s'ensuit fait près de 300 000 victimes.

A l'ouest, les Allemands atteignent le Rwanda en 1894. Le *mwami* signe un traité de protectorat deux ans plus tard. Les premières expéditions allemandes au Burundi datent de 1896-1897. Le *mwami* se soumet et signe un traité en 1903. Les deux royaumes s'ouvrent ainsi aux missions catholiques et protestantes, mais, d'une façon générale, la présence allemande n'a qu'un impact limité.

En août 1914, une escadre britannique bombarde Dar-es-Salam. En recourant à la guérilla, les forces allemandes résistent jusqu'à la fin de 1917 à des forces alliées très supérieures en nombre (britanniques, belges, sud-africaines et portugaises).

Le Ruanda-Urundi belge. La Belgique obtient en 1919 d'exercer un mandat de la SDN (voir page 24) sur les royaumes du Rwanda et du Burundi, réunis en un territoire nommé Ruanda-Urundi. En 1925, il est rattaché au Congo belge (dont il forme la septième province), tout en conservant une personnalité juridique distincte. Les Belges maintiennent les deux monarchies, mais ils les dépouillent de l'essentiel de leurs pou-

voirs au bénéfice d'une aristocratie tutsi, qu'ils contrôlent étroitement. Alors se précise l'idée que les Tutsi, réputés envahisseurs récents appartenant à une autre race (« nilotique »), sont appelés à dominer les Hutu pour des raisons historiques. Les missionnaires, notamment catholiques, qui font beaucoup d'adeptes chez les Hutu, ne partagent pas nécessairement ce point de vue. Or, ils ont le monopole (de fait) de l'enseignement.

Le Tanganyika britannique. La majeure partie de l'ancienne Afrique orientale allemande devient en 1919 le Tanganyika (sous mandat de la SDN), que les Britanniques administrent comme une colonie. Alors que les institutions traditionnelles achèvent de se délabrer (en dépit d'un *Indirect Rule* censé les conforter), de nouvelles formes d'organisation apparaissent. Un mouvement coopératif se développe, en particulier chez les Chagga (planteurs de café) et chez les Sukuma (planteurs de coton). Fondée vers 1930, la Tanganyika African Association (TAA) s'efforce de dépasser le cadre ethnique pour exprimer les revendications des Africains.

En 1946, le Tanganyika passe sous la tutelle de l'ONU. Les Britanniques engagent ensuite une politique « multiraciale », comme au Kénya (voir plus haut), mais il devient évident, dans les années 1950, qu'un tel système est inapplicable.

Zanzibar sous protectorat. En 1890, le sultanat, placé sous protectorat britannique, se trouve réduit aux îles de Zanzibar et Pemba et à une bande côtière incluant Mombasa, en fait (non en droit) réunie au Kénya. Les Britanniques maintiennent les privilèges politiques du sultan et de la minorité arabe (descendant des Omanais et des Hadrami), tandis que les Indiens conservent le pouvoir économique. L'esclavage est aboli en 1897. Au milieu du XXe siècle, la population se répartit en 77 % d'Africains, 17 % d'Arabes et 6 % d'Indiens. Parmi les Africains figurent les Chirazi, lointains descendants très métissés des premiers immigrants arabes et persans, de culture swahili. Les Africains proprement dits descendent pour la plupart d'esclaves. Le principal clivage sépare les privilégiés (Arabes et Indiens) des autres, mais il s'y ajoute des différends entre l'île de Pemba (qui se sent négligée) et l'île de Zanzibar. Les Arabes résistent aux réformes jusqu'en 1956, date à laquelle les Britanniques instaurent un collège électoral unique. C'est alors qu'une vie politique se développe.

L'AFRIQUE ORIENTALE CONTEMPORAINE

Le Kénya

Des Mau-Mau à l'indépendance. En 1947, Jomo Kenyatta prend la tête de l'Union africaine du Kénya (KAU) et se fait le porte-parole des revendications des Africains. Au sein de la KAU, une minorité (composée surtout de Kikuyu) opte pour une action plus radicale : elle se constitue en société secrète traditionnelle, avec pour objectif d'expulser les colons européens par les armes. Ainsi éclate, en 1952, la révolte dite (par les Britanniques) des Mau-Mau. Kenyatta est emprisonné la même année. En dépit d'une très dure répression, la révolte persiste jusqu'en 1956. Le bilan s'établit à une centaine de morts chez les Européens et à environ 15 000 morts chez les Africains.

Les Britanniques autorisent ensuite, de façon progressive, la formation de partis politiques. Lors des élections législatives de 1961, deux partis s'affirment : l'Union nationale africaine du Kénya (KANU), bien implantée chez les Kikuyu et chez les Luo, qui obtient la majorité, et l'Union démocrate africaine du Kénya (KADU), représentative des Kalenjin et des populations du littoral. La KANU obtient que Kenyatta soit libéré, ce qui lui permet de conduire les négociations avec Londres. La KANU ayant recueilli les deux tiers des voix aux élections de 1963, Kenyatta devient Premier ministre. L'indépendance est proclamée en décembre 1963.

De Kenyatta à Moi. En 1964, le Kénya devient une république, avec Kenyatta pour président. Le régime se renforce, notamment par l'intégration de la KADU dans la KANU, mais des tensions subsistent. En 1966, Oginga Odinga (un Luo) quitte la KANU pour créer l'Union des peuples kényans (KPU), politiquement plus à gauche. En 1969, Tom Mboya (un Luo), considéré comme le dauphin de Kenyatta, est assassiné à Nairobi. Odinga est aussitôt arrêté et la KPU interdite. Kenyatta, réélu en 1969, fait de la KANU le parti unique *de facto*.

À la mort de Kenyatta, en 1978, le vice-président, Daniel Arap Moi, un Tugen (petite ethnie du groupe des Kalenjin), lui succède. Face à de nouvelles poussées d'opposition, il durcit encore le régime : la KANU devient officiellement parti unique en 1982. Simultanément, l'assise ethnique du régime se modifie : Moi s'appuie surtout sur les Kalenjin et les Masai, tandis que les Kikuyu et les Luo, jadis piliers de la KANU, animent l'opposition. (Au début des années 1990, des bandes armées de Kalenjin et de Masai expulsent quelque 300 000 Kikuyu de la région de Nakuru, où ils avaient été installés sous la présidence de Kenyatta.)

Une difficile démocratisation. En 1991, Moi n'a d'autre choix que de rétablir le multipartisme. Il fait alors imprimer des billets de banque (pour un montant de 250 millions de

Les trois couleurs sont celles de la KANU, parti de Jomo Kenyatta. Le noir figure le peuple africain, le rouge la fraternité (par le sang), le vert la fertilité de la terre kényane. Le bouclier masai et les deux lances symbolisent la défense de la liberté.

dollars) destinés à son électorat… et remporte les élections d'autant plus facilement que ses adversaires se divisent. Il en va de même en 1997. L'année 2002 est celle de l'alternance politique, les forces d'opposition ayant réussi à organiser un front uni. Mwai Kibaki, un Kikuyu, remporte l'élection présidentielle, battant largement le candidat de la KANU Uhuru Kenyatta (fils du « père de la nation »).

La population. Le Kénya compte près de 32 millions d'habitants, répartis sur un territoire de 580 000 km^2 (voir la carte page 174). Parmi les populations de langues bantoues, les Kikuyu (un peu plus de 30 % du total) sont les plus nombreux. Viennent ensuite les Luhya (14 %) et les Kamba (11 %). Les Luo (15 % environ) sont de langue nilo-saharienne, de même que les Kalenjin (11 %). Ces derniers regroupent en fait une douzaine d'ethnies apparentées (Nandi, Kipsiki, Tugen, Pokot, etc.).

La langue nationale et officielle est le swahili, depuis 1974. L'anglais demeure néanmoins très utilisé.

Les chrétiens forment près des trois quarts de la population. Ils se répartissent en catholiques (un peu plus de 25 % de la population), protestants (même proportion) et adeptes des Églises africaines (environ 20 %). Les musulmans (6 % à 7 %) sont surtout présents sur le littoral.

L'Ouganda

En 1949, l'Union des fermiers africains demande que le Buganda devienne une monarchie constitutionnelle, ce que refuse le jeune *kabaka* Mutesa II. En revanche, celui-ci réclame en 1953 l'indépendance du Buganda, ce qui lui vaut un exil en Grande-Bretagne, dont il revient en 1955. Les Britanniques mettent alors en place une Assemblée législative, à l'échelle de l'ensemble de l'Ouganda, et une vie politique prend forme.

L'indépendance. En 1956 naît le Parti démocrate (DP), catholique et libéral. Milton Obote (un Lango) organise ensuite le Congrès du peuple de l'Ouganda (UPC), opposé à l'hégémonie du Buganda. Les élections de 1961, boycottées par le Buganda, donnent la victoire au DP. Le *kabaka* suscite alors un parti à sa dévotion, le Kabaka Yekka (KY, « le roi seul »). Obote conclut une alliance avec lui pour contrer le DP. La conférence de Londres (1961) élabore une Constitution qui entre en vigueur en 1962. La même année, la coalition de l'UPC et du KY remporte les élections. Obote étant devenu Premier ministre, l'Ouganda accède à l'indépendance en octobre. En 1963, Mutesa est élu chef de l'État.

Le coup de force d'Obote. La Constitution de 1962 instaure un État composite incluant quatre royaumes (Buganda, Bunyoro, Ankole et Toro), un territoire (Busoga) et des districts. Le Buganda dispose de son propre Parlement, de sa police, etc. Les autres royaumes et le Busoga, quoique moins autonomes, ont aussi leurs propres institutions. Obote, partisan d'un État unitaire, s'oppose bientôt au *kabaka*, soutenu par les Baganda mais non par le reste de la population. En 1966, il s'octroie les pleins pouvoirs et suspend la Constitution. Le Parlement du Buganda ayant refusé de s'incliner, l'armée ougandaise (dirigée par Idi Amin Dada, un Nordiste) investit le palais du *kabaka*, qui fuit en Grande-Bretagne. En 1967, une nouvelle Constitution met fin aux royaumes et instaure une république unitaire. Obote concentre tous les pouvoirs, l'UPC devenant, de fait, un parti unique.

La sanglante dictature d'Idi Amin Dada. En janvier 1971, alors qu'Obote est en voyage à l'étranger, le général (bientôt maréchal) Idi Amin procède à un coup d'État. L'arbitraire et la terreur caractérisent d'emblée le nouveau régime. En 1972, tous les Indiens sont expulsés et leurs biens confisqués. L'économie s'effondre. Idi Amin, converti à l'islam, se tourne vers la Libye, devenue son seul soutien, et se procure ainsi des armes. En 1978, ses forces envahissent le nord-ouest de la Tanzanie, accusée d'accueillir des opposants. Mais Nyerere réagit et son armée, faible au départ, parvient à pénétrer en Ouganda avec l'appui d'opposants ougandais. Kampala tombe sans combattre en 1979. Amin s'enfuit en Libye, puis se réfugie en Arabie saoudite, où il s'établit jusqu'à sa mort en 2003.

L'Ouganda est alors livré à diverses bandes armées, tandis que les nouveaux gouvernants (des Ganda), soutenus par la Tanzanie, ne parviennent pas à imposer leur autorité. Obote, revenu dans le pays en 1980, y remporte les élections dans des conditions qualifiées de frauduleuses par le DP (opposition). Quand l'armée tanzanienne se retire en 1981, deux mouvements de guérilla se forment : le Mouvement pour la liberté de l'Ouganda (UFM) et l'Armée de résistance nationale (NRA), dirigée par Yoweri Museveni (un Hima de l'Ankole). Obote engage une répression sanglante (300 000 morts dans la région de Kampala). L'UFM est écrasé, non la NRA. En 1985, le général Tito Okello (un Nordiste) renverse Obote. Il est à son tour destitué l'année suivante, quand la NRA entre dans Kampala.

Le retour au calme. Museveni parvient peu à peu à ramener le calme et proclame une amnistie. En revanche, il n'autorise aucun parti politique, le Mouvement de résistance nationale (NRM) détenant le monopole du pouvoir. Museveni doit faire face à la question des 250 000 Tutsi rwandais réfugiés en Ouganda depuis la révolution hutu de 1959 (voir page 176). À partir de 1990, le régime ougandais s'engage de plus en plus dans les crises rwandaise puis congolaise (l'armée participant au renversement de Mobutu en 1996, puis aux conflit ouvert en 1997). Sur le plan interne, les années 1990 enregistrent une remarquable reprise économique. Museveni parvient à faire revenir les Indiens expulsés par Idi Amin en 1972. La Constitution de 1995 reconnaît l'existence des anciens royaumes, restaurés en 1993, sans véritable pouvoir politique. Museveni obtient près de 75 % des voix lors des élections de 1996. En 2003, il se prononce en faveur d'une certaine ouverture de la scène politique.

La population. L'Ouganda compte près de 26 millions d'habitants, répartis sur un territoire de 241 000 km². Les « gens du Sud » (Bantous) forment environ 70 % de la population, les « gens du Nord » (de langues nilo-

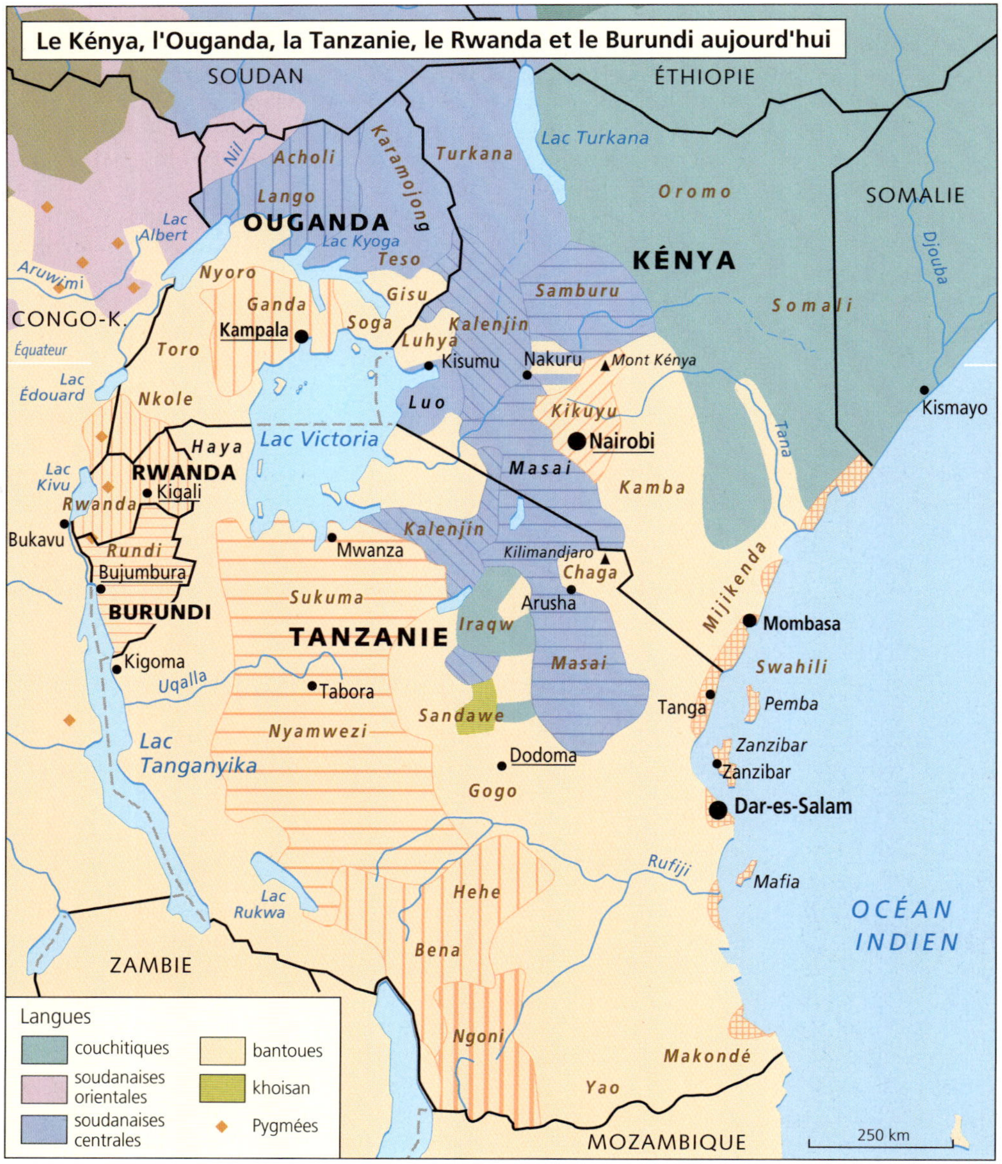

sahariennes), 30 %. Parmi les Bantous figurent les Ganda (environ 18 %), les Nkolé (8 %), les Soga (8 %), les Gisu (7 %), les Chiga ou Kiga (7 %), les Rwanda (6 %), les Nyoro, les Toro… Les populations « nordistes » les plus nombreuses sont les Teso (9 %), les Lango (6 %) et les Acholi (5 %).

L'anglais est la langue officielle. Le swahili joue le rôle de langue véhiculaire.

Environ 40 % des Ougandais sont catholiques, un peu plus du quart protestants. Les musulmans forment 6 % à 7 % de la population.

Le noir symbolise le peuple, le jaune le soleil, le rouge la fraternité. La grue couronnée était déjà l'emblème de l'Ouganda avant l'indépendance.

La Tanzanie

En 1954, Julius Nyerere prend la présidence de l'Association africaine du Tanganyika (fondée dans les années 1930) et la transforme en Union nationale africaine du Tanganyika (TANU). Elle vise à obtenir l'autonomie puis l'indépendance, et s'appuie sur les mouvements coopératifs et syndicaux. Les Britanniques tentent en vain de favoriser d'autres partis. La TANU ayant remporté les élections de 1958 et de 1960, Nyerere devient Premier ministre. Le Tanganyika accède à l'indépendance en décembre 1961. L'année suivante, il devient une république, dont Nyerere est élu président.

La révolution à Zanzibar. Trois partis se forment dans les années 1956-1959 : le Parti nationaliste de Zanzibar (ZNP), animé par la communauté arabe ; le Parti afro-shirazi (ASP), dirigé par Abeid Amani Karume, hostile au maintien du sultanat ; le Parti du peuple de Zanzibar et de Pemba (ZPPP), reflétant le point de vue, moins tranché, des Chirazi et des gens de Pemba.

Aux élections de 1961, puis de 1963, il ne se dégage pas de majorité. C'est une coalition du ZNP et du ZPPP qui gouverne lors de l'accession à l'indépendance du sultanat, en décembre 1963. Karume et l'ASP déclenchent aussitôt une insurrection. Le sultan prend la fuite, tandis qu'un Conseil révolutionnaire proclame la République populaire de Zanzibar et de Pemba. Près de dix mille Arabes sont massacrés en quelques semaines. L'ASP devient le parti unique, Karume exerçant seul le pouvoir. Pour prévenir de possibles interventions étrangères, il se rapproche alors de Nyerere. Ainsi naît, en 1964, la République du Tanganyika et de Zanzibar, qui prend bientôt le nom de République unie de Tanzanie. En pratique, les deux États demeurent néanmoins distincts. Karume mène à Zanzibar une politique d'inspiration communiste, très autoritaire : nationalisation et redistribution des grands domaines arabes, etc. Il meurt assassiné en 1972.

La politique de Nyerere. La Tanzanie signe un traité d'amitié avec la Chine en 1966, sans néanmoins rompre avec l'Occident. En 1967, dans la déclaration d'Arusha, Nyerere (que ses compatriotes nomment *Mwalimu*, « maître d'école » en swahili) définit une forme de socialisme africain fondée sur l'*ujamaa* (« communauté », « solidarité »). L'accent porte sur l'agriculture, le travail collectif des populations rurales, l'éducation. Cette politique tend à renforcer la cohésion nationale mais, du point de vue économique, se solde par un échec.

En 1977, la TANU et l'ASP fusionnent en un parti unique : le Chama Cha Mapinduzi (CCM, « Parti de la révolution »). Deux ans plus tard, la Tanzanie intervient en Ouganda pour renverser la dictature d'Idi Amin Dada (voir page 173). Nyerere, constamment réélu depuis 1962, ne se représente pas en 1985. Un Zanzibarite, Ali Hassan Mwinyi, lui succède.

À Zanzibar, la situation économique se dégrade dans les années 1970-1980. Le président Aboud Jumbe, au pouvoir depuis 1972, démissionne en 1984. Il a pour successeur Idriss Abdul Wakil.

De Mwinyi à Mkapa. Mwinyi s'efforce de réorienter la politique économique et entame un nouveau mandat présidentiel en 1990. Après la restauration du multipartisme, en 1992, des élections se déroulent en 1995 dans un climat de tension. Sur le continent, le CCM, conduit par Benjamin Mkapa, l'emporte, bien que l'opposition conteste les résultats. Elle récuse davantage encore ceux du scrutin présidentiel à Zanzibar, où le candidat du CCM, Salmin Amour, défait d'extrême justesse son adversaire Seif Shariff Hamad (majoritaire à Pemba). Mkapa est réélu en 2000.

Le drapeau de la Tanzanie (en bas) résulte de la fusion de ceux du Tanganyika (en haut) et de Zanzibar (au centre).
Le vert symbolise la terre, le noir la population, le bleu l'océan.

La population. La Tanzanie compte près de 38 millions d'habitants, répartis sur un territoire de 945 000 km². La quasi-totalité de la population relève de nombreux groupes ethniques parlant des langues bantoues. Les groupes les plus importants sont les Nyamwezi et les Sukuma, étroitement apparentés (plus de 20 % de la population totale), les Swahili du littoral et de Zanzibar (9 % environ), les Hehe et les Bena (7 % environ), les Makonde (6 %), les Haya (6 %).

Le swahili est la langue officielle, utilisée par une grande partie de la population. L'anglais demeure aussi très en usage.

Dans le domaine religieux, les Tanzaniens se répartissent de façon approximative en trois tiers : musulmans (prédominants sur le littoral et à Zanzibar), chrétiens (pour les deux tiers catholiques), adeptes des croyances traditionnelles.

Le Rwanda

Dans les années 1950, des Hutu fondent le Parti de l'émancipation du peuple hutu (Parmehutu), avec l'appui des autorités belges et de la hiérarchie catholique. Des émeutes éclatent lors du décès du roi Mutara, en 1959. Les Hutu refusent de se rallier au nouveau roi, Kigeli V, perçu comme imposé par les clans tutsi. Les élections de 1960 sont défavorables à Kigeli. Grégoire Kayibanda (un Hutu) forme un gouvernement provisoire, qui proclame la République du Rwanda en janvier 1961. En septembre, un référendum rejette la monarchie. Le Rwanda accède à l'indépendance le 1er juillet 1962. La prise de pouvoir par des Hutu s'accompagne de violences contre les Tutsi, surtout dans les campagnes. De 1959 à 1964, plus de 130 000 Tutsi se réfugient dans les pays voisins (Ouganda, Burundi...).

Le régime d'Habyarimana. La tension redescend jusqu'en 1972, date à laquelle des Hutu sont massacrés au Burundi (voir page 177). Des violences contre les Tutsi éclatent alors dans les villes. Les troubles incitent le général Juvénal Habyarimana à procéder en 1973 à un coup d'État. En 1975, il fonde le Mouvement révolutionnaire national pour le développement (MRND), parti unique, puis, en 1978, fait adopter une nouvelle Constitution. Réélu président en 1983 et 1988, Habyarimana parvient à maintenir le calme, en dépit d'un nouvel afflux de réfugiés en provenance du Burundi, en 1988 (voir page suivante).

Des offensives du FPR aux accords d'Arusha. La question des réfugiés tutsi d'origine rwandaise, particulièrement nombreux en Ouganda, n'est toutefois pas résolue. En leur sein se forme un Front patriotique rwandais (FPR) qui, sous la direction de Paul Kagame, lance une attaque dans le nord du Rwanda en octobre 1990 : des Hutu sont massacrés. L'armée rwandaise, avec l'appui de forces belges et françaises arrivées en renfort, repousse les assaillants, puis se livre à son tour à des massacres. Le FPR, doté de moyens renforcés, reprend l'offensive en 1991. Deux ans plus tard, le gouvernement rwandais et le FPR signent les accords d'Arusha (en Tanzanie), qui prévoient une participation des Tutsi au pouvoir et l'intégration dans l'armée d'une partie des FPR. En dépit de la présence de la Minuar (Mission des Nations unies au Rwanda), les accords ne se concrétisent pas, car ils se heurtent à l'opposition des Hutu extrémistes. Des forces françaises interviennent de nouveau.

Le génocide. En avril 1994, un attentat détruit l'avion dans lequel se trouvent Habyarimana et son homologue burundais, Cyprien Ntaryamira. C'est alors que débute un massacre général des Tutsi (et des Hutu modérés), à l'évidence programmé par certains responsables politiques et militaires hutu (dont le colonel Theoneste Bagosora, chef de l'armée). Le massacre tourne rapidement au génocide, perpétré par des milices hutu (les Interahamwe), mais aussi par la population hutu en général. Les tueries prennent fin quand le FPR contrôle l'ensemble du pays. Le nombre de victimes est estimé entre 500 000 et 800 000. Deux millions de Hutu se réfugient au Zaïre, au Burundi et en Tanzanie. En 1995, le Conseil de sécurité de l'ONU crée un Tribunal pénal international (TPIR) siégeant à Arusha pour juger les crimes commis en 1994 au Rwanda et dans les pays limitrophes.

Le Rwanda après 1994. Le régime instauré par le FPR parvient ensuite à rétablir la paix civile. Il est dominé par les militaires formés en Ouganda. En 1996, une vaste opération conduite au Zaïre aboutit au démantèlement des camps de réfugiés hutu et au rapatriement de la plupart d'entre eux. Le Rwanda, après avoir militairement participé au renversement du régime de Mobutu (voir page 167), se retourne contre les nouvelles autorités congolaises et devient, avec l'Ouganda, un acteur important de la guerre qui s'ouvre en 1997 au Congo-Kinshasa. Le régime, de plus en plus autoritaire, se dote d'une nouvelle Constitution en 2003. Paul Kagame est élu président avec plus de 95 % des voix. Le FPR fait figure de parti unique *de facto*.

La population. Le Rwanda compte 9 millions d'habitants, répartis sur un territoire de 26 000 km² (voir la carte page 174). Traditionnellement, la population se partageait en 90 % de Hutu, 9 % de Tutsi et 1 % de Twa (Pygmées). On manque aujourd'hui de données fiables.

Toute la population est de langue rwanda. Les langues officielles sont le français et l'anglais.

Les catholiques forment les deux tiers de la population. Il s'y ajoute un peu mois de 10 % de protestants et le même taux de musulmans.

Le drapeau rwandais était à l'origine un tricolore panafricain, semblable à celui de la Guinée. Le « R », ajouté en 1961, signifiait Rwanda, mais aussi République. Sur le nouveau drapeau, adopté en 2001, le vert symbolise l'espoir, le jaune le développement et le bleu la paix.

Le Burundi

Les élections législatives de 1961 donnent la majorité au parti de l'Unité et du progrès national (Uprona), dirigé par le prince Louis Rwagasore, fils du *mwami* (roi) Mwambutsa IV, mais il est assassiné la même année. Le royaume du Burundi accède à l'indépendance le 1er juillet 1962. Bien que la Constitution de 1962 ait instauré une monarchie parlementaire, le *mwami* continue d'exercer la réalité du pouvoir. En 1965, les élections envoient au Parlement une majorité de Hutu, mais Mwambutsa IV refuse de s'incliner et impose son propre gouvernement. Des officiers hutu tentent alors un coup d'État, qui échoue. Il s'ensuit des massacres de Tutsi dans le centre du pays, puis une dure répression. En 1966, un fils du *mwami* dépose son père et prend le nom de Ntare V.

Les massacres de la Ire République. Dès novembre 1966, le Premier Ministre, le colonel Michel Micombero (un Tutsi), renverse Ntare V, proclame la République et devient président. Il instaure un régime autoritaire reposant sur un parti unique, l'Uprona, et exclut de nombreux Hutu de l'armée et de l'administration. En 1972, des Hutu se révoltent et massacrent des Tutsi. En représailles, les autorités se livrent à un génocide sélectif, visant en premier lieu les élites hutu : on compte entre 100 000 et 300 000 victimes. Les élites urbanisées deviennent alors en majorité tutsi. Les Tutsi sont néanmoins divisés en clans rivaux, expliquant les coups de force qui vont continuer de rythmer la vie du pays.

Un putsch renverse Micombero en novembre 1976. Le lieutenant-colonel Jean-Baptiste Bagaza (un Tutsi) devient président de la République. Il continue de s'appuyer sur l'Uprona, tout en faisant entrer des Hutu au gouvernement, en nombre restreint. Il essaie aussi de réduire l'influence de l'Église catholique, réputée favorable aux Hutu. En 1987, un nouveau putsch porte à la présidence un autre Tutsi, le major Pierre Buyoya, qui s'efforce d'améliorer la position politique des Hutu. Des violences interethniques éclatent néanmoins de nouveau dans le Nord en 1988, faisant plusieurs milliers de victimes. Quelque 50 000 Hutu se réfugient au Rwanda. Buyoya nomme alors Premier ministre un Hutu, Adrien Sibomana. Les réfugiés reviennent.

La IIe République et l'union nationale. Une charte d'unité nationale élaborée en 1990-1991 conduit en 1992 à l'adoption d'une nouvelle Constitution, instaurant le multipartisme. Le gouvernement formé la même année comprend 60 % de Hutu. L'élection présidentielle de 1993 donne la victoire à Melchior Ndadaye, un Hutu, chef du Front pour la démocratie au Burundi (Frodébu) qui remporte aussi les législatives ; il met en place un gouvernement d'union nationale. Dès octobre, toutefois, des officiers tutsi assassinent Ndadaye et les principaux dignitaires du régime. Ils sont désavoués par leurs supérieurs, mais cela n'évite pas une nouvelle flambée de violences qui tourne à la guerre civile et à l'exode de plus de 400 000 personnes vers le Rwanda et la Tanzanie.

Un nouveau président de la République est élu en janvier 1994 : Cyprien Ntaryamira (un Hutu membre du Frodébu). Il meurt en avril dans l'avion du président rwandais Juvénal Habyarimana, cible d'un attentat (voir page précédente). Les violences reprennent entre la mi-1994 et la mi-1996, faisant au moins 100 000 morts. En juillet 1996, l'ancien président Buyoya procède à un coup d'État.

Trois ans plus tard, de difficiles négociations s'engagent alors entre toutes les parties en conflit, sous la présidence de l'ancien président tanzanien Julius Nyerere, puis de Nelson Mandela. Un accord de paix, signé en août 2000 à Arusha (Tanzanie), entre en vigueur en novembre 2001. En 2003, Domitien Ndayizeye, un Hutu du Frodébu, succède à Buyoya à la présidence d'un gouvernement de transition, tandis que se déploie une force de maintien de la paix de l'Union africaine. En juillet 2005, les ex-rebelles du FDD (Forces pour la défense de la démocratie) issu de la majorité hutu remportent les élections législatives.

La population. Le Burundi compte 7 550 000 habitants, répartis sur un territoire de 27 800 km² (voir la carte page 174). La population compte 85 % de Hutu, 14 % de Tutsi et 1 % de Twa (Pygmées).

Toute la population est de langue rundi. Le français est la langue officielle.

Les chrétiens, en très grande majorité catholiques, forment environ 80 % de la population.

Burundi : le rouge symbolise la lutte pour la liberté, le vert l'espoir, le blanc la paix. Avant 1967 figurait au centre un tambour, emblème royal. Les trois étoiles qui l'ont remplacé se réfèrent à la fois aux trois composantes de la population (Hutu, Tutsi, Twa) et aux trois mots de la devise nationale : « Unité, travail, progrès ».

L'AFRIQUE AUSTRALE COLONIALE

Deux faits dominent l'histoire coloniale de l'Afrique australe : d'une part, la mise en place, très tôt, de sociétés racistes, d'autre part, la poussée britannique vers le nord, à partir du Cap, à laquelle les Portugais tentent en vain de s'opposer.

Les Boers et la colonie du Cap

Le temps des Hollandais. En 1652, la Compagnie hollandaise des Indes orientales (VOC en néerlandais) fonde au Cap une escale, à mi-chemin entre la Hollande et Java. Moins d'une génération plus tard, la population du Cap et ses environs présente déjà une stratification très nette. Outre les employés de la VOC, on distingue :

– les *burghers,* Hollandais libérés de leur contrat par la VOC pour qu'ils pratiquent l'agriculture (afin d'approvisionner les navires) ;

– les esclaves débarqués par la VOC et affectés à divers travaux (aménagement, etc.) ; ils viennent du Mozambique, de Madagascar et d'Insulinde ;

– les Khoi-khoi (alors appelés « Hottentots »), population autochtone d'éleveurs (voir page 152), avec lesquels les *burghers* vont bientôt entrer en conflit.

Des immigrés (huguenots français et autres) viennent gonfler le nombre des *burghers* à la fin du XVIIe siècle. Au siècle suivant, le caractère esclavagiste de la société se confirme : les *burghers* sont propriétaires d'esclaves employés comme ouvriers agricoles, etc. D'autres colons (les *trekboers,* « paysans migrants ») se dispersent à l'intérieur et se lancent dans l'élevage. Leurs chevaux et leurs armes à feu leur assurent la supériorité sur les Khoi-khoi, qu'ils refoulent ou prennent à leur service, en quasi-esclavage.

Plutôt que vers le nord, semi-aride, l'expansion des *trekboers* se fait vers l'est, jusqu'à la Fish River, où ils se heurtent aux Xhosa (voir page 153). Vers le nord-est se regroupent des Khoi-khoi, des esclaves en fuite, des repris de justice, des métis... C'est l'origine des Griqua. Toutes ces populations en viennent à utiliser une même langue, l'afrikaans, néerlandais simplifié enrichi de termes locaux.

Les débuts de la colonie du Cap. Les Britanniques s'emparent du Cap en 1795, puis l'acquièrent officiellement en 1814 pour en faire une colonie de la Couronne. Les Blancs sont alors au nombre de vingt mille environ. En 1820, pour constituer un rempart face aux Xhosa, cinq mille colons britanniques sont envoyés à l'ouest de la Fish River. (Il existe dès lors deux communautés de Blancs. Ceux d'origine britannique nomment les autres Blancs « Boers », paysans, tandis que ces derniers commencent à se désigner eux-mêmes du nom d'« Afrikaners ».) À la même époque, des missionnaires dénoncent le caractère archaïque et esclavagiste de la société coloniale. Il en résulte l'adoption, en 1828, d'un statut des Khoi-khoi (qui leur apporte une protection juridique sans pour autant modifier la réalité de leur condition). En 1833, l'esclavage est aboli. Les Khoi-khoi et les esclaves affranchis sont désignés comme des *Cape Coloured People*. Ces évolutions ne conviennent pas aux Boers, dont beaucoup vont décider de quitter la colonie.

Le Grand Trek. Des expéditions de reconnaissance ont identifié deux régions fertiles et peu peuplées : sur le Veld au-delà du fleuve Orange et au cœur de ce qui va devenir le Natal. Les Boers ne savent toutefois pas que cette situation de sous-peuplement, résultant du « temps des troubles » ou *Mfecane* (voir page 154), présente un caractère temporaire. La migration vers le nord-est (Grand Trek) débute en 1836. Au-delà du Vaal, les Boers se heurtent aux Ndebele (voir page 154), qui se retirent au nord du Limpopo dès 1837. D'autres Boers, plus nombreux, se dirigent vers le Natal. En 1838, ils remportent sur les Zoulou la bataille de Blood River.

L'installation de six mille Boers au Natal inquiète ensuite les Britanniques, qui ont déjà pris pied à Port Natal (Durban). Après avoir débarqué des troupes, ils proclament le Natal colonie de la Couronne en 1843. La plupart des Boers du Natal repartent vers le Veld.

La situation dans le Veld est alors très confuse car, après le départ des Ndebele, les Sotho et les Tswana reviennent. Les autorités du Cap s'en mêlent : en 1843, elles passent un traité avec Moshoeshoe, roi des Sotho (voir page 154), puis annexent tout le pays entre Orange et le Vaal et finissent par abandonner la partie. Les Britanniques se résignent alors à reconnaître les deux États boers en formation : la République sud-africaine (ou « Transvaal »), en 1852, et l'État libre d'Orange, en 1854. Ce dernier se dote d'une Constitution et se stabilise. La vie politique du Transvaal reste au contraire marquée par des luttes de factions et l'impuissance des gouvernants. Les deux républiques ont cependant en commun que seuls les Afrikaners y détiennent le droit de vote.

L'évolution de la colonie du Cap et le Natal. En 1853, la colonie du Cap se voit dotée d'une Assemblée. Elle est élue au suffrage censitaire, mais sans discrimination raciale. (Les *Cape Coloured* ne formeront toutefois jamais plus de 15 % de l'électorat.) En 1865, la population se répartit en 180 000 Européens, 200 000 *Cape Coloured* et 100 000 Africains (dans l'Est). L'économie repose en grande partie sur l'élevage du mouton (pour la laine). En 1872, la colonie du Cap obtient le *self-government* (Parlement, Premier ministre, etc.).

Cinq mille immigrants britanniques s'installent au Natal en 1849-1851. Les Africains sont soit refoulés dans des réserves, soit astreints à payer des redevances aux nouveaux propriétaires blancs (c'est le « *Kaffir farming* »). Dans les années 1860, les planteurs de canne à sucre, considérant la main-d'œuvre africaine comme inapte, font venir des Indes des travailleurs sous contrat, qui vont faire souche. En 1870, on compte au Natal plus de 250 000 Africains, 18 000 Blancs et 6 000 Indiens.

L'expansion britannique

Le rôle pionnier de Livingstone. Pour contourner les républiques des Boers, les commerçants britanniques venus du Cap empruntent le « couloir » du pays tswana, en bordure orientale du désert du Kalahari. C'est aussi l'itinéraire des missionnaires, à commencer par David Livingstone. Après un séjour chez les Ndebele, celui-ci gagne en 1851 le royaume des Lozi (voir page 154), puis décide d'explorer les liaisons avec les côtes ouest et est du continent (de 1852 à 1856). Il atteint d'abord Benguela, puis rebrousse chemin et descend la vallée du Zambèze jusqu'à Quelimane. Le livre qu'il publie ensuite connaît un retentissement considérable. En 1858-1864, Livingstone tente de remonter le Zambèze en bateau puis, s'étant heurté à des rapides en amont de Tete, entreprend de remonter le Shire jusqu'au lac Nyassa. La région lui paraît propice au travail des missions, d'autant que ses habitants sont victimes des raids esclavagistes des Yao (voir page 151).

Les diamants de Kimberley. En 1867, la découverte de diamants provoque une ruée sur le pays des Griqua, au confluent du Vaal et de l'Orange. Les Britanniques annexent le Griqualand en 1871. La société pionnière qui se forme dans la ville nouvelle de Kimberley et alentour prend vite un caractère raciste : les Africains, exclus de la prospection, sont cantonnés dans le rôle de manœuvres. La mécanisation conduit ensuite à des concentrations, à tel point qu'en 1887-1888 Cecil Rhodes, à la tête des De Beers Consolidated Mines, finit par acquérir un quasi-monopole (90 % de la production mondiale). La main-d'œuvre se répartit alors en trois catégories : le personnel très qualifié, venu de l'étranger ; les contremaîtres, tous blancs, bien payés ; les ouvriers, tous africains, très mal payés. Ce modèle sera reproduit sur le Witwatersrand.

Reprise en main du Transvaal par les Boers. L'annexion du Griqualand par les Britanniques suscite l'amertume des Boers et provoque une réaction nationaliste. Cela n'empêche que le Transvaal, toujours aussi mal gouverné et à bout de ressources, se laisse annexer par des agents britanniques en 1877. Mais les Britanniques connaissent ensuite des déboires : après avoir été battus par les Zoulou en 1879 (voir page 180), ils sont vaincus par les Boers révoltés en 1881. La Grande-Bretagne reconnaît alors de nouveau l'indépendance du Transvaal. Le Transvaal se discipline enfin sous la présidence de Paul Kruger, de 1883 à 1902. Pour désenclaver le pays, Kruger engage la construction d'un chemin de fer reliant Lourenço Marques (actuel Maputo) à Pretoria.

L'or du Witwatersrand. La découverte d'or dans le Witwatersrand (au sud de Pretoria) date de 1886, mais son exploitation nécessite un outillage perfectionné et de gros capitaux. Ces derniers affluent bientôt d'Europe et des États-Unis, de même que les immigrants, en majorité britanniques. (Les Boers les nomment *Uitlanders*, « gens de l'extérieur ».) Comme le Transvaal recèle aussi des gisements houillers, une industrialisation devient possible. Johannesburg connaît un essor prodigieux : en 1899, la ville abrite 75 000 Blancs, auxquels s'ajoutent 100 000 Africains employés par les compagnies minières. Dans les années 1890, les chemins de fer construits à partir de Lourenço Marques, mais aussi du Cap et de Durban, atteignent la région. Des bouleversements aussi rapides provoquent des tensions. D'un côté, Kruger cherche à tirer parti des nouvelles ressources du pays, tout en conservant le pouvoir politique (ce qui implique d'exclure les Uitlanders du droit de vote). De l'autre, les Uitlanders et les investisseurs considèrent l'administration du Transvaal comme un obstacle à la bonne marche des affaires.

Les ambitions de Cecil Rhodes. Né en 1853 en Angleterre, Rhodes se lance dans la prospection du diamant et, grâce à la De Beers, accumule une immense fortune. Élu au Parlement du Cap en 1880, il devient Premier ministre de la colonie en 1890. Rhodes est un nationaliste sud-africain réaliste : il rêve de fonder, en alliance avec les Boers, une Afrique du Sud puissante dans le cadre de l'Empire britannique. Or, le nationalisme anglophobe de Kruger fait obstacle à ses projets. Il imagine donc de prendre le Transvaal à revers, en installant des colons au nord du Limpopo.

En 1885, Rhodes convainc le gouvernement britannique d'instaurer un protectorat sur le Bechuanaland (pays des Tswana), afin d'empêcher les Boers d'y prendre pied. En 1888-1890, avec l'assentiment de Londres, il envoie ses agents conclure des traités avec les principaux rois africains installés plus au nord. Parmi eux figurent le successeur de Mzilikazi, Lobengula, roi des Ndebele (qui accorde une concession pour la recherche minière), et le roi des Lozi. Rhodes fonde la British South Africa Company (BSAC) en 1889. Une charte royale l'autorise à établir une administration britannique dans les territoires prospectés. En 1890, la BSAC met sur pied une force armée et recrute des colons, puis les envoie dans la région entre le Limpopo et le Zambèze, autrement dit l'ancien Monomotapa, réputé riche en or et autres métaux.

Les grandes manœuvres de Rhodes accentuent l'hostilité de Kruger. Le bruit court que, face aux tracasseries de Pretoria, les Uitlanders vont se révolter. À la fin de 1895, Rhodes autorise son représentant au nord du Limpopo, le docteur Leander Starr Jameson, à lancer une expédition au Transvaal pour y « rétablir l'ordre ». Mais la révolte des Uitlanders ne se produit pas et le « Jameson Raid » échoue piteusement. Discrédité, Rhodes démissionne de son poste de Premier ministre du Cap.

L'achèvement de la conquête de l'Afrique du Sud. En dépit de leurs contentieux, les Britanniques et les Boers s'entendent sur un point : imposer la domination des Blancs aux Africains. Après 1872, l'expansion de la colonie du Cap se poursuit vers l'est, avec pour dernière étape l'incorporation (pacifique) des Mpondo (une branche des Xhosa). Quand les Britanniques attaquent le royaume des Zoulou en 1879, ils sont d'abord battus (à Isandhlwana), puis ripostent et divisent le royaume, provoquant une guerre civile. En 1887, le Transvaal annexe le nord du royaume zoulou, la Grande-Bretagne le reste (rattaché au Natal). Les Zoulou ne conservent que le tiers de leurs terres. Dans le royaume swazi, les Blancs s'approprient des terres en signant des accords avec le roi. En 1895, le Transvaal prend le contrôle du Swaziland, qui retrouve son autonomie en 1902.

À l'intérieur du Transvaal, les Pedi résistent jusqu'en 1879, les Venda jusqu'en 1898. Les Tswana connaissent des sorts divers. Dans leur majorité, ils sont intégrés aux deux républiques boers. D'autres, au nord du Molopo, sont placés sous protectorat britannique (Bechuanaland) en 1885. Au sud du Molopo, ils sont incorporés à la colonie du Cap en 1895. Chez les Sotho, le roi Moshoeshoe résiste aux attaques de l'État libre d'Orange, du moins jusque dans les années 1860. Les Britanniques finissent par intervenir de nouveau, en annexant le Basutoland en 1868, puis en le rattachant à la colonie du Cap en 1871. En 1880, les Sotho se soulèvent, ce qui conduit les Britanniques à reprendre le contrôle direct du pays en 1884.

La guerre des Boers et la naissance de l'Union sud-africaine

La guerre des Boers. Après le « Jameson Raid », le nationalisme des Afrikaners s'accentue, y compris dans l'État libre d'Orange et dans la colonie du Cap. Quant à Joseph Chamberlain, responsable du Colonial Office à partir de 1895, il mesure bien que la Grande-Bretagne ne peut plus revenir en arrière : l'Afrique du Sud est devenue un élément clé de l'Empire britannique. Le haut commissaire qu'il nomme au Cap en 1897, Alfred Milner, se montre encore plus déterminé, en soutenant les Uitlanders les plus revendicatifs. À un ultimatum britannique (septembre 1898) répond un ultimatum de Kruger (octobre) et la guerre éclate.

Dans une première phase, les Afrikaners lancent des offensives, puis assiègent les

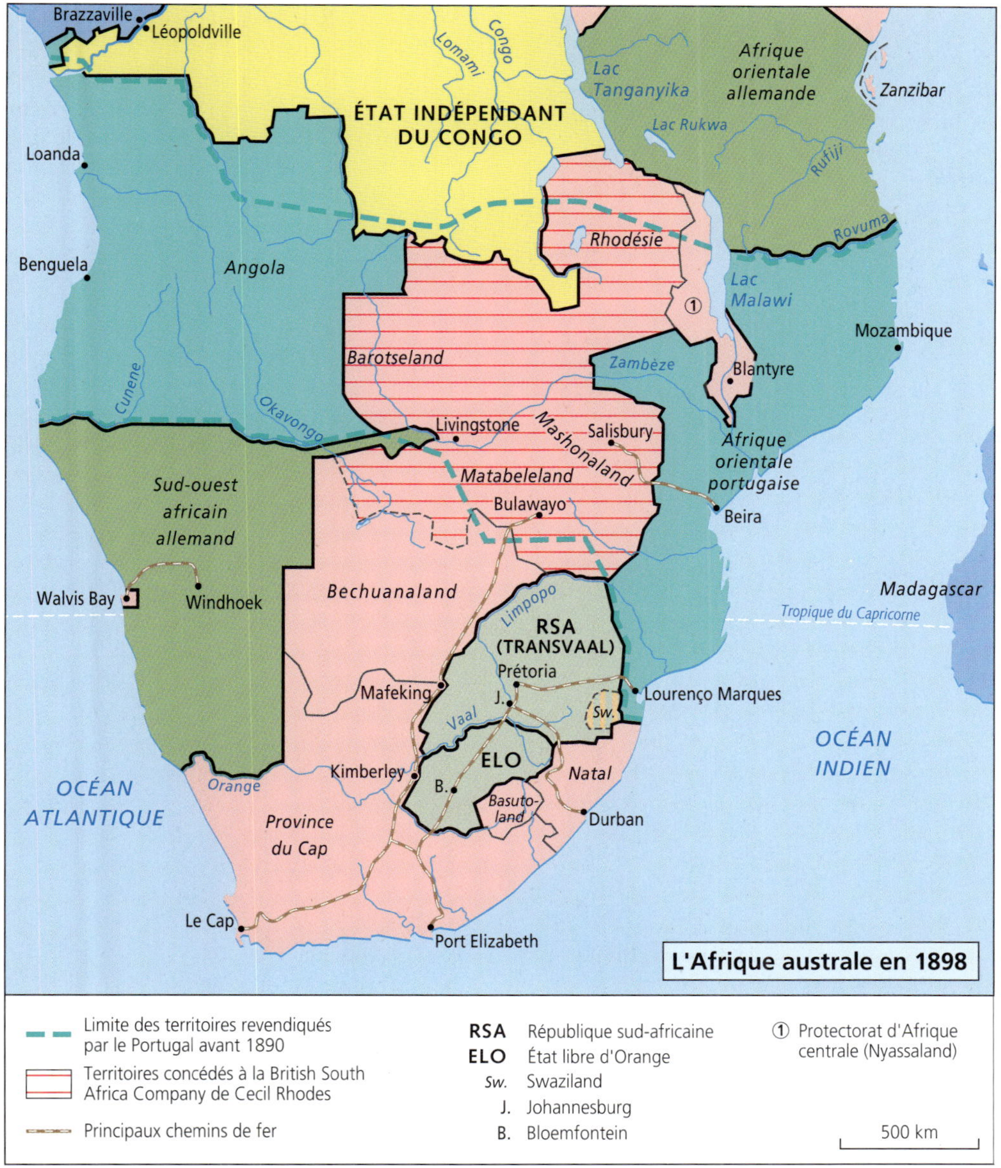

forces britanniques dans trois villes (Mafeking, Kimberley et Ladysmith). En 1900, les Britanniques reprennent l'initiative : ils libèrent les villes assiégées, occupent Bloemfontein, Johannesburg et Pretoria, contraignant Kruger à l'exil, et prennent le contrôle de tous les chemins de fer. En décembre, la Grande-Bretagne annexe les deux républiques, en tant que colonies. Alors que la guerre semble finie, les Afrikaners se lancent dans la guérilla.

Le nouveau commandant en chef britannique, Horatio Herbert Kitchener, riposte brutalement : destruction des récoltes et des fermes, déportations, enfermement des populations civiles dans des camps. En mai 1902, les derniers commandos d'Afrikaners déposent les armes. Les Britanniques ont engagé dans la guerre près de 450 000 hommes alors que les Afrikaners ont disposé au maximum de 85 000 hommes armés.

LA FORMATION DE L'UNION SUD-AFRICAINE. En 1902, le haut commissaire Milner se donne pour objectif de noyer le nationalisme afrikaner dans une nouvelle vague d'immigration britannique. Mais l'immigration se tarit, tandis qu'en Grande-Bretagne l'état d'esprit change. Les libéraux (dont beaucoup s'étaient opposés à la guerre des Boers) veulent appliquer à l'Afrique du Sud une formule de type canadien (mais sans tenir compte de la majorité africaine de la population). Quand ils arrivent au pouvoir en 1906, ils accordent le *self-government* aux deux colonies peuplées d'Afrikaners, puis encouragent la constitution d'une fédération. En 1908, les représentants des quatre colonies se réunissent en conférences, qui traitent uniquement des intérêts des Européens. À propos du droit de vote, il est décidé que chaque colonie conservera son système : ouvert aux *Cape Coloured* au Cap, réservé aux Blancs ailleurs. Une Constitution ayant été adoptée en 1909, l'Union sud-africaine voit le jour en 1910.

Londres n'a rien fait pour défendre les intérêts des Africains, si ce n'est s'opposer à l'incorporation dans l'Union des trois protectorats (Bechuanaland, Basutoland et Swaziland).

Le Sud-Ouest africain

En 1878, les Britanniques font de Walvis Bay une colonie de la Couronne, tout en négligeant le reste du littoral. En 1883, un commerçant allemand, Adolf Lüderitz, achète la baie d'Angra Pequeña (entre Walvis Bay et le fleuve Orange) à un chef khoi-khoi. L'année suivante, dans le contexte de pressions qu'il exerce par ailleurs sur le gouvernement britannique, Bismarck proclame le protectorat. Les frontières avec l'Angola sont arrêtées en 1886, celles avec les territoires britanniques en 1885 et en 1890. Les Allemands obtiennent alors un accès au Zambèze, sous la forme de la « pointe de Caprivi » (du nom du chancelier allemand successeur de Bismarck).

D'abord confié à une société privée, le territoire devient une colonie allemande en 1892. En 1904, les Herero volent du bétail, puis se soulèvent et massacrent des colons. Les Allemands ripostent en menant contre eux une guerre d'extermination, qui s'achève en 1906.

Les troupes sud-africaines conquièrent le territoire en 1914-1915. En 1920, l'Afrique du Sud obtient un mandat de la SDN (Société des Nations) et administre dès lors le Sud-Ouest africain comme une partie intégrante de son territoire.

Les Rhodésie et le Nyassaland

Les territoires acquis par la BSAC (voir page 180) prennent le nom de « Rhodésie » en 1895. De part et d'autre du Zambèze, ils vont ensuite connaître des sorts distincts.

La Rhodésie du Sud. Les colons s'installent d'abord dans le Nord-Est, en pays shona, où ils fondent leur capitale, Salisbury (Harare). Mais les gisements d'or sont moins riches que prévu. Aussi Jameson décide-t-il de conquérir le Sud-Ouest : en 1893, il attaque les Ndebele, dont le roi Lobengula s'enfuit et meurt. Il apparaît alors que le Matabeleland (pays des Ndebele) ne recèle pas plus d'or que le Mashonaland (pays des Shona). En 1896, les Ndebele se révoltent, puis les Shona. Il faut l'intervention de troupes britanniques pour que le calme revienne, en 1898.

En 1918, les terres que la BSAC s'était appropriées aux dépens des Africains sont déclarées propriété de la Couronne (avant d'être redistribuées aux colons). La BSAC renonce alors à la charte royale qui lui avait été octroyée en 1889. Quant aux autorités britanniques, elles cherchent à se désengager, pour des raisons budgétaires, mais les colons refusent une incorporation à l'Afrique du Sud, car ils ne veulent pas être dominés par les Afrikaners.

La Rhodésie du Sud devient finalement, en 1923, une colonie dotée d'un statut d'autonomie, avec une Assemblée législative et un Premier ministre. La Constitution n'établit pas de discrimination raciale en matière de droit de vote mais, en pratique, un système de type sud-africain se met en place. Les Blancs, alors au nombre de 33 000, possèdent 60 % des terres, alors que les Africains sont près d'un million. En 1939, sur 28 000 électeurs, on comptera 70 Africains.

La Rhodésie du Nord. Dans les années 1880, les premiers émissaires de Rhodes parviennent dans la région, ainsi qu'au Kazembe. La frontière avec l'État libre du Congo est fixée en 1885 sur la ligne de partage des eaux. Celle avec l'Afrique orientale allemande est arrêtée en 1890, celles avec l'Angola et le Mozambique l'année suivante. L'occupation du pays s'achève en 1899.

La découverte de l'importance des gisements de cuivre (de même qu'au Katanga voisin) date du début des années 1890 (c'est l'origine du « Copperbelt »). L'essor économique débute en 1910, quand le chemin de fer venu du sud, après avoir franchi le Zambèze en 1904, atteint le Katanga. Des colons s'établissent le long de son tracé et l'exploitation minière démarre à grande échelle. En 1924, après le retrait de la BSAC, la Rhodésie du Nord devient une colonie de la Couronne.

Le Nyassaland. Vers la fin des années 1870, des missionnaires écossais s'installent dans la région du Shire, au sud du lac Nyassa, avec l'appui de négociants de Glasgow, qui ont fondé l'African Lakes Company. Il se forme alors une colonie *de facto*, administrée par les missionnaires, ce qui conduit à un contentieux avec le Portugal, qui revendique le territoire. Sous la pression de l'opinion, les autorités britanniques finissent par intervenir directement. Elles nomment un administrateur qui, après avoir défait les Arabo-Swahili au nord-ouest du lac, proclame un protectorat en 1889. Le territoire prend le nom d'« Afrique centrale britannique » en 1891, puis de « Nyassaland » en 1907. Les Africains demeurent propriétaires de leurs terres mais, en raison du surpeuplement, ils prendront tôt l'habitude d'aller travailler en Rhodésie et en Afrique du Sud.

La Fédération de Rhodésie et du Nyassaland. Après 1930, l'essor de l'extraction du cuivre attire en Rhodésie du Nord de nombreux Européens (ils sont 70 000 au début des années 1950). En Rhodésie du Sud, dans les années 1940, la culture du tabac stimule l'économie, ce qui relance l'immigration (160 000 Blancs vers 1955) et favorise l'industrialisation. Les économies des trois territoires deviennent interdépendantes : la Rhodésie du Nord contribue le plus aux exportations ; la Rhodésie du Sud a besoin de débouchés pour ses industries ; le Nyassaland, surpeuplé, subvient aux besoins en main-d'œuvre.

Les responsables politiques blancs imaginent alors de réunir les trois territoires. Comme cela suscite l'opposition des Africains (ou du moins de ceux qui peuvent s'exprimer, en Rhodésie du Nord et au Nyassaland), ce projet se traduit par une simple fédération, instaurée en 1953. Elle est dotée d'une Assemblée de 59 membres (dont 15 Africains) et dirigée par un Premier ministre fédéral. Son fonctionnement à l'avantage exclusif des Européens suscite en 1960 des troubles graves, tant en Rhodésie du Nord qu'au Nyassaland. Aussi le gouvernement britannique nomme-t-il, la même année, une commission d'enquête, qui préconise le droit de sécession. En 1963, le Nyassaland quitte la Fédération.

L'Angola et le Mozambique

La Société de géographie de Lisbonne, fondée en 1875, s'attache à justifier les « droits historiques » du Portugal en Afrique centrale. En 1877-1879, l'explorateur Alexandre Alberto Serpa Pinto (1846-1900) traverse le continent d'est en ouest et découvre le lac Nyassa, avant Livingstone. Dans les années 1880, il s'efforce d'opérer la jonction entre le Mozambique et l'Angola, tandis que le gouvernement publie la carte de ses revendications (voir la carte page 181). Les Portugais, toutefois, n'ont pas les moyens de leurs ambitions. Aussi doivent-ils y renoncer en 1890, en reconnaissant à la Grande-Bretagne la possession de ce qui va prendre le nom de « Rhodésie ». À ce moment, les Portugais sont encore loin de contrôler les territoires que les traités leur reconnaissent.

L'Angola. À partir de 1850, les autorités portugaises entreprennent de soumettre l'intérieur de l'Angola, en commençant par le pays des Kongo. Cela les conduit à une longue suite de guerres coloniales, jusque dans les années 1920. La soumission des Ovimbundu s'étale de 1890 à 1904, celle des Lunda de 1894 à 1926. Les Kongo se révoltent en 1913-1915. En 1900, le nombre de Blancs en Angola s'élève à 9 000 environ, fixés essentiellement sur la côte.

L'arrivée au pouvoir de Salazar à Lisbonne, en 1926, marque le début d'une nouvelle politique coloniale : l'Angola doit à la fois procurer à la métropole des ressources, grâce à ses exportations (diamants, café, etc.) et accueillir une immigration blanche. Quant aux Africains, 99 % d'entre eux sont soumis à un régime d'indigénat, qui en fait un réservoir de travailleurs forcés. Le « boom » du café attire les colons après 1950 : en 1960, on recense 172 000 Blancs en Angola.

Le Mozambique. En 1875, les Portugais annexent la région de la baie de Delagoa, sur laquelle les Britanniques émettaient des prétentions. La colonie prend le nom d'Afrique orientale portugaise. En 1907, les Portugais transfèrent la capitale de l'île de Mozambique à Lourenço Marques, pour se rapprocher de l'Afrique du Sud, en plein essor économique. Dès lors, le centre et le nord du pays seront relativement négligés et, pour partie, confiés à des compagnies privées (Compagnie du Mozambique, de 1891 à 1942, dans le centre ; Compagnie du Nyassa, de 1893 à 1929, dans le Nord-Ouest…). À la suite d'un accord conclu en 1909, des travailleurs mozambicains vont travailler dans les mines d'Afrique du Sud et de Rhodésie. De nombreux petits colons blancs affluent, surtout dans le Sud, tandis que l'alphabétisation des Africains demeure très limitée. Comme en Angola, le régime d'indigénat fournit une nouvelle base légale au travail forcé à partir de 1926.

L'AFRIQUE AUSTRALE CONTEMPORAINE

L'Angola

L'Angola devient une province du Portugal en 1955. À la même époque se forment des mouvements indépendantistes.

– Le Mouvement populaire de libération de l'Angola (MPLA), fondé par Mario de Andrade et Agostinho Neto, adopte une idéologie marxiste. Animé par des métis, il est soutenu par la population des villes de la côte et par les Mbundu de l'arrière-pays de Luanda.

– En 1957 est créé en exil, au Congo belge, par le Kongo Robert Holberto, le mouvement précurseur du Front national de libération de l'Angola (FNLA), qui recrute principalement chez les Kongo du nord du pays.

– En 1966, une scission au sein du FNLA conduit à la formation de l'Union nationale pour l'indépendance totale de l'Angola (UNITA), sous la direction de Jonas Savimbi. L'UNITA s'appuie avant tout sur les Ovimbundu et, d'une façon plus générale, sur les gens de l'intérieur, hostiles à la domination exercée par ceux du littoral.

Les nationalistes déclenchent l'insurrection anticoloniale en février 1961 à Luanda, puis en mars de la même année dans le Nord-Ouest. D'une façon générale, les trois mouvements inquiètent assez peu l'armée portugaise, car ils mènent la lutte en ordre dispersé. Le nouveau régime portugais, issu de la révolution des Œillets en 1974, propose aux Angolais une formule fédérale, ce qu'ils refusent. Le Portugal et les trois mouvements signent néanmoins un accord en janvier 1975 : il fixe l'accession à l'indépendance au mois de novembre de la même année.

La première guerre civile (1975-1991). Dès juillet 1975, le MPLA, appuyé par une partie des autorités de Lisbonne, expulse le FNLA et l'UNITA de Luanda, puis s'installe au pouvoir avant la date de l'indépendance. Il proclame la République populaire d'Angola, dont Agostinho Neto devient président. Le FNLA tente en vain de prendre Luanda. L'UNITA mène aussi une offensive, avec l'appui militaire de l'Afrique du Sud, mais elle se heurte aux troupes cubaines venues au secours du MPLA. En 1976, ce dernier semble l'avoir emporté. L'Angola est admis à l'ONU, tandis que les Portugais quittent le pays, le laissant dans une situation économique difficile. Le FNLA ne résiste pas au-delà de 1978. Restent dès lors face à face le gouvernement angolais et l'UNITA, flanqués de leurs alliés respectifs. L'enclave de Cabinda, très riche en pétrole, voit ses tentations sécessionnistes entretenues par les pays voisins.

José Eduardo dos Santos succède à Agostinho Neto, mort en 1979. Il s'appuie sur les troupes cubaines (qui atteindront 50 000 hommes en 1987) et soutient le SWAPO (Organisation des peuples du Sud-Ouest africain), mouvement nationaliste namibien (voir page 191) en conflit avec l'Afrique du Sud, installé dans le sud de l'Angola. Le gouvernement angolais dispose des ressources de l'exploitation du pétrole (concentrée au Cabinda, au nord de l'embouchure du Congo et aux environs de Luanda). L'UNITA, d'abord repliée dans le sud-est du pays, bénéficie du soutien de l'armée sud-africaine qui, dans les années 1980, intervient massivement en Angola même, à plusieurs reprises. Cela permet à l'UNITA d'étendre son champ d'action, en particulier dans l'est et le nord-est du pays, et de mettre ainsi la main sur les gisements de diamants (à la frontière de la province congolaise du Kasaï).

En 1987, une grande offensive gouvernementale, en direction du Sud-Est, échoue. L'année suivante, une contre-offensive menée par les Sud-Africains et l'UNITA échoue elle aussi. Les puissances étrangères concluent alors les accords de New York (décembre 1988) : en contrepartie du retrait immédiat des forces sud-africaines, les forces cubaines se retirent progressivement (1989-1991). L'UNITA poursuit cependant la guérilla avec succès : en 1991, le gouvernement ne contrôle plus guère que les grandes villes et les puits de pétrole.

La tentative de paix de 1991. Les accords signés en mai 1991 à Bicesse (Portugal) par le gouvernement angolais et l'UNITA prévoient un cessez-le-feu immédiat et la formation d'une armée unifiée. Le gouvernement adopte des mesures de libéralisation : instauration du multipartisme, abandon du marxisme-léninisme. La République d'Angola abandonne le qualificatif de « populaire ». Dans la perspective d'élections, le MPLA et l'UNITA se comportent en partis politiques concurrents. La démobilisation des troupes respectives de l'un et l'autre demeure cependant partielle, tandis que la formation des nouvelles Forces armées angolaises (FAA) marque le pas.

En septembre 1991, lors du premier tour de l'élection présidentielle, Dos Santos (qui a mené une campagne habile) arrive en tête, devant Jonas Savimbi. L'UNITA accuse aussitôt ses adversaires de fraudes et la tension remonte. À la fin d'octobre, les forces spéciales du MPLA massacrent à Luanda les cadres de l'UNITA (et plusieurs milliers de Bakongo) : c'est la « Toussaint rouge ».

La seconde guerre civile. L'UNITA relance la guérilla et reprend l'avantage, du moins jusqu'à la grande offensive gouvernementale de 1994. La même année, un accord signé à Lusaka reprend les termes de celui de 1991. Des « casques bleus » de l'ONU sont déployés, mais cet accord échoue également. Tandis que le gouvernement s'efforce de susciter une dissidence au sein de l'UNITA (qui ne bénéficie plus du soutien de Washington), Savimbi refuse d'abandonner le contrôle des positions qu'il tient dans le centre du pays. Il faut quatre offensives militaires gouvernementales (1998-1999) pour mettre l'UNITA en déroute, mais elle n'est pas éliminée. Dès 2000, elle reprend la guérilla, fût-ce à une moindre échelle.

En février 2002, les Forces armées congolaises tuent Savimbi. Un memoradum d'accord est signé peu après avec l'UNITA, ce qui clôt le cycle de guerres ouvert avant l'indépendance. Près de 4 millions d'Angolais peuvent ainsi rentrer chez eux.

La population. L'Angola compte 15 millions d'habitants répartis sur 1 246 700 km². Tous les Angolais sont de langues bantoues. Les trois groupes les plus importants sont les Ovimbundu (37 % environ), les Mbundu (23 %) et les Kongo (13 %). Les Lunda et les Tchokwé (dits Quiocos en Angola) forment environ 9 % de la population.

Le portugais est la langue officielle.

On estime la proportion de catholiques à un peu plus des deux tiers de la population, celle des protestants à 20 % environ.

Le drapeau du MPLA est devenu national en 1975. Le rouge symbolise la lutte pour la liberté, le noir la population africaine. L'emblème (étoile, machette et roue dentée) est à l'évidence d'inspiration communiste.

CABINDA

L'enclave de Cabinda résulte d'un compromis (1885) entre le Portugal, qui revendiquait les deux rives de l'embouchure du Congo, et l'État indépendant du Congo (voir page 156) qui voulait un débouché maritime. Le rattachement administratif à l'Angola date de 1956. Dès 1963, le Front de libération de l'enclave de Cabinda (FLEC) se fixe comme objectif l'indépendance. En 1974, les trois mouvements nationalistes angolais s'y opposent, de telle sorte que le Cabinda se trouve incorporé dans l'Angola indépendant. Le FLEC se divise ensuite en factions, mais la grande majorité de la population du Cabinda demeure indépendantiste.

En raison de l'importance de la production pétrolière du Cabinda, l'État angolais ne peut y renoncer. Il s'efforce cependant de mettre au point une formule d'autonomie, tout en luttant contre une guérilla de faible envergure mais persistance.

La Zambie

La moitié de la population zambienne se concentre dans le Copperbelt (région des mines de cuivre, à la frontière du Katanga) et dans la capitale, Lusaka. À l'époque où le pays s'appelle encore la Rhodésie du Nord (voir page 182), les colons européens jouent un rôle prépondérant, en s'appuyant sur le syndicat des mineurs blancs. Un puissant syndicat de mineurs africains est créé en 1949 pour y faire contrepoids. Simultanément naît un mouvement nationaliste, le Congrès national africain (ANC), que Kenneth Kaunda dirige à partir de 1953, puis qu'il quitte pour présider, à partir de 1960, le Parti pour l'indépendance nationale unitaire (UNIP). À l'initiative du gouvernement britannique, une Constitution est adoptée en 1962. La fédération de Rhodésie et du Nyassaland (voir page 183) disparaît l'année suivante. En 1964, des élections au suffrage universel donnent la victoire à l'UNIP. L'indépendance de la république de Zambie est proclamée la même année, avec Kenneth Kaunda pour président.

La présidence de Kenneth Kaunda. Kaunda se trouve dans une situation difficile en 1965, quand Ian Smith (Premier ministre de Rhodésie) proclame unilatéralement l'indépendance de son pays (voir page 187). Il ne peut ni soutenir le régime blanc, ni se brouiller avec la Rhodésie, avec laquelle la Zambie partage le barrage de Kariba, sur le Zambèze, qui lui fournit son électricité. De surcroît, les exportations de cuivre ne peuvent transiter que par le Congo et l'Angola (alors déjà peu sûrs) ou par la Rhodésie. Aussi Kaunda passe-t-il en 1966 un accord avec la Tanzanie en vue de la construction d'une nouvelle ligne de chemin de fer débouchant à Dar-es-Salam. Elle sera achevée en 1975, avec l'aide de la Chine.

En politique intérieure, Kaunda se satisfait d'abord du régime parlementaire : l'UNIP remporte les élections, l'ANC forme l'opposition. En 1973, toutefois, il décide de renforcer ses pouvoirs et fait ériger l'UNIP en parti unique. Il est régulièrement réélu président jusqu'en 1988. À ce moment, le contexte international s'est nettement amélioré (la Rhodésie est devenu le Zimbabwé indépendant en 1980), tandis que la situation économique de la Zambie s'est, au contraire, considérablement dégradée. Aussi l'autoritarisme présidentiel fait-il l'objet d'une contestation croissante.

De Kaunda à Chiluba. En 1990, une hausse brutale des prix provoque des émeutes. Les diverses oppositions apportent leur soutien au Mouvement pour la démocratie multipartite (MMD), créé en juillet et animé par un syndicaliste, Frederick Chiluba. Kaunda se décide alors à rétablir le multipartisme. Une nouvelle Constitution ayant été adoptée en 1991, le MMD remporte les élections. Kaunda s'incline et Chiluba devient président de la République.

Chiluba s'efforce d'attirer les investisseurs étrangers, tout en mettant en œuvre un programme d'austérité. Tandis que le mécontentement populaire remonte, Kaunda tente une rentrée politique, mais Chiluba fait passer une loi interdisant la candidature de personnes nées de parents étrangers, sachant que ceux de Kaunda étaient originaires du Nyassaland. En conséquence, l'UNIP refuse de participer aux élections de 1996. Chiluba contrôle sa succession en faisant élire Levy Patrick Mwanawasa en 2001, mais ce scrutin a été marqué par de fortes irrégularités.

C'était, à l'origine, le drapeau de l'UNIP. Le vert représente l'immensité de la savane, le rouge la lutte pour la liberté, le noir la population africaine, l'orangé le cuivre. L'aigle figurait déjà sur le drapeau de l'époque coloniale.

La population. La Zambie compte 11 700 000 habitants répartis sur 753 000 km². Les principaux groupes ethniques sont géographiquement éloignés les uns des autres. Dans le Copperbelt se concentrent des populations d'origines diverses. Les Bemba forment environ 36 % du total, les Nyanja 18 %, les Tonga 15 %, les Lozi 8 %. (Les Lozi sont aussi connus sous le nom de Rotse, d'où le nom donné par les Anglais à leur pays : Barotseland.)

L'anglais est la langue officielle.

Les chrétiens forment près des trois quarts de la population. Ils se répartissent en protestants (35 % environ), catholiques (plus de 25 %) et fidèles d'Églises africaines (près de 10 %). Les autres Zambiens demeurent adeptes des croyances traditionnelles.

Le Zimbabwé

Dès 1951, un dirigeant syndicaliste, Joshua Nkomo, organise une grève générale. Il fonde ensuite un mouvement politique, qui prend le nom d'Union populaire africaine du Zimbabwé (ZAPU) en 1962 et est aussitôt interdit. En 1963, le pasteur Ndabaningi Sithole et Robert Mugabe fondent l'Union nationale africaine du Zimbabwé (ZANU).

La Rhodésie de Ian Smith. Quand la Fédération de Rhodésie et du Nyassaland éclate, en 1963, la Rhodésie du Sud prend le nom de Rhodésie (tout court). Elle est alors gouvernée par la minorité blanche, seule détentrice du droit de vote, en pratique. Ian Smith, chef du Front rhodésien, exerce le pouvoir depuis 1962. En 1964, il interdit la ZANU et fait emprisonner Nkomo, Sithole et Mugabe. (Ils seront libérés dix ans plus tard.) L'année suivante, Ian Smith réclame l'indépendance, mais la Grande-Bretagne y pose deux conditions préalables : la révision de la loi électorale, en faveur des Africains, et la fin des discriminations raciales. Ayant jugé ces conditions inacceptables, Ian Smith proclame l'indépendance de façon unilatérale en 1965. La Grande-Bretagne se tourne vers l'ONU, qui décide en 1966 d'appliquer à la Rhodésie des sanctions économiques (peu efficaces, en pratique).

Dans les années qui suivent, la ZAPU (parti des Ndebele) et la ZANU (parti des Shona) se dotent chacune d'un bras armé et se livrent à une guérilla qui, fût-elle d'ampleur limitée, incite un nombre croissant de colons à quitter le pays. Mais les nationalistes africains ne parviennent pas à s'unir durablement, en dépit de plusieurs tentatives. De son côté, Ian Smith s'efforce de tirer parti de ces divisions pour trouver un terrain d'entente avec des Africains modérés et finit par y parvenir en 1976. Il a pour interlocuteurs l'évêque méthodiste Abel Muzorewa et une fraction de la ZANU, animée par Sithole. La même année, la ZAPU et la majorité de la ZANU (sous la direction de Mugabe) forment un Front patriotique (FP), bientôt reconnu par l'OUA comme le représentant légitime de la population du pays.

187

De la Rhodésie au Zimbabwé. À la suite de l'accord passé entre Ian Smith et les modérés (accord aussitôt rejeté par le FP), un gouvernement multiracial est mis en place en 1978, tandis que le pays prend le nom de Zimbabwé-Rhodésie. La Grande-Bretagne et l'ONU refusent de reconnaître le nouveau régime. Une Constitution, néanmoins adoptée en 1979, instaure une Assemblée dans laquelle les Africains ont 72 sièges et les Blancs 28. Les élections donnent la majorité aux partisans de l'évêque Muzorewa, qui devient Premier ministre, tandis que la guérilla prend de l'ampleur.

Pour sortir de l'impasse, le gouvernement britannique convoque une conférence constitutionnelle à Lancaster House, à Londres, en septembre 1979. Muzorewa, Nkomo et Mugabe y participent. Les Britanniques imposent deux conditions : la mise en œuvre immédiate du principe majoritaire, la garantie constitutionnelle des droits de la minorité européenne. Quand un accord est trouvé, la Grande-Bretagne reprend provisoirement le contrôle du pays. Aux élections de février 1980, la ZANU, conduite par Mugabe, obtient 63 % des voix. Devenu Premier ministre, Mugabe forme un gouvernement de réconciliation nationale, incluant Nkomo. L'indépendance du Zimbabwé est proclamée en avril.

La présidence de Mugabe. Au début des années 1980, Mugabe respecte les accords de Lancaster House tout en renforçant son pouvoir. Une violente répression s'abat sur l'opposition des Ndebele en 1982-1983, tandis que Nkomo est écarté du gouvernement. En 1987, des réformes constitutionnelles instaurent un régime présidentiel et un système de parti unique, tout en supprimant les sièges réservés aux Blancs dans le Parlement. Mugabe, devenu président, se rapproche de nouveau de Nkomo : en 1989, la ZANU absorbe l'ancienne ZAPU et devient la ZANU-PF (Front patriotique). L'opposition se regroupe néanmoins dans le Mouvement de l'unité du Zimbabwé (ZUM), qui défie la ZANU lors des élections de 1990.

Après 1990, Mugabe renonce au parti unique et engage le pays dans la voie d'une libéralisation économique, mais elle conduit à une forte inflation et à une montée du chômage. Il s'ensuit de graves troubles sociaux dans les années 1997-1998. À cette occasion se manifeste la puissance des syndicats : ils sont à l'origine de la création, en 1999, d'un parti d'opposition, le Mouvement pour le changement démocratique (MDC). En 2000, le MDC remporte un grand succès électoral, sans toutefois obtenir la majorité. Le régime, pour se maintenir au pouvoir, se lance alors dans une fuite en avant. Tout en multipliant les actes de violence contre l'opposition, il encourage l'attaque des fermes des colons blancs par des des paysans réclamant une « redistribution » des terres. Cela permet la réélection de Mugabe en 2002, fût-ce dans des conditions contestées par le MDC et par le Commonwealth, dont le Zimbawé est exclu pour un an. L'invasion des fermes a toutefois complètement désorganisé la production agricole, ce qui a conduit plusieurs millions de personnes au bord de la famine.

Le drapeau associe aux couleurs panafricaines une bande noire, symbolisant la population. L'oiseau en stéatite, emblème national, provient des ruines du Grand Zimbabwé.

La population. Le Zimbabwé compte 13 milions d'habitants répartis sur 390 800 km² (voir la carte page 187). La population se compose de deux groupes principaux : les Shona (plus de 70 %) et les Ndebele (un peu plus de 15 %), concentrés dans le sud-ouest du pays, autour de Bulawayo. Les Blancs étaient encore au nombre de 50 000 environ en 2002 (contre 222 000 en 1960).

L'anglais est la langue officielle.

Les chrétiens forment environ la moitié de la population. Ils se répartissent en protestants (près de 20 %), fidèles d'Églises autochtones (près de 15 %) et catholiques (12 % environ). Les adeptes des religions traditionnelles demeurent très nombreux.

Le Malawi

À l'époque coloniale, les missionnaires jouent au Nyassaland un rôle de premier plan. Il s'y ajoute quelques milliers de colons, qui parviennent à accaparer une partie des terres, en particulier dans le Sud. Vu de l'extérieur, le pays constitue avant tout un réservoir de main-d'œuvre, nourrissant une forte émigration. La première réaction anticoloniale fut celle d'un pasteur, John Chilembwe, qui, en 1915, attaqua avec ses partisans la propriété d'un colon, en vue de déclencher une insurrection. Aussitôt pris et exécuté, il demeure un héros national.

Il faut ensuite attendre 1953 et la création de la Fédération de Rhodésie et du Nyassaland pour que le nationalisme se réveille, face au risque de domination par les Blancs de Rhodésie. Il s'exprime dans le Congrès national africain du Nyassaland (NANC), présidé à partir de 1951 par le docteur Hastings Banda (alors résident à

Londres), qu'entourent de jeunes intellectuels. Banda rentre au Nyassaland en 1958. La violence monte à tel point que Banda et ses collaborateurs sont emprisonnés en 1959. En 1960, le NANC se transforme en Parti du Congrès du Malawi (MCP), victorieux aux élections de 1961. La cause est dès lors entendue : le Nyassaland quitte la fédération en 1963 et accède à l'indépendance l'année suivante, sous le nom de Malawi. Il a pour Premier ministre Hastings Banda, qui deviendra président quand la République sera proclamée en 1966.

L'AUTOCRATIE DE HASTINGS BANDA. Dès 1964, Banda écarte les possibles rivaux et entreprend de concentrer le pouvoir entre ses mains. Il adopte un style paternaliste et une ligne conservatrice, en s'appuyant sur les chefs traditionnels et, surtout, sur son ethnie, les Chewa. Ces derniers forment un sous-groupe installé au centre du pays, que les missionnaires avaient relativement négligé. Le MCP, parti unique, devient un instrument essentiel du pouvoir. Banda se fait nommer président à vie en 1971. En politique extérieure, il prend la mesure des faiblesses de son pays : pauvre, enclavé, voué à l'émigration. C'est pourquoi il se résout à entretenir de bonnes relations avec le Portugal colonial, la Rhodésie et l'Afrique du Sud. En contrepartie, cette dernière finance l'édification d'une nouvelle capitale, Lilongwe, en pays chewa. (Elle est inaugurée en 1975.) Dans les années 1980, Banda se montre de plus en plus autoritaire et répressif.

LE MULTIPARTISME. La pression internationale oblige Banda à organiser, en 1993, un référendum sur l'instauration du multipartisme,

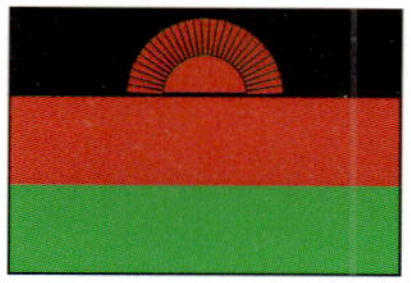

Le noir symbolise la population africaine, le rouge la lutte pour l'indépendance, le vert la fertilité de la terre. Le soleil levant marque le début d'une ère nouvelle. (En chichewa, *malavi* signifie « reflet ». Le nouveau nom donné au pays en 1964 fait allusion, selon certaines interprétations, au soleil levant sur le lac.)

approuvée à une large majorité. La présidence à vie est abrogée. Aux élections de 1994, trois partis sont en lice : le MCP, le Front démocratique uni (UDF), bien implanté dans le Sud, et l'Alliance pour la démocratie (Aford), représentative du Nord. La forte population du Sud donne à l'UDF l'avantage. Son chef, Elson Bakili Muluzi, remporte l'élection présidentielle face à Banda. Les prisonniers politiques sont libérés. Muluzi est réélu en 1999. Il a pour successeur, en 2004, le candidat de l'UDF, Bingu wa Mutharika.

LA POPULATION. Le Malawi compte 12 900 000 habitants, répartis sur 118 500 km² (voir la carte page 187). Les Nyanja forment près de 60 % de la population. Parmi eux figurent les Nyanja (au sens restreint), dans le sud du pays, les Chewa, dans le centre, et les Tumbuka (souvent classés à part), dans le nord. Les Lomwé (environ 18 % de la population), installés aux alentours de Blantyre, sont étroitement apparentés aux Makua du Mozambique. Parmi les derniers arrivés dans le pays (au XIXe siècle) figurent les Yao (13 % environ) et les Ngoni (7 % environ).

L'anglais est la langue officielle. Le chichewa (langue des Chewa et des Nyanja en général) a le statut de langue nationale.

Les chrétiens forment près des deux tiers de la population. Ils se répartissent en protestants (un tiers) et catholiques. Les musulmans (16 % environ) sont principalement des Yao.

Le Mozambique

Les autorités portugaises suppriment le régime d'indigénat en 1961, puis s'engagent dans une politique, tardive, de modernisation de l'économie. En 1962, un intellectuel, Eduardo Mondlane (un Tsonga, originaire du Sud), crée en Tanzanie le Front de libération du Mozambique (Frelimo), qui déclenche en 1964 la lutte armée dans le Nord, en pays makua. Dès 1965, la rébellion contrôle près d'un cinquième du territoire, mais des conflits la déchirent, à la fois politiques et ethniques (entre gens du Nord et gens du Sud). Mondlane est assassiné en 1969. L'année suivante, la ligne marxiste l'emporte quand Samora Machel (un Tsonga lui aussi) prend la tête du mouvement.

L'INDÉPENDANCE ET LA GUERRE CIVILE. En 1974, après le changement de régime au Portugal (révolution des Œillets), le Frelimo ne dépose pas les armes. L'accession à l'indépendance, en 1975, s'opère dans un climat de tension, de telle sorte que la plupart des Portugais quittent rapidement le pays. Le Frelimo instaure une « république populaire », dont Samora Michel est président, et impose une politique de socialisme autoritaire, dogmatique et centralisé, qui aliène une grande partie des paysans. Dès 1977, la Résistance nationale du Mozambique (Renamo) déclenche une rébellion armée, avec l'aide de l'Afrique du Sud. La Renamo trouve un soutien chez de nombreux paysans et, d'une façon plus générale, auprès de populations mécontentes de la domination des Tsonga. La guerre, souvent atroce, va faire un million de victimes (principalement indirectes) en une quinzaine d'années.

Le retour à la paix. Samora Michel meurt dans un accident d'avion en 1986. Il a pour successeur Joaquim Alberto Chissano (un Tsonga, comme ses prédécesseurs). Chissano engage son pays dans la voie de la libéralisation économique, avec l'approbation du Frelimo, dès 1989. En 1990, une nouvelle Constitution abandonne le qualificatif de république « populaire » et instaure le multipartisme. Chissano et le chef de la Renamo, Afonso Dhlakama, signent en 1992 un accord de paix, après quoi une force de l'ONU se met en place. En 1994, Chissano remporte nettement l'élection présidentielle, mais la Renamo obtient un succès inattendu aux législatives, témoignant d'une réelle opposition à la domination du Frelimo. En 1999, les résultats sont encore plus serrés (et contestés), mais la Renamo continue de jouer le jeu du bipartisme.

La population. Le Mozambique compte 19 790 000 habitants répartis sur 802 000 km² (voir la carte page 187). Les Makua, dans le nord du pays, sont les plus nombreux (un peu moins de la moitié de la population). Viennent ensuite les Tsonga (dits aussi Changane), concentrés dans le Sud (près de 25 %). Parmi les autres ethnies figurent des Nyanja ou Chewa (12 % environ), comme au Malawi voisin, des Shona ou Ndau (11 % environ), dans l'arrière-pays de Beira, et des Yao (4 %), dans le Nord.

Mozambique : aux trois couleurs panafricaines s'ajoute une bande noire, symbolisant la population. Le livre ouvert, la houe et le fusil sont caractéristiques de l'idéologie initiale du Frelimo.

Le portugais est la langue officielle.

Plus de 45 % de la population demeure adepte des religions traditionnelles. Les chrétiens (un peu moins de 40 %) sont pour plus des trois quarts catholiques. Les musulmans (moins de 15 %) sont répartis dans le Nord (les Yao) et sur le littoral.

Le Botswana

Au milieu des années 1950, une vie politique prend naissance au Bechuanaland, alors sous protectorat britannique (voir page 180). En 1962, Seretse Khama (issu de la famille régnante des Ngwato, une importante chefferie tswana) fonde le Botswana Democratic Party (BDP). Après des négociations avec les Britanniques et l'élaboration d'une Constitution, les élections de 1965 portent Seretse Khama à la Présidence. La République du Botswana accède à l'indépendance l'année suivante.

Tout en condamnant l'*apartheid,* Seretse Khama se garde de rompre avec l'Afrique du Sud, pour d'évidentes raisons économiques et parce que de très nombreux Tswana y travaillent. La découverte de diamants dans le centre-nord du pays, à la fin des années 1960, va apporter à l'État d'importants revenus. Cette prospérité facilite le maintien d'un authentique régime parlementaire, exceptionnel en Afrique. Si le BDP remporte continûment les élections, c'est toujours face à une opposition libre et active. À Seretse Khama, mort en 1980, succèdent Ketumile « Quett » Masire, puis Festus Mogae en 1998. Une certaine désaffection se manifeste envers le BDP, depuis trop longtemps au pouvoir, mais l'opposition ne parvient pas à s'unir.

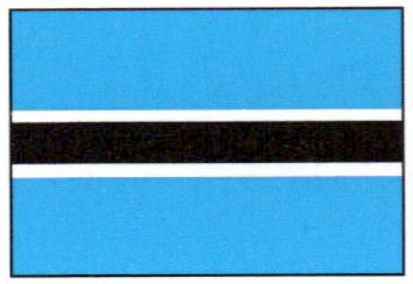

Botswana : le bleu évoque l'eau, providentielle dans un pays aride. Les bandes noire et blanches se réfèrent à la fois au zèbre, animal national, et au souci d'égalité entre les races.

La population. Le Botswana compte 1 770 000 habitants, répartis sur 581 730 km² (voir la carte ci-contre). Les Tswana forment les trois quarts de la population, en très grande partie concentrée dans le Sud, le long de la frontière sud-africaine. Parmi les autres Bantous figurent des Shona et des Ndebele. Les populations de langue khoisan ne représentent que 6 % environ du total. Elles se répartissent en Khoi-khoi (dans le Sud-Ouest) et San, dispersés dans le Kalahari.

L'anglais est la langue officielle, le tswana la langue usuelle.

La moitié de la population demeure adepte des croyances traditionnelles. Les chrétiens se répartissent en protestants (environ 30 % de la population totale), fidèles d'Églises africaines (plus de 10 %) et catholiques (moins de 10 %).

La Namibie

En 1945, l'Afrique du Sud annonce qu'elle ne veut pas négocier avec l'ONU un accord de tutelle sur le Sud-Ouest africain (territoire sous mandat depuis 1920, voir page 182). L'année suivante, elle propose que le territoire devienne la cinquième province de

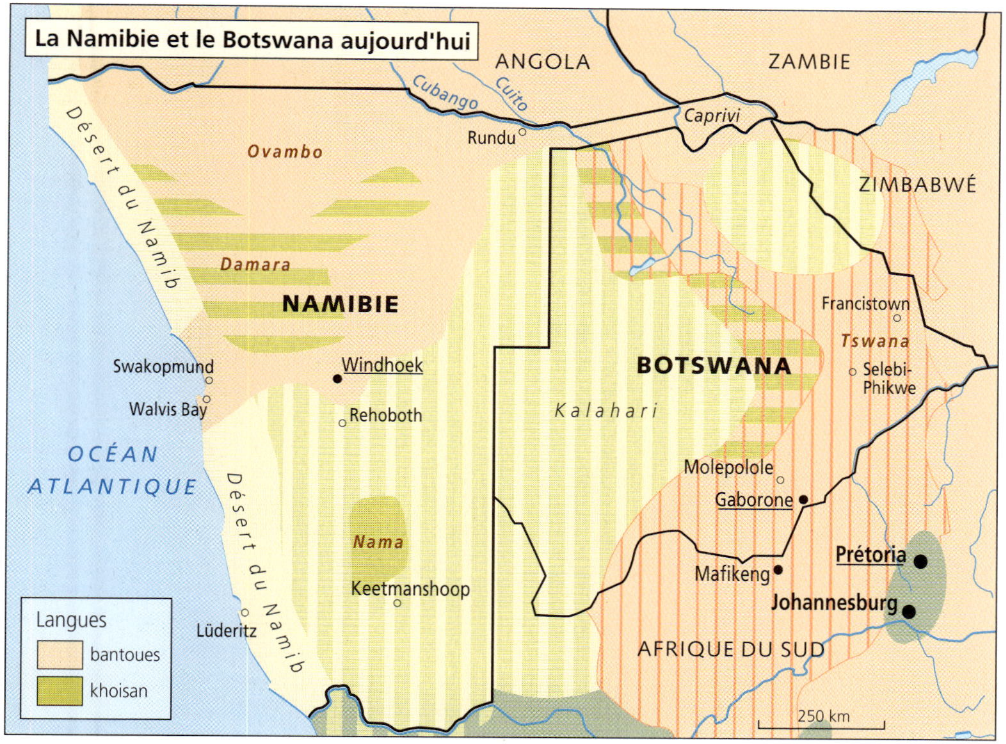

l'Union sud-africaine et se heurte à un refus de l'ONU. Dès lors, le gouvernement d'Afrique du Sud continue de mener dans le Sud-Ouest africain la politique qui lui convient, sans se soucier des instances internationales. (L'ONU n'abandonne pas pour autant la partie. En 1968, elle adoptera un nouveau nom pour le territoire : Namibie.)

En 1949, une Assemblée législative est instituée, seuls les colons blancs (d'origine allemande et afrikaner) ayant le droit de vote. Des *homelands* (voir page 193) sont instaurés dans les années 1970, comme en Afrique du Sud. Cela suscite l'hostilité de la SWAPO (Organisation des peuples du Sud-Ouest africain), dirigée par un Ovambo, Sam Nujoma. À partir de 1973, l'ONU considère la SWAPO comme seul représentant authentique du peuple namibien.

L'indépendance de l'Angola, en 1975, ouvre une période confuse. D'une part, la SWAPO se replie en Angola, où elle bénéficie du soutien des nouvelles autorités (voir page 184) et peut ainsi mener des actions de guérilla dans le nord de la Namibie. D'autre part, l'Afrique du Sud, tout en intervenant militairement en Angola, s'efforce d'acheminer le Sud-Ouest africain vers une indépendance sous son contrôle, sans succès. La sortie de l'impasse résulte à la fois de la pression conjuguée des États-Unis et de l'URSS et de la lassitude des Blancs, du Sud-Ouest africain et d'Afrique du Sud, face à un conflit sans issue. En application des accords de New York (1988, voir page 185), l'armée sud-africaine se retire en 1989.

La Namibie indépendante. En 1989, les élections à l'Assemblée constituante donnent la majorité à la SWAPO, qui doit toutefois composer avec d'autres partis (dont l'un, fort populaire, dirigé par un colon blanc). La Constitution adoptée en 1990 instaure le multipartisme. Après la proclamation de l'indépendance (mars 1990), Sam Nujoma est élu président de la République. Sa réélection en 1994, puis en 1999, suscite toutefois des réactions face à la mainmise des Ovambo sur l'État. À partir de 1998, des troubles affectent la « pointe de Caprivi » où s'affirment des velléités sécessionnistes. Nujoma est réélu pour un troisième mandat en 1999, tandis que le régime se crispe à l'égard des oppositions.

La population. La Namibie compte 2 millions d'habitants répartis sur 824 000 km². Les Ovambo, concentrés dans le Nord, forment la moitié de la population. Parmi les autres Bantous figurent les Kavango (près de 10 %) et les Herero (7 % à 8 %). Les Khoi-khoi (12 % environ) se répartissent en Damara (au nord) et Nama (au sud). Ils s'y ajoute quelque 20 000 San. La population inclut aussi des Afrikaners (65 000), des Allemands (20 000) et 35 000 métis Basters (« Bâtards »).

L'anglais est la langue officielle, mais l'afrikaans demeure très en usage.

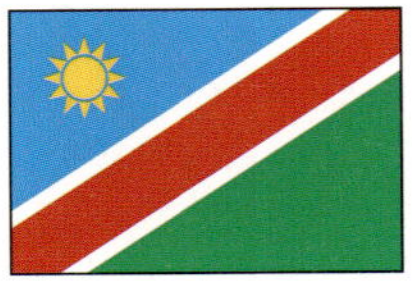

Les trois couleurs sont celles de la SWAPO : bleu pour l'océan, rouge pour les Namibiens et leur combat, vert pour la végétation, d'autant plus précieuse en Namibie qu'elle est rare. Le soleil, ajouté lors de l'indépendance, témoigne du bonheur de la liberté.

Les chrétiens (plus de 80 % de la population) se répartissent en protestants, principalement luthériens (plus de 60 %) et catholiques (20 % environ).

Le Swaziland

L'instauration du protectorat britannique date de 1902. Le roi Sobhuza II, monté sur le trône en 1921, incite ses sujets (dont beaucoup vont travailler dans les mines du Transvaal) à racheter les terres du Swaziland auparavant accaparées par les Blancs. Après 1960, Sobhuza II réclame l'indépendance. Les Britanniques élaborent une Constitution. Aux élections de 1967, le parti royaliste (Imbokodvo) remporte la totalité des sièges à l'Assemblée législative. Le royaume accède à l'indépendance l'année suivante.

Sobhuza II n'est pas satisfait pour autant : en 1973, il abolit la Constitution, qu'il juge incompatible avec les traditions des Swazi, et interdit les partis. Cinq ans plus tard, il instaure un réseau d'assemblées tribales. Sobhuza II meurt en 1982. Après une régence, son fils lui succède en 1986 sous le nom de Mswati III. Il consent en 1991 à mettre en place une commission royale chargée d'étudier des réformes, mais le pouvoir monarchique demeure, en pratique, absolu.

L'emblème central du Swaziland expose les armes traditionnelles d'un guerrier : un bouclier en cuir, deux sagaies et un bâton de commandement orné de plumes.

La population. Le Swaziland compte un million d'habitants, répartis sur 17 360 km². Les Swazi forment environ 85 % de la population. Il s'y ajoute des Zoulou (10 %) et des Tsonga.

L'anglais et le swati sont les langues officielles. Les chrétiens se répartissent en protestants (environ 35 % de la population), catholiques (10 % environ) et fidèles des Églises autochtones (30 % environ). Le reste de la population demeure adepte des croyances traditionnelles.

Le Lésotho

Le Basutoland, protectorat britannique (voir page 181), devient au XXe siècle un réservoir de main-d'œuvre pour les mines et industries d'Afrique du Sud. Il accède à l'indépendance en 1966 sous le nom de Lésotho, avec pour roi Moshoeshoe II.

Le Premier ministre, Leabua Jonathan, chef du Parti national, entretient des relations amicales avec l'Afrique du Sud. La gauche (Parti du Congrès du Basotho, BCP) s'oppose à cette politique tout en soutenant le roi. Celui-ci entre en conflit avec Jonathan, avec l'appui du parti monarchiste et du BCP. Leur coalition remporte les élections de 1970, que Jonathan annule aussitôt. Le BCP ayant été interdit, Jonathan décrète l'état d'urgence et se fait attribuer des pouvoirs spéciaux. En 1974, une tentative de soulèvement populaire entraîne une sévère répression, qui vise notamment les membres du BCP. Jonathan relâche ensuite les liens avec l'Afrique du Sud, à tel point que celle-ci accuse le Lésotho de servir de refuge aux combattants de l'ANC (Congrès national africain, voir page 193) et lui impose un blocus économique. En 1986, un coup d'État porte au pouvoir le général Justin Lekhanya.

Le difficile retour à la démocratie. En 1990, Lekhanya dépose le roi Moshoeshoe II et intronise le fils de celui-ci sous le nom de Letsie III. Un groupe d'officiers renverse toutefois Lekhanya l'année suivante et annonce un retour au régime civil. Les élections de 1993 portent au pouvoir le BCP dont le chef, Ntsu Mokhehle, devient Premier ministre. Des conflits déchirent ensuite le BCP : Ntsu Mokhehle s'en sépare et fonde le Congrès du Lésotho pour la démocratie (LCD). Ce dernier remporte les élections de 1998, mais il est accusé de fraudes. La situation étant devenue insurrectionnelle, Ntsu Mokhehle fait appel aux pays voisins alliés pour rétablir l'ordre. Des troupes principalement sud-africaines pénètrent dans le pays, où elles se heurtent à la résistance d'une partie de

Avant 1986, le drapeau était aux couleurs du Parti national (dirigé par Leabua Jonathan) et s'ornait d'un chapeau de paille, symbole traditionnel des Sotho.
Sur le nouveau drapeau figurent un bouclier et des armes (sagaie et massue à boule).
Le blanc évoque la paix, le bleu la pluie, le vert la prospérité.

l'armée, entrée en dissidence. Un processus de réconciliation est ensuite engagé, sous contrôle international. Pakalitha Mosisili devient Premier ministre.

La population. Le Lésotho compte 1 800 000 habitants, répartis sur 30 350 km². La population se compose en totalité de Sotho du Sud. L'anglais et le sotho sont les langues officielles. Les chrétiens forment plus de 90 % de la population. Ils se répartissent en catholiques (44 %), protestants (41 %) et fidèles d'Églises autochtones (8 %).

L'Afrique du Sud

Les Afrikaners au pouvoir. L'Union sud-africaine ayant été créée en 1910 (voir page 182), des élections ont lieu la même année. Elles sont remportées par le Parti sud-africain, dirigé par deux Afrikaners, Louis Botha (qui devient Premier ministre) et Jan Smuts. (Les Afrikaners, majoritaires dans l'électorat [55 %] et très nationalistes, vont dominer la vie politique du pays jusqu'en 1994.) Botha et Smuts prônent la réconciliation avec les anglophones et la loyauté envers l'Empire britannique. À cette ligne s'oppose le Parti national, fondé par l'Afrikaner James Hertzog en 1914. La même année, l'Union sud-africaine entre en guerre aux côtés de la Grande-Bretagne et conquiert le Sud-Ouest africain allemand (voir page 182).

Smuts succède à Botha, mort en 1919. Il réprime brutalement des grèves de mineurs blancs et s'aliène le Parti travailliste. Allié à ce dernier, le Parti national gagne les élections de 1924. Devenu Premier ministre, Hertzog promeut les intérêts des Afrikaners (dont beaucoup sont alors des « petits Blancs » appauvris). À côté de l'anglais, l'afrikaans devient langue officielle, au lieu du néerlandais.

La crise mondiale de 1929 affecte gravement l'Afrique du Sud. En 1933, Hertzog et Smuts forment un gouvernement de coalition, puis fusionnent leurs partis (Parti uni), tandis que Daniel F. Malan crée un Parti national « purifié ». En 1939, dans la guerre contre l'Allemagne, Hertzog prône la neutralité. Mis en minorité, il cède le pouvoir à Smuts.

LES « HOMELANDS »

De façon progressive, à partir des années 1970, les autorités sud-africaines mettent en place dix *homelands* (souvent dits « bantoustans »). Pretoria octroie une « indépendance » (qu'aucun État étranger ne reconnaît) à quatre d'entre eux : le Transkei (1976), le Bophuthatswana (1977), le Venda (1979) et le Ciskei (1981). Les *homelands* portent des noms ethniques, sauf le Transkei et le Ciskei (Xhosa), le QwaQwa (Sotho), le Lebowa (Lobedu) et le Gazankulu (Tsonga).

Les bantoustans disparaissent en 1994, fondus dans les nouvelles provinces.

La ségrégation dans l'entre-deux-guerres. Dès 1913, une loi interdit aux Africains d'acheter des terres en dehors de certains territoires, couramment dits « réserves ». En dépit d'extensions, elles ne couvriront que 12 % du territoire en 1939 (et préfigurent les *homelands*). Tôt surpeuplées, elles constituent des réservoirs de main-d'œuvre à bon marché. À tous égards, la ségrégation et la discrimination se renforcent : considérables différences de salaires entre les Blancs et les Africains, généralisation du contrôle des mouvements des travailleurs africains au moyen des *pass* (permis de circuler).

L'éducation des Africains est abandonnée aux missionnaires, dont les moyens sont très insuffisants. Ils parviennent néanmoins à former une petite élite, constituée notamment d'enseignants, de membres du clergé et d'interprètes officiels. De cette élite sont issus les dirigeants du Congrès national africain (ANC), dont les origines remontent à 1912. Ils s'efforcent de dénoncer la ségrégation, mais ne sont guère entendus.

Le tournant des années 1940. La Seconde Guerre mondiale stimule l'économie sud-africaine, notamment dans le domaine industriel, ce qui accélère l'urbanisation. En 1946, les Africains sont devenus plus nombreux que les Blancs dans les grandes agglomérations et les Afrikaners plus nombreux dans celles-ci qu'à la campagne. La tension monte, inévitablement. En 1946, les mineurs africains organisent des grèves, très violemment réprimées. Les questions raciales mobilisent les Afrikaners, au bénéfice du Parti national. De son côté l'ANC se réveille. Une nouvelle génération, incluant Nelson Mandela, Oliver

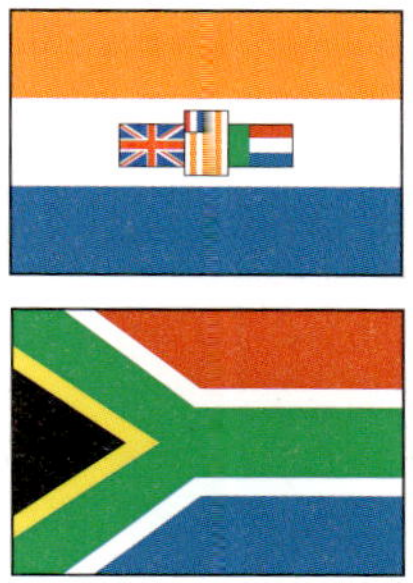

Le drapeau de l'Union sud-africaine, fruit d'un laborieux compromis entre les Afrikaners et les anglophones, reprenait les trois couleurs du prince d'Orange, héros de la guerre d'indépendance hollandaise. En son centre figuraient, l'Union Jack et les drapeaux de l'État libre d'Orange et du Transvaal. Le nouveau drapeau, adopté en 1994, « associe les six couleurs les plus représentatives de l'histoire de l'Afrique du Sud », selon le commentaire officiel.

Tambo et Walter Sisulu (tous originaires du Transkei) commence de s'y affirmer. Après la guerre, certains d'entre eux participent à des réunions panafricaines avec L. Senghor, J. Kenyatta, N. Nkrumah… En 1948, l'ANC ne compte néanmoins que 6 000 membres.

La domination du Parti nationaliste. Aux élections de 1948, le Parti nationaliste enlève 70 sièges, contre 65 au Parti uni, toujours conduit par Smuts. Il a fait campagne sur un projet de ségrégation radicale, l'*apartheid* (difficile à rendre en français : *apart* signifie « séparé » et *heid*, « -ité », comme dans « égalité »). Le Parti nationaliste va dès lors détenir continûment le pouvoir, avec pour Premiers ministres Daniel. F. Malan (1948-1954), Johannes. G. Strijdom (1954-1958), Hendrick. F. Verwoerd (1958-1966), Balthazar J. Vorster (1966-1978) et Pieter. W. Botha (1978-1989). La bonne santé de l'économie sud-africaine (du moins jusqu'à la fin des années 1970) permet au gouvernement de promouvoir de façon systématique les Afrikaners, dans tous les domaines (administration, secteur privé, etc.). En 1961, l'Afrique du Sud adopte le statut de république et sort du Commonwealth.

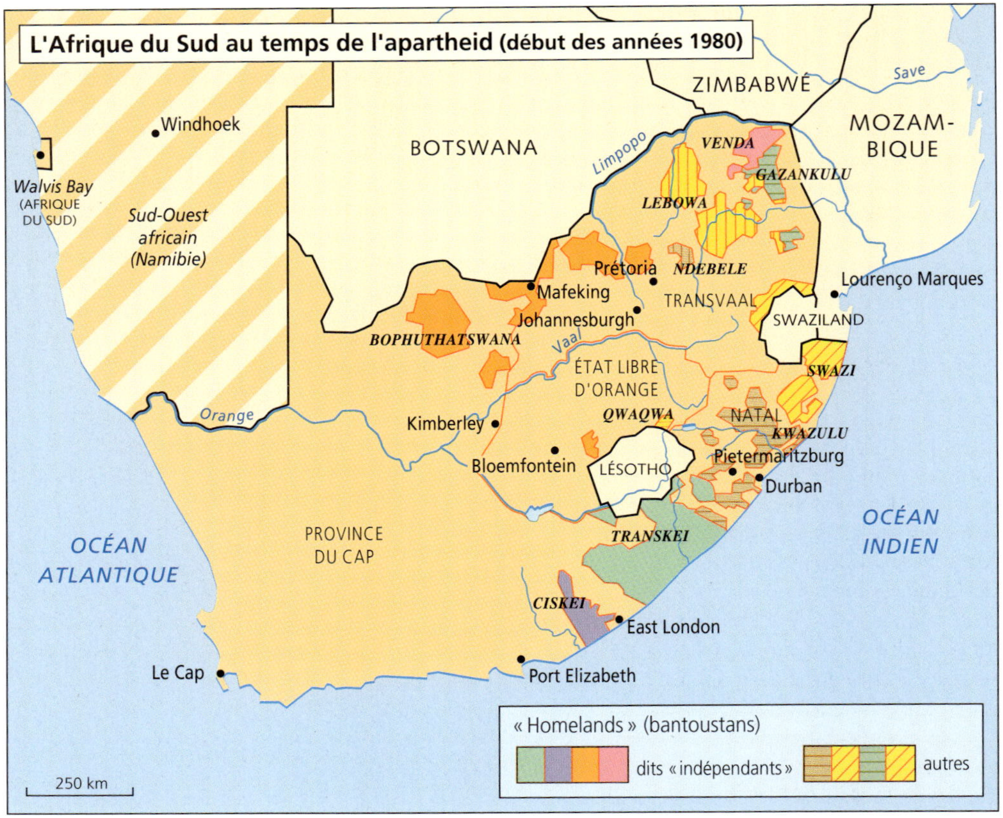

L'apartheid. Il repose sur deux idées simples : on distingue quatre groupes raciaux (Blancs, Indiens, *Cape Coloured* et Africains), dont les cultures sont différentes ; les Blancs, en tant que « civilisés », ont vocation à contrôler l'État. L'apartheid se manifeste à la fois dans l'espace géographique et dans la vie quotidienne, non sans profondes ambiguïtés. D'un côté, les autorités entendent regrouper les Africains dans des *homelands* (voir page 193) qui, pour la plupart exigus et fragmentés, vont s'enfoncer dans l'arriération économique et le surpeuplement, d'autant qu'on y rapatrie de force les ouvriers agricoles en surnombre. D'un autre côté, les industries (et d'autres activités), situées en « zone blanche », ne peuvent se passer d'une main-d'œuvre africaine qu'il importe toutefois de maintenir dans sa condition « autre ».

Une volumineuse législation est adoptée à cet effet. Dès 1950, les relations sexuelles interraciales deviennent un délit. La réglementation concernant les *pass* ne cesse d'être renforcée. Au sein des grandes agglomérations, les Africains sont relogés de force dans des *townships*. D'une façon plus générale, la ségrégation gagne tous les aspects de la vie sociale (jusqu'aux salles d'attente de gares et WC publics), tandis que se renforce un appareil répressif doté de pouvoirs de plus en plus exorbitants. Pour améliorer le niveau de qualification professionnelle des Bantous, le régime engage néanmoins une politique de scolarisation, sous strict contrôle du gouvernement.

La résistance à l'apartheid. Plusieurs Églises protestent très tôt, de même que les milieux universitaires anglophones. En 1952, l'ANC élit comme président Albert Lutuli, un chef zoulou, puis lance des campagnes de résistance passive, en accord avec le mouvement indien du Natal, avant d'y renoncer en 1953 à la suite d'émeutes. En 1955, avec d'autres organisations (y compris blanches), l'ANC adopte une Charte de la liberté lors d'un congrès près de Johannesburg, vite dispersé par la police. La Charte revendique l'égalité raciale, le respect des droits de l'homme, etc. Un autre courant se veut en revanche strictement africain : en 1959, Robert Sobukwe fonde le Congrès panafricaniste (PAC), qui lance en 1960 une action contre les *pass*. La police ouvre le feu à Sharpeville, près de Johannesburg (67 morts, 186 blessés). Aussitôt éclatent des grèves et manifestations. Le gouvernement proclame l'état d'urgence et interdit l'ANC et le PAC. Les actions terroristes menées en 1962-1963 ne débouchent sur rien. Mandela (arrêté en 1962) et Sisulu sont condamnés à la prison à vie. Tambo parvient à fuir en Zambie, où il succède à Lutuli, mort en 1978.

À partir de 1973, les ouvriers africains, particulièrement les mineurs, organisés en syndicats bien que ce soit illégal, multiplient les grèves. Par ailleurs, un étudiant, Steve Biko, lance le mouvement de la Conscience noire, dont l'impact est fort chez les jeunes. Quand, à Soweto en 1976, des écoliers manifestent contre l'introduction de l'afrikaans dans l'enseignement, la police ouvre le feu. Alors que la protestation s'étend dans tout le pays, la répression fait des centaines de victimes. Steve Biko est tué par la police.

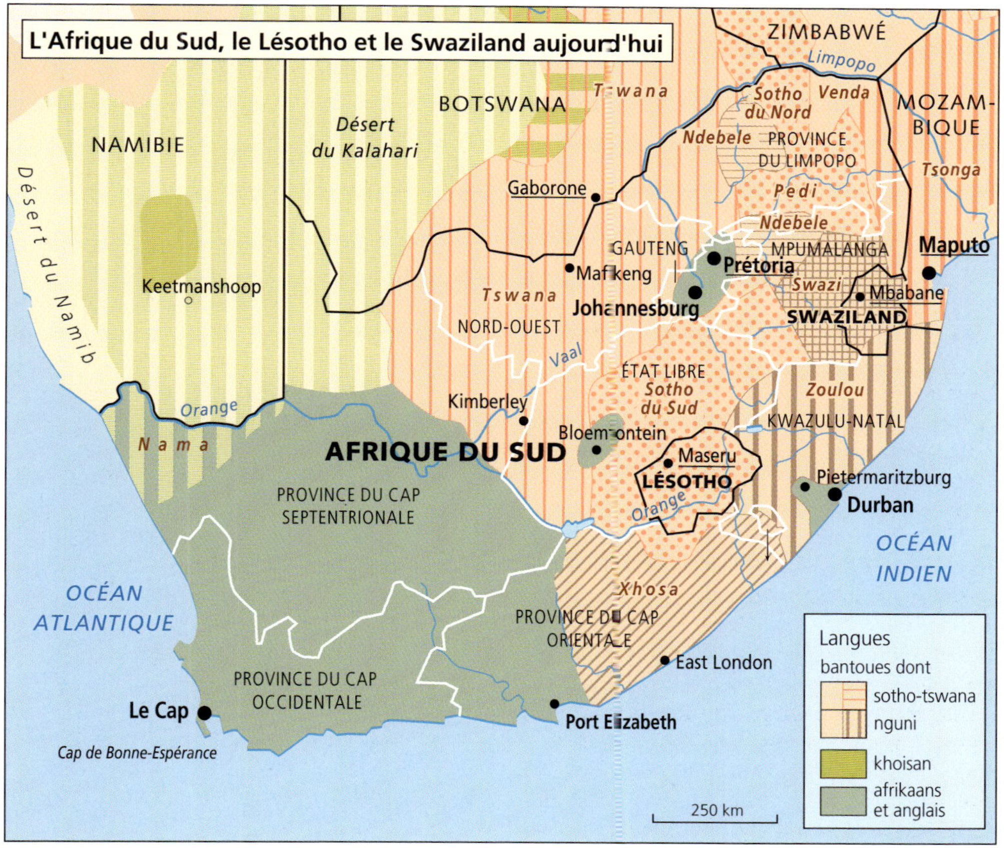

L'apartheid en crise. P. W. Botha, au pouvoir de 1978 à 1989, entreprend de réformer l'apartheid en éliminant ses aspects les plus tracassiers. Les syndicats ouvriers africains sont autorisés (et deviennent très puissants). Botha fait adopter une nouvelle Constitution permettant aux *Cape Coloured* et aux Indiens (mais non aux Africains) de participer à la vie politique. Simultanément, toutefois, il ne cesse de renforcer le caractère répressif de l'appareil d'État. En 1983, l'opposition au régime se regroupe dans le Front démocratique uni (UDF), multiracial et qui tend à considérer Nelson Mandela comme leader. D'une façon générale, les Africains se montrent de plus en plus déterminés, tandis que la violence, en particulier policière, se déchaîne. L'état d'urgence, instauré en 1985, est reconduit d'année en année. Les États-Unis et l'Europe, qui avaient auparavant épargné l'Afrique du Sud pour des raisons économiques, commencent à appliquer très sérieusement des sanctions. En 1989, l'impasse est totale : Botha démissionne. Il est remplacé par Frederick W. De Klerk.

La transition. En 1990, De Klerk fait libérer Mandela et les autres prisonniers politiques. L'ANC redevient légale. Toute la réglementation de l'apartheid est démantelée en deux ans. En décembre 1991 commencent des négociations entre les différentes formations politiques, avec pour objectifs de former un gouvernement multiracial de transition et de préparer une nouvelle Constitution. Les négociations tournent au tête-à-tête entre l'ANC et le Parti national, de telle sorte que des oppositions se manifestent.

L'Inkatha, parti nationaliste zoulou dirigé par le chef Mangosuthu Buthelezi, réclame un système fédéral et se heurte violemment aux militants de l'ANC. Chez les Afrikaners, l'extrême droite revendique la création d'un État blanc, distinct du reste de l'Afrique du Sud. Enfin, certains dirigeants de *homelands* s'accrochent à leur « indépendance ». Les négociations finissent néanmoins par aboutir en décembre 1993. La Constitution intérimaire supprime les *homelands* et découpe le pays en neuf provinces.

La nouvelle Afrique du Sud. Les premières élections multiraciales ont lieu en 1994. L'ANC obtient 62 % des voix, le Parti national 20,4 %. Nelson Mandela devient président de la République. En 1999, Mandela, dont le prestige international est considérable, se retire, ce qui n'empêche pas l'ANC de progresser lors des élections tenues la même année. Thabo Mbeki lui succède.

La population. L'Afrique du Sud compte 47 430 000 habitants répartis sur 1 221 000 km² (voir la carte page 195).

Les Africains (Noirs) forment 76 % de la population, les Blancs 13 %, les *Cape Coloured* (métis) 8,5 %. Parmi les Africains, les plus nombreux seraient les Zoulou, suivis des Xhosa.

Aux langues officielles d'origine européenne (anglais et afrikaans), neuf langues africaines ont été ajoutées : ndebele, sotho du Nord, sotho du Sud, swati, tsonga, tswana, venda, xhosa et zoulou. L'afrikaans est la langue maternelle des Afrikaners ainsi que de la majorité des *Cape Coloured*.

Les chrétiens forment plus des deux tiers de la population. Ils se répartissent en protestants (30 %), fidèles d'une Église indépendante africaine (22 %) et catholiques (8 %). Les Indiens se répartissent en hindouistes et musulmans, en nombres sensiblement égaux. Une partie importante de la population africaine demeure adepte des croyances traditionnelles.

Madagascar et les îles

Madagascar forme un petit continent en soi, d'autant plus distinct de son grand voisin que sa population conserve une langue et une culture d'origine indonésienne. Les Comores, en revanche, appartiennent sans conteste au monde arabo-swahili musulman, comme la côte d'Afrique orientale et Zanzibar. Les Mascareignes (Maurice et la Réunion) tirent leur nom de celui d'un navigateur portugais du début du XVIe siècle, Pedro de Mascarenhas. Elles étaient inhabitées avant que des Européens n'entreprennent de les coloniser, accompagnés d'esclaves africains. Il en va de même des Seychelles.

Les Malgaches

Il ne fait aucun doute que le malgache soit une langue austronésienne, apparentée à celles d'Indonésie, ni que les actuels Malgaches aient pour ancêtres à la fois des Indonésiens et des Africains. En revanche, les migrations qui ont conduit ces populations dans la Grande Île demeurent enveloppées de mystère. Les historiens s'accordent néanmoins sur un point : avant leur arrivée, la Grande Île était inhabitée. Les hypothèses les plus vraisemblables sont les suivantes.

– La migration des Indonésiens résulte de courants commerciaux. Excellents navigateurs, ils fréquentent tôt l'Inde et Ceylan, puis atteignent la côte d'Afrique orientale, qu'il longent vers le sud, et parviennent à Madagascar.

– Divers indices, linguistiques et culturels, donnent à penser que la première arrivée d'Indonésiens dans la Grande Île se situe entre le Vᵉ et le VIIᵉ siècle. Elle est toutefois suivie d'autres, peut-être de façon assez continue, jusqu'au XIIIᵉ siècle, voire plus tard.

– Du moins au début, l'expansion du domaine fréquenté par les navigateurs indonésiens s'opère de proche en proche, au fil des années et des générations. Il en résulte que nombre d'Indonésiens ont pu arriver à Madagascar en étant déjà métissés d'Africains.

La formation du peuple malgache. Les premiers arrivants s'éparpillent sur les côtes nord-ouest et est, les plus humides, favorables à une agriculture de type tropical, et colonisent de nouvelles terres. Tandis que la population augmente, l'unité linguistique et culturelle persiste : les nouveaux arrivants seront assez rapidement assimilés. Parmi eux figurent les Antalaotra (« gens de la mer »), commerçants islamisés de langue swahili, qui viennent des Comores et s'installent sur la côte nord-est, peut-être dès le XIIᵉ siècle. Sur la côte orientale prennent pied des populations mêlées, plus ou moins islamisées : les Rasikajy au nord, et, plus au sud, les Zafy-Raminia et les Antemoro. Ces derniers possèdent des *sorabe*, livres écrits en malgache en caractères arabes, qui consignent leurs traditions. Les Hova arrivent d'Indonésie tardivement, peut-être au XIIIᵉ siècle, sur la côte est, puis vont s'installer à l'intérieur.

Au début du XVIᵉ siècle, les divers groupes « ethniques » qui forment aujourd'hui encore le peuple malgache sont à peu près en place. Certains d'entre eux s'organisent en royaumes. Les Sakalava, partis au début du XVIIᵉ siècle du sud-ouest de l'île, fondent dans l'Ouest le royaume de Menabe, puis, dans le Nord-Ouest, celui de Boina. À leur apogée, au XVIIIᵉ siècle, les Sakalava contrôlent le tiers de la Grande Île. Le port de Majunga, peuplé d'Antalaotra, est fondé en 1745. Dans la partie nord de la côte orientale, des mulâtres, les Zana-Melata, fondent au début du XVIIIᵉ siècle la confédération des Betsimisaraka, qui ensuite se divise. Les Hova s'affirment sous le règne de Ralambo (1575-1610). Au XVIIᵉ siècle, leur royaume prend le nom d'Imerina et ses sujets celui de Merina. (Le nom de « Hova » s'applique ensuite aux roturiers, l'aristocratie portant celui d'« Andriana ».) L'Imerina se divise au XVIIIᵉ siècle.

L'arrivée des Européens. À partir du début du XVIᵉ siècle, des Européens (Portugais, puis Hollandais, puis Anglais) tentent de s'installer en divers points de la côte, mais échouent pour diverses raisons : insalubrité du littoral, faibles possibilités commerciales, hostilité des autochtones, jaloux de leurs traditions et de leur indépendance. Les Français (organisés en une Compagnie des Indes orientales) réussissent mieux : de 1642 à 1672, ils tiennent Fort-Dauphin, dans le Sud. Louis XIV proclame sa souveraineté sur toute l'île. En 1664, néanmoins, la Compagnie reporte son intérêt sur l'île Bourbon (aujourd'hui la Réunion, voir page 202). Au XVIIIᵉ siècle, le nord de Madagascar devient un repaire de flibustiers anglais et français, concentrés notamment à Diégo-Suarez et sur l'île Sainte-Marie (possession française à partir de 1754).

Le royaume merina. Le roi Andrianampoinimerina (1787-1810) rétablit l'unité de l'Imerina, fait de Tananarive (Antananarivo) sa capitale, puis étend son domaine vers le sud, en pays betsileo. Méfiant envers les étrangers, il accepte néanmoins d'échanger des esclaves contre des armes à feu. Son fils Radama Iᵉʳ (1810-1828) s'accorde en 1817 avec les Britanniques, devenus influents à Tananarive après leur installation à l'île Maurice, en 1810 : en contrepartie de sa renonciation à la traite des esclaves, il obtient une assistance financière, technique et militaire. Cela lui permet de mener à bien, de 1817 à 1826, une vaste entreprise de conquête ou de soumission des chefs locaux. De son règne date l'écriture du malgache en caractères latins, mise au point avec l'aide de missionnaires.

LES NOMS DE MADAGASCAR

Au XIIIᵉ siècle, Marco Polo, sur la base d'informations recueillies en Inde, fait état d'une grande île à l'est de l'Afrique, nommée « Madeigascar ou Mogelasio ». La description qu'il en donne montre toutefois qu'il la confond avec Mogadiscio, en Somalie. Les Arabes, qui connaissent l'île, la nomment Komr ou Buki. Le nom de Madagascar s'imposera néanmoins, et non ceux d'île Saint-Laurent (donné par les Portugais en 1507) ou d'île Dauphine (donné par les Français en 1665).

L'origine de l'appellation « malgache » (ou « madécasse »), utilisée par les Européens à partir du XVIIᵉ siècle, n'est pas claire.

Le royaume merina

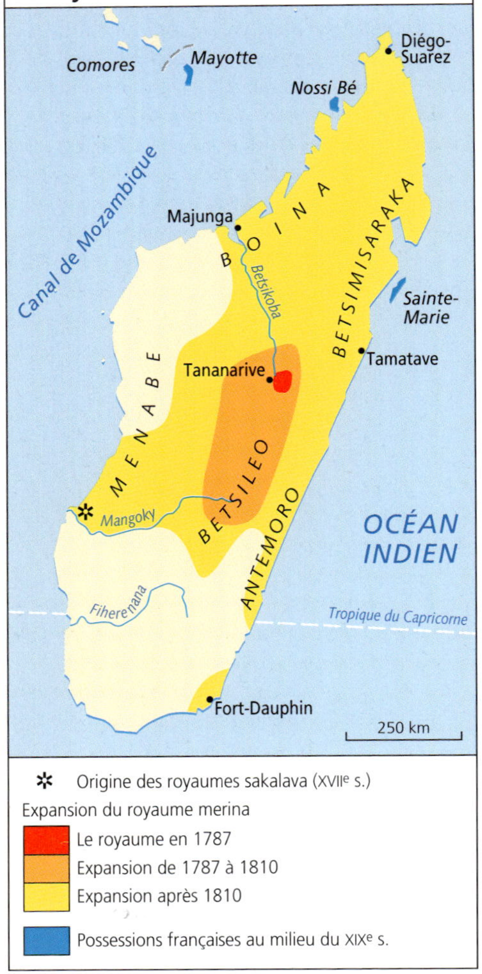

À Radama succède son épouse Ranavalona Ire (1828-1861), avant tout soucieuse de préserver les structures traditionnelles de la société malgache, liées au culte des ancêtres. Aussi fait-elle expulser les missionnaires qui procédaient à des conversions. Des violences marquent la fin du règne (martyrs malgaches chrétiens). Le fils de Ranavolana, Radama II, fait revenir des missionnaires (protestants anglais et catholiques français, qui entrent bientôt en compétition), puis meurt assassiné en 1863. Sa veuve Rasoherina lui succède, mais la réalité du pouvoir passe au Premier ministre Rainilaiarivony, un Hova (roturier), qui va néanmoins épouser successivement trois reines : Rasoherina (1863-1868), Ranavalona II (1868-1883) et Ranavalona III (1883-1897). En 1869, Ranavalona II et Rainilaiarivony se convertissent au protestantisme, sous l'influence de missionnaires anglais. Cela les conduit à tenter une « modernisation » accélérée du pays, qui provoque des tensions croissantes. En effet, d'un côté, tandis que les missionnaires édifient des écoles et des hôpitaux, les autorités mettent en place des ministères et une bureaucratie, réforment le droit pénal, etc. Mais, de l'autre, des institutions de type féodal subsistent dans les provinces et la corvée (due par tous les roturiers du royaume) s'alourdit pour financer le nouveau train de vie de l'État.

L'époque coloniale

Au début des années 1880, les Français de l'île de la Réunion et certains milieux catholiques poussent à une intervention française à Madagascar. Sous divers prétextes, des forces françaises occupent Majunga et Tamatave en 1883. En 1885, la France obtient de Rainilaiarivony la signature d'un traité instaurant un quasi-protectorat et imposant une forte indemnité de guerre. La Grande-Bretagne reconnaît l'hégémonie française sur Madagascar en 1890. Le paiement de l'indemnité met le gouvernement malgache en situation difficile et le royaume s'enfonce dans le désordre. En 1894, Rainilaiarivony refuse néanmoins de céder à un ultimatum. Paris organise alors une expédition militaire, qui débarque à Majunga en 1895 et atteint Tananarive huit mois plus tard, non sans énormes pertes, dues à la forêt et aux fièvres. Après la signature d'un véritable traité de protectorat, Rainilaiarivony est exilé. En 1896, Madagascar, annexé par la France, devient une colonie.

LA COLONIE ET LES DÉBUTS DU NATIONALISME. Le général Joseph Gallieni, républicain convaincu, gouverne la colonie de 1896 à 1905. Dès 1896, il fait abolir la monarchie, la féodalité et l'esclavage. Il mate la résistance des Menalambo (Merina royalistes) et exile Ranavalona III en 1897. Par ailleurs, il conquiert les peuples du Sud et de l'Ouest, qui résistent farouchement. En 1899, la quasi-totalité de l'île est « pacifiée ». Gallieni organise ensuite l'administration coloniale, fait entreprendre de grands travaux (chemin de fer de Tamatave à Tananarive, etc.) et instaure des écoles laïques dispensant un enseignement en français. Les successeurs de Gallieni se préoccupent surtout de mise en valeur économique. Des cultures d'exportation se développent (café, vanille, tabac...), dans l'intérêt de la

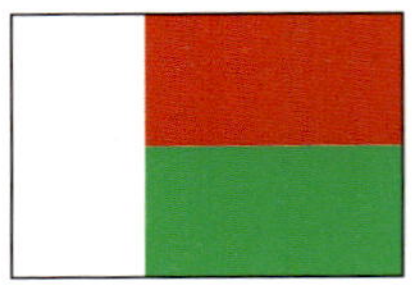

Le drapeau du royaume merina était blanc et rouge, couleurs traditionnelles indonésiennes qui sont aujourd'hui celles du drapeau de l'Indonésie. Le vert a été ajouté en 1958 pour représenter les populations côtières.

métropole et de quelques grandes sociétés. Les paysans malgaches n'en profitent guère et, de surcroît, restent souvent soumis au travail forcé, comme à l'époque antecoloniale.

Parmi les membres de l'élite merina, certains se rallient, d'autres entrent en opposition. C'est le cas d'intellectuels protestants, fondateurs d'une société secrète, la VVS (Vy, Vato, Sakelila – littéralement Fer, Pierre, Réseau), d'inspiration nationaliste. En 1915, ils sont arrêtés et condamnés aux travaux forcés, puis amnistiés en 1921. La personnalité de Jean Ralaimongo, un instituteur, domine dans l'entre-deux-guerres. Son journal *L'Opinion*, fondé en 1927, dénonce les abus de la colonisation et revendique l'égalité des droits. Durant la Seconde Guerre mondiale, les autorités successives, en raison des difficultés économiques, multiplient les réquisitions et aggravent la charge des paysans. En 1940, le gouverneur se rallie au régime de Vichy. Deux ans plus tard, des troupes britanniques et sud-africaines débarquent, prennent le contrôle de l'île, puis la remettent en 1943 à des représentants de la France libre.

De l'insurrection de 1947 à l'indépendance. Deux partis voient le jour en 1946. Le Mouvement démocratique de la révolution malgache (MDRM), animé par des Merina, revendique une très large autonomie et remporte les élections (au Parlement français et dans les assemblées locales). Le Padesm (Parti des déshérités de Madagascar), qui s'appuie sur les peuples côtiers, se montre plus réservé. La tension monte néanmoins.

L'insurrection qui éclate à la fin de mars 1947 demeure, à maints égards, mal éclaircie. À l'évidence organisée, du moins jusqu'à un certain point, elle débouche sur une révolte paysanne très violente, dans la partie orientale de l'île, et s'accompagne d'atrocités commises par des Malgaches, puis par les forces chargées de la répression. Elle se double aussi de conflits meurtriers entre partisans du MDRM et du Padesm. L'insurrection prend fin en décembre 1948. Du côté des forces de l'ordre, on compte environ 2 000 morts, en grande majorité malgaches. En face, le nombre de victimes s'élève peut-être à 80 000 (estimation officielle). Les autorités françaises attribuent la responsabilité de l'insurrection au MDRM : il est dissous et ses dirigeants condamnés. Elles favorisent ensuite le Padesm qui, en 1956, se mue en Parti social démocrate (PSD), sous la direction de Philibert Tsiranana (un Tsimihety).

Lors du référendum de 1958 (portant sur le maintien de liens avec la France dans le cadre d'une Communauté), le PSD prône le « oui » et l'emporte. Les 30 % de « non » se concentrent sur le plateau (pays merina et betsileo). La République malgache, créée la même année, accède à l'indépendance en 1960, sous la présidence de Tsiranana.

Madagascar après 1960

De Tsiranana à Ratsiraka. Tsiranana poursuit une politique de large coopération avec la France. À cette ligne s'oppose le parti du Congrès de l'indépendance de Madagascar (AKFM), partisan de la réforme agraire et de la socialisation des moyens de production. En 1971, les étudiants manifestent contre la politique du gouvernement, tandis qu'une insurrection éclate chez les paysans du Sud-Ouest. Les manifestations redoublent en 1972, avec l'appui des syndicats. Tsiranana dissout le gouvernement et accorde les pleins pouvoirs au général Ramanantsoa. La même année, un référendum approuve la suppression de la Constitution de 1959 : c'est la fin de la Ire République. Les accords de coopération avec la France sont dénoncés en 1973.

En 1975, le pouvoir militaire change de mains et finit par échoir au capitaine de frégate Didier Ratsiraka (un Betsimisaraka). Un référendum instaure la République démocratique de Madagascar (IIe République). Le nouveau régime engage une politique d'étatisation de l'économie et de réforme de l'enseignement (promotion du malgache aux dépens du français), qui se solde par de graves échecs. Des émeutes provoquées par la famine sont réprimées en 1985-1986. L'opposition monte contre la monopolisation du pouvoir par l'AREMA (Avant-garde de la révolution malgache), parti officiel.

La IIIe République. Réélu en 1989, Ratsiraka s'engage à libéraliser le régime, mais l'opposition rejette son projet de révision de la Constitution. En 1991, elle se regroupe en un Comité des Forces vives et organise de grandes manifestations. Ratsiraka décrète l'état d'urgence et recourt à la répression (marche tragique du 10 août), puis se résout à négocier. En 1992, une nouvelle Constitution met fin au régime socialiste et instaure la IIIe République. Le chef des Forces vives, Albert Zafy, remporte l'élection présidentielle de 1993. Il est néanmoins destitué par l'Assemblée en 1996. Les élections de 1997 ramènent Ratsiraka à la présidence de la République. La précarisation marque son nouveau mandat, tandis que la majorité des Malgaches s'est appauvrie au cours des dernières décennies. Le premier tour de l'élection présidentielle de 2001 plonge le pays dans sa plus grave crise depuis l'indépendance. Le scrutin donne l'avantage à Marc Ravalomana, un riche homme d'affaires maire de la capitale, mais il est contesté par Ratsiraka et ses partisans, ce qui provoque une dualité de pouvoir et des affrontements et fait craindre une guerre civile. Ratsiraka finit par quitter le pays en juillet 2002.

La population. Madagascar compte 18,6 millions d'habitants. La population est linguistiquement homogène, ce qui n'empêche pas les Malgaches de continuer de se répartir en groupes « ethniques » : Merina (27 %), Betsimisaraka (15 %), Betsiléo (12 %), Tsimihety (7,5 %), Sakalava (6 %), Antandroy (5 %), etc.

Le malgache et le français sont langues officielles.

Les chrétiens se répartissent en catholiques (26 % de la population) et protestants (23 %). Les adeptes des croyances traditionnelles sont aussi nombreux que les chrétiens. On compte aussi 2 % de musulmans.

Les Comores

Des Africains de langue bantoue atteignent les Comores dès avant l'an mille, autant que l'on puisse en juger. Les îles sont également fréquentées par des navigateurs indonésiens et par des Shirazi, commerçants actifs sur la côte d'Afrique orientale (voir page 147). Au XVIe siècle, une aristocratie s'impose. D'origine arabe, elle s'allie aux chefs traditionnels et s'organise en sultanats. C'est alors que l'islam, déjà présent depuis longtemps, gagne l'ensemble de l'archipel. Les caractéristiques de la population comorienne ne changent plus guère ensuite : elle présente un spectre de métissages allant du plus foncé au plus clair. Son unité culturelle repose sur une langue, le comorien (ou komoro), proche du swahili et répartie en deux dialectes : occidental (Grande Comore et Mohéli) et oriental (Anjouan et Mayotte).

L'époque coloniale. Des navigateurs européens font escale aux Comores à partir du XVIe siècle, mais ils ne s'y installent pas durablement. La première prise de possession résulte d'une initiative de la marine française qui, en 1841, achète Mayotte à son sultan, Andrian Souli. L'acquisition est entérinée par le roi Louis-Philippe en 1843. Des aventuriers français prennent ensuite pied à Mohéli et en Grande Comore, où ils monopolisent les meilleures terres. Il s'ensuit des insurrections, qui conduisent la marine française à intervenir. Pour finir, les trois autres îles deviennent des dépendances de Mayotte en 1904. En 1908, l'ensemble est rattaché à Madagascar.

Les autorités françaises se désintéressent ensuite de l'archipel, abandonné à des sociétés coloniales privées. Elles possèdent les trois quarts des terres cultivables et s'y livrent à diverses spéculations (canne à sucre, citronnelle, vanille...), au détriment des productions vivrières. Détachées de Madagascar, les Comores forment en 1946 un territoire d'outre-mer distinct. Elles bénéficient d'un régime d'autonomie à partir de 1961. Au milieu des années 1960, les administrations sont transférées de Mayotte à Moroni (en Grande Comore), ce qui provoque la rancœur des Mahorais (habitants de Mayotte).

L'indépendance et la question de Mayotte. En 1973, le président du Conseil de gouvernement des Comores, Ahmed Abdallah (un riche commerçant d'Anjouan), négocie à Paris les modalités d'accession à l'indépendance, prévue « dans le respect de l'unité de l'archipel ». Lors du référendum de 1974, le « oui » (à l'indépendance) l'emporte globalement (95 %), mais non à Mayotte (36 %). La France exige alors l'adoption préalable d'une Constitution pour chaque île. En 1975, Ahmed Abdallah proclame unilatéralement l'indépendance, puis est renversé par un coup d'État qui donne à Ali Soilih la réalité du pouvoir. La même année, l'ONU reconnaît l'indépendance des Comores dans ses limites coloniales (quatre îles). Quant à la France, elle organise en 1976 un référendum spécial à Mayotte : le choix de demeurer français emporte 99 % des suffrages.

Les Comores après 1975. Ali Soilih engage des réformes très ambitieuses (administration décentralisée, alphabétisation en comorien, programmes agricoles...), mais c'est un échec, en particulier dans le domaine économique. En 1978, un commando de mercenaires, dirigé par le Français Bob Denard (soutenu par l'Afrique du Sud), capture Ali Soilih (bientôt assassiné) et remet Ahmed Abdallah au pouvoir. Un référendum instaure

Le croissant et les quatre étoiles, sur fond vert, évoquent à la fois l'unité de l'archipel des Comores et l'islam.

une République fédérale islamique, dont Ahmed Abdallah est élu président. Les mercenaires forment à ses côtés une « garde présidentielle ». Ahmed Abdallah se montre de plus en plus autocrate et affronte une opposition grandissante. Il est assassiné en 1989. Sous la pression de Paris et de Prétoria, les mercenaires quittent l'archipel.

Said Mohamed Djohar, élu président en 1990, ne parvient pas à s'imposer. En 1995, Bob Denard organise encore un putsch, que brise une intervention militaire française. Le nouveau président, Mohamed Taki Abdulkarim, élu en 1996, meurt en 1998. L'année suivante, un coup d'État porte au pouvoir le colonel Azali Assoumani. Le problème le plus difficile est alors celui de l'île d'Anjouan, qui se sent marginalisée depuis la disparition de son grand homme, Ahmed Abdallah. En 1997, les séparatistes anjouanais proclament l'indépendance, puis se divisent, ce qui suscite des combats en 1999. En 2001, une nouvelle Constitution transforme la République fédérale islamique en une Union des Comores, accordant une large autonomie administrative à chacune des trois îles (tout en continuant de revendiquer Mayotte). Des conflits surgissent ensuite entre le président de l'Union et ceux de chacune des trois îles.

La population. Les Comores comptent 800 000 habitants. La population est extrêmement homogène, de langue usuelle comorienne et de religion musulmane. Le français et l'arabe ont le statut de langues officielles.

Mayotte

En 1976, Mayotte est érigée en collectivité territoriale de la République française, en dépit de l'opposition de l'ONU, de l'OUA et des pays voisins. Cela ne satisfait qu'à demi les Mahorais qui, dans leur grande majorité, souhaitent une intégration ferme et définitive dans la République (statut de département). Les autorités françaises se montrent plus réservées, afin de pas fermer la porte à une possible solution de la question comorienne dans l'avenir. En 2001, l'île (183 000 habitants) a été dotée du statut de « collectivité départementale ».

La Réunion

Les Français prennent possession de l'île (alors inhabitée) vers 1640 et lui donnent le nom d'Île Bourbon. À partir de 1664, la Compagnie des Indes orientales, déjà installée à Fort-Dauphin, dans le sud de Madagascar (voir page 197), entreprend d'y envoyer des colons, en petit nombre. L'introduction du caféier date du début du XVIIIe siècle. La nouvelle culture utilise des esclaves noirs, que l'on se procure à Madagascar et, surtout, au Mozambique. La population augmente lentement : en 1761, on compte 22 500 habitants, dont 80 % de Noirs.

En 1793, l'île prend le nom de Réunion. Les Britanniques l'occupent de 1810 à 1815. Restituée à la France et redevenue l'Île Bourbon, elle retrouvera définitivement le nom de Réunion en 1848. La culture de la canne à sucre, très exigeante en main-d'œuvre, devient prépondérante dans la première moitié du XIXe siècle. Après l'abolition de l'esclavage, en 1848, les planteurs font appel à des « engagés », qui sont principalement des Indiens du Sud (Tamoul).

La Réunion, département français. En 1946, la Réunion, peuplée de 225 000 habitants, demeure une colonie dominée par une oligarchie blanche de grands propriétaires et de commerçants, tandis que la masse de la population vit dans la misère. C'est alors que l'île est dotée du statut de département d'outre-mer (DOM), qui consacre son intégration à la République française (et l'assimilation de toute sa population à la population française). La « départementalisation » ne fait cependant pas l'unanimité. Dans les années 1960, le Parti communiste réunionnais (environ 30 % de l'électorat) milite pour l'« autonomie politique », autrement dit l'indépendance, puis s'assagit après 1981. L'île dépend beaucoup des aides sociales versées par Paris.

La population. La Réunion compte 785 000 habitants. La population est aux deux tiers composée de métis. Parmi les autres éléments figurent des Indiens hindouistes (dits « Malabars »), des Indiens musulmans (« Zarabes »), des Chinois, des Blancs (« Zoreilles ») et des Africains (« Cafres »).

À côté du français, langue officielle, le créole demeure d'usage courant.

Les catholiques forment 90 % de la population.

Maurice

Les Hollandais prennent possession de l'île (alors inhabitée) en 1598 et la baptisent Mauritius en l'honneur de Maurice de Nassau, fils de Guillaume d'Orange. Ils y fondent un établissement en 1638, puis l'abandonnent en 1710. Les Français de la Compagnie des Indes, déjà présents à l'Île Bourbon (l'actuelle Réunion), en prennent possession à leur tour et la nomment Île de France. À partir de 1721, des colons s'y installent et y introduisent des esclaves, principalement originaires du Mozambique. Mahé de la Bourdonnais, gouverneur des deux îles de 1735 à 1746, fait de Port-Louis une grande base navale, à l'époque où Français et Britanniques rivalisent en Inde. Les Britanniques s'emparent de l'île en 1810, puis la conservent après 1814, sous son ancien nom de Mauritius (Maurice). Elle devient ensuite une « île à sucre » qui, après l'abolition de l'esclavage (1833), fait appel à des travailleurs indiens en nombre tel qu'ils finiront par devenir majoritaires. Quant aux Franco-Mauriciens (colons d'origine française demeurés dans l'île), ils conservent le pouvoir économique.

De l'autonomie à l'indépendance. À la fin des années 1940, les Britanniques engagent l'île Maurice dans la voie de l'autonomie. La Constitution de 1958, en attribuant un minimum de sièges aux vaincus des compétitions électorales, assure la représentation des diverses communautés ethniques. Simultanément, la vie politique se développe. Le Parti travailliste, qui recrute principalement parmi les hindouistes, se forme le premier. Des Franco-Mauriciens et des créoles (d'ori-

Les quatre couleurs font l'objet d'interprétations diverses. Pour l'une, le rouge (couleur du Parti travailliste de Seewoosagur Ramgoolam) se réfère à la lutte pour l'indépendance, le bleu à l'océan, le jaune au soleil, le vert à la canne à sucre. Une autre interprétation, populaire, attribue le rouge aux hindouistes, le bleu aux Franco-Mauriciens et créoles, le jaune aux Chinois et le vert aux musulmans.

gine africaine) fondent le Parti mauricien social démocrate (PMSD) et les musulmans, un Comité d'action musulman. Au milieu des années 1960, la revendication d'indépendance rapproche les musulmans des hindouistes : alliés, ils remportent les élections de 1967 contre le PMSD. Sir Seewoosagur Ramgoolam étant devenu Premier ministre, l'indépendance est proclamée en 1968.

La démocratie mauricienne. Dès 1969, Ramgoolam forme un gouvernement de coalition avec le PMSD, tandis qu'apparaît un nouveau parti, le Mouvement militant mauricien (MMM), créé par Paul Béranger. Le MMM se veut à la fois socialiste et transcendant les clivages entre communautés. En liaison avec les syndicats, il déclenche des grèves et manifestations, à tel point que le gouvernement recourt à l'état d'urgence en 1971-1972. Aux élections de 1976, le MMM obtient néanmoins 34 sièges sur 70. Les travaillistes et les sociaux- démocrates forment alors une coalition et conservent le pouvoir, sous la direction de Ramgoolam. En 1982, le MMM remporte une victoire électorale complète : son nouveau chef, Anerood Jugnauth, devient Premier ministre.

La démocratie mauricienne devient ensuite un jeu subtil. En 1983, Paul Béranger entraîne la majorité du MMM dans l'opposition, tandis que Jugnauth crée le Mouvement socialiste militant (MSM) qui, allié à ses anciens adversaires (travaillistes et sociaux-démocrates), remporte les élections de 1983 et, de nouveau, celles de 1987. En 1990, Jugnauth n'en fait pas moins alliance avec Paul Béranger et le MMM, en vue de l'instauration de la République, puis remporte les élections de 1991. La République est proclamée en 1992. Jugnauth ayant été élu président de la République en 2003, Béranger lui succède en tant que Premier ministre.

La population. Maurice compte 1 250 000 habitants. Près de deux tiers de la population sont originaires de l'Inde. Le solde se compose de Créoles (Africains et métis), de Franco-Mauriciens (3 % environ) et de Chinois (moins de 1 %).

L'anglais est la langue officielle, en usage dans l'administration, mais le français conserve une place éminente, notamment dans les médias, parce qu'il est la langue de référence du créole mauricien, utilisé couramment par la grande majorité de la population.

Les hindouistes forment 53 % de la population, les chrétiens 30 % (principalement catholiques), les musulmans 13 %.

Les Seychelles

Les Arabes connaissaient les îles de longue date, peut-être avant l'an mille. Les Portugais y font escale au début du XVIe siècle, puis les Anglais au début du siècle suivant. Mahé de la Bourdonnais, gouverneur des Mascareignes, les fait explorer dans les années 1740. Les Français donnent à l'île principale le nom de Mahé et à l'archipel celui de Seychelles (du nom d'un contrôleur général des Finances). En 1756, la France prend officiellement possession de Mahé et de sept îles voisines. Des colons, venus des Mascareignes avec leurs esclaves, s'installent aux Seychelles à partir de 1770. En 1789, la population atteint à peine 600 personnes. Les Britanniques occupent les Seychelles en 1810, puis les conservent après 1814 en tant que dépendances de l'île Maurice. Quand

Sur le drapeau des Seychelles adopté en 1977, le rouge évoque la révolution, le blanc l'océan, le vert la végétation des îles.

elles deviennent une colonie distincte, en 1903, leur population s'élève à 16 000 personnes environ.

La République des Seychelles. Le suffrage universel est introduit en 1967, l'autonomie interne en 1970. Deux partis rivalisent : le Seychelles Democratic Party (SDP), conservateur, dirigé par James R. Mancham, et le Seychelles People's United Party (SPUP), socialiste et anticolonialiste, dirigé par France-Albert René. À la suite de l'accession à l'indépendance, en 1976, J. R. Mancham est élu président de la République, tandis que F. A. René devient Premier ministre. Dès 1977, toutefois, ce dernier évince J. R. Mancham. Le SPUP, devenu Front progressiste du peuple seychellois (SPPF), est érigé en parti unique. Une nouvelle Constitution, adoptée en 1979, attribue le pouvoir exécutif au seul président. Élu en 1979, F. A. René fait face, dans les années 1980, à des tentatives de putsch soutenues par l'Afrique du Sud. Il est réélu sans discontinuer, tous les cinq ans, jusqu'en 2001. En 2004, son dauphin James Mitchell lui succède. Le multipartisme a été restauré en 1992.

La population. Les 81 000 Seychellois sont à 90 % des Créoles (d'origine africaine, plus ou moins métissés). Trois langues sont officielles : le créole des Seychelles (issu du français), le français et l'anglais. Les chrétiens forment 97 % de la population (catholiques 88,5 %, protestants 8,5 %).

BIBLIOGRAPHIE

OUVRAGES À CARACTÈRE GÉNÉRAL

ADE AJAYI (J. F.), CROWDER (M.), *History of West Africa*, Heinemann, Londres, 1971; adapt. française : *Atlas historique de l'Afrique*, Éd. du Jaguar, Paris, 1988.

ALEXANDRE (P.), *Les Africains*, Éd. Lidis, Paris, 1982.

BALANDIER (G.), MAQUET (J.), *Dictionnaire des civilisations africaines*, Hazan, Paris, 1968.

BART (F.), BONVA;LLOT (J.), POURTIER (R.) (coord.), « Regards sur l'Afrique », *Historiens et Géographes*, n° 379 (1re partie), n° 381 (2e partie), Paris, juil. 2002, déc. 2002.

BAYART (J.-F.), *L'État en Afrique, la politique du ventre*, Fayard, Paris, 1989.

BAYART (J.-F.), MBEMBE (A.), TOULABOR (C.), *Le Politique par le bas en Afrique noire*, Karthala, Paris, 1992.

COPANS (J.), *La Longue Marche de la modernité africaine, savoirs intellectuels, démocratie*, Karthala, Paris, 1990.

COQUERY-VIDROVITCH (C.), *Afrique noire, permanences et ruptures*, Payot, Paris, 1985.

COQUERY-VIDROVITCH (C.), *L'Afrique et les Africains au XIXe siècle*, Armand Colin, Paris, 1999.

DUBRESSON (A.), MARCHAL (J.-Y.), RAISON (J.-P.), « Les Afriques au sud du Sahara », *in Géographie universelle*, vol. VI, Belin/RECLUS, Paris/ Montpellier, 1994.

DUBRESSON (A.), RAISON (J.-P.), *L'Afrique sub-saharienne, une géographie du changement*, Armand Colin, coll. « U », Paris, 2003 (nouv. éd.).

ENDERS (A.), *Histoire de l'Afrique lusophone*, Chandeigne, Paris, 1994.

FAGE (J. D.), *A History of Africa*, Routledge, Londres, 4e éd., 2002.

ILIFFE (J.), *Africans, The History of a Continent*, Cambridge University Press, Cambridge, 1995.

KI-ZERBO (J.), *Histoire de l'Afrique noire : d'hier à demain*, Hatier, Paris, 1972.

L'Afrique politique, CEAN/Karthala, Talence/Paris.

L'état du monde (annuel), La Découverte, Paris.

M'BOKOLO (É.), *Afrique noire, histoire et civilisations*, Hatier, Paris, t. I (Jusqu'au XVIIIe siècle), 1995, t. II (XIXe et XXe siècle), 1992.

M'BOKOLO (É.), *L'Afrique au XXe siècle, le continent convoité*, Seuil, Paris, 1991.

MÉDART (J.-F.), *États d'Afrique noire : formation, mécanismes, crises*, Karthala, Paris, 1991.

NANTET (B.), *Dictionnaire d'histoire et de civilisations africaines*, Larousse, Paris, 1999.

NGOUPANDÉ (J.-P.), *L'Afrique sans la France, histoire d'un divorce consommé*, Albin Michel, Paris, 2002.

OLIVER (R.), *The African Experience, Phoenix Press*, Londres, 2e éd., 1999.

PAKENHAM (T.), *The Scramble for Africa*, Abacus, Londres, 1992.

Politique africaine (trimestriel), Karthala, Paris.

POURTIER (R.), *Afriques noires*, Hachette, coll. « Carré géographique », Paris, 2001.

VALLÉE DU NIL

AYAD (C.), *Géopolitique de l'Égypte*, Complexe, Bruxelles, 2002.

HOLT (P. M.), DALY (M. W.), *A History of the Sudan, Longman*, Londres, 4e éd., 1988.

JANKOWSKY (J.), *Egypt, A Short History*, Oneworld, Oxford, 2000.

MOSELY LESCH (A.), *The Sudan Contested National Identities*, Indiana University Press, Indianapolis, 1999.

ÉTHIOPIE

MARCUS (H. G.), *A History of Ethiopia*, University of California Press, Berkeley, 1994.

PANKHURST (R.), *The Ethiopians, A History*, Blackwell, Oxford, 1998.

MAGHREB

BERQUE (J.), *Maghreb, histoire et sociétés*, Duculot, Gembloux, 1974.

BRETT (M.), FENTRESS (E.), *The Berbers*, Blackwell, Oxford, 1996.

CAMPS (G.), *Les Berbères. Mémoires et identités*, Errance, Paris, 1987.

CHAKER (S.), *Berbères aujourd'hui*, L'Harmattan, Paris, 1989 (nouv. éd. 1999).

DALLE (I.), *Les Trois Rois. La monarchie marocaine de l'indépendance à nos jours*, Fayard, Paris, 2004.

HARBI (M.), STORA (B.) (s. d.), *La Guerre d'Algérie (1954-1962). La fin de l'amnésie*, Robert Laffont, Paris, 2004.

JULIEN (C.-A.), *Histoire de l'Afrique du Nord*, t. I (Des origines à la conquête arabe), t. II (De la conquête arabe à 1830), Payot, Paris, 1961 (2e éd.), 1986 (rééd.).

JULIEN (C.-A.), *L'Afrique du Nord en marche, Algérie, Tunisie, Maroc, 1880-1952*, Omnibus, 2002. [Éditions originales chez Julliard, 1952-1953 et 1971.]

LACOSTE (C. et Y.), *Maghreb. Peuples et civilisation*, La Découverte/Poche, série « L'état du monde », Paris, 2004.

LEVEAU (R.), *Le Sabre et le Turban. L'avenir du Maghreb*, François Bourin, Paris, 1993.

MUTIN (G), « Afrique du Nord, Moyen-Orient » *in* R. Brunet (s. d.), *Géographie universelle*, vol. VIII, Belin/RECLUS, Paris/Montpellier, 1995.

RIVET (D.), *Le Maghreb à l'épreuve de la colonisation*, Hachette, Paris, 2002.

STORA (B.), *Histoire de l'Algérie coloniale (1832-1954)*, La Découverte, coll. « Repères », n° 102, Paris, 2004 (nouv. éd.).

– *Histoire de la guerre d'Algérie (1954-1962)*, n° 115, Paris, 2004 (nouv. éd.).

– *Histoire de l'Algérie depuis l'indépendance (1962-1988)*, n° 316, Paris, 2004 (nouv. éd.).

THENAULT (S.), *Histoire de la guerre d'Algérie*, Flammarion, Paris, 2005.

VERMEUREN (P.), *Histoire du Maroc depuis l'indépendance*, La Découverte, coll. « Repères », Paris, 2002.

AFRIQUE DE L'OUEST

COQUERY-VIDROVITCH (C.) (s. d.), *L'Afrique occidentale au temps des Français, colonisateurs et colonisés, 1860-1960*, La Découverte, Paris, 1992.

MOMOH (A.), ADEJUMOBI (S.) (s. d.), *The National Question in Nigeria. Comparative Perspectives*, Ashgate, Aldershot, 2001.

OSAGHAE (E. E.), *Crippled Giant: Nigeria since Independence*, Hurst & Company, Londres, 1998.

SUBERO (R. T.), *Federalism and Ethnic Conflict in Nigeria*, Institute of Peace Press, Washington, 2001.

AFRIQUE BANTOUE

BALANS (J.-L.), LAFON (M.) (s. d.), *Le Zimbabwé contemporain*, IFRA / Karthala, Paris, 1995.

CHRÉTIEN (J.-P.), *L'Afrique des Grands Lacs. Deux mille ans d'histoire*, Flammarion, coll. « Champs », Paris, 2003.

COMPAGNON (D.), MOKOPAKGOSI (B. T.), *Le Botswana contemporain*, IFRA/Karthala, Paris, 2001.

CONSTANTIN (F.), BAROUIN (C.) (s. d.), *La Tanzanie contemporaine*, IFRA/Karthala, Paris, 1998.

DALLOZ (F.), CHILESHE (J. D.) (s. D.), *La Zambie contemporaine*, IFRA/Karthala, Paris, 1996.

DARBON (D.) (s. d.), *L'Après-Mandela. Enjeux sud-africains et régionaux*, Karthala/MSHA, Paris/Talence, 1997.

DIENER (I.), GRAEFE (O.) (s. d.), *La Namibie contemporaine : les premiers jalons d'une société post-apartheid*, IFRA/UNESCO/Karthala, Paris, 1999.

GERVAIS-LAMBONY (P.), *L'Afrique du Sud et les États voisins*, Armand Colin, coll. « U », Paris, 1997.

GRIGNON (F.), PRUNIER (G.) (s. d.), *Le Kenya contemporain*, IFRA / Karthala, Paris, 1998.

HALL (M.), YOUNG (T.), *Confronting Leviathan. Mozambique since Independence*, Hurst and Co, Londres, 1997.

GUICHAOUA (A.) (s. d), « Les crises politiques au Burundi et au Rwanda 1993-1994 », *Politique africaine*, n° 68, Karthala, Paris, déc. 1997.

MARCHAL (R.), MESSIANT (C.), *Les Chemins de la guerre et de la paix. Fins de conflits en Afrique orientale et australe*, Karthala, Paris, 1999.

NDAYWEL È NZIEM (I.), *Histoire générale du Congo, de l'héritage ancien à la République démocratique*, Duculot, Bruxelles, 1998.

PRUNIER (G.), CALAS (B.) (s. d.), *L'Ouganda contemporain*, Karthala, Paris, 1994.

PRUNIER (G.), *Rwanda 1959-1996. Histoire d'un génocide*, Dagorno, Paris, 1997.

REYNTJENS (F.), *La Guerre des Grands Lacs. Alliances mouvantes et conflits extraterritoriaux en Afrique centrale*, L'Harmattan, Paris, 1999.

THOMPSON (L.), *A History of South Africa*, Yale University Press, New Haven, 2000.

MADAGASCAR

DESCHAMPS (H.), *Histoire de Madagascar*, Berger-Levrault, Paris, 1961.

La Lettre de l'océan Indien (hebdomadaire), Indigo publications, Paris.

INDEX

anc.	ancien, anciennement
col.	époque coloniale
dyn.	dynastie
l.	langue(s)
m.	mort en
p.	peuple, population
r.	règne
roy.	royaume
v.	ville

Les noms des États actuels sont en gras.

205

Achevé d'imprimer en octobre 2005 sur les presses de Mame Imprimeurs à Tours.
Dépôt légal : novembre 2005.
Imprimé en France.